U0693026

中国近代
思想家文库

◎

干春松 编

徐复观卷

中国人民大学出版社
·北京·

总　序

　　对于近代的理解，虽不见得所有人都是一致的，但总的说来，对于近代这个词所涵的基本意义，人们还是有共识的。一个国家、一个民族走入近代，就意味着以工业化为主导的经济取代了以地主经济、领主经济或自然经济为主导的中世纪的经济形态，也还意味着，它不再是孤立的或是封闭与半封闭的，而是以某种形式加入到世界总的发展进程。尤其重要的是，它以某种形式的民主制度取代君主专制或其他不同形式的专制制度。中国是个幅员广大、人口众多、历史悠久的多民族国家，由于长期历史发展是自成一体的，与外界的交往比较有限，其生产方式的代谢迟缓了一些。如果说，世界的近代是从 17 世纪开始的，那么中国的近代则是从 19 世纪中期才开始的。现在国内学界比较一致的认识，是把 1840 年到 1949 年视为中国的近代。

　　中国的近代起始的标志是 1840 年的鸦片战争。原来相对封闭的国门被拥有近代种种优势的英帝国以军舰、大炮再加上种种卑鄙的欺诈打开了。从此，中国不情愿地加入到世界秩序中，沦为半殖民地。原来独立的大一统的中央集权的君主专制国家，如今独立已经极大地被限制，大一统也逐渐残缺不全，中央集权因列强的侵夺也不完全名实相符了。后来因太平天国运动，地方军政势力崛起，形成内轻外重的形势，也使中央集权被弱化。经历第二次鸦片战争、中法战争、甲午战争、八国联军入侵的战争以及辛亥革命后的多次内外战争，直至日本全面侵略中国的战争，致使中国的经济、政治、教育、文化，都无法顺利走上近代发展的轨道。古今之间，新旧之间，中外之间，混杂、矛盾、冲突。总之，鸦片战争后的中国，既未能成为近代国家，更不能维持原有的统治秩序。而外患内忧咄咄逼人，人们都有某种程度"国将不国"的忧虑。

　　"天下兴亡，匹夫有责"，读书明理的士大夫，或今所谓知识分子，尤为敏感，在空前的危机与挑战面前，皆思有所献替。于是发生种种救亡图存的思想与主张。有的从所能见及的西方国家发展的经验中借鉴某些东西，形成自己的改革方案；有的从历史回忆中拾取某些智慧，形成某种民族复兴的设想；有的则力图把西方的和中国所固有的一些东西加以调和或结合，形成某种救亡图强的主张。这些方案、设想、主张，从世界上"最先进的"，到"最落后的"，几乎样样都有。就提出这些方案、设想、主张者的初衷而言，绝大多数都含着几分救国的意愿。其先进与落后，是否可行，能否成功，尽可充分讨论，但可不必过为诛心之论。显而易见，既然救国的问题最为紧迫，人们所心营目注者自然是种种与救国的方案直接相关的思想学说，而作为产生这些学说的更基础性的理论，及其他各种知识、思想，则关注者少。

围绕着救国、强国的大议题，知识精英们参考世界上种种思想学说，加以研究、选择，认为其中比较适用的思想学说，拿来向国人宣传，并赢得一部分人的认可。于是互相推引，互相激励，更加发挥，演而成潮。在近代中国，曾经得到比较广泛的传播的思想学说，或者够得上思潮的，主要有以下几种：

（一）进化论。近代西方思想较早被引介到中国，而又发生绝大影响的，要属进化论。中国人逐渐相信，进化是宇宙之铁则，不进化就必遭淘汰。以此思想警醒国人，颇曾有助于振作民族精神。但随后不久，社会达尔文主义伴随而来，不免发生一些负面的影响。人们对进化的了解，也存在某些片面性，有时把进化理解为一条简单的直线。辩证法思想帮助人们形成内容更丰富和更加符合实际的发展观念，减少或避免片面性的进化观念的某些负面影响。

（二）民族主义。中国古代的民族主义思想，其核心是"非我族类，其心必异"，所以最重"华夷之辨"。鸦片战争前后一段时期，中国人的民族思想，大体仍是如此。后来渐渐认识到"今之夷狄，非古之夷狄"，"西人治国有法度，不得以古旧之夷狄视之"。但当时中国正遭受西方列强的侵略和掠夺，追求民族独立是民族主义之第一义。20世纪初，中国知识精英开始有了"中华民族"的概念。于是，渐渐形成以建立近代民族国家为核心的近代民族主义。结束清朝君主专制，创立中华民国，是这一思想的初步实现。第一次世界大战爆发，中国加入"协约国"，第一次以主动的姿态参与世界事务，接着俄国十月革命爆发，这两件事对近代中国的发展历程造成绝大影响。同时也将中国人的民族主义提升到一个新的层次，即与国际主义（或世界主义）发生紧密联系。也可以说，中国人更加自觉地用世界的眼光来观察中国的问题。新生的中国共产党和改组后的国民党都是如此。民族主义成为中国的知识精英用来应对近代中国所面临的种种危机和种种挑战的一个重要的思想武器。

（三）社会主义。社会主义作为一种模糊的理想是早在古代就有的，而且不论东方和西方都曾有过。但作为近代思潮，它是于19世纪在批判近代资本主义的基础上产生的。起初仍带有空想的性质，直到马克思和恩格斯才创立起科学社会主义。20世纪初期，社会主义开始传入中国。当时的传播者不太了解科学社会主义与以往的社会主义学说的本质区别。有一部分人，明显地受到无政府主义的强烈影响，更远离科学社会主义。直到五四新文化运动兴起之后，中国人始较严格地引介、宣传科学社会主义。但有一段时间，无政府主义仍是一股很大的思想潮流。中国共产党的成立，从思想上说，是战胜无政府主义的结果。中国共产党把在中国实现社会主义乃至共产主义作为自己的奋斗目标。此后，社会主义者，多次同各种非科学社会主义思想的信仰者进行论争并不断克服种种非科学社会主义思想的影响。

（四）自由主义。自由主义也是从清末就被介绍到中国来，只是信从者一直寥寥。直到五四新文化运动兴起，具有欧美教育背景的知识精英的数量渐渐多起来，自由主义始渐渐形成一股思想潮流。自由主义强调个性解放、意志自由和自己承担责任，在政治上反对一切专制主义。在中国的社会条件下，自由主义缺乏社会基础。在政治激烈动荡的时候，自由主义者很难凝聚成一股有组织的力量；在稍稍平和的时候，他们往往更多沉浸在自己的专业中。所以，在中国近代史上，自由主义不曾有，也不可能有大的作为。

（五）激进主义与保守主义。处于转型期的社会，旧的东西尚未完全退出舞台，新的东西也还未能巩固地树立起来，新旧冲突往往要持续很长的时间，有时甚至达到很激烈的程度。凡助推新东西成长的，人们便视为进步的；凡帮助旧东西排斥新东西的，人们便视为保守的。其实，与保守主义对应的，应是进步主义；与顽固主义相对的则应是激进主义。不过在通常话语环境中人们不太严格加以区分。中国历史悠久，特别是君主专制制度持续两千余年，旧东西积累异常丰富，社会转型极其不易。而世界的发展却进步甚速。中国的一部分精英分子往往特别急切地想改造中国社会，总想找出最厉害的手段，选一条最捷近的路，以最快的速度实现全盘改造。这类思想、主张及其采取的行动，皆属激进主义。在中共党史上，它表现为"左"倾或极左的机会主义。从极端的激进主义到极端的顽固主义，中间有着各种程度的进步与保守的流派。社会的稳定，或社会和平改革的成功，都依赖有一个实力雄厚的中间力量。但因种种原因，中国社会的中间力量一直未能成长到足够的程度。进步主义与保守主义，以及激进主义与顽固主义，不断进行斗争，而实际所获进步不大。

（六）革命与和平改革。中国近代史上，革命运动与和平改革运动交替进行，有时又是平行发展。两者的宗旨都是为改变原有的君主专制制度而代之以某种形式的近代民主制度。有很长一个时期，有两种错误的观念，一是把革命理解为仅仅是指以暴力取得政权的行动，二是与此相关联，把暴力革命与和平改革对立起来，认为革命是推动历史进步的，而改革是维护旧有统治秩序的。这两种论调既无理论根据，也不合历史实际。凡是有助于改变君主专制制度的探索，无论暴力的或和平的改革都是应予肯定的。

中国近代揭幕之时，西方列强正在疯狂地侵略与掠夺殖民地和半殖民地，中国是它们互相争夺的最后一块、也是最大的资源地。而这时的中国，沿袭了两千年的君主专制制度已到了奄奄一息的末日，统治当局腐朽无能，对外不足以御侮，对内不足以言治，其统治的合法性和统治的能力均招致怀疑。革命运动与改革的呼声，以及自发的民变接连不断。国家、民族的命运真的到了千钧一发之际，危机极端紧迫。先觉分子救国之心切，每遇稍具新意义的思想学说便急不可待地学习引介。于是西方思想学说纷纷涌进中国，各阶层、各领域，凡能读书读报者，受其影响，各依其家庭、职业、教育之不同背景而选择自以为不错的一种，接受之，信仰之，传播之。于是西方几百年里相继风行的思想学说，在短时期内纷纷涌进中国。在清末最后的十几年里是这样，五四时期在较高的水准上重复出现这种情况。

这种情况直接造成两个重要的历史现象：一个是中国社会的实际代谢过程（亦即社会转型过程）相对迟缓，而思想的代谢过程却来得格外神速。另一个是在西方原是差不多三百年的历史中渐次出现的各种思想学说，集中在几年或十几年的时间里狂泻而来，人们不及深入研究、审慎抉择，便匆忙引介、传播，引介者、传播者、听闻者，都难免有些消化不良。其实，这种情况在清末，在五四时期，都已有人觉察。我们现在指出这些问题并非苛求前人，而是要引为教训。

同时我们也看到，中国近代思想无比的多样性与复杂性呈现出绚丽多彩的姿态，各种思想持续不断地展开论争，这又构成中国近代思想史的一个突出特点。有些论争为我们留下了非常丰富的思想资料，如兴洋务与反洋务之争，变法与反变法之争，革命与改良之争，共和与立宪之争，东西文化之争，文言与白话之争，新旧伦理之争，科学与人生观之争，中国社会性质的论争，社会史的论争，人权与约法之争，全盘西化与本位文化之争，民主与独裁之争，等等。这些争论都不同程度地关联着一直影响甚至困扰着中国人的几个核心问题，即所谓中西问题、古今问题与心物关系问题。

中国近代思想的光谱虽比较齐全，但各种思想的存在状态及其影响力是很不平衡的。有些思想信从者多，言论著作亦多，且略成系统；有些可能只有很少的人做过介绍或略加研究；有的还可能因种种原因，只存在私人载记中，当时未及面世。然这些思想，其中有很多并不因时间久远而失去其价值。因为就总的情况说，我们还没有完成社会的近代转型，所以先贤们对某些问题的思考，在今天对我们仍有参考借鉴的价值。我们编辑这套《中国近代思想家文库》，希望尽可能全面地、系统地整理出近代中国思想家的思想成果，一则借以保存这份珍贵遗产，再则为研究思想史提供方便，三则为有心于中国思想文化建设者提供参考借鉴的便利。

考虑到中国近代思想的上述诸特点，我们编辑本《文库》时，对于思想家不取太严格的界定，凡在某一学科、某一领域，有其独立思考、提出特别见解和主张者，都尽量收入。虽然其中有些主张与表述有时代和个人的局限，但为反映近代思想发展的轨迹，以供今人参考，我们亦保留其原貌。所以本《文库》实为"中国近代思想集成"。

本《文库》入选的思想家，主要是活跃在 1840 年至 1949 年之间的思想人物。但中共领袖人物，因有较为丰富的研究著述，本《文库》则未收入。

编辑如此规模的《文库》，对象范围的确定，材料的搜集，版本的比勘，体例的斟酌，在在皆非易事。限于我们的水平，容有瑕隙，敬请方家指正。

《中国近代思想家文库》编纂委员会

目　录

导言：徐复观论儒家政治转进之路

现代新儒家们深刻地感受到民族危机所带来的文化虚无主义，所以他们体现出一种强烈的文化本位立场，并试图化解儒家价值与西方政治制度和科学精神之间的紧张，尽管这种紧张本就源自西方中心主义对于后现代化国家的全方位的军事和经济的竞争优势而造成的文化和心理上的压迫。

在社会达尔文主义所主导的强权逻辑下，所有在第一轮现代化过程中落后的文明体均存在着一种内在的困难，即如何在现代性格局中获得民族的生存空间，并建立起一个有竞争力的现代国家。

对于这样的问题，梁漱溟提出了他的回答，即文化多路向发展的多元主义思路和重建农村的文化立国之道。然而，在此目标下的乡村建设实践遭受挫折之后，儒家本身的生存境地却由活生生的现实社会退守到大学课堂。并最终在1949年之后的一段时间里，成为国家意识形态的对立面。

香港和台湾的新儒家面对孤悬海外的困境和儒家文化所面临的悲剧性现状，对儒家传统与现代政治原则和科学之间的关系，进行现实层面和形上层面的理论创发。唐君毅、牟宗三、徐复观、张君劢四人在1958年发布的《为中国文化敬告世界人士宣言》就体现了这一儒家理论创发方向。《宣言》中反复强调了对中华文化的同情和敬意，同时说明儒家思想与民主和科学有内在的一致性。在港台新儒家中，徐复观尤其以历史和政治论说著称，并与牟宗三、唐君毅鼎足而三。翟志成说："徐先生与唐君毅先生、牟宗三先生鼎足而三，被当世推尊为当代海外新儒学最重要的三位大思想家，新儒学三先生都矢志恢复和发扬中国传统文化中的道德主体和艺术主体，企以此为基础，以接引吸纳西方的政治主体（民主）和知性主体（科学），并在更高层次上达成中西文化的融汇和综合。"①

在这一代流散到港台的新儒家中，徐复观是颇有一些特别的。与牟宗三与唐君毅出身学院、受过完整的学术训练不同，徐复观的人生经历更为复杂。因为试图打破学院派利用史料对于历史解释的垄断，徐复观的学术路径是思想和历史的结合而非哲学性的，他对儒家精神的创发更多是在政治思想的领域。这样的特点被陈昭瑛概括为"激进的儒家"。陈昭瑛认为：徐复观"激进的儒家"立场基于他自身的生活经历，是试图给受苦受难的中国人民以一点亮，"他思想中的现实主义、民粹主义是从他个人的现实生活，从先秦儒家而来，而不是从宋明理学而来。相对于激进的儒家，熊十力、牟宗三、唐君毅诸先生可以称之为超越的儒家"。在陈昭瑛看来，如果衡之以先秦儒家的精神，那么激进的儒家更为"正宗"。② 当然，一切判定正宗与否的努力，都可以视为时代性和个人性的尝试，而历史层面上的正宗的确立则需要更为长时段的考验。

一、文化自信与民族生命

基于中华文明在五四以来所遭受的空前凋零的状况，徐复观具有一种对于文化的深厚的责任感。他在教会学校东海大学教书，对劝他信仰基督教的人的答复是："七万万人的中华民族，对自己的文化真正有责任感的，只有我们少数几个人。我之所以不当基督教徒，不是为了旁的，只是要为中华文化当披麻戴孝的最后的孝子"③，为的死了之后，能够无愧于心，即"无惭尺布裹头归"。徐复观对于基督教的拒绝并不是因为他对基督教本身的仇视或误解，而是出于他对于中国文化的使命感。那种对中国文化之凋零有切肤之痛的体会，使徐复观呈现出一种强烈的孝子心态。同样的精神我们也可以从钱穆那里看到，余英时在给钱穆所写的挽词中，就以"一生为故国招魂"来概括钱穆的学术使命。④

① 翟志成：《无惭尺布裹头归——徐复观最后日记代序》，5 页，台北，允晨文化实业有限公司；新加坡，新加坡东亚哲学研究所，1987。

② 参见陈昭瑛：《一个时代的开始：激进的儒家徐复观先生》，见《徐复观文存》，366页，台北，学生书局，1990。

③ 徐复观：《无惭尺布裹头归》，见萧欣义编：《徐复观文录选粹》，333 页，台北，学生书局，1980。

④ 余英时在钱穆逝世后为先师写下了这样的挽联："一生为故国招魂，当时捣麝成尘，未学斋中香不散。万里曾家山入梦，此日骑鲸渡海，素书楼外月初寒。"

近代以来，许多人将历史和现实的罪孽全部投射到自身的文化传统上，觉得只有通过咒骂侮辱自己的文化，才能减轻他们的"羞愧心理"，这也是五四新文化运动矫枉过正的方式的所留存的心理顽疾，而这样的思维方式时至今日仍广有市场。为了破除这样的心理定势，徐复观与胡适、殷海光等成为"论敌"，他认为胡适和殷海光等对中国文化的贬低并不是真正的自由主义精神的显现，而是包裹在自由主义华丽衣装下的独裁和暴虐。虽然，徐复观与钱穆等人对历史和文化的认识上存在差异，但是，他们一致认定只有重拾文化的自信，才有中国的未来。

文化上的自信并非来自盲目的信仰，这涉及到一种民族的自觉，而民族的自觉最关键的是人格尊严的自觉，唯其如此，才是解决政治问题，也是克服文化自卑的最重要的途径。"一个人，一旦能自觉到其本身所固有的尊严，则对于其同胞、对于其先民、对于由先民所积累下来的文化，当然也会感到同是一种尊严的存在。站在人类共有的人格尊严的地平线上，中西文化才可以彼此互相正视，互相了解。"①

所以，文化虚无主义和文化上的崇古态度，都是徐复观所反对的。他对于胡适、吴稚晖等人将中国文化与缠小脚、抽鸦片等同起来的言论十分反感，多次进行驳斥。同样，他对视传统文化为万古不变的至上真理的看法，也加以反对。徐复观认为，在当今社会，文化之间的互相交融和互相吸收，已经成为文化发展的内在动力，因此，"中国文化应由与西方文化的接触而开一新局面，中国的历史应由与西方文化的接触而得一新生命。代表西方文化的科学与民主，一方面可以把中国文化精神从主观状态中迎接出来，使道德客观化而为法治，使动机具体化而为能力，并以可视的可量的知识补不可视不可量的道德文化所缺少的一面；另一方面则由科学民主提供了我们以新的生活条件与方法，使我们可以解决两千年久悬不决的问题"②。

徐复观的这种客观态度基于他对于传统和文化的深刻认识。徐复观将传统分为"低次元传统"与"高次元传统"。所谓"低次元传统"即现实生活中的一些习俗，是百姓日用而不知的。而"高次元传统"则是具有反思、批判精神的，从习俗中抽象出来的文化精神。徐复观并因此认为文化也包含有两个层面，即"基层文化"与"高层文化"③，与不同层

---

① 徐复观：《学术与政治之间》，自序，5 页，上海，华东师范大学出版社，2009。

② 徐复观：《中国知识分子的历史性格及其历史的命运》，见《学术与政治之间》，78 页。

③ 参见徐复观：《论传统》，见萧欣义编：《徐复观文录选粹》，110～111 页。

次的传统相对应。徐复观的这种区分，目的就是为了让人们对于中国传统文化的复杂性有更为深刻的认识，而不是简单地肯定和否定。要了解文化传统中易变的因素和稳定的因素，要认识到文化中有价值的内容和不适应时代的部分。这样的态度也就是对儒家思想的"同情"和"敬意"。

当然，徐复观对于儒家文化意义的认识，也来自于现实的启示。这就是他对西方文化的认识。徐复观认为，西方文化的正面的因素，比如民主、科学等已经成为全人类的财富，但是，西方文化中的虚无主义和极端的个人主义、享乐主义也已经成为人类自我毁灭的因素。因此，儒家文化可以成为这样的文化的清醒剂。徐复观认为西方社会发展缺乏一种道德自觉的认识。"今日在科学与资本主义结合之下，形成了巨大的以机械及功利为主的世界。原始生命的冲动，受这种外在世界的冲击与凭藉，而扩大了范围，充实了气力，使知性之光，在原始生命冲动之前，显得黯然无光，怵然无力。此时只有以理性中的德性之力，将生命加以转化、升进，使生命的冲动，化为强有力的道德实践，则整个的人生、社会，将随科学的发展和飞跃发展。但西方文化中缺乏此一自觉；于是人们的原始生命力，以其浑沌之姿，好像《水浒传》中被洪太尉在镇魔殿里掀开了镇魔的石碑，一股黑气冲天而去，突破了知性而要独自横冲直闯。西方现代一切反合理主义的思想，以及假科学之名以否定人的理想性的逻辑实证论、心理行为主义、精神分析等等，都是从这一根源中发生出来的。"① 现代性所导致的对于人类的德性和善恶观念的否定，使人类的生存和发展失去了合理的价值范导，由此所造成的环境恶化和人性中恶的一面的澎湃，最终使人类走向了生存和毁灭的十字路口，这些恐怕不是政治立场上的歧见所能掩盖的。或许也因为如此，徐复观和殷海光等才既是论敌，又是朋友。即便是徐复观的论敌殷海光，面对西方的危机也有同样的感受，虽然他并不认为儒家能救西方之弊，但是，这个弊的存在则是明显的。他在给友人的信中说："美国在表面最强，但我认为后劲最堪忧。美国能给世界什么呢？除了金钱与武器以外，什么也没有了！……美国的宗教信仰已形成社交活动，富人大亨成人间上帝。一百几十年来，美国的物质文明使美国发展成一个像是肌肉四肢发达而心灵萎缩空虚的巨人。"② 或许，在殷海光的眼里，美国

① 徐复观：《毁灭的象征——对现代美术的一瞥》，见《徐复观文存》，265页。
② 殷海光：《致朱一鸣》，见张斌峰编：《殷海光文集》，第四卷，10页，武汉，湖北人民出版社，2001。

也并非是民主政治的范本。

如此，徐复观等现代新儒家对于中国文化的态度，并非仅仅基于情感基础上的同情和敬意，而是从现代性批判的维度，对中国文化如何接引普遍性的伦理原则和政治秩序的考量。在唐君毅、牟宗三、徐复观和张君劢所发布的《为中国文化敬告世界人士宣言》中，他们在肯定西方文化对人类文明所作的贡献的同时，提出了传统西方的宗教战争和民族冲突的根由，也有近代以来出现纳粹和专制集权统治的文化因素。由此认为，西方文化应该关注东方文化中的尊重生命价值，以解除"知进而不知退"所造成的紧张。除此而外，东方智慧中的直观方法、同情和保持文化持续发展的能力，都是值得西方文化所吸取的。① 徐复观在自己的文化论述中，反复强调中国人文精神的独特性，及其从当今世界的危机出发所能发现的独特意义。徐复观对于第二次世界大战之后国际上的冷战局势、人类生产活动的无限制扩张、人类精神层面的虚无主义有深刻的认知，因此，他主张一定要从集权主义的政治格局中，恢复人的权利和人的尊严，要使人与人之间建立起一种和谐的关系，并最终落实到人的生活的正常化。②

对于文化传统的同情和敬意，所呈现出的不是墨守成规的心理，而是一种对于世界、对于民族的态度。在徐复观等人看来，这是中国在现有的世界格局中获得新生的基础。因此，文化自信所要达成的目的首先当然是建设国家，其次则是人类的持续发展的可能。

二、儒家思想与现代民主

现代新儒家虽然是作为对五四新文化运动的反拨而出现的文化保守主义的思潮，不过，这样的反拨并不是基于对五四运动所呼唤的民主和科学的否定，而是要努力证明传统的儒家思想既不反对民主，也不反对科学，因此，不应该将儒家看做是中国走向未来的阻碍。在1958年的《为中国文化敬告世界人士宣言》中，唐、牟、徐等辩护性地表述道："我们承认中国文化历史中，缺乏西方之近代民主制度的建立，与西方

① 参见唐君毅等：《中国文化与世界（为中国文化敬告世界人士宣言）》，见汤一介、杜维明编：《百年中国哲学经典·五十年代后卷》，266～274页，深圳，海天出版社，1998。

② 参见徐复观：《中国人文精神与世界危机》，见黎汉基、李明辉编：《徐复观杂文补编·思想文化卷（上）》，412～413页，"中央研究院"中国文哲研究所筹备处，2001年。

之近代的科学，及各种实用技术，致使中国未能真正的现代化工业化。但是我们不能承认中国之文化思想没有民主思想之种子，其政治发展的内在要求，不倾向与民主制度的建立。亦不能承认中国文化是反科学的。"① 基于这样的认识，牟宗三写下了《历史哲学》、《政道与治道》、《道德理想主义》等作品，亦是要从学理上解释儒家与民主、科学之间的关系。徐复观之儒家情怀亦在此，他在《学术与政治之间·新版自序》中剖白："一个土生土长的茅屋书生，面对国家兴亡，世局变幻，所流露出的带有浓厚呆气憨气的诚恳待望：待望着我们的国家，能从两千多年的专制中摆脱出来，走上民主法治的大道；待望着我们的文化，能不再受国人自暴自弃的糟蹋，刮垢磨光，以其真精神帮助世人渡过目前所遭遇的空前危机。"即是将国家的独立和人类危机作为一个整体来考虑，就这一点上看，现代新儒家虽然将民族国家的问题放在首位，但其愿景从来不止于此，始终是要跳出狭隘的民族主义而走向人类主义或"天下主义"。

对于知识论方面的问题，或者说儒家与科学的关系问题，并非是徐复观最为关注的，因其思想史的倾向所导致的对观念和制度关系的关注，促使他的用力处在于解决儒家思想与民主制度的关系，或者说儒家的德治观点如何落实到制度层面，并与现代的民主制度之间建立起一种新型的制度联系，即由民本通向民主，但同时又不使民主落入单纯的多数和少数的数学关系。

徐复观认为近代的中国政治，既非西方的民主政治，也不是儒家的政治，而是"亦中亦西、不中不西的政治路线在作祟"，所以要放胆把民主政治和儒家的政治思想进行结合："首先把政治的主体，从统治者的错觉中移归人民，人民能有力量防止统治者的不德，人民由统治者口中的'民本'一转而为自己站起来的民主。知识分子，一变向朝廷钻出路，向君主上奏疏的可怜心理，转而向社会大众找出路，想社会大众明是非的气概。对于现实政治人物的衡断，再不应当着眼于个人的才能，而应首先着眼于他对建立真正的政治主体，即对民主所发生的作用。……总之，要将儒家的政治思想，由以统治者为起点的迎接到下面来，变为以被治者为起点，并补进我国历史中所略去的个体之自觉的

① 唐君毅等：《中国文化与世界（为中国文化敬告世界人士宣言）》，见汤一介、杜维明编：《百年中国哲学经典·五十年代后卷》，252 页。

阶段，则民主政治，可因儒家精神的复活而得其更高的依据；而儒家思想，亦可因民主政治的建立而得完成其真正客观的构造。"①

新儒家所面对的民国建立以来的政治格局徒有民主之名而不具民主之实，即使是在国民党政权迁台之后，依然处于漫长的训政时期。所以，徐复观对政治制度的概括是"不中不西"、"亦中亦西"。要改变这种现状，首先必须对传统中国的政治制度进行深入的分析，从而对传统中国的政治发展的程度进行一个评判。

在徐复观看来，"中国的政治思想，除法家外，都可说是民本主义，即认定民是政治的主体。但中国几千年的实际政治，却是专制政治。政治权力的根源，系来自君而非来自人民，于是在事实上，君才是真正的政治主体。因此，中国圣贤，一追溯到政治的根本问题，便首先不能不把作为'权原'的人君加以合理的安顿；而中国过去所谈的治道，归根到底便是君道。这等于今日的民主政治，'权原'在民，所以今日一谈到治道，归根到底，即是民意"②。很明显，区分"民本"与"民主"差别的关键在于权力的来源不同。因为权力来源于君主，所以，数千年主张民本的政治运行实质上却是专制。这就意味着，儒家以民为本的政治理念如果不能解决权力来源的问题，那么人民的利益就难以得到制度的保障。就此，徐复观提出了传统中国政治的症结所在，即二元主体论：政治理论和政治实质的主体的错位。徐复观说："在中国过去，政治中存有一个基本的矛盾问题。政治的理念，民才是主体；而政治的现实，则君又是主体。这种二重的主体性，便是无可调和对立。对立程度表现的大小，即形成历史上的治乱兴衰。"③

传统儒家并非没有发现这个矛盾。但是，以修身为本的儒家政治哲学将消解这个矛盾的重点落在如何通过内在的道德提升而使君主自觉以百姓之生存和权力为政治的目的。按徐复观的说法，传统儒家总是站在统治者的一边想办法，其着力点始终远离真正的政治主体，所以，这个二元主体的矛盾始终不能得到化解。

他说：道德的途径并不能代替制度的途径，"中国历史上的圣贤，是要从'君心'方面去解除此一矛盾，从道德上去解除此一矛盾；而近代的民主政治，则是从制度上，从法制上解除了此一矛盾。首先把权力

① 徐复观：《儒家政治思想的构造及其转进》，见《学术与政治之间》，15～16 页。
②③ 徐复观：《中国的治道——读〈陆宣公传集〉书后》，见《学术与政治之间》，44 页。

的根源，从君的手上移到民的手上，以'民意'代替了'君心'。政治人物，在制度上是人民的雇员，它即是居于中国历史中臣道的地位，人民则是处于君道的地位。人民行使其君道的方法，只对于政策表示其同意或不同意，将任务的实行委托之于政府，所以人民还是一种无为，而政府则是在无为下的有为，于是在真正民主制底下的政治领导者，比专制时代的皇帝便轻松得多了。作皇帝最难的莫过于不能有其自己的好恶。其所以不能有其自己的好恶，因为人君是'权原'，人君的好恶一与其'权原'相结合，便冲垮了天下人的好恶而成为大恶。但一个人要'格'去其好恶，真是一件难事。在民主政治之下，政治领导者的好恶，与'权原'是分开的，其好恶自然有一客观的限制而不敢闯下乱子，于是其心之'非'不格而自格了。其次，则把虚己、改过、纳谏等等的君德，客观化为议会政治，结社言论自由等等的客观制度。一个政治领袖人物，尽可以不是圣人，但不能不做圣人之事，它不能不服从选举的结果，他不能不听议会的论难，凡客观上不能不做之事，也就是主观上极容易去做的事"①。徐复观认为，道德的自我提升是一个极其困难的过程，而如果将权力的主体真正回归到人民的手里，并建立起一种客观的制度来行使其权力，那么原先万难做到的"君德"，因为有一系列制度的制约，自然就成为对君主的客观性要求。但是，儒家消解二重性主体对立的努力为什么始终没有成效？儒家的道德政治理想为什么总是落空？徐氏从历史和思想两个方面寻找原因。从历史的角度来看，中国两千年来现实政治中的专制势力早已构成了一部庞大的专制机器，随时可以扼杀一切消解它的因素和力量。对此，徐氏给予了深刻的揭露，他写道："两千年来的历史，政治家，思想家，只是在专制这副大机器之下，作补偏救弊之图；补救到要突破此一专制机器时，便立刻会被此一机器轧死。一切人民，只能环绕着这副机器，作互相纠缠的活动；纠缠到与此一机器直接冲突时，便立刻被这副机器轧死。……一切文化、经济，只能活动于此一机器之内，而不能轶出于此一机器之外，否则只有被毁灭。"② 就思想方面而言，徐氏认为儒家政治思想也负有不可推卸的责任。"总是居于统治者的地位以求解决政治问题，而很少以被统治者的地位，去规定统治者的政治行动，很少站在被统治者的地位来谋解决政治问题。

---

① 徐复观：《中国的治道——读〈陆宣公传集〉书后》，见《学术与政治之间》，58 页。

② 徐复观：《封建政治社会的崩溃及典型专制政治的建立》，见李维武编：《徐复观文集》，第五卷，83 页，武汉，湖北人民出版社，2009。

这便与近代民主政治由下向上去争的发生发展的情形，成一极显明的对照。……尽管以民为本，而终不能跳出一步，达到以民为主。于是政治问题，总是在君相手中打转，以致真正政治的主体，没有建立起来"①。

如果我们了解牟宗三的"良知坎陷"说所希冀的内圣开出新外王，那么我们就能了解，如何从儒家的德政中找到与现代民主政治的通道，这是港台新儒家群体共同的问题。对此，徐复观的答案最为直接地与政治实践对接，即通过民主化的过程，将这些理念落到实处。"中国圣贤千辛万苦所要求的圣君，千辛万苦所要求的治道，在今日民主政治之下，一切都经常化、平凡化了。……所以中国历史中的政治矛盾，及由此矛盾所形成的历史悲剧，只有落在民主政治上才能得到自然而然的解决。由中国的政治思想以接上民主政治，只是把对于政治之'德'，客观化出来，以凝结为人人可行的制度。这是顺理成章，既自然，复容易，而毫不牵强附会的一条路。……为民主政治所努力……这是中国文化自身所必需的发展。"②

徐复观对于民本思想局限性的认知，与钱穆等人对于中国传统政治的认识有很大的分歧。钱穆虽然也认为民主是现代中国唯一所需，但是，他根据民国初年的政治实践认定政党和议会并不能真正传达民意，因此需要选择社会中的贤能人士来管理这个社会，每一个人尽好自己的职分即是一种好的政治，而这一点传统中国政治恰好能提供许多值得借鉴的东西。鉴于此，徐复观甚至批判钱穆是为专制政治辩护。这也使他们之间的私人感情遭受伤害。

钱穆和徐复观等新儒家的政治观念的差距，使钱穆并不愿意在1958年的宣言上签名，但是有一点他们却是共同的，即并非是要通过对民主制度的肯定来否定儒家所提倡的德性政治观和民本主义，而是认为这中间存在着内在的一致性，我们所要做的并不是去简单地批评甚至谩骂传统政治哲学，而是要认识到这种政治与现代政治在目标上的一致性，即以人民之好恶为统治者之好恶。"中国政治上的圣人，则只是把自己消解在人民之中，使人民能实现其自己之欲恶，亦即人人能'养

----

① 徐复观：《儒家政治思想的构造及其转进》，见《学术与政治之间》，12页。
② 徐复观：《中国的治道——读〈陆宣公传集〉书后》，见《学术与政治之间》，59页。类似的看法我们可以在夏勇的《民本与民权》中看到。夏勇认为传统的民权政治弱于从消极权利、弱于从普通个人的角度来主张和论证民权，特别是弱于程序化、规范化的制度安排，所以便落入一种"民权浪漫主义"。参见氏著：《中国民权哲学》，40页，北京，三联书店，2004。

生'、'遂性'的'无为而治'，而不要假借口号，凭自己的聪敏才智，去造作一番。……这种意思的后面是蕴藏着对人性之无限底尊重，对人性之无限底信赖。而此种尊重与信赖，即所以显露圣人的无限底仁心。……中国的文化，最低限度在政治思想方面，只教政治负责者以'民之所好好之，民之所恶恶之'。'恶人之所好，好人之所恶，此谓拂人之性，如此者，灾必逮夫身'。至于实现人民好恶的政治制度，一向是主张'因革'、'损益'……中国文化在此种地方并无罪过。中国文化的罪过，只表现在何以会产生一批子孙，把自己的过错，只向其祖宗身上一推，而毫不以自己的无知无良为可耻。"①

徐复观对传统儒家政治哲学的分析，无非是要为儒家在现代的社会秩序中发掘其正面的意义。要达成这样的目的，重要的是要剖析儒家是如何在专制社会格局下，逐渐失去其政治立场。在徐复观看来，最大的问题是秦汉以来的专制政治对于儒家的压制。在君权至上的政治格局下，"儒家思想之本身，在政治方面，不仅未能获得一正常之发展，且因受压迫而多少变质，以适应专制的局面。其最重要者为无形的放弃了'抑君'的观念，而接受了法家尊君所造成的事实。由法家'三顺'之说，演化而为儒家'三纲'之说，将儒家对等之伦理主义，改变而为绝对之伦理主义，此一改变，对儒家思想之本身影响至大。几乎可以说，使儒家思想在政治方面发生了本质的变化"②。除却儒家政治哲学在汉代之后所发生的转折，甚至儒家群体自身也产生了分裂。虽然有许多儒家依然保持对权力的批评和警惕的态度，但也有一部分的士人，则通过所学的知识为权力服务，最终成为权力的附庸。

然而，汉之后的儒家是否在制度化之后成为专制政治的"帮凶"，儒家的政治思想是如何面对这样新的政治格局而发展应对，这是徐复观研究的一个重点。我们不仅可以看到《两汉思想史》以及对于经学的研究等开拓性的著作，尤其值得提出的是他通过对董仲舒思想的研究，要探索在新的大一统的政治格局下，儒家是如何通过建立一种"天"的哲学来与无限制的皇权进行较量，并确定儒家既对抗又合作的政治策略的。徐复观之所以要做这样的努力，其核心的原因还是他必须回击那些将两千多年中国政治的黑暗全部归罪于儒家的做法，只有这样的澄清，

---

① 徐复观：《中国的治道——读〈陆宣公传集〉书后》，见《学术与政治之间》，49～50 页。

② 徐复观：《儒家对中国历史命运挣扎之一例——西汉政治与董仲舒》，见《学术与政治之间》，185 页。

儒家与现代民主政治之间的联系才能真正建立。

通过对历史的还原，徐复观不仅澄清了中国集权专制思想的历史形成，而且也澄清了儒法两家在中国集权政体形成过程中的不同作用。他认为，董仲舒代表儒家所作的抗争，对专制帝王而言，也就在于坚持了"在人君的上面，另外还要拿出一个'古'或'天'压在它头上，使人君不能自有其意志，必以'古'或'天'的意志为意志；否则不配作人君，而可来一套'革命'、'受命'的"。对于历史来说，"由孔子在历史地位中之崇高化，使任何专制之主，也知道除了自己的现实权力以外，还有一个在教化上、在道理上，另有一种至高无上，而使自己也不能不向之低头下拜的人物的存在。使一般的人们，除了皇帝的诏敕以外，还知道有一个对人类负责，决定人类价值的圣人，以作为人生的依恃，而不致被现实的政治，盖天盖地的完全蒙得抬不起头，吐不出气。所以，在中国历史中，除了现实政治之外，还敞开了一条人人可以自己作主的自立生存之路"①。儒家通过确立孔子的圣人地位，从而获得了相对独立于皇权的神圣性依据，而经典系统的建立则使任何世俗的政治权力都要依赖其而获得合法性的依据，正是孔子和经典系统的符号意义，从而道统对于政统始终存在着制约。

肖滨认为，徐复观的董仲舒研究是他"在文化上所作努力的一个重要组成部分，目的是要从中发现导向民主政治的传统资源"。徐复观坚信，只有制度性的权力限制，才能摆脱儒家的政治理想和政治现实之间的冲突。这样，"从儒学传统中的道德制约，天的制约转换出法律、制度的制约，就成了连接儒学传统与现代性政治的一条重要的思想线索，这也正是徐复观致力于研究中国文化包括解析《春秋繁露》的用心所在"②。这一概括十分恰当，徐复观对董仲舒的内心思想的"诛心"式的思考，认定董仲舒为皇权服务是虚，争取儒家对现实政权的制约为实，这的确为我们理解董仲舒的思想提供了新的视野。

三、儒家政治思想与徐复观的"民主想象"

自康有为甚至更早的学者开始，儒家就开始考虑如何在自己的思想

① 徐复观：《儒家对中国历史命运挣扎之一例——西汉政治与董仲舒》，见《学术与政治之间》，152 页。
② 肖滨：《文本解析·历史把握·传统转换——对徐复观解析〈春秋繁露〉的扩展研究》，见氏著：《现代政治与传统资源》，231～232 页。北京，中央编译出版社，2004。

体系中吸纳西方现代政治理论和政治制度。这么做的最大动力来自于儒家自身的"制度失灵",即当面对西方的挑战的时候,儒家原先的世界观和社会体系难以抵御西方的冲击,因此,议会、宪政、民族、国家等观念逐渐成为一种全民的信念,即在社会发展的序列中,宪政制度是社会发展的新阶段的社会组织方式。因此,康有为要在他改造之后的"三世"说中,将升平世的政治制度设计成"君主立宪"。

革命派则以带有种族主义色彩的民族主义的方式追求"共和"制度,虽然,对于"立宪"和"共和"本身,晚清的政治力量各方并没有仔细探讨,但是,"立宪"和"共和"寄托着人们对于现代民主制度的想象。

这样的民主想象成为五四新文化运动的主潮,新文化运动之所以兴起的一个根本原因是对于当时国民是否有能力进行民主实践的怀疑甚至极端的不信任。因此,这些新式学堂和留学归来的知识分子以"先知"的方式对民众进行"启蒙"。而在"科学"和"民主"的旗帜下,儒家成为中国两千多年政治失败的原因,即便传统的中国政治和孔子的理性精神本身就是欧洲启蒙思潮的重要触媒。无奈之处在于,弱者的历史总是从自我咒骂开始。

五四的精神遗产成为之后民国政治的负担,但是却成为现代中国知识传播的"圣经"。即使是同情传统中国的学者,他们必须要做的工作也是替儒家找到与西方政治制度接轨的线索,这几乎成为新儒家的宿命。

或者可以这样说,20世纪的新儒家与自由主义的差别并非在于是否要民主、自由,而是儒家是否会成为民主自由的阻碍。徐复观与胡适、殷海光的论争,并非是基本的政治立场的差异,而是实现民主的道路的差别。徐复观坚信,顺着儒家思想自身的发展,自然要表现为西方的民主政治。[①] 而其民本思想在观念上也已突破了专制政治,只是因为

---

① 冯耀明说:"徐复观并不同意殷海光及《自由中国》阵营的人以传统儒家的理念与现代自由民主的思想制度相违背,但他与后者皆认同自由、民主、多元的社会文化有其独立的自主性(autonomy),并不附属于任何有绝对意义的理想主义或意识形态之下。另一方面,他也不同意熊十力的'体用'、'直通'或牟宗三的'转进'、'曲通'的'返本以开新'的模式来发展中国的现代化,虽然他作为一个农村的儿子在感情上与唐、牟一样肯定西方现代化的移植必须根植于中国固有文化的土壤之上。在此欲两面兼善而不得的困境下,原来两面的人都可接受他,如今却不免形成两面受敌的苦况:殷作为外部盟友由对他称赞而改为对他攻以明枪;而牟作为内部同志却由视之为同门同道而转为对他施以暗箭。"(冯耀明:《形上与形下之间:徐复观与新儒家》,见王中江、李存山主编:《中国儒学》,第五辑,60页,北京,中国社会科学出版社,2010)

缺乏法制和其他制度的保障，所以难以真正制约专制政治和解决君权无限的问题。"遂使儒家人格的人文主义，没有完全客观的建构，以致仅能缓和了专制政治而不能解决专制政治。这是留给我们今日所应努力的一大问题。因此，我这几年以来，始终认为顺着儒家思想自身的发展，自然要表现为西方的民主政治，以完成它在政治方面所要完成而尚未完成的使命；而西方的民主政治，只有和儒家的基本精神接上了头，才算真正得到精神上的保障，安稳了它自身的基础。"①

徐复观的政治论说的重点是要让西方的民主政治和儒家的基本精神接上头，这个儒家基本精神在徐复观的论述中更多地体现为超越了个人利益的"公"，这个"公"或许是社群，但更多的是国家和民族。② 尽管徐复观认为道德自觉如果缺乏制度的保证难以发展到民主政治，但是反过来，已有的民主制度如果缺乏道德自觉却也难以成就人类自身的理想，基于此，儒家的道德自觉为民主主义提供了根基。徐复观认为西方的民主政治来源于争取个人权利、划定个人权利，限制统治者权力的行使，并在此前提下尽自己的责任。他认定民主政治，只有进一步接受儒家的思想，才能生稳根，才能发挥其最高的价值。"民主之可贵，在于以争而成其不争；以个体之私而成其共体的公，但这里所成就的不争，所成的公，以现实情形而论，是由互相限制之势所逼成的，并非来自道德的自觉。所以时时感到安放不牢。儒家的德与礼的思想，正可把由势逼成的公与不争，推上到道德的自觉。民主主义至此才真正有其根基。"③ 但是，如果进一步考虑，如何制度性地将道德自觉纳入政治设计中，这本身也会造成徐复观所批评的难以客观化的困境。

徐复观要从各种儒家的论说中，找到现代性的因素，比如人权，他从儒家先养后教的生存观念中，发现了人权的观念。从而将儒家政治与专制、极权政治进行区隔。他说："养与教的关系，不仅是政治上的一

---

① 徐复观：《儒家对中国历史命运挣扎之一例——西汉政治与董仲舒》，189～190 页。

② 李淑珍总结道：徐复观所勾勒出的民主图像似乎是，消极政府无为而治，让人民有充分空间自由发展；政治先满足人民的自然生命要求，再寻求道德的提升；学术意见尽可百家争鸣，但是否成为政策则通过民意来决定。他相信，"消极底民主政治"能够培育一个"有力的社会"，最后苗长成一个"强大的国家"。在极权主义横行的 20 世纪，他想望的民主政治既有儒家（与道家）的基调，又有自由主义的色彩，但最终仍不脱爱国主义/民族主义的祈向。（参见李淑珍：《徐复观与〈民主评论〉的民主想象》，见王中江、李存山主编：《中国儒学》，第五辑，130～131 页）

③ 徐复观：《儒家政治思想的构造及其转进》，见徐复观：《中国思想史论集》，247 页，上海，上海书店出版社，2005。

种程序问题，而实系政治上的基本方向问题。儒家之养重于教，是说明人民自然生命的本身即是政治的目的；其他设施，只是为达到此一目的的手段。这种以人民自然生命之生存为目的的政治思想，其中实含有'天赋人权'的用意。所谓天赋人权，是说明人的基本权利是生而就有，不受其他任何人为东西的规定限制的。承认人权是出于天赋，然后人权才成为不可动摇，人的生存才真能得到保障；所以政治的根本目的只在于保障此种基本人权，使政治系为人民而存在，人民不是为政治而存在。较儒家为晚出的法家，以耕战之民，为富国强兵的手段；人民自己生存的本身不是目的，由人民的生存而达到富国强兵才是目的，于是人民直接成为政治上之一种工具，间接即成为统治者之一种工具，这样一来，人民生存之权不在于自己而在于统治者之是否需要，这是中国古代的法西斯思想，当然是与儒家根本不能相容的。"①

然而，我们的问题恰好要从这里出发。也就是说，我们是否能通过反思近代以来的"民主想象"而重思中国的制度模式。

首先，自由、民主、人权固然已成为一种被普遍接受的价值理念，但这些价值的具体所指并非无可讨论。从关于"积极自由"和"消极自由"的讨论，到民主存在多种模式的研究，以及在民族国家的国际秩序下，人权如何确定其边界等等，对这些问题的不同理解，都会对现实中的政治操作产生影响。而中国近代以来的民主宪政的实践，已经表明，并没有一种现存的民主模式可以让我们复制，而必须依据中国自身的文化传统和多民族统一国家的现状，在保证国家统一、领土完整的前提下，设计其政治制度。就中国的民主实践而言，而无论是孙中山的"五权宪法"，还是中华人民共和国的人民代表大会、政治协商制度，都是具有创新意义的制度创设，虽然这些制度的局限性还比较明显，然后，我们或许可以设想一种使这种制度与权力制约更为完善的方式运行，而不是简单地去否定这种有历史意义的尝试。

其次，有学者指出，虽然徐复观与殷海光等人一样，对于台湾人的民主意识的觉醒有很大的启迪之功，但是在台湾的民主化过程，儒家所产生的作用并不明显，而在台湾民主过程中所遇到的问题，都与徐复观所关心的儒家德治与专制遗留等问题关系甚小。② 从中我们所能得到的

---

① 徐复观：《释〈论语〉"民无信不立"》，见徐复观：《学术与政治之间》，128～129 页。
② 参见李淑珍：《徐复观与〈民主评论〉的民主想象》，见王中江、李存山主编：《中国儒学》，第五辑，131 页。

讯息是，徐复观所指出的儒家与民主政治之接榫处并不恰当。也就是说，港台新儒家所指出的"内圣开出新外王"的思路，并不切近于台湾的政治实际。由此，进一步的问题就是，如果中国大陆的民主化过程是一个必要的过程，那么其核心问题是什么？与儒家政治哲学的关系是什么？按我的想法，还是应该关注民族国家与民主实践的关系、传统家庭观念如何与民主实践相结合、地方差异与政治一体化的矛盾等等问题，这显然不能停留在一种"民主想象"上，而是有待于中国人自己去探索。

再次，如何看待大陆儒家的发展。徐复观等港台新儒家在中国文化遭遇空前危机的时候，以守孝的态度来捍卫文化的尊严，从而使文化之星火、儒家之价值得以受到人们的珍重。然而，他们囿于五四的思考模式，以辩护性的方式来论证儒家观念与西方政治法律体系的相容性，这作为阶段性的文化策略是值得肯定的。然而中国的发展，固然要接受一些普遍性的价值和理念，但是，这并不意味着现代化路径的单一性。在多元现代性已经成为共识的今天，儒家所要探讨的是，儒家式的发展模式可否成为多元现代性的一种。台湾等地的发展本身已经成为经验，但是我们显然还缺乏总结这样的模式的思维范型。而对于中国大陆而言，人们对自己的传统文化依然缺乏必要的敬意，因此，任何儒家发展的思路都会被贬斥。大陆新儒家要从徐复观那里继承如何恢复人们对于自己文化的真诚的爱，然后推进徐复观所开创的议题。对于儒教（国教、公民宗教）、儒家宪政主义、"亲亲互隐"（法律中的容隐制度）、婚姻法修正案的讨论，使我们已经看到了大陆新儒家根据中国现实所呈现的价值危机和制度危机所产生的回应社会问题的可能性，而这些将会是沿着徐复观等港台新儒家的足迹而可以预期的儒家的新的生命空间。

陈昭瑛教授曾经以一篇《江山有待》的小说来描述徐复观，如果借用这个话头，我们可以说，对于中国的江山，儒学的发展要当得起这个期待。

儒家政治思想的构造及其转进
（1951 年 12 月 16 日）

一、我们对中国历史文化的态度

　　任何思想的形成，总要受某一思想形成时所凭藉的历史条件之影响。历史的特殊性，即成为某一思想的特殊性。没有这种特殊性，也或许便没有诱发某一思想的动因，而某一思想也将失掉其担当某一时代任务的意义。历史上所形成的思想，到现在还有没有生命，全看某一思想通过其特殊性所显现的普遍性之程度如何以为断。换言之，即是看其背后所倚靠以成其为特殊性的普遍性的真理，使后世的人能感受到怎样的程度。特殊性是变的，特殊性后面所倚靠的普遍性的真理，则是常而不变。历史学之所以能成立，以及历史之所以可贵，正因他是显现变与常的不二关系。变以体常，常以御变，使人类能各在其历史之具体的特殊条件下，不断的向人类之所以成其为人类的常道实践前进。有的人不承认在历史转变之流的后面有不变的常道，便蔑视历史，厌恶传统，觉得他自己是完全站在历史范畴之外，纯靠自力以创造其人生；而不知这种横断面的想法，正自侪于无历史意识的一般动物，以为今日唯物的共产党开路。在另外一方面，则有的人死守时过境迁的历史陈迹，死守着非变不可的具体的特殊的东西，而想强纳于新的具体的特殊条件之下，这是把历史现象混同为自然现象，不仅泥古不可以通今，而且因其常被历史某一特殊现象所拘因，反把构成特殊现象后面的普遍性的常道也抹煞了。这名为尊重历史，结果还是糟蹋历史。最坏的是这种错误的努力，很易被野心家所利用。有的野心家喜欢利用革命的名词，也有的野心家喜欢利用复古守旧的心理。有的野心家更喜欢把两者结合起来，作左右逢源的利用。所以我们对中国文化的态度，不应该再是五四时代的武断的打倒，或是颟顸的拥护。而是要从具体的历史条件后面，以发现贯穿于历史之流的普遍而永恒的常道，并看出这种常道在过去历史的具体条件中所受到的限制。因其受有限制，于是或者显现的程度不够，或者显现的形式有偏差。今后在新的具体的条件之下，应该作何种新的实践，使其能有更完全更正确的显现，以汇合于人类文化之大流，且使野心家，不能假借中国文化以济其大恶，这才是我们当前的任务。

儒家思想，是凝成中国民族精神的主流。儒家思想，是以人类自身之力来解决人类自身问题为其起点的。所以儒家所提出的问题，总是"修己"、"治人"的问题。而修己、治人，在儒家是看作一件事情的两面，即是所谓一件事情的"终始"、"本末"。因之儒家治人必本之修己，而修己亦必归结于治人。内圣与外王，是一事的表里。所以儒家思想，从某一角度看，主要的是伦理思想；而从另一角度看，则亦是政治思想。伦理与政治不分，正是儒家思想的特色。当然，在这一点上，也表现出这是一种思想在草创时的规模，在以后没有得到充分的分科发展。现在仅从政治思想这一面来看儒家思想到底有些什么成就，有些什么限制，须要作如何的转进，而后始能把他所体现的常道，重新由我们的实践显现出来，以继续造福于人类。

二、儒家政治思想的构造

儒家的政治思想，从其最高原则来说，我们不妨方便称之为德治主义。从其基本努力的对象来说，我们不妨方便称之为民本主义。把原则落到对象上面，则以"礼"经纬于其间。

德治的出发点是对人的尊重，是对人性的信赖。首先认定"民之秉彝，好是懿德"；所以治者必先尽其在己之德，因而使人人各尽其秉彝之德。治者与被治者间，乃是以德相与的关系，而非以权力相加相迫的关系。德乃人之所以为人的共同根据。人人能各尽其德，即系人人相与相忘于人类的共同根据之中，以各养生而遂性，这正是政治的目的，亦正是政治的极致。而其关键端在于治者的能先尽其德。《论语》所谓"政者正也，子率以正，孰敢不正"，及"为政以德，譬如北辰，居其所，而众星拱之"，"君子笃恭而天下平"，皆系此意。《大学》上所谓三纲领，八条目，尤其是这种德治主义有系统的说明。其实，此种思想导源甚早。《尚书·尧典》上说，"克明俊德，以亲九族。九族既睦，平章百姓。百姓昭明，协和万邦。黎民于变时雍"。此与《大学》之修齐治平，仅有立说上的疏密之殊，在基本概念上，并无二致。中国最早而可信的有关政治思想的书，当首推《尚书》。其第一篇的德治主张，已如上述。第二篇之《皋陶谟》，首先说，"慎厥身，修思永"。又曰"亦行有九德"。又曰"日宣三德"，"日严祗敬六德"。这是所谓二帝三王的一贯思想，而集其大成于《洪范》。《洪范》的主眼，在于"彝伦攸叙"。彝伦攸叙，即是大家率性以成治的德治。此种政治思想，为内发的政治思想，治者内发的工夫，常重于外在的限制与建立。治者不是站在权力的上面，运用权力去限制些什么，而主要的是站在自己的性分上作内圣的工夫。由内圣以至外王，只是一种"推己及人"的"推"的作用，亦即是扩而充之的作用，其所以能推，能扩充，是信任"人皆可以为尧舜"的性善。只要治者能自己尽性以建中立极，则风行草偃，大家都会在自己的性分上营合理的生活。政治主要是解决人与人之关系的一种最集中的形式。德治的基本用心，是要从每一人的内在之德去融合彼此间之关系，而不要用权力，甚至不要用人为的法规把人压缚在一起，或者是维系在一起。权力的压缚固然要不得，即法律的维系，纵然维系得好，也只是一种外在的关系。外在的关系，要以内在的关系为根据，否则终究维系不牢，而且人性终不能得到自由的发展。德治是通过各人固有之德，来建立人与人之内在的关系。在儒家看来，内在的关系，才是自然而合理的关系。中国一谈到"治术"，便要谈到"正人心"，人心乱，即是无德，即是内在的合理的关系之失坠。人心本来是正的，其所以不正，多半是由于有权有势的人玩弄其权势，以丧其德丧其心。于是不仅社会没有一个建中立极的标准，而且他一定乱用其权势，举措乖方，赏罚颠倒，以破坏人的正常合理的生活。而社会之奸狡者，也便随波逐流，以作恶来保障其生存，这还不天下大乱吗？换言之，社会要以不德相竞，而后始能生活。结果，这种亘古的不德，便演成亘古未有的沦胥之痛。这样看来，中国儒家之主张德治，是对政治上的一种穷源竟委的最落实的主张，并不玄虚，并不迂阔。也或许有人问，为甚么古今许多人尽管口头上仁义道德，但结果，常恰与其所说者相反呢？这道理很简单，德不德，是实行的问题，而不是说不说的问题。站在统治者的地位以言德，首先是看其公不公，首先看其对于权力所抱的基本态度。固然不公的也常常要装做公，但这其间便要弄诈术，行诡道，越走越不能上正路。所谓"生于其心，害于其政"，毕竟是隐瞒不住的。所以古今遇着这种伪德的统治者的时候，首先以不德暴露于天下，甚至以不德来拆他自己的台的人，都是他所亲信之左右。这种不德与不德之间的感应，及由此种感应所招致的祸乱，也是德治可以成其为治的一种反证明。以道德为玩弄权力的一种工具者，乃实所以彰其最大的不德。假定我们便因此而不主张德，不主张以德去烛照一切，则只有增加社会的混乱，而深中这种人的诡计。于是人与人的正常关系恢复不起来，失掉了拨乱反正的凭藉。

《尚书》"民为邦本"的观念，正与德治的观念互相表里。中国政治思想，很少着重于国家观念的建立，而特着重于确定以民为政治的惟一对象。不仅认为"天生民而立之君，以为民也"，并且把原始宗教的天的观念，具体落实于民的身上，因而把民升到神的地位。《尚书·皋陶谟》上面说："天聪明，自我民聪明。天明畏，自我民明畏。"《泰誓》说："天视自我民视。天听自我民听。"《左传》宋司马子鱼和随季梁二人皆说："民，神之主也。"《国语·周语》说："民和，而后神降之福。"又谓"民之所欲，天必从之"，所以民不仅是以"治于人"的资格，站在统治者之下；而且是以天与神之代表者的资格，站在统治者之上。由此可知孟子"民为贵"的说法，只是中国政治思想之一贯的观点。在人君上面的神，人君所凭藉的国，以及人君的本身，在中国思想正统的儒家看来，都是为民而存在，都是以对于民的价值的表现，为各自价值的表现。可以说神、国、君都是政治中的虚位，而民才是实体。所以不仅残民以逞的暴君污吏，在儒家思想中不承认其政治上的地位，即不能"以一人养天下"，而要"以天下养一人"的为统治而统治的统治者，中国正统的思想亦皆不承认其政治上的地位。此一民本思想之彻上彻下，形成儒家思想上的一大特色。

由德治思想，而否定了政治是一种权力的观点，更否定了国家纯是压迫工具的谰言。由民本思想，而否定了统治者自身有何特殊权益的观点，更否定了统治与被统治乃严格的阶级对立的谰言。因为德治是一种内发的政治，于是人与人之间，不重在从外面的相互关系上去加以制限，而重在因人自性之所固有而加以诱导薰陶，使其能自反自觉，以尽人的义务。法重在外制，而体则来自内发；因此德治所凭藉以为治的工具，当然重礼而不重法。朱子谓："礼者天理之节文，人事之仪则。"黄冈熊先生《读经示要》释之曰："然此仪则，却非纯依外面建立，乃吾心之天理，于其所交涉处，自然泛应曲当。曲当者，犹云凡事各因其相关之分际，而赋予一个当然之序也。即此曲当，在心名天理节文。而发于外，名人事仪则。"简言之，天理流行而具体化于外者即为礼。礼之所从出者为天理，亦即所谓德；而德之彰著于外者即系礼。德与礼，本系一而非二。所以《论语》说："道之以政，齐之以刑，民免而无耻。道之以德，齐之以礼，有耻且格。"政系由外所安排，刑系由外所强制。德系人性所固有，礼系德之所流行。故政与刑，系在一起。而德与礼，系在一起。因政治的发动处系基于人性之德，而德为人所共有，则凡"人迹所至，舟车所通"，即为治者德量之所至所通，于是不仅无治者与被治者的对立，亦且无人我的对立。所以"天下有溺者，如己溺之。天下有饥者，如己饥之。""文王视民如伤"，"如保赤子"。德治的统治者，是把自己融解于被治者之中，浑为一体，此其间并无做作。而其所藉以融贯内外，表达上下的，自然以礼为主。礼的基本精神，对己而言，则主敬。敬是克制小我。故《曲礼》曰"勿不敬"。对人而言，则主让。让是伸张大我。故《论语》曰："能以礼让为国乎何有。不以礼让为国，如礼何？"德治思想，民本思想，礼治思想，在儒家完全是一贯的。儒家的政治境界，即是人生的最高境界。所以《大学》上一开头便说："大学之道，在明明德，在新民，在止于至善。"至善正是儒家人生的归结，也是儒家政治的归结。

三、儒家政治思想与民主政治

西方近代的民主政治，是以"我的自觉"为其开端。我的自觉，克就政治上面来说，即是每一个人对他人而言，尤其是对统治者而言，主张自己独立自主的生存权利，争取自己独立自主的生存权利。民主政治第一个阶段的根据，是"人生而自由平等"的自然法。第二个阶段的根据，是互相同意的契约论。自然法与契约论，都是争取个人权利的一种前提，一种手段。所以争取个人权利，划定个人权利，限制统治者权力的行使，是近代民主政治的第一义。在划定的权利之后，对个人以外者尽相对的义务，是近代民主政治的第二义。因为民主政治的根源是争个人权利，而权利与权利的相互之间，必须有明确的界限，有一定的范围，乃能维持生存的秩序，于是法治便成为与民主政治不可分的东西。把民主政治思想背景，来和中国儒家的政治思想作一对比，即不难发现其精粗纯驳之别。所以我认为民主政治，今后只有进一步接受儒家的思想，民主政治才能生稳根，才能发挥其最高的价值。因为民主之可贵，在于以争而成其不争；以个体之私而成其共体的公，但这里所成就的不争，所成就的公，以现实情形而论，是由互相限制之势所逼成的，并非来自道德的自觉，所以时时感到安放不牢。儒家德与礼的思想，正可把由势逼成的公与不争，推上到道德的自觉。民主主义至此才真正有其根基。此点另待专文研究，这里不多所申论。惟我们于此有不能不特须注意者，即是儒家尽管有这样精纯的政治思想，尽管其可以为真正的民主主义奠定思想的根基；然中国的本身，毕竟不会出现民主政治。而民主政治，却才是人类政治发展的正轨和坦途。因此，儒家的政治思想，在历史上只有减轻暴君污吏的毒素的作用，只能为人类的和平幸福描画出一个真切的远景；但并不曾真正解决暴君污吏的问题，更不能逃出一治一乱的历史上的循环悲剧。并且德治系基于人性与尊重，民本与民主，相去只隔一间，而礼治的礼，乃"制定法"的根据，"制定法"的规范。此三者皆已深入到民主主义的堂奥。且德治礼治中的均衡与中庸的观念，亦为民主主义的重大精神因素；而中国本身却终不曾转出民主政治来，民国以来的大小野心家，且常背着中国文化的招牌，走向反民主的方向。此其原因何在？这是我们目前所不能加以急切解答的问题。

儒家集大成的孔子，自称"述而不作"。而孟子称之为"祖述尧舜，宪章文武"，此确系一历史的事实。孔子祖述之大源，当不外于六经。儒家的政治思想，亦皆汇集于六经。六经者，多古帝王立身垂教的经验教训。其可宝贵处，乃在居于统治者之地位，而能突破统治者本身权力之利害范围，以服从人类最高之理性，对被统治者真实负责。此求之于西方，实所罕见。梁漱溟先生说中国文化为理性的早熟，从这种地方，也可以看得出来。儒家总结中国古代的传统思想，加以发扬光大，以陶铸我民族的精神，其贡献昭如日星，不待赘述。但儒家所祖述的思想，站在政治这一方面来看，总于居于统治者的地位来为被统治者想办法，总是居于统治者的地位以求解决政治问题，而很少以被统治者的地位，去规定统治者的政治行动，很少站在被统治者的地位来谋解决政治问题。这便与近代民主政治由下向上去争的发生发展的情形，成一极显明的对照。正因为这样，所以虽然是尊重人性，以民为本，以民为贵的政治思想，并且由仁心而仁政，也曾不断考虑到若干法良意美的措施，以及含有若干民主性的政治制度。但这一切，都是一种"发"与"施"的性质（文王发政施仁），是"施"与"济"的性质（博施济众），其德是一种被覆之德，是一种风行草上之德。而人民始终处于一种消极被动的地位，尽管以民为本，而终不能跳出一步，达到以民为主。于是政治问题，总是在君相手中打转，以致真正政治的主体，没有建立起来，一直到明末，黄梨洲氏，已指明君主是客，天下是主，但跳出君主圈子之外，在人民身上来想政治的办法，这只隔住薄薄的一层纸，而这层薄纸终不曾被中国文化的负担者所折穿；则当思想结集之初，所受的历史条件的限制，即是只站在统治者的立场来考虑政治问题的特殊条件的限制，是值得我们深思长叹的。所以在我们的传统政治思想中，不能不发生下面几个问题：

第一，因为总是站在统治者的立场来考虑政治问题，所以千言万语，总不出于君道、臣道、士大夫出处之道。虽有精纯的政治思想，而拘束在这种狭窄的主题上，不曾将其客观化出来，以成就真正的政治学，因之，此种思想的本身，只算是发芽抽枝而尚未开花结果（此系亲闻之于黄冈熊先生者）。

第二，德治的由修身以至治国平天下，由尽己之性以至尽人之性，都是一身德量之推，因之，"君子笃恭而天下平"，"恭己正南面而已"的想法，在理论上固为可通，但在事势上容有未许。将一人之道德，客观化于社会，使其成为政治设施，其间尚有一大的曲折。而中国的德治思想，却把这不可少的曲折略去。其实，假使政治的主体真正建立起来了，政治的内容，主要为各种自治团体的综合，则政治领导人物亦未始不可做到"笃恭而天下平"的境地。政治的主体不立，即生民的人性不显，于是德治的推扩感应，便不能不有一定的限度。

第三，因政治上的主体未立，于是一方面仅靠统治者道德的自觉，反感到天道的难知，而对历史上的暴君污吏，多束手无策。在另一方面，则纵有道德自觉的圣君贤相，而社会上缺乏迎接呼应承当的力量，圣君贤相也感到孤单悬隔，负担太重，因之常常是力不从心。由此可以了解历史上的朝廷，何以君子之道易消，而小人之道易长！

第四，因政治的主体未立，于是政治的发动力，完全在朝廷而不在社会。智识分子欲学以致用，除进到朝廷外别无致力之方。若对现实政治有所不满，亦只有当隐士之一法。在这种情势之下，智识分子除少数隐士外，惟有一生奔竞于仕宦之途。其有奔竞未得者，则自以为"不遇"，社会亦以不遇目之。不遇的智识分子，除了发发牢骚以外，简直失掉其积极生存的意义。这样一来，智识分子的精力，都拘限于向朝廷求官做的一条单线上，而放弃了对社会各方面应有的责任与努力。于是社会既失掉了智识分子的推动力，而智识分子本身，因活动的范围狭隘，亦日趋于孤陋。此到科举八股而结成了活动的定型，也达到了孤陋的极点。同时，智识分子取舍之权，操于上而不操于下。而在上者之喜怒好恶，重于士人的学术道德，士人与其守住自己的学术道德，不如首先窥伺上面的喜怒好恶，于是奔竞之风成，廉耻之道丧。结果，担负道统以立人极的儒家的子孙，多成为世界智识分子中最寡廉鲜耻的一部分。此种现象，自古已然，于今尤烈。而智识分子反变成为历史的一大负担。所以袁子才有"士少则天下治"的说法。

四、儒家政治思想的当前问题及其转进

以上四种弊端，多半系属于历史性的。站在现在来说，其害或者尚小。今日最阻碍政治前进的，则为德治另一方面的影响，即是统治意识的无限扩大，常常突破一切应有的限制，以致民主政治的基础永远建立不起来的影响。德治本身固不任其咎，而事实上则成为我国今日政治上的一大纠结。

站在德治观点，天下事皆性分内事，所以圣君贤相对于天下事，皆有无限的责任感。《汤诰》上说，"万方有罪，罪在朕躬"。《泰誓》上说，"百姓有过，在予一人"。即系此意。"伊尹圣之任者也。"其实，"任"是中国圣贤一片不得已的共同精神，并不止于伊尹。因此，儒家的伦理思想、政治思想，是从规定自己对于对方所应尽的义务着眼，而非如西方是从规定自己所应得的权利着眼，这自然比西方的文化精神要高出一等。例如："父慈"，是规定父对子的义务；"子孝"，是规定子对父的义务；"兄友"，是规定兄对弟的义务；"弟恭"是规定弟对兄的义务；"君义"，是规定君对臣的义务；"臣忠"，是规定臣对君的义务。其余皆可例推。所以中国是超出自己个体之上，超出个体权利观念之上，将个体没入于对方之中，为其对方尽义务的人生与政治。中国文化之所以能济西方文化之穷，为人类开辟文化之新生命者，其原因正在于此。但就文化全体而论，究竟缺少了个体自觉的一阶段。而就政治思想而论，则缺少了治于人者的自觉的一阶段。理论上缺少此一阶段，应无大问题。然现实上则人有其理性的自克自制的一面，也有其动物性的"欲

动"的一面。尤其是政治的本身离不了权力。一个人，基于道德的自觉以否定其个体，这是把个体融入于群体之中。若非基于道德的自觉而未意识其个体，则其个体全为一被动的消极的存在，失掉了人性主动自由发展的作用。社会上有道德自觉者究系少数。若大多数人缺乏个体权利的政治自觉，以形成政治的主体性，则统治者因不感到客观上有政治主体的存在与限制，将于不识不知之中，幻想自己即是政治的主体（如"朕即国家"之类），于是由道德上的无限的责任之感，很容易一变而引起权力上的无限的支配的要求，而不接受民主政治上所应有的限定。一个政府知道自己权力的限定，这是民主政治起码的要求。近代西方民主的统治意识，好像是有限公司的性质；而中国的倒像是无限公司。所以民国以来之出现袁世凯，我想，我们文化历史上缺少个体自觉的这一阶段，缺少客观的限定的力量，应负其咎。但这并不能说是德治本身的流毒。因为凡是基于道德自觉的政治，其内心必有不容自己的歉然不足之情。"万方有罪，罪在朕躬"，这并不是谦辞、饰辞，而系与基督代人类负十字架，同为由最高道德自觉而来的罪恶感。正因为如此，即决不会以政治领袖自居，更决不会玩弄手段去争取政治领袖，而对于人民自然有一番敬畏之心，即所谓"大畏民志"，以贯彻民本的观念。这是以道德的责任感来消融政治的权力，而不是以政治的权力来代替道德的责任感。于是对于政治的权力的限制上，也会发生与民主政治相同的结果，民主政治，是从限制政府的干涉开始。德治因其尊重人性，而亦重"简"，重"无为"。民主政治没有固定的极权的领袖观念。德治则"舜禹之有天下也，而不与焉"。"天下为公"的说法，流传于二千年专制政治之中，无人敢加以否定。因之，"禅让"一词，成为中国政治上最大的美谈，连奸雄篡位，都要来一套南向而揖让者三的假把戏，推其所由来，和华盛顿之不肯接受终身总统，以树立美国的民主风范者，无大差异。又如民主国家的言论自由，是来自基本人权的观念，即系认定人民有此基本权利，政治乃以保障这些基本权利为职志，当然不会有问题。而儒家的政治思想，亦无不以钳制舆论为大戒，这是出于统治者道德的自制，出于道德对人性的尊重。此固与西方言论自由的来路不同，而结果亦无二致。

只有采用中国传统的无限责任的政治观点，而后面缺乏道德的自觉；采用西方近代权力竞争的政治观点，而前面不承认各个体的基本权利的限制，这种把中西坏的方面糅合在一起的政治，有如中国现代的政治，才是世界上最不可救药的政治。譬如近代法的基本观念，本是规定相互关系，以限制统治，保障人民的。而在这种政治下，则变为抑压人民，放肆统治的工具。所以结果等于无法，更何有于礼让。今日我们如何会遭遇这样空前的大劫？这样的大劫，在政治上以何方法得以挽回？真正有心世道的人，要在这些地方用心的想一想。

由以上简单的论述，我们可以将事实作一对照，可知民国以来的政治，既不是西方的民主政治在替我们负责，也不是儒家的政治思想在替我们负责，而是亦中亦西、不中不西的政治路线在作祟。我们今日只有放胆的走上民主政治的坦途，而把儒家的政治思想重新倒转过来，站在被治者的立场来再作一番体认。首先把政治的主体，从统治者的错觉中移归人民，人民能有力量防止统治者的不德，人民由统治者口中的"民本"一转而为自己站起来的"民主"。知识分子，一变向朝廷钻出路，向君王上奏疏的可怜心理，转而向社会大众找出路，向社会大众明是非的气概。对于现实政治人物的衡断，再不应当着眼于个人的才能，而应首先着眼于他对建立真正的政治主体，即对民主所发生的作用。所以今后的政治，先要有合理的争，才归于合理的不争。先要有个体的独立，再归于超个体的共立。先要有基于权利观念的限定，再归于超权利的礼的陶冶。总之，要将儒家的政治思想，由以统治者为起点的迎接到下面来，变为以被治者为起点，并补进我国历史中所略去的个体之自觉的阶段，则民主政治，可因儒家精神的复活而得其更高的依据；而儒家思想，亦可因民主政治的建立而得完成其真正客观的构造。这不仅可以斩断现实政治上许多不必要的葛藤，而且可在反极权主义的斗争上，为中国为人类的政治前途，开一新的运会。

中国的治道
——读《陆宣公传集》书后
（1952 年 7 月 16 日）

我初认识王岚僧先生的时候，他把张闳生先生写给他的一封信转给我看，信中说我是当今的陆敬舆、朱元晦。彼时愧汗之情，非言可喻，故写此文献给闳生先生，以表示我的惶悚感激。过了不久，我也认识了闳生先生。年来使此位恳笃乐易的朋友失望的情形，当不难想见。

一九五六年六月二十日补志

一

陆贽，字敬舆，卒后谥曰宣。苏州嘉兴人。生于天宝十三年，即西历七五四年。卒于永贞廿一年，即西历八〇五年。《旧唐书》的《陆贽传》，是以权德舆的《陆宣公翰苑集叙》为蓝本，而插入一些言论奏议的。《新唐书》的传，则又系将旧传略加损益。"文损于前，事增于旧"，《新唐书》的这种自负，在此一传中，亦可概见。但我并不以为新传胜于旧传。旧传称陆"颇勤儒学"，这只有读完其《翰苑集》后，才知此四字之真正着落，为了解陆氏思想之一大关键，决非闲笔墨可比；而新传竟将其删去。又新传引用陆氏文章，字句间颇有改易。其"贽劝帝群臣参日，使极言得失。若以军务对者，见不以时"云云，此盖节录《奉天论奏当今所切务状》中"各使极言得失，仍令一一面陈。军务之余，到即引对"一段，而将"军务之余"，误为"若以军务对者"。此虽细节，究嫌疏略。又新旧传皆本权叙言陆在忠州"为今古集验方五十篇"；然权叙中又明言除陆有《别集》十五卷外，有《制诰集》十卷，《奏草》七卷，《奏议》七卷，合之即为《翰苑集》，而新旧传皆不及，可谓录小而遗大（《新唐书》各列传中，多将《旧唐书》各列传中所记录之诗文集等略去，实一憾事）。总之，欲真正了解陆氏，固不能仅靠新、旧《唐书》之《陆贽传》，即欲真正了解德宗一代的朝政，尤其是关于收京后的许多措施，与夫有唐一代许多经制之眼目，亦非读《翰苑集》不可。读廿四史已属不易，能读廿四史而不辅之以各代的私人重要文集，恐亦不易打开历史阶段的关键，此读书之所以不可苟简欲速。

对于陆氏的评价，当无过于苏轼、吕希哲等七人所上的《进读奏议劄子》。苏氏的这篇文章，也是模仿陆文的体裁来做的，他说："智如子房而文则过，辩如贾谊而术不疏。上以格君心之非，下以通天下之志。"又说："六经三史，诸子百家，非无可观，皆足为治。但圣言幽远，末学支离；譬如山海之崇深，难以一二而推择。如贽之论，开卷了然。聚古今之精英，实治乱之龟鉴。"读了《翰苑集》以后的人，再读苏轼这篇文章，真觉得字字恰当。

专制时代的"权原"在皇帝，政治意见应该向皇帝开陈。民主时代的"权原"在人民，政治意见则应该向社会申诉。所以专制时代的诤臣，即民主时代的政论家。但我们遭遇到伟大的时代，却未尝出一个真正的政论家。而陆氏面对一个聪明强干的皇帝，却能深入到皇帝的内心，将其内心的渣滓，一一加以清洗。道理说得这样的深切，文章表达得这样的著明。使千多年后的我们读了，会感到陆氏的脉搏，依然在向我们作有力的跳动，这真是历史中的一大奇迹。固然后人遭遇的客观条件，赶不上陆氏初年；但后人在政治的主观觉悟中，更无法依稀陆氏于万一。当时陆氏的亲友，为怕陆氏闯祸，也劝他不要把话说得太直。他的答复是"吾上不负天子，下不负吾所学，不恤其他"。"不恤其他"，乃是一种殉道精神。殉道精神，乃陆氏所以能写文章的真正根底。他在奏议中说："感激所至，亦能忘身"，"诚有所切，辞不觉烦"。又说，"倘又上探微旨。虑匪悦闻；傍惧贵臣，将为沮议；首尾忧畏，前后顾瞻。是乃偷合苟容之徒，非有扶危救难之意。心蕴忠愤，固愿披诚"（《论两河及淮西利害疏》）。更谓"畏覆车而骇惧，虑毁室而悲鸣。盖情激于衷，虽欲罢而不能自默也。……忧深故语烦，恳迫故词切"（《论裴延龄奸蠹书一首》）。这都是"不恤其他"的注脚。后人以苟容自喜，无所谓忧深。以偷合为能，无所谓恳迫，更无所谓忠愤。忧不深，自己早已麻木，便不知世间更有痛痒的语言。情不迫，自己安于伶俐便巧，更何能感触到何者值得悲鸣骇惧。在特殊情势之下的真正政论家，他的文章都是自其"上下与天地同流"的殉道精神中流出来的。此种精神显现不出来，则只有让陆氏独步千古。

但我写此文的动机，是感到中国的治道，即是政治思想，一直是在矛盾曲折中表现，使人不易作切当明白的把握。读完了《翰苑集》，意外的发现陆氏对于此点，比许多古人发掘得深，也比许多古人表达得清楚。此乃了解中国政治思想中核的一大关键，这是我在重读《翰苑》之前所没有预计到的收获。

二

中国的政治思想，除法家外，都可说是民本主义，即认定民是政治的主体。但中国几千年的实际政治，却是专制政治。政治权力的根源，系来自君而非来自人民，于是在事实上，君才是真正的政治主体。因此，中国圣贤，一追溯到政治的根本问题，便首先不能不把作为"权原"的人君加以合理的安顿；而中国过去所谈的治道，归根到底便是君道。这等于今日的民主政治，"权原"在民，所以今日一谈到治道，归根到底，即是民意。可是，在中国过去，政治中存有一个基本的矛盾问题。政治的理念，民才是主体；而政治的现实，则君又是主体。这种二重的主体性，便是无可调和对立。对立程度表现的大小，即形成历史上的治乱兴衰。于是中国的政治思想，总是想解消人君在政治中的主体性，以凸显出天下的主体性，因而解消上述的对立。人君显示其主体性的工具是其个人的好恶与才智。好恶乃人所同有，才智也是人生中可宝贵的东西。但因为人君是政治最高权力之所在，于是它的好恶与才智，常挟其政治的最高权力表达出来，以构成其政治的主体性，这便会抑压了天下的好恶与才智，即抑压了天下的政治主体性。虽然在中国历史中，天下（亦即人民）的政治主体性的自觉并不够，可是天下乃是一种客观的伟大存在，人君对于它的抑压，只有增加上述的基本对立。其极，便是横决变乱。所以儒家、道家，认为人君之成其为人君，不在其才智之增加，而在将其才智转化为一种德量，才智在德量中作自我的否定，好恶也在德量中作自我的否定，使其才智与好恶不致与政治权力相结合，以构成强大的支配欲。并因此而凸显出天下的才智与好恶，以天下的才智来满足天下的好恶，这即是"以天下治天下"，而人君自己，乃客观化于天下的才智与天下的好恶之中，更无自己本身的才智与好恶，人君自身，遂处于一种"无为的状态"，亦即是非主体性底状态。人君无为，人臣乃能有为，亦即天下乃能有为。这才是真正的治道。老子主张"无为而无不为"，班固称其为"君人南面之术"。庄子说"闻在宥（在而有之，即与以当下承认，而不另加造作之意）天下，未闻治天下也"。《在宥篇》虽未必出于庄子之手，但此语之可以代表庄子的政治思想，当无疑问。《易传》谓"简易而天下之理得"。孔子因为"雍（孔子的学生）也简"而觉其可以"南面"（做皇帝）。"简"是近于无为的。孔子并且进一步说"大哉尧之为君也，巍巍乎唯天为大，唯尧则之，荡荡乎民无能名焉"（看不出他的才智，所以也数不出他的功德）。"巍巍乎舜禹之有天下也，而不与焉"。"无为而治者，其舜也与。夫何为哉，恭己正南面而已"。又说，"为政以德，譬如北辰，居其所而众星拱之"。这里的所谓德，用现代的语言说，是一副无限良好底动机。良好的动机，即道德的动机，总是会舍己从人，而不会强人就己的。大学在政治上只是行"絜矩之道"。中庸在政治上只是"以人治人"（系不以己去治人之意）。王船山在《读通鉴论》中，要把人君"置于可有可无"之地，使君以不直接发生政治作用为其所尽的政治作用。黄梨洲更清楚说出天下是主，君是客，使君从属于天下。这都是以各种语言表现出只有把人君在政治中的主体性打掉，才可保障民在政治上的主体性。这才是中国政治思想的第一义。由此而下的种种规定，都是第二义、第三义的。人君要以"无为"而否定自己，以"无为"而解消自己在政治中的主体性，把自己客观化出来，消解于"天下"的这一政治主体性之中，以天下的才智为才智，以天下的好恶为好恶，这才解除了政治上的理念与现实的矛盾，才能出现一种"万物并育而不相害"的太平之治。儒家"无为"的基底，是作为人文世界根本的仁；而道家则系自然世界的自然。两家只在这种地方分枝。但在要求人君"无为"的这一点上却是一致。法家则是以臣民为人君的工具，这是法西斯思想。但人君运用其工具的"术"，依然是要"虚静以待令"，要"明君无为于上"，要"虚静无事"，要"去其智，绝其能"（以上均见《韩非子·主道第五》）。可见人君以其智能好恶表现自己的存在，即系以一人与天下相对立的存在。以一人与天下相对立，不仅破坏了儒家的仁，道家的自然，也破坏了法家的术。这只要看历史上凡是沾沾以术自喜的人君，结果总是归于无术，便可明白这种道理。没有理解到这一层，便不算真正理解了中国政治思想的根底，以及数千年来治乱兴衰，循环不已的原因。此一思想的线索，和它给与历史政治上的影响，散见于古人的各种议论与各个事象之中，虽未构成一个完整系统，但实等于一股强力的伏流，不断随地涌现。而以在陆宣公的议论中，涌现得更明白具体。

三

陆氏所以能把中国治道的根荄发掘出来，具有三个条件：一是他个人的学识人格；二是德宗对他非常底亲信；三是德宗自己很能干，但逃到奉天后，又流露出一种痛悔的深切感情。此三条件缺一不可。"能干"是臣道。人君的能干，系通过其政治最高权力以表达出来的，自然变成由权威所支持的夸诞品。此时其臣下如也有能干，立刻会与这种夸诞品相抵触而迸得头破血流。所以从中外的历史上看，凡是自己逞能干的人君，其臣下必定是一群"聪明底奴才"。不聪明，人君看不上眼；不奴才，它即无法立足。人君造成此批聪明底奴才站在它脚底下之后，其内心遂常以天下的人才皆在于此，而实际都赶不上他，乃益以增加对自己才智之自信。这都是以臣道而处君位之过。陆氏面对着这样的人君，所以第一须教德宗以人君之道，这便触到中国治道的根本了。德宗是一个很有才智（能干）而且又是很想把天下治好的人。他当雍王时，曾破史朝义于洛阳，与郭子仪等八人图形凌烟阁。《旧唐书》说他"初总万机，励精治道。思治若渴，视民如伤。凝旒延纳于谠言，侧席思求于多士。……加以天才秀茂，文思雕华"。《新唐书》则说他"猜忌刻薄，以强明自任。耻见屈于正论，而忘受欺于奸谀"。两书所说的都是一个人的两面，而且《旧唐书》所说的长处，正是《新唐书》所说的短处的根源。奉天之祸（朱泚叛变，德宗逃到甘陕交界处的奉天），固然一面是因为战略的错误（陆氏先指陈过，不应虚关中以从事于山东）。但根本的原因，却是由于德宗自信其才智，自用其才智，随其才智而俱来的上下隔阂，人心疑阻，亦即人君与天下的对立之尖锐化。陆氏会对此加以检讨的说"断失于太速，察伤于太精"，"神武果断，有轻天下之心"（以上皆见《论叙迁幸之由疏》）。又说，"智出庶物，有轻待人臣之心。思周万机，有独驭区宇之意。谋吞众略，有过慎之防。明照群情，有先事之察"（《兴元中论续从贼中赴行在官等状》），"所以孕祸胎而索义气者，在乎独断宸虑，专任睿明"。又说"违道以私心，有人而任己。谓欲可遏，谓众可诬。谓专断无伤，谓询谋无益。谓谀说为忠顺，谓献替为妄愚。谓多疑为御下之术，谓深察为照物之明"(《奉天请数对群臣兼许令谒事状》)。这都是说德宗自任才智、自逞好恶的情形。自任才智的人必然会自逞好恶。人君以一己才智之小，面对天下之大，好像一个单人拿着火把进入于一大原始森林之中，必因内心的疑惧而流于猜忌。猜忌者不敢任人，尤不敢任将。陆氏检讨德宗任将取败的情形说："今陛下命帅，先求易制者。多其部，使力分。轻其任，使力弱。由是分闑责成之义废，死绥任咎之志衰。一则听命，二亦听命。爽于军情亦听命，乖于事宜亦听命。将帅既幸于总制在朝，不忧于罪累。陛下又以为大权由己，不究事情。"(《论沿途守备事宜状》)又说"疑于受任，以制断由己为大权。昧于责成，以指麾顺旨为良将。锋镝交于原野，而决策于九重之中。机会变于斯须，而定计于千里之外。……上有掣肘之讥，下无死绥之志"(《兴元奉请许浑减李晟等诸军兵马自取机便状》)。又说"戍卒不隶于守臣，守臣不总于元帅。至一城之将，一旅之兵，各降中使监临(派宦官之类去监视，有如苏联的政工)，皆承别旨委任(别旨是不经过正式手续的命令，如手令之类)。每至犬羊犯境，方驰书奏取裁。比蒙征发救援，寇已获胜罢归"(《请减京东水运收脚价于沿途州镇储蓄军粮事宜疏》)。德宗不仅猜忌武臣，并且也猜忌一切官吏。朝廷要用一人，都须经过他亲自考核，弄得以后朝列空虚，无人可用。陆氏批评他"升降任情，首末异趣。使人不量其器，与人不由其诚。以一言称惬(合意)为能，而不核虚实。以一事违忤为咎，而不考忠邪。其称惬则付任逾恒，不思其所不及。其违忤，则责望过当，不恕其所不能。是以职司之内无成功，君臣之际无定分"(《论朝官阙员及刺史等改转伦叙状》)。由自任才智而猜忌，由猜忌而陷于孤立，乃一条线的发展。所以陆氏说，德宗"英资逸辩，迈绝人伦。武略雄图，牢笼物表。愤习俗以妨理，任削平而在躬，以明威照临，以严法制断。流弊日久，浚恒太深。远者惊疑而阻命，近者畏慑而偷容。君臣意乖，上下情隔。轩墀之间，且未相谕；宇宙之广，何由自通。……人人隐情，以言为讳。至于变乱将起，亿兆同忧。独陛下恬然不知"(《奉天论前所答奏未施行状》)。自任才智之另一面，则必流为自欺好谀。陆氏形容当时的情形说，"议曹以颂美为奉职，法吏以识旨为当官"(《奉天论前所答奏未施行状》)，"贵近之臣，惟揣乐闻，不忧失实。咸言圣谋深远，策略如神。小寇孤危，灭亡无日。陛下皆谓其信然，穷兵竭财，坐待平一。人心转溃，寇难愈滋"(《兴元论续从贼中赴行在官等状》)。陆氏称这为

"媚道大行"的世界。总之，德宗的失败，不失败于昏庸懦劣，而失败于才智强明。照陆氏的看法，德宗的作风，只能算是臣道，只可受人领导；而不能算是君道，不是去领导人的。陆氏对于君道与臣道，常加以清楚的区别。其所苦苦争执的就是要德宗能把握这种君道，亦即是归根到底的治道。

四

陆氏要挽救当时政治的危机，首先须解救德宗的孤立，朝廷的孤立。孤立是由人君与天下对立而来。对立又是由人君的好恶与才智在作祟；于是陆氏要德宗丢掉自己的好恶与才智，将自己的好恶与才智，解消于天下的好恶与才智之中，以凸显出天下的好恶与才智，因而解消了人君与天下的对立，这即是所谓"无为"之治。由无为转进一层，即是"罪己"、"悔过"。罪己、悔过的真正表现，则在于以推诚代猜嫌，以纳谏代好诿，以宽恕代忌刻。无为，罪己，改过，是解消自己的政治主体性；而推诚，纳谏，宽恕，则是为了显现"天下"的政治主体性。政治中只有一个主体性，即对立消失而天下太平。一部《翰苑集》，陆氏代德宗所说的话，及他向德宗所说的话，大约可以这样的加以概括。兹将陆氏所说的，择要摘录在下面，以资参验。

夫君天下者，必以天下之心为心，而不私其心。（把自己的心，解消于天下之心之中。）以天下之耳目为耳目，而不私其耳目。（耳目即才智，把自己的耳目，解消于天下之耳目之中。）故能浸天下之志，尽天下之情。（与天下合而为一。）夫以天下之心为心，则我之好恶，乃天下之好恶也。安在私托腹心，以售其侧媚也。以天下之耳目为耳目，则天下之聪明，皆我之聪明也。安在偏寄耳目，以招其蔽惑也。……（将舜与纣的情形加以比较，可见）舜之意务求己之过，以与天下同欲而无所偏好。纣之意，务求人之过，以与天下违欲而溺偏私。（同欲即与天下合而为一，违欲乃与天下对立为二）与天下同欲者谓之圣帝，与天下违欲者谓之独夫。（《论裴延龄奸蠹书一首》）

圣王知宇宙之大，不可以耳目周，故清其无为之心，而观物之自为也。知亿兆之多，不可以智力胜，故一其至诚之意，而感人之不诚也。异于是者，乃以一人之听览，而欲穷宇宙之变态；以一人之防虑，而欲胜亿兆之奸欺。役智弥精，失道弥远……（举了许多历史证据后，可知）以虚怀侍人，人亦思附；任数御物，物终不亲。情思附，虽寇仇化为心脊；意不亲，虽骨肉结为仇慝。（《兴元论续从贼中赴行在官等状》）

臣谓当今急务，在乎审察群情。（群情，即今之所谓民意或舆论。）欲恶与天下同，天下不归者，自古及今，未之有也。……（证验以古今得失之后，则）陛下安可不审察群情，同其欲恶。此诚当今之急也。……（能审察群情）是乃总天下之智以成聪明，顺天下之心以施教令。（《奉天论奏当今所切务疏》）

按治天下要有一个客观的标准，人君应服从此一客观标准。此即陆氏在另一处所说的"违欲以从道"的"道"。但这里应特为注意者，不仅人君个人的"欲恶"，不能作为政治客观的标准，即任何好底抽象底名词乃至主义，如非代表天下的好恶，则在中国的政治思想中，都不是政治上所应服从的客观标准。中国所说的政治底客观标准，即是天下人之心，即是天下人之"欲恶"，即是天下的"人情"或"群情"。孟子以好色好货，"与民同之"，即可以王天下；陆氏反复强调"欲恶与天下同"，即是"违欲以从道"的"道"。用现在的话说，多数人的同意，即是政治的客观标准。倘把抽象底名词或主义，硬性规定为政治上最高无上的原则，以压倒人民现实的"欲恶"，美其名曰为了达到理想的将来，故不得不强人民以牺牲现在的"欲恶"。结果，抽象名词或主义的自身不能向人民显现，更不能向人民作强力的要求；而显现此名词此主义，以强力要求实现此名词、此主义者，实为站在统治地位的少数人，于是少数人便将个人的"欲恶"，神化为抽象的名词或主义，以压倒天下的欲恶，鞭策天下以现实其个人的欲恶。但彼犹可怛然无愧曰："我是为了实现……理想。"中国的政治思想，一贯是以"与天下同欲"为最高原则；仁义之施，亦必推原于人人不学而知的良知良能，亦即"人心之所同然"。而从不在多数人的现实欲恶外，另安架一套原则。中国的政治思想，是要人君作圣人，此好像与柏拉图氏"哲人为王"的说法相同。然柏拉图的"哲人"，是一手拿着彼之所谓"理型"（Idea）以区别众生的金、银、铁等阶级，而要大施改造的斤斧。中国政治上的圣人，则只是把自己消解在人民之中，使人民能实现其自己之欲恶，亦即人人能"养生"、"遂性"的"无为之治"。而不要假借口号，凭自己的聪明才智，去造作一番。换言之，中国政治上的圣人，只是要把自己转化为一张白纸，以方便人民在上面画图案，而不是自己硬性底去规定一种图案，强制人民照着来画。这种意思的后面是蕴藏着对人性之无限底尊重，对人性之无限底信赖，而此种尊重与信赖，即所以显露圣人的无限底仁心。所以我始终认为哲学是各个人之事，是要通过"教"（无权威强制在内）以广被于人生之事。不可把哲学上的概念，去硬性规定为政治上的最高原则。政治上的最高原则，只是天下人的"欲恶"。政府只是服从其多数，保障其少数，亦即"欲恶与天下同"，而将哲学上的议论，制限在"教"的范畴内，将政与教严格底分开，这才能避免少数狡黠者假理性口号以杀人民的流弊。中国的文化，最低限度在政治思想方面，只教政治负责者以"民之所好好之，民之所恶恶之"，"恶人之所好，好人之所恶，此谓拂人之性，如此者，灾必逮夫身"。至于实现人民好恶的政治制度，一向是主张"因革"、"损益"，并没有贻后人以所谓"封建社会"、"宗法社会"这类牢不可破的壳子，强迫今日的人钻进去上当。对于今日的局势，中国文化在此种地方并无罪过。中国文化的罪过，只表现在何以会产生一批子孙，把自己的过错，只向其祖宗身上一推，而毫不以自己的无知无良为可耻。

> 臣闻立国之本，在乎得众。得众之要，在乎见情。万化所系，必因人情。古先圣王之居人上也，必以其心从天下之心，而不敢以天下之人从其欲（是说要天下照我所想的去想、去做的意思）……与众同欲靡不兴，违众自用靡不废。（《奉天论前所答奉未施行状》）

> 夫君人者以众智为智，以众心为心。恒恐一人不尽其情，一事不得其理。（《兴元论解姜公辅状》）

> 领览万机，必先虚其心。镜鉴群情，必先诚其意，盖以心不虚，则物或见阻；意不诚，则人皆可疑。阻于物者，物亦阻焉。疑于人者。人亦疑焉。（《又答姜公辅状》）

按虚之工夫为"损"，故又说"诚不至者，物不感；损不极者，益不臻"（《奉天论赦书事条状》）。又说"损之又损"（《谏寻访宫人状》）。以归结在"敦付物以能之义，阐恭己无为之风"（《论朝官阙员及刺史等改转伦序状》）。《洪范》上说"惟辟（君）作福作威"，即是人君执赏罚之大权的意思。此一意思，至儒家道家皆加以彻底的修正（惟法家继承此一观点）。所以陆氏说："夫与夺者人主之权利。名位者天下之公器。不以公器徇喜心，不以权利肆忿志。……凡制爵禄，与众共之。"（同上）一个以天下自私的人，首先要把爵禄当作是他自己的。用爵禄以驱遣天下奔走衣食之徒，以满足其个人的支配欲。这就是他们之所谓治天下。陆氏指明爵禄是天下的公器，不是人君一个人发泄其"喜心"、"忿志"的工具，使人君的好恶不能通过赏罚表达出来，这是"恭己无为"的第一步，也是最切实而不容易做到的一步。以上都可说是陆氏对治道的最基本底见解，亦即我所说的中国治道的第一义。

<h1 style="text-align:center">五</h1>

"无为"所以防止人君与天下相对立。但奉天之乱，是德宗已经与天下尖锐对立的结果。以无为去解消早经形成的尖锐对立，实有缓不济急之感。所以陆氏进一步劝德宗"罪己"、"悔过"。无为好像是数学中的"零"，而罪己与悔过，则好像是数学中的"负号"。所以我前面说罪己、悔过是无为的转进一步。人君向天下认罪悔过了，其本身对于天下，不仅是零的存在，而且是负号的存在，则天下如何会再与之相对，天下也实无处与之相对。"故奉天所下制书，虽武人悍卒，无不感动流涕"（《新唐书·陆贽传》），正是说明这种道理。一个真正肯以一身担当罪过的人，早已化除人己的界限，其对人必能推诚、纳谏，且能转出一种宽恕的精神。陆氏于此，反复考之于《易》、《诗》、《书》及孔子、老子之所言；证之于尧、舜、禹、汤、文、武、桀、纣及唐太宗、玄宗先后之所行，推验出罪己、悔过、推诚、纳谏、宽恕等，为实现以天下治天下所必须走的一条大路。

德宗在奉天要陆贽检讨过去失败的原因及当前的急务，陆氏认为最紧要的是推诚纳谏。德宗却来一套理论说："朕本性甚好推诚，亦能纳谏。然顾上封者惟识斥人短长，类非忠直，往谓君臣一体，故推信不疑。至金人卖为威福。今兹之祸，推诚之过也。又谏者不密，要须归曲于朕，以自取名。朕嗣位见言者多矣。大抵雷同道听，加质则穷。故顷不诏次对。"陆氏针对这种文过饰非的心理说：

> 人之所助在乎信，信之所立由于诚。……一不诚，则心莫之保；一不信，则言莫之行。……王者赖人之诚以自固，而可不诚于人乎？……（为什么要推诚呢？因为）所谓众庶者，至愚而神。夫蚩蚩之徒，或昏或鄙，此其似于愚也。然上之得失靡不辨，好恶靡不知。所秘靡不传，所为靡不效。驭以智则诈，示以疑则偷。接不以礼，则其循义轻。抚不以情，则其效忠薄。……故曰，惟天下之

至诚，为能尽其性。不尽于己，而责尽于人；不诚于前，而望于后，必给而不信矣。（《奉天请数对群臣兼令论事状》）

动人以言，所感已浅。言又不切，人谁肯怀。故诚不至者物不感，损不极者益不臻。夫悔过不得不深，引咎不得不尽。招延不可不广，润泽不可不弘。宣畅郁堙，不可不洞开襟抱。洗刷疵垢，不可不荡去瘢痕。……《易》曰，圣人感人心而天下和平。夫感者诚发于心而形于事。事或未谕，故宣之于言。言必顾心，心必副事。三者符合，本于至诚，乃可求感。惟陛下先断厥志以施其辞，度可行者而宣之，不可者措之。无苟于言，以重取悔。（《奉天论赦书条状》）

按诚与信的反面是说谎。政治上的说谎，大抵有三种因素：一是为了掩盖自己的坏处，夸张或捏造自己的好处；二是为了对人不相信，认为真话只可对一二亲信的人说，不可向大家说；三是为了自己所想的一套，和"天下"所想的不同；于是口头不得不说天下所想的话，而实际则做自己所想的事。即欲恶本不与天下同，不得已而伪装与天下同。三个因素互相关连，以第三者为最根本。"宣传"便成为极权主义世界说谎的代名词。读了陆氏"至愚而神"及"言又不切，人谁肯怀"的话，政治上说谎之徒，当可爽然自失。据现代心理学的研究，普通人一个谎话说出之后，平均要继续不断的说二十个谎话来盖马脚，于是谎话的本身不能构成一个体系。在政治上更是如此。美国华盛顿一七九七年离开总统职位时的临别赠言中说："我认为诚实永远是最好底政策的格言。不但适用于私事，而且同样也适用于公事。"此一伟大的启示，实与中国传统的精神相合，大概不应把他当做是"宗法社会"的道德而一脚踢去吧。所困难的是，谎话说久了的人，因心理上的积累，遂以谎话为真，以真话为假，于是大家不说假话不行。中国之所谓"打官话"，即是挟带威势的一种假话。从把假话称为"官话"的这一事来推断，则中国的"谎言系统"，其来已非一日，特有积极与消极之不同耳。

仲虺歌成汤之德曰改过不吝。吉甫美宣王之功曰，衮职有阙，仲山甫补之。夫成汤圣君也，仲虺圣辅也。以圣辅赞圣君，不称其改过。周宣，中兴贤王也；吉甫，文武贤臣也；歌颂其主，不美其无阙，而美其补阙。《礼》、《易》、《春秋》，百代不刊之典也，皆不以无过为美，而谓大善盛德，在于改过日新。……是知谏而能从，过而能改，帝王之大烈也。……下之情，莫不愿达于上，上之清莫不愿求知于下。然而下常苦上之难达，上常苦下之难知，若是者何，九弊不去也。所谓九弊者，上有六，下有三。好胜人，耻闻过，聘辩给，炫聪明，厉威严，恣强愎，上之弊也。谄谀，顾望，畏懦，下之弊也。……古之王者，明四目，达四聪，盖欲幽抑之必通，且闻己之过也。垂旒于前，黈纩于侧，盖恶视听之太察，唯恐彰人之非也。降及末代，聪明不务通物情，视听只以伺罪衅，与众违欲，与道乖方。于是相尚以言，相示以智，相冒以诈，而君臣之义薄矣。……（为甚么要推诚，要让人尽量发表意见呢？因为）人之有口，不能无言。人之有心，不能无欲。言不宣于上，则怨蓄于下。欲不归于善，则凑集于邪。圣人知众之不可以力制也，故植谤木，陈谏鼓，列诤臣之位，置采诗之官，以宣其言。尊礼义，安诚信，厚贤能之赏，广功利之途，以归其欲。使上不至于亢，下不至于穷。……古之无为而理者，其率用此欤。……（所以希望德宗）广接下之道，开奖善之门。弘纳谏之怀，励推诚之美。……其纳谏也，以补过为心，以求过为急。以能改其过为善，以得闻其过为明。……其推诚也，在彰信，在任人。彰信不务于尽言，所贵乎出言则可复。任人不可以无择，所贵乎己择则不疑。言而必诚，然后以求人之听命。任而勿二，然后以责人之成功。诚信一亏，则百事无不纰谬。疑二一起，则群下莫不忧虞。（《奉天请数对群臣兼许令论事状》）

按推诚、改过、纳谏为最大的君德，为实现无为而治的具体内容，亦即中国治道的中心问题之所在。陆氏另在《奉天论前所答奏未施行状》中，援古证今，反复推论，而归结为"济美因乎纳谏，亏德由乎自贤"。所以纳谏又是推诚改过的具体表现。纳谏即所谓接受反对意见。人君是政治最高领袖，人君之接受反对意见，对人君自身而言，含有三种意义：第一，系承认自己所干的政治是"公"的。许多人不愿人发表反对意见，因为它认为自己所干的政治是"私"的，私人的东西，当然不愿旁人干涉。第二，系能把自己的精神，客观化到政治问题中去。政治的讨论，只是关涉于客观政治问题的是非，而不关涉个人的好恶与得失。客观的政治问题，因正反两方面的讨论而是非愈明，即是政治领导者，在其精神客观化的过程中，愈能得到圆满的发展。精神停滞在自己血肉之躯以内的人，总在有意无意之间，把客观的政治问题，要生吞活剥的扯进自己的血肉之躯以内。于是天下人本来谈的是公事，而它总觉

得谈的是它的私事。天下人本来批评的是客观问题，而它总觉得批评的
是它自己。这如何能接受反对意见呢？第三，真正有智慧的人，以一个
人而面对着情伪万端的天下，它一定会感到个人才智的渺小。真正有仁
心的人，以一个人而面对着忧乐万端的人民，它一定会感到个人责任的
无穷。以渺小底才智，背负着无穷底责任，自然会经常有一种歉然不足
之情，而只见自己之有过，不见自己之有功。由其歉然不足之情所看到
的反对意见，乃是对自己精神缺陷的一种填补，有如饥渴之得饮食，岂
会不加接受。再站在客观的政治立场来看，天下人都对政治发表包含反
对在内的意见（站在社会的立场对政治发表意见，其本质即是批评的。
因为不是批评的，便让政府去做好了，何必发表意见。此种常识之在中
国，似乎很难得人理解），这是天下自己在显现其自己。人君鼓励天下
人发表包括反对在内的意见，并接受天下人包括反对在内的意见；而人
君自己所表现出来的，不是自己的意见，只是"如权衡之悬，不作其轻
重，故轻重自辨，无从而诉也。如水镜之设，无意于妍蚩，而妍蚩自
彰，莫得而怨也"（《奉天请数对群臣兼许令论事状》）。这即是所谓以天
下治天下。权衡水镜，都是人君的无为之为。所以中国的治道，亦即中
国的君道，常以人君能听话（纳谏）为开端，为归结。一个人能听自己
所不愿听的话，这是表现其生命力的强韧，其生命力也因此而能更得到
营养。假定人君只要求人家听它的话，而讨厌人向它讲话，这对它个人
而论，好像失掉了阳光水土的植物，杜绝了一切生机。对天下而论，好
像抽尽了氧气的空间，窒息了一切呼吸。孔子以"予言而莫莫之违"是
一言丧邦，其意义何等深切。人君能听天下的话，天下人乃会服从朝廷
的政令，因为这种政令是代表天下人的。人君听话，人民从令，这正是
上下交流的政治，即是不对立的政治。

六

当天下大乱的时候，政治没有纪纲，社会没有秩序，各个人也很容
易失掉常态。这种罪过，可以说是由"集体灾祸"而来的"集体罪过"。
集体的领导者是人君，造成集体灾祸的根源的也是人君，所以陆氏认为
人君对于集体的灾祸应该"罪己"；而对于集体的罪过应该"含垢"。
"丕大君含垢之德"（《收河中后请罢兵状》），这是作为人君的内分之事、
当然之事。再从现实上说，集体底罪过，站在政府的立场，只有把它集

体的忘掉，始能转变社会旧底风气，鼓舞社会新底生机。假定要一一计较追究，则应当从造成集体灾祸的领导者层追究起，即是首先要追问原来朝廷的负责层。所以原来朝廷的负责层，于情于理，没有追究社会集体罪过的资格。若是原来朝廷的负责人，觉得自己还可以从头干起，则社会更有何人不可以从头干起，而要追算循环纠结，根本无法算清的旧账？况且朝廷追算旧账，只能追算到朝廷力量可以控制得到的人与地方，亦即是与朝廷较为接近的人与地方。与朝廷较为接近的人与地方尚且要去追算，则尚在敌人手下的，岂不是要斩尽杀尽？这是平定大乱的想法作法吗？所以陆氏要劝德宗由"罪己"、"含垢"中，转出对这种集体罪过的一种深厚的宽恕精神。陆氏为德宗所起草的制、诏，不仅都是此一精神之贯注，而都根据此一精神作了许多收京后的善后设施。陆氏对德宗叙述这一经过说："所以德音叙哀痛之情，悔征伐之事；引众慝以咎己，布明信以示人。既往之失毕惩（按指德宗自己）；莫大之辜咸宥"（《收河中后请罢兵状》）。这完全是实话。例如在《平朱泚后车驾还京大赦制》中说："君苟失位，人将安仰。朕既不德，致寇兴祸，使生灵无告，受制凶威，苟全性命，急何能择。……究其所由，自我而致。不能抚人以道，乃欲绳以刑，岂所谓恤人罪己之诚，含垢布和之义。可大赦天下"。这一类话，在德宗或者以为不过是"打应急符"的宣传文章；而在陆氏"言必顾心"的立场，觉得道理事实确是如此。在此一宽恕精神之下，不特原谅了整个社会，而且也原谅了落伍或失脚了的旧日官员。例如在上引《大赦制》中说："亡官失爵，放归不齿者，量加收叙"，"中外寮吏，伪居官次，国有大庆，所宜同之"。这才是以忘掉问题来解决问题的大手笔。在此种措施下，社会的生机，才能如春风之涵育万物样的涵育出来，以拨乱而反治。但自恃聪明才智的人，如前所述，结果必流于猜忌。而猜忌的人，必最缺乏宽恕精神。不仅睚眦必报，并且对人每想抓住一点藉口，罗织重狱，以立自己的威严。于是陆氏便不断的针对德宗这种倾向来讲话。例如德宗使中官告诉陆氏说"近日往往有卑官从山北来，皆称自京城偷路奔赴行在。大都此辈多非良善。察其实情，颇是窥觇。今且令留在一处安置。如此之类，更有数人。若不根寻，恐有奸计。卿宜商量如何稳便者"。陆氏对此类猜忌之事，总是首先认为有失人君的体统，觉得以人君而亲自去搞防奸工作，是"以尊而降代卑职，则德丧于上"，"德丧而人不归"，"所关兴亡"甚大的。接着便劝德宗当人心转向之时，应"虚襟坦怀，海纳风行，不凝不滞，功者报之，义者旌之，直者奖之，才者任之。……恕其妄作，录其善心。率皆优容，以礼进退"。万不可"降附者意其窥觇。输诚者谓其游说。论官军挠败者猜其挟奸毁沮，陈凶党强狡者疑其为贼张皇"。陆氏认为对于想来的不准他来，来了以后又随意加以监禁，则"徇义之心既阻，胁从之党弥坚"。"今贼泚未平，怀光继叛。都邑城阙，猘貐迭居。关辅郊畿，豺狼杂处。朝廷僻介于远郡，道路缘历于连山。杖策从君，其能有几？推心降接，犹恐未多。稍不礼焉，固不来矣。若又就加猜刻，且复拘囚，使反者得辞，来者怀惧，则天下有心之士，安敢复言忠义哉。"（《兴元论续从贼中赴行在官等状》）又如对于德宗之不召见李楚琳之使，是因为李楚琳原来"乘时艰危，俶扰歧下"，"贼杀戎帅，款结凶渠"，不是没有理由的。但陆氏以为它现既派人来了，"乃能两端愿望，即是天诱其衷"，"厚加抚循，得其持疑，便足集事。倘能迁善，亦可济师。今若徇褊狭之谈，露猜阻之迹，惧者甚众，岂惟一夫"。陆氏并且以为齐桓、晋文、汉高，都能用仇用怨，所以能成霸功，定帝业。尤其是在非常的时候，"虽罪恶不得不容，虽仇雠不得不用。陛下必欲精求素行，追抉宿疵，则是改过不足以补愆，自新不足以赎罪。凡今将吏，岂得尽无疵瑕。人皆省思，孰免疑畏。又况阻命之辈，胁从之流，自知负恩，安敢归化"（《兴元请抚循李楚琳状》）。又如赵贵先为朱泚劫持，德宗原拟赦免；后来因诸将反对，德宗便又不主张释放。但陆氏以为"据法而除君之恶者人臣之常志；原情而安众之危者人主之大权。臣主之道既殊，通执之方亦异"。陆氏总要德宗先有个人君的体统，站在自己的体统上来考虑问题。再叙述赵贵先被朱泚劫持的经过，认为"其于情状，实有足矜"。"况复怀光未殄，希烈犹炽；遭罗诱陷，其类实繁。……宥之以恩，则自新者咸思归命。断之以法，则怀惧者各务偷生"（《请释赵贵先罪状》）。又如德宗以窦参"交接中外，意在不测"，要陆氏加重它的罪刑。但陆氏认为窦参"贪饕货财，引纵亲党，此则朝廷同议，天下共传"，只能按照这种事实去定罪，"至于潜怀异图，将起大恶，迹既未露，人皆莫知"。若"忽行峻罚，必谓冤诬，群情震惊，事亦非细"，所以他不赞成。"良以事关国体，义绝私嫌。所冀典刑不滥于清时，君道免亏于圣德。"（《商量处置窦参事体状》）总之，宽恕精神，是作人的德量，也是平乱的一种大策略。

或者有人觉得像陆氏这样，未免把现实的政治问题看得太天真了。但只要留心读《翰苑集》中《论关中事宜状》、《论两河及淮西利害状》、

《奉天论李晟所管兵马状》、《奉天奏李建徽杨惠元两节度兵马状》、《请不与李万荣汴州节度使状》、《论边城贮备米粟等状》、《论沿途守备事宜状》等，使人不能不惊叹他是一个伟大的智略家，又是一个练达的行政家，既不空疏，又不迂腐。苏子瞻以为他是"智如子房而文则过"，真不是随便说的话。因为真正的智略，只有在坦易廓大的胸怀中才可以浮得起来；也只有在坦易廓大的气氛中才可以运用得出去。逼窄的精神，生长不出深谋大略，正如逼窄的空间，使用不出长剑大戟一样。说也奇怪，中国历史上开国的人物，都带几分"豁如"、"大度"（这是《史记》形容刘邦的）的气象；而末世的政治人物，其共同的特征，便是宽恕的反面——狭促。陆氏形容这种人说："所谓小人者，不必意怀险陂，故覆邦家。盖以其意性险邪，趣尚狭促。以沮议为出众，以自异为不群。趋近利而昧远图，效小信而伤大道。故《论语》曰'言必信，行必果，硁硁然，小人哉'。夫以能信于言，能果于行，唯以硁硁浅近，不克弘通，宣尼犹谓其小人，管仲尚忧其害霸。况又有言行难保，而恣其非心者乎"。写《水浒传》的人，必去掉一个狠狠自好的王伦，而安排一个智不如吴用、力不如武松的"忠义"宋江。忠是不自私，义是能替他人负责，即所谓义气，亦即所谓宽恕。不如此，则三十六天罡、七十二地煞集不到一块儿来。中国这种对人宽恕的精神，一直贯彻于江湖好汉之中，这不能不说是伟大。而生机竭蹶的末世，此一精神在政治圈中常转变而为一种直感底自利精神，以对人之控制与斗争为天下大计了。

七

陆氏的政治思想，也就是中国整个的政治思想，归纳起来，即是要人君"舍己以从众，违欲以遵道。远恬妄而亲忠直，推至诚而去逆诈。杜谗沮之路，广谏议之门。录片善片能以尽群材，忘小瑕小怨俾无弃物"（《奉天论奏当今所切务状》）。换言之，即是要人君从道德上转化自己，将自己的才智与好恶舍掉，以服从人民的才智好恶。在专制政治下言治道，不追根到这一层，即不能消解前面所说的在政治上二重主体性的基本矛盾，一切的教化便都落了空。所以中国过去一谈到治道，便不能不落在君道上面；而一谈到君道，便不能不以"尧舜事其君"，即是落在要其君作无为底圣人的上面。史论家常将陆贽与贾谊并称，再试以贾谊的言论作一例证。班固谓汉文帝"躬修玄默"，玄默是很合于做人君的条件，所以贾谊的《治安策》，很少对文帝谈君德，而只鼓励文帝在大一统的精神下，有所设施。这是因政治对象之不同而所提到的政治内容亦因之不同地方。但贾谊再进一步谈到政治根本问题时，则谓"天下之命，悬于太子"，"太子正而天下定矣"。因为太子是下一代的人君。汉文这一代，在君德上无问题，贾谊便不能不考虑到下一代。于是他提出一套教养太子的意见，即是教养下一代的人君的意见说：

> 古之王者，太子乃（始）生，固举以礼，使士负之。……故自为赤子，而教固已行矣。昔者成王幼在襁抱之中，召公为太保，周公为太傅，太公为太师。保，保其身体。傅，傅之德义。师，道之教训。……逐去邪人，不使见恶行。于是皆选天下之端士，孝悌博闻有道术者以卫翼之，使与太子居处出入。故太子乃（始）生而见正事，闻正言，行正道。及太子少长知妃色，则入于学。学者所学之官也（住在校内之意）。……太傅罚其不则医其不及。……及太子既冠成人，免于保傅之严，则有记过之史，彻膳之宰，进善之旌，诽谤之木，敢谏之鼓，瞽史诵诗，工诵箴谏。……夫三代之所长久者，以其辅翼太子有此具也。

贾谊所以没有提出"无为"二字，是因为当时的政治，正在道家的无为的空气中，而贾氏是要以儒家人文性的无为（儒家的人文主义，是道德性的，此与近西方不同）转化道家自然性底无为的。其所举出的教养方法，主要是要太子能够受教训，实际也是达到无为的一种工夫。所以贾谊说"臣闻圣主，言问其臣，而不自造事"。可见贾陆两氏的基本精神是一致的。我可以这样总结的说，极权政治，是要以其领袖的意志改造天下；而中国的政治思想，则是要以天下之"欲恶"改造其人君，使人君自己无欲恶，以同于天下的欲恶。"格君心之非"，是政治中的第一大节目。但实行"格"的，是人臣。以人臣去格人君存在心里的非，而所谓"非"者，也不过是普通人所固有的个人的好恶和才智；对普通人而言，这并不一定算作"非"的。于是此一改造工作，不仅难乎其为臣，而且被改造的人君，其个人的自由，比任何人都要被剥夺得多；对它的要求，比对任何人的要求都要来得严格。人不一定都要做圣人，但硬要把人君绑架上圣人的神龛上去，作一个无欲无为的圣人，这对人君而言，也的确是一种虐待。所以纳谏是中国政治思想上妇孺皆知的大经；而杀谏臣，杀忠臣，也是中国政治现实中的家常便饭。以唐德宗对陆贽知遇之深，中途也几乎藉口把它杀掉，致使陆贽以盛年而贬居忠州以死。未死前，常闭户不敢和外人见面。这不仅是德宗和陆贽君臣间的悲剧，也实在是整个中国政治史中的悲剧。我不仅同情陆贽，也未尝不同情德宗。但政治上二重主体性的矛盾不解除，此悲剧即永远无法解脱。

中国历史上的圣贤，是要从"君心"方面去解除此一矛盾，从道德上去解除此一矛盾；而近代的民主政治，则是从制度上，从法制上解除了此一矛盾。首先把权力的根源，从君的手上移到民的手上，以"民意"代替了"君心"。政治人物，在制度上是人民的雇员，它即是居于中国历史中臣道的地位，人民则是处于君道的地位。人民行使其君道的方法，只对于政策表示其同意或不同意，将任务的实行委托之于政府，所以人民还是一种无为，而政府则是在无为下的有为，于是在真正民主制底下的政治领导者，比专制时代的皇帝便轻松得多了。作皇帝最难的莫过于不能有其自己的好恶。其所以不能有其自己的好恶，因为人君是"权原"，人君的好恶一与其"权原"相结合，便冲垮了天下人的好恶而成为大恶。但一个人要"格"去其好恶，真是一件难事。在民主政治之下，政治领导者的好恶，与"权原"是分开的，其好恶自然有一客观的限制而不敢闯下乱子，于是其心之"非"不格而自格了。其次，则把虚己、改过、纳谏等等的君德，客观化为议会政治，结社言论自由等的客观制度。一个政治领袖人物，尽可以不是圣人，但不能不做圣人之事，它不能不服从选举的结果，他不能不听议会的论难，凡客观上不能不做之事，也就是主观上极容易去做的事。美国一个新闻业者可以反骂杜鲁门是"罪大恶极的谎言者"。这在专制时代，假使人君对此而能宽容下去，它便是圣君；宽容不下去，它便要做出一桩大罪恶而成为暴君。但在今日，不管杜鲁门心里怎样，对此只有无可如何，付之不问。这种付之不问，既不表现他是圣人，同时也表现他不能不接受这种圣人的客观格式。于是中国圣贤千辛万苦所要求的圣君，千辛万苦所要求的治道，在今日民主政治之下，一切都经常化、平凡化了。假定德宗做的是民主政治下的总统或首相，我相信他会强过杜鲁门和邱吉尔；因杜鲁门没有他的才智，而邱吉尔恐怕没有他那一副真性情。于是像陆氏这样的政论家，大概也是车载斗量，值不得我们今日这样的追慕。所以中国历史中的政治矛盾，及由此矛盾所形成的历史悲剧，只有落在民主政治上才能得到自然而然的解决。由中国的政治思想以接上民主政治，只是把对于政治之"德"，客观化出来，以凝结为人人可行的制度。这是顺理成章，既自然，复容易，而毫不牵强附会的一条路。所以我常说凡是真正了解中国文化，尊重中国文化的人，必可相信今日为民主政治所努力，正是把中国"圣人有时而穷"的一条路将其接通，这是中国文化自身所必需的发展。若于此而仍有所致疑，恐非所以"通古今之变"了。

释《论语》"民无信不立"
——儒家政治思想之一考察
(1955 年 1 月)

我在《荀子政治思想的解析》一文中（中华文化出版事业委员会出版之《中国政治思想与制度史论集》）曾提到近人萧公权氏在其《中国政治思想史》中谓孔子教民重于养民，恐怕系误解了《论语》"自古皆有死，民无信不立"的一段话。我认为孔子主张"去食"而不"去信"，是要政府不可因财政困难而轻作失信于民的措施。孔子断无民可以饿死而民之信不可放松的意思。当时我之所以作此论断，只是根据先秦儒家政治思想的基本精神作一推论，并未暇作文献上的考查。该文刊出后不久，有位热心的读者来信说在同一论集里张其昀先生的《中国政治哲学的本原》中解释这一句话时以为"民信即为国民之共同信仰与思想，释以今语，是谓主义，儒家最大之努力，即为确定吾民族立国之主义，以发扬民族之精神与道德。"（三页）该读者觉得张先生的解释，似乎和我的解释不同，到底那对那不对，希望我作一答覆。我感到对于古典的解释，多少总会受到解释等所处的时代乃至个人地位的影响，此在我国西汉时代已甚显著，此类解释，与文献原意之是否相符，并无关系，没有论列的必要。但这句话的解释，在中国过去的注释家中，早发生歧异。而这种歧异里面，实包含有一种政治上的观点不同，关系于政治思想史者颇大。爰稍加疏导，以供留心中国政治思想史的人的参考。

——

《论语·颜渊》第十二有下面这样一段话：

子贡问政，子曰，足食足兵，民信之矣。子贡曰，必不得已而去，于斯三者何先？曰，去兵。子贡曰，必不得已而去，于斯二者何先？曰，去食。自古皆有死，民无信不立。

后来程伊川说："孔门弟子善问，直穷到底。如此章者，非子贡不能问，非圣人不能答。"可见这一段简单的问答中，实具备了孔子政治思想的具体轮廓。误解了这一段话，不仅误解了孔子的政治思想，并且也会误解到孔子学术思想的基本精神。但是对这一段话的误解，其来已非一日。而这种误解，是随专制政治逐渐掩没了原始儒家的政治思想而加深的。郑康成注这一段说：

> 言人所特急者食也。自古皆有死，必不得已，食又可去也。民无信不立，言民所最急者信也。

郑注之意，信是就人民本身说的。将郑注释以今语，人民宁可饿死而不可无信。皇侃疏引李充曰：

> 朝闻道夕死，孔子之所贵；舍生取义，孟轲之所尚。自古有不亡之道，而无有不死之人，故有杀身非丧己，苟存非不亡也。

李充的说法，可以看作是郑注的一种补充理由。但是何晏的《论语集解》却引孔安国注谓：

> 死者古今常道，人皆有之。治邦不可失信。

照孔注的意思，信是就统治者自身说的。将孔注释为今语，统治着宁可自己饿死而不可失信于民。刘宝楠《论语正义》以"食"为"制国用"的"食政"，等于今日之财政。民信是"上与民以信"。因为古来"咸以信为政要"。足食足兵民信为"三政"。"去兵"谓"去力役之征"。"去食"谓"凡赋税皆触除"。自古皆有死，民无信不立者，谓"自古人皆有死，死而君德无所可讥，民心终未能忘，虽死之日，犹生之年"，这完全是引申孔义，与郑注分明是相反。

朱元晦《论语集注》对此的解释是：

> 民无食必死，然死者人之所必免；无信，则虽生而无以自立，不若死之为安。故宁死而不失信于民，使民亦宁死而不失信于我。

朱注主要的意思是说民宁饿死而不失信于统治者。但他下这样的解释时，心里多少感到有点不安，所以插进"宁死而不失信于民"一句，于是"自古皆有死"之死，变成为统治者与被统治者的共死，朱元晦的态度是谨慎而调和，但在文理上多少有点附益之嫌。

二

然则在上述三种不同的解释中，究竟以那一解释为合于孔子的原意？这要就《论语》本身来取证。

《论语》上提到"信"字，可分为两大类。一种是就士的操持上讲的，如"弟子入则孝，出则弟，谨而信"之信，及"主忠信"之信。一种是就政治上来讲的，如"信而后劳其民"之信，及"敬事而信"之信。前一种"信"是人的一种德性，是每一个人所当持守的。后一种信，是政治上的一种条件，是说统治者必自己做到信的条件，以使人民能相信它。这种信是对于统治者提出的要求，而不是对人民提出的要求。先秦儒家，凡是在政治上所提出的要求，都是对统治者而言，都是责备统治者，而不是责备人民，这可以说是一个"通义"，此即"德治"的本质。《论语》"子贡问政"这一条，足食足兵，民信，分明都是就为政者本身说的三个条件。民信的信，自然不是对人民的要求，而只是对统治者的要求。所以孔注，尤其是刘宝楠的正义，将食释为"食政"，即政府的财政，民信是统治者宁死亦不失信于民，最能得孔子的原意。郑君虽在此处把信解释为对人民的要求，但当他笺《毛诗·下武篇》时则谓"王道尚信"，"王者之道成于信"；盖在政治上所说的信，无不系对统治者以立言。皇本此章"民信"上有"令"字，成为"令民信之矣"。"无信"作"不信"，成为"民不信不立"。我虽不能断定皇本与现行之孰真孰讹，然由此可以证明孔注乃一般流行之通说。后来王若虚《论语辨惑》中解释这最为清楚。"夫民信之者，为民所信也。民无信者，不为民信也。为政而至于不为民信，则号令轻，纪纲日弛，赏不足劝，而罚不可惩，委靡颓堕，无（任何）事不能立矣，故宁去食而不可失信"（《滹南遗老集》卷六）。

朱元晦注释的错误，是从一个更大的错误来的。孔孟乃至先秦儒家，在修己方面所提出的标准，亦即在学术上所立的标准，和在治人方面所提出的标准，亦即在政治上所立的标准，显然是不同的。修己的学术上的标准，总是将自然生命不断底向德性上提，决不在自然生命上立足，决不在自然生命的要求上安设价值。治人的政治上的标准，当然还是承认德性的标准，但这只是居于第二的地位，而必以人民的自然生命的要求居于第一的地位。治人的政治上的价值，首先是安设在人民的自然生命的要求之上，其他价值必附丽于此一价值而始有其价值。孔子在修己上主张"居无求安，食无求饱"，甚至要求"杀身成仁"。但在政治方面，则只是"节用而爱民"，"因民之利而利之"，以至"老者安之，少者怀之"。孟子对士的主张是"尚志"，是"仁义而已矣"；但在政治方面则认为"救死而恐不赡，奚暇治礼义哉"，可见他认救死比礼义重要。而他之所谓"王道"，归结起来也只是"老者衣帛食肉，黎民不饥不寒"，他的所谓仁政只是"所（民）欲与之聚之，所恶勿施尔也"。此一用意，在《大学》说得更为明显。诚意正心修身，是对政治负责人自己说的；而对人民来说，则只是"民之所好好之，民之所恶恶之"。王阳明说得最彻底。民之好恶，就是至善（止于至善），这种修己与治人之标准的不同是了解中国先秦儒家思想的一大关键。但这一关键，到后来便慢慢模糊了，常常把修己的德性，混淆为政治上对人民所要求的标准。于是两汉以后，儒家政治思想的精神脉络，除极少数人外，常隐没而不彰；程朱在这一点上也不知不觉的陷于此一错误。朱注认信为"民德"，为"人之所固有"，所以觉得人民即使饿死也要他们守而不失，这是以儒家修己之道责之人民，但他对一部《论语》一直解到死。其用心真可谓入微入细，内心当然感到统治者自己站在人民上面去要求人民为信而死。这种片面的要求，总有点说不过去，所以便把统治者与人民绾带在一起，而成为统治者与人民共为信而死，这似乎解释得更为圆满了。但这种圆满仍与孔孟的基本精神不合，孔孟对于统治者和人民，从不作同等的要求，所以对于教养的关系，都是养先教后，养重于教的。

三

养与教的关系，不仅是政治上的一种程序问题，而实系政治上的基本方向问题。儒家之养重于教，是说明人民自然生命的本身即是政治的目的；其他设施，只是为达到此一目的的手段。这种以人民自然生命之生存为目的的政治思想，其中实含有"天赋人权"的用意。所谓天赋人权，是说明人的基本权利是生而就有，不受其他任何人为东西的规定限制的。承认人权是出于天赋，然后人权才成为不可动摇，人的生存才真能得到保障；所以政治的根本目的，只在于保障此种基本人权，使政治系为人民而存在，人民不是为政治而存在。较儒家为晚出的法家，以耕战之民，为富国强兵的手段；人民自己生存的本身不是目的，由人民的生存而达到富国强兵才是目的，于是人民直接成为政治上之一种工具，间接即成为统治者之一种工具，这样一来，人民生存之权不在于自己而在于统治者之是否需要，这是中国古代的法西斯思想，当然是与儒家根本不能相容的。固然"饱食暖衣而无教，则近于禽兽"，儒家不是不重视教，但儒家之所谓教，只是"申之以孝弟之义"，"皆所以明人伦"，这是就每一个人的基本行为而启示以基本规范，其教之所成就，依然是直接属于每一个人的自身，这与"概念"性的东西并不相同，亦即与今日一般之所谓"主义"完全异致。不过，这种教的根据虽然是人性所固有，而"立教"则保出自人为。统治者若以立教为自己的最高任务，则不管教的内容如何，自然会流于以政治的强制力量，强制人民服从自己所认定的真理或价值，认定人民系为实现此一真理或价值而存在。假定他所要求者并无错误，但每人实现真理与价值之层次不能相同，于是人民生存之价值亦因之而各异，势必如柏拉图将人分为金银铜铁四等，平等底基本人权便不能成立。加以用政治强制的力量去推行真理或价值，即系某一真理或价值自身的僵化，而妨碍压迫了人性无限底可能性之发展。因此，以立教为第一的政府，势必流于极权政府。何况根据人类历史的经验，权力是发现真理与价值的最大障碍。统治者常常把自己的权力意志以各种方式神化为真理与价值，于是表面上要人民为此真理与价值而牺牲，实际就是要人民为其权力意志而牺牲，这更是古今中外的通例。所以先秦的儒家，自己是站在社会上去立教；站在社会上立教，乃是信任人类理性的自由选择，而不是出之于强制要求。在政治上，只要求统治者自己有德，而以尊重人民的好恶为统治者有德的最高表现。只要求统治者提供教育的工具——学校，只要求统治者以"身教"而不以"言教"。言教乃是师儒立教之事，统治者是要自己通过师傅、谏诤、舆论来终身受教的。自己不肯受教而常想去立教的人君，在儒家看来，乃非昏即暴的人君。今人所说的"政教合一"，这不过是酋长政治的遗风，决非儒家精神所允许。从前人君到学校去要行"释奠"之礼以祭先师先儒，这是说明"教"不是来自人君而系自有其源头。并且站在政治立场以言教，不过是一种最低调的人生规范，以及应用材能，决不涉及什么概念性底、哲学性底东西。即令是如此，也依然要放在"养"的后面，以表示这种教是为养而存在，亦即是为人民的自然生命而存在；只是以教来加强自然生命，而决不是以教来抹煞自然生命的存在，用现在的话说，即是不以任何思想或主义来动摇天赋人权。儒家在政治方面的这种大方向，可谓昭如日星。我之所以常常说儒家精神通于民主政治，我之所以反对萧公权氏孔子是教重于养的说法，其原因即在于此。这是儒家与极权主义的大分界。假使这一点没有弄清楚，就对于以"生"为价值根源的（生生之谓易，天地之大德曰生）儒家精神，不算有了真正的了解。

至于有人把"民信之矣"的"信"解释为今日流行的所谓"主义"，意思是说人民可以饿死而不能不信主义。主义在何处？是在统治者的口中。这样一来，即是人民可以饿死而对统治者不可不拥护。这样来讲中国文化，要中国文化无形的为专制极权服务，恐怕是中国文化所不能接受的。

儒家在修己与治人上的区别及其意义
（1955 年 6 月 16 日）

—

我在《释〈论语〉民无信不立》一文（《祖国周刊》——五号）中指出"孔孟乃至先秦儒家，在修己方面所提出的标准，亦即在学术上所立的标准，和在治人方面所提出的标准，亦即在政治上所立的标准，显然是不同。修己的，学术上的标准，总是将自然生命不断底向德性上提，决不在自然生命上立足，决不在自然生命的要求上安设人生的价值。治人的政治上的标准，当然还是承认德性的标准，但这只是居于第二的地位，而必以人民的自然生命的要求居于第一的地位。治人的政治上的价值，首先是安设在人民的自然生命的要求之上；其他价值，必附丽于此一价值而始有其价值"（见该刊——五号，第八页）。我的这种观点，近四年来曾经不断底提出；但这篇文章提得更为具体，更证明我在《荀子政治思想的解析》一文中，指出近人萧公权氏在其所著《中国政治思想史》中说孔子是"教重于养"的说法，是一个严重底错误，完全是正确的。但我在这篇文章中，依然是采取会通《论语》、《孟子》全书的意义，以得出结论的方法。最近又偶然发现可作直接证明的材料。《礼记》上说：

> 子曰，无欲而好仁者，无畏而恶不仁者，天下一人而已矣。是故君子议道自己，而置法以民。（《表记》）
> 子曰，仁之难成久矣，唯君子能之。故君子不以其所能者病人，不以其所能者愧人。是故圣人之制行也，不制以已，使民有所劝勉愧耻，以行其言。（同上）

《表记》一篇多论仁，仁为儒家思想之中心，亦即人生的最高标准。但这只能作个人修己的标准，不可因此而便作政治上治人的要求于人民的标准。"议道自己"的"道"，指的是根据仁以树立的做人标准，这种标准，只能要求从自己下手去作。"置法以民"的"法"，是社会一般人的生活规约。制定这种规约，则不是用修己的"道"做标准，而是以人民所能达到的为依归。对修己的标准而言，这是一种最低的标准。上引《表记》的第二段话的意思，与所引第一段话的意思，完全相同，并且说得更为明白。

此外，董仲舒的《春秋繁露》仁义法第二十九，主要是推明这种意思。如说：

> 是故内治反理以正身，据礼以劝福，外治推恩以广施，宽制以容众。孔子谓冉子曰，治民者先富之而后加教。语樊迟曰，治身者先难而后获。以此之谓治身之与治民，所先后者不同焉矣。《诗》云，饮之食之，教之诲之。先饮食而后教诲，谓治人也。又曰，坎坎伐辐，彼君子兮，不素餐兮。先其事，后其食，谓治身也。《春秋》刺上之过，而矜下之苦。……求诸己谓之厚，求诸人谓之薄。自责以备谓之明，责人以备谓之惑。是故以自治之节治人，是居上不宽也。以治人之度自治，是为礼不敬也。

当我写《荀子政治思想之解析》及《释〈论语〉民无信不立》的两篇文章时，心里并不记得上引的材料。但我先由儒家"尊生"的基本精神，尊重人性人格的基本精神，加以推论；再将《论语》、《孟子》的全书意义加以会通，所得出的结论，与上引材料，若合符节。由此可见一种思想文化的基本构造，有其必然的内在关连，不是可以随意从其枝节地方去加以附会或抹煞的。

二

这种分别之所以重要，一方面是像我所已指出的，若以修己的标准去治人，如朱元晦们认为民宁可饿死而不可失信，其势将演变而成为思想杀人的悲剧。另一面，若以治人的标准来律己，于是将误认儒家精神乃停顿于自然生命之上，而将儒家修己以"立人极"的工夫完全抹煞。清儒戴东原挟反宋明理学的成见，其言性，言理义，主要乃在形气（自然生命）上落脚。形气活动，表现于人的好恶，于是无形中即在好恶上落脚。他说，"孟子曰，其日夜之所息，平旦之气。其好恶与人相近也者几希。以好恶见于气之少息犹然，是以君子不罪其形气也"（《读孟子论性》，《戴东原集》卷八）。当然儒家不是宗教，所以"不罪其形气"；但儒家还要追问出一个为形气作主宰的东西。为形气作主宰的东西，本具于各人的心性之中，这是道德主体的内在性的一面。但内在于各人心性之中的道德主体，必发而为人心之所同然，这即同时超出于各人主观之外，而赋有客观的意义，从主观状态中脱出，以成为客观底真理。儒家的伦理道德，是不断的向客观真理这一方向去努力，去形成的，这才能为人类"立人极"。程朱特拈出一"理"字，并认为"性即理"。其根本用心即在于此。戴氏不了解此意，所以批评程朱说，"程朱以理为如有物焉，得于天而具于心；启天下后世人人凭在己之意见而执之曰理，以祸斯民。更渐以无欲之说，于得理益远，于执其意见益坚，而祸斯民益烈。……离人情而求诸心之所具，安得不以心之意见当之"（《答彭进士允初书》，同上）。戴氏认为人与物不同的地方，是物的"自然"不合于天地之正，而人的"自然"能践乎中正。他所说的"自然"，即是指人情之所欲；他所说的"意见"，是与人情自然之所欲相对，对人情自然之所欲发生别择控制的作用。程朱以此为"理"。他以此为"意见"。于是戴氏认为儒家精神，乃在"情"上，"欲"上立足，即在自然生命上立足。他一方面引孟子"广土众民，君子欲之"，"鱼我所欲也"，"生我所欲也"这一类的话，以为其立足于"欲"的根据（《见答彭进士允初书》）；但把孟子接说下去的话，如"舍生而取义也"这一类的话，则略而不顾。一方面引孟子"形色天性也，惟圣人可以践形"的话，以为他整个的自然主义思想作根据；而故意把"惟圣人可以践形"一句中"惟圣人"三个字的重大意义，略而不顾。在他心目中的圣人与众人，在德性的成就上并无多大区别，所以他接着便说："人之于圣人也，其材（形气）非如物之与人异"（皆见《读孟子论性》）。由人性人格之平等，而渐为学养修持上之平等，这是自然主义者的自然结论。戴氏的观点，本可自为一说，有如西方以欲望为基底之功利主义，而不必依托于孔孟。自立一说而又必以孔孟为依托，则其自身的思想即受制约，儒家的精神亦因之而受损害，这真可谓合之两伤。

历史学家钱宾四先生在其《四书释义》的《论语要略》第五章"孔子之学说"中，完全以"好恶"来解释《论语》的仁，即将儒家精神完全安放于"好恶"之上，我想，这是继承戴东原的思想，而更将其向前推进一步的。钱先生的基本论点是"仁者直心由中，以真情示人，故能自有好恶。不仁者以有自私自利之心，故求悦人，则同流俗，合污世，而不能自有好恶"（《四书释义》上册，五六页）。但是说到仁，总不能不绾带着对他人的态度，于是钱先生认为仁与不仁之分是"徒知己之好恶，不知人之同亦有好恶者，是自私自利之徒，不仁之人也。以我之有好恶而推知他人之亦同我有好恶者，是仁人也"。又说，"故仁者，人我之见，不敌其好恶之情者也。不仁者，好恶之情，不敌其人我之见者也，后世之言仁者，不敢言好恶；不知无好恶，则其心麻痹而不仁矣。仁道之不明于世，亦宜也"（同上，六六页）。按中国过去所说的好恶，指的是由"欲望"发展而为"意志"的表现。合于欲望者即好，反于欲望者即恶。有好恶即有追求其所好，避免其所恶的行动，即根据意志的行动。动物有欲望，动物即有好恶。而且许多动物能以各种姿态表示其好恶，表示其追求或逃避的意志，这是近年来动物心理学所证明的。因此好恶并非人所独有，而且最能以好恶之真情示人者亦莫过于一般动物。其次，一种好的行为，要通过好恶而实现；一种坏的行为，也是通过好恶来实现，禅宗对于人生道德是从消极方面去表现，所以不言好恶。儒家对于人生道德，是从积极方面去表现，所以要言好恶。王阳明之强调好恶，这尤其是他个人的儒释分途的地方。但儒家不抹煞好恶，决不是即在好恶上树立道德人生的标准。因为好恶之本身不可以言善恶，善恶乃在其好恶之动机及其所要达到的目的之上。换句话说，好恶之本身无价值，必依其所以好恶者以决定其价值。《论语》：子曰，"我未见好德如好色者也"。孔子这句话，很清楚的说明"好德"的价值在"好色"的价值之上；而这种价值的上下，乃决定于"德"与"色"，而不决定于两方是否将其所好的真情表露出来。好色者未尝不可以形之歌咏，而好德者也可以"默而志之"。《论语》又载"子贡问曰，君子亦有恶乎？子曰，有恶。恶称人之恶者……"子贡之问，来自对于"恶"的怀疑。孔子之答，乃指明君子恶其所当恶。"恶其所当恶"，即是对于"恶"的一种限定。又答子贡之问谓"不如乡人之善者好之，其不善者恶之"，这也分明是说好恶应得其当，亦即说明好恶之价值不在其本身而在其是否得当。"当"即是客观的标准。钱先生认为"不仁者以有自私自利之心，故求悦人……而不能自有其好恶"。其实，巧言令色的人，表面上掩蔽其好恶，实际常常是为了贯彻其好恶，实行其好恶。巧言令色去钻官做的人，因为官才是他真正所好的。谈好恶，一定应连接着行为；以行为贯彻其好恶的人，不能说是"不能自有其好恶"。"其父攘羊，而子证之"，这是以真情示人；"父为子隐，子为父隐"，这是不以真情示人。这种不以真情示人，可以说是"不能自有其好恶"，其所以不能自有好恶，是另有一较高的道德意识在后面对好恶发生控制或平衡的作用。况且暴戾恣睢之人，放浪不羁之士，常可以其好恶的真情示人。魏晋时的名士，如《世说新语》所记，尤多坦易任情，不事矫饰，其风格亦可令人向往，但这未必能符合于孔子所说的仁。至于在政治上，最能有其好恶的莫过于秦始皇、斯大林、希特勒；最不能有其好恶的乃是那些受善纳谏，以及被议会所制衡的政治家。不错，钱先生也考虑到这一点，所以提出"仁者推己之好恶，而知他人之好恶。以不背于他人之好恶者，而尽力以求满足其一己之好恶焉"（同上），这似乎可以从好恶上把人己统统顾到。但是一个人尽力求满足一己之好恶而能不背于他人之好恶，这一定是好恶有节或好恶能得其正的人。尽力满足一己的好恶，这是人与一般动物所同，在这种地方说不上道德或不道德，即在这种地方不能安设道德价值。若逞一己之好恶而妨碍他人之好恶，便谓之不道德；若节制自己的好恶而不妨碍他人之好恶，便可谓之起码的道德（政治上通常只要求到此一程度）；若牺牲自己的好恶以成就他人的好恶，通常称之为大德。一个人之所以能节制其好恶，乃至牺牲其好恶，或者因为是受了外在条件的制约，如中国过去之所谓礼，近代之所谓法；此时对其行为发生良好作用者乃是礼或法而非好恶之自身。或者是因为内在的道德之心，即仁义礼智信的五常之性，内发而对其好恶发生自律或超越转化的作用；此时对其行为发生良好作用者乃道德之心，五常之性，而非好恶之自身。钱先生说："孟子称公刘好货，太王好色，与百姓同之，使有积仓而无怨旷，孟子之学，全得诸孔子"（上书六九页）。孟子这段对齐宣王因势利导的话，其重点不在"好货"、"好色"而在"与民同之"，彰彰明甚。假定公刘、太王顺着其好货、好色之情，以"自有其好恶"为目的，则他们意欲所指向的只是货与色，如何能顾到人民。他之所以能"与百姓同之"，能在自己好恶之外，还要顾到百姓的好恶，这不是他好色好货的本身在发生作用，而是在好色好货的后面或上面另有一种道德之心在提撕其好恶。我们没有方法从好色好货的本身推出"与民同之"的结论。否则齐宣王为什么须要孟子这样费力去诱导，而依然不能做到与民同之。古今的暴君污吏，无非是好色好货。所以政治"民之所好好之，民之所恶恶之"的极则，只能实现于不自有其好恶之人。先秦诸子百家，几乎都要求人君无为而治。"无为"即是不自有其好恶，这是统治者的修己。以无为去成就人民的好恶，使人民能遂其好恶以保障其基本权利，这是统治者的治人。惟修己以超越于自己的自然生命底好恶之上，才能达到成就人民好恶的治人的目的；在这种地方，修己与治人有其必然底关连。这种修己与治人的关连及其区分，几乎可以说是儒家精神的全部构造。

在所有儒家的文献中，提到好恶时，大体上都是注意如何能以性率情，而不至以情蔽性，以使好恶能得其正。从修己上说，很少直接从好恶本身上去建立人生价值的理论。甚至除庄子以外，在道、墨、名、法中，也似乎没有这一种理论。王弼以老庄注《易》，他释《乾·文言》"利贞者性情也"，说"不性其情，何能久行其正"。这种文化的大防，是不可轻易突破的。因为在好恶上立足，便只有主观上个人的冲动，而根本否定了向客观真理的努力。而此一努力，乃是人类文化中所必须表现出来的。庄子的"齐物论"，不是要在客观底标准上去齐，而是在否定客观标准，否定"物之所同是"，以还原于各是其是的好恶上去齐，即是以当下承认好恶之本来不齐为齐。他说：

> 民湿寝，则腰疾偏死，鳅然乎哉。木处，则惴慄恂惧，猿猴然乎哉？三者孰知正处。民食刍豢，麋鹿食荐，蝍且甘带，鸱鸦嗜鼠，四者孰知正味。猿，猵狙以为雌，麋与鹿交，鳅与鱼游。毛嫱丽姬，人之所美也。鱼见之深入，鸟见之高飞，麋鹿见之决骤，四者孰知天下之正色哉。自我观之，仁义之端，是非之涂，樊然殽乱，吾恶能知其辩。（《庄子·齐物论》）

在人生行为中，只承认好恶，则一切只停留在各个生命的主观状态中，自然不能承认共同的客观标准。不承认客观的标准，归结也只有在各自主观的好恶上落脚。不过作为《庄子》自序的《天下篇》，承认圣王"皆原于一"，且对于道德仁义名法，皆出以肯定之态度；并叹息于"天下之人，各为其所欲（好恶）焉以自为方。悲夫，百家往而不反，必不合矣"（以上皆见《天下篇》）。则其"齐物论"，殆亦故为荒唐谬悠之言，非其本意，所以他依然不肯以好恶混同于仁义。

王阳明有"良知只是个是非之心，是非只是个好恶。只好恶就尽了是非，只是非就尽了万事万变"的一段话，好像阳明把好恶直凑拍上良知，于是阳明在良知上立足，也似乎即是在好恶上立足。其实，阳明的这一段话，是他和禅宗的分水岭。良知不承接下"是非""好恶"，则良知只是返观内照之知，不能成就人生积极的行为。此段话的关键还是在良好知上，只有直承良知而来的好恶，才可以尽了是非。阳明"良知之说，是从百死千难中得来"，所以并不能说好恶就是良知。阳明在存天理去人欲的工夫上，与程朱并无二致。天理可表现而为好恶，人欲也可表现而为好恶。好恶只是一般，而所以好恶者则是两样，所以工夫不在好恶上而在好恶后面的根据是天理或是人欲。若只就好恶立论，则根本用不上存天理去人欲的工夫。取消了这一段工夫，则孔孟程朱陆王的精神便会一齐垮掉。佛家说"直心是道场"，其工夫乃在如何能"直心"，亦即如何能"复其本心"，使"本心作主"，所以人心道心之分，天理人欲之分，乃在工夫过程中所必须安设的；否则常易认贼作父。我认为阳明之言好恶，不同于钱先生之言好恶，这在两人对于"克己复礼"的"克己"的解释上，截然不同，更可得到证明。钱先生以"任"释"克"，克己即是任己、由己；而不采取"克去私欲"的通释，因为只站在好恶的立场，不能谈天理人欲，所以也不能谈克去私欲。但阳明却说：

> 人若真实切己用功不已，则于此心天理之精微，日见一日。私欲之细微，亦日见一日。若不用克己工夫，终日只是说话而已。……且待克得自己无私可克，方愁不能尽知，亦未迟。

由此可知阳明之以克去私欲来解释克己，及不在好恶上立足，彰彰甚明。所以钱先生以好恶释仁之说，我怀疑是受庄子"齐物论"的影响，而将戴东原的思想，更大胆向前发展了一步。此一思想本身的意义，可以从各个角度去衡量。欧洲文艺复兴期从宗教气氛中回到俗世的人文主义，与钱先生的基本精神似乎更相接近。也可以说，在钱先生的思想中注入了时代精神而或为钱先生所不自觉。但其与孔孟程朱陆王的修己以立人极的思想，我总觉得有很大的距离，所以钱先生的文章，都是条理密察，但关于论仁及与此有关的地方，终不免抵牾而未能条畅。我想，其最初的分歧点，恐怕是来自把儒家治人的标准，当作修己的标准来看了的原故。这是我想向钱先生恳切请教的。

三

儒家不仅在要求统治者以人民之好恶为好恶的政治思想上，是涵育着深深的民主政治的精神；并且修己与治人的标准的划分，实可为今日民主政治尚无基础的地方解决一种理论上的纠结，使极权与民主，不致两相混淆。这也不能不说是一个奇迹。

我国常常把学术上的争论，直接和政治勾连在一起。于是主张自由的人，一不小心，便滑落到极权主义的圈套之中而不自觉；所以我曾经写过《学术与政治之间》一文（《民主评论》四卷二十期），将政治与学术的妥当领域，加以界划。一面保障民主政治自由选择的运用形式，不致因学术上的所谓真理而动摇；一面从政治的多数决定中，保障学术的纯洁性、独立性。当我写那篇文章的时候，还没有想到儒家将修己与治人分开，即含有这种意义，而只是将既成的民主生活的事实，作一理论上的反省。最近读到台湾大学陈康教授《论思想统一问题》的大文（见《自由中国》十二卷第九期），更觉得儒家的用心，到现在还有一种重大的启蒙作用。

陈教授的文章是从"在一个国家里规定行为的思想必须是统一的"这一大前提之下开始，而举出了四种统一方式：一是像秦始皇那样统一于他自己一人（其实从思想上说，秦是统一于法家一家）；一是像汉武帝那样，统一于儒家一家（其实，从政治的事实上说，汉武以后也是统一于皇帝一人）；一是像共产党那样，统一于一党；一是像民主政治那样，统一于人民的多数。陈教授站在"错误可以百出，真理只有一条"的立场，认为"统一于多数的思想，比较最接近绝对是、非，和绝对利、害；它的错误可能性比较统一于一党，统一于一家，统一于一人所有的错误可能性减少至于极微"。所以不待说，陈教授是赞成统一于多数的。但是陈教授认为前三种统一方式是少数人压迫多数人，固然不好；后一种则是多数人压迫少数人，虽较前三者为优，"然而这些少数人何辜，独不能伸张人权和多数人一样？"陈教授认为这"脱离不了五十步笑百步的类型"，而是"民主主义须要解释的一个问题"。据陈教授自己的解释是"少数服从多数……并非受屈于多数"，而是因为多数人的意见"更接近绝对是、非和绝对利、害的意见。这一意见虽非少数人现实主持，然而却是他们遵着同一道路可能达到的比较良好的意见。因此，多数统治少数，事实上……是少数人（将来）可能有的意见，统治他们自己现实所有的意见"。即是少数人以其将来之我，统制现在之我，是自己统制自己，所以并不违反人权。陈教授因为假定民主政治的基础，乃在于其多数所代表的真理性。求真理有其必须的条件，所以他最后为了民主主义的思想统一方式，提出两个条件："其一是国民的观点要多；另一是国民要具有科学的批评精神和逻辑的论证能力"。

陈教授肯以认真的态度来谈有关现实的问题，这一点使我觉得非常难得。但陈教授对于民主政治，似乎还有若干隔膜。所以他所提出的问题，似乎不曾得到解决，反而有走向相反的方向，极权主义方向的危险。

首先，在民主政治下的少数服从多数，何以从来未感到这其中含有少数者的人权问题？因为民主政治的实际运行和陈教授的想法有些两样。所以在民主政治之下，根本不会发生政治上底思想统一乃至须要思想统一的问题。不错，陈教授一开始已经限定"本篇所谓思想，指规定人的行为的思想"，以与纯知识活动的思想相区别。但民主政治由多数所决定而须要统一的行为，乃是一种极被限定的行为。每个人大部分的行为，尽管有其若干共同趋向，并承认若干共同标准规约，可是这是由传统、习惯、教育、文化等而来，并不是由政治的多数决定而来。民主政治的起点，便是要使政治愈少干预人类的生活行为便愈好。假定人类的生活行为，一一由政治去决定，则不论通过任何方式来决定，都是极权的压迫。其次，在行为的后面，固然有其思想根据，但政治上，行为与思想的关系，并没有逻辑上必然的关系。相同的思想，在政治上可以趋向不同的行为；相同的行为，在政治上可以来自不同的思想。所以民主政治，只问现实的政策，不问政策后面的思想。这不是完全否认政策与思想的关连，而是把政策后面的理论根据，亦即是一个人在行为后面的动机，保留给各个人自己，在政治上可以付之不问。所以政策的统一，行动的统一，并不就是等于思想的统一。世界上只有最愚蠢的政治家才要求大家以和他相同的同一思想动机来赞成他的现实政策。共产党根据其阶级性的理论，便特别重视思想动机对于行为的关系，认为只有先把每个人的行为动机弄清楚后，以达到理论与实践的一致，才算是可靠。换句话说，它们认为只有先解决了思想问题，才能真正解决政治问题。如果认为一个国家某阶段的政策统一，即是思想统一，则政治即可干涉到每个人的内心生活而成为极权政治。站在儒家立场来说，由纯正的思想动机以贯彻到日用行为，使思想与行为之间，没有一点矛盾，即是王阳明所说的知行合一，这是修己之事。以修己之事来作治人要求，儒家从道德的立场要与以限制，近代民主政治从人权的立场也决不许可。

更重要的是，民主政治最高的立足点，不是认为政治上的多数，能

"达到比较更接近绝对是、非，和绝对利、害的意见"。绝对是、非和绝对利、害，是不可变动的，因之是属于学术上的问题，这不是多数能够作决定的。我在《学术与政治之间》的那篇文章里说得很清楚："一万个普通人对于哲学的意见，很难赶上一个哲学家的意见。一万个普通人对于科学的知识，没有方法可以赶上一个科学家的知识。"我们不能把哲学与科学完全划出于人类行为范围之外。德国哲学家 E. Spranger 在一九五〇年写给日本中央公论编辑部的一封信曾说过这样的一句话，"大众如（对文化问题）获得了胜利，则我们全世界的文化，恐怕就要趋于溃灭"（见《民主评论》二卷四期）。这是一位哲人，身居两个世界的连结点，深切体认出以政治多数决定文化思想所孕育的危机的痛苦呼吁。同时，陈教授说共产党是把思想统一于党，其实，最低限度，共产党在理论上它是主张统一于多数。因此，"大众"与"特殊阶级"（亦即少数人）的对称，成为它的政治斗争、思想斗争所经常使用的工具。它的思想斗争的方法，主要是通过"群众路线"，以多数来克服少数。它为什么对反对者要作无情的摧毁，因为它相信"人民大众"的多数是在它那一方面，即是绝对的是在它那一面；其反对者只是因为其阶级性或一时的缺少自觉，而站在绝对的非那一边。陈教授认为多数的决定是"比较更接近绝对是、非和绝对利、害的意见"，因此，这是真理的一条直线发展，而为少数者将来所不能不接受的意见。所以少数者虽然"被压制"，但站在"真理只有一条"，且为人的理性所不能不接受的立场，少数者之受压迫，只是将来可以觉悟之我，来压迫现在还未觉悟之我，因此陈教授认为这依然是"少数和多数在理性之前，彼此平等"。在统治这种少数者的手段上，陈教授当然不会主张与共产党相同，但对于政治上多数与少数在真理面前的估价，则完全是一致。

民主政治的少数服从多数，只认为这不过是以数量来解决问题的明确办法，由多数所代表的意见的优势，不过是相对的，一时的，因此，是根据一定的程序可以改变的。民主政治下的少数者，并不是在真理前的屈服，也不是被多数者统治其思想，更不是由将来的少数者的自己来统治现时的少数的自己，而是以堂堂的反对者而存在，其思想要由多数者与以保障，并且现在的少数者要争取成为将来的多数者。民主政治，不是以多数者所代表的真理性为基础，所以少数服从多数，只是民主政治中的一个条件。不仅不是唯一的条件，而且也是与极权主义者所共同承认的条件。世界上也有造不出多数的极权统治。这乃是一种最低级的极权统治。民主政治的基础，是安放在可以经过和平的序程，自由底修改政治上的错误之上；因此，少数服从多数，只有和多数保障少数同时存在，才有其民主的意义。只有在多数与少数可以自由变动的情形之下，民主政治才是以其"运用的形式"来接近政治上比较绝对是、非和绝对利、害，这决不是由多数者的政治内容所能代表的。（关于民主政治，是政治的形式，而不直接关涉到政治的具体内容的这一点，我曾在《中国政治问题的两个层次》一文中加以阐述）照陈教授的说法，民主政治中的少数迟早应归于消灭，结果只存在着比较接近绝对是、非和绝对利、害的这一方面。因陈教授是"假定少数人（将来）可能有的意见，统治他们自己现实所有的意见"，这句话的意思是说明现在的少数者到将来认识进步以后，自然会归到现在接近绝对是、非和绝对利、害的多数那一方面去了。这正是一党专政的理论根据。民主国家，如英国，第二次大战时，保守党是多数；战争刚要结束时变成了少数；上次大选又变成了多数。这种时而多数、时而少数的现象，简直是绝对的是、非，在那里"翻筋斗"。这种"翻筋斗"的现象，在逻辑理性的立场是不应该有的，但在民主政治的立场是永远会有的。

因为陈教授把政治和学术的观点弄混淆了，所以他对民主主义的"思想统一方式"所提出的两个条件之一，即是"国民要具有科学的批评精神和逻辑的论证能力"的条件，不仅不是民主政治运用中的必要条件，并且也无形的会落到另一反民主的圈套中去而不自觉。民主政治和儒家思想一样，只要是一个"生"的单位，即承认其有完满无缺的价值。"人生而自由平等"的另一意义，是不需要出生以后的附加条件，人才有其权利，而是作为一个"生"的单位即有此权利。所以只要不是精神变态或发育不全的成年人，他的认识即有起码底逻辑的暗合性，民主政治即对之寄与以完全的信心而信任其选择的能力，尊重其选择的权利。在这里，只有量的多少发生决定作用，而不是质的高低发生决定作用。"逻辑的论证能力"，这是学术上的质的问题。学术是由质来决定的。十个没有逻辑训练的人，关于逻辑上的论证能力，赶不上一个有逻辑训练的人。在学术的立场上，十个人在这一方面应当接受一个有训练者的指导。但在政治投票的时候，一个有逻辑训练者依然只能算一票，依然应接受十个没有逻辑训练者的共同意见。假定把科学的批评精神和逻辑的论证能力当作民主政治运用中的必须条件，则不仅中国没有多少人具备此种条件，最低限度，在几十年内没有实行民主的资格。即英美的工人阶级乃至农民，也未必能合此一要求。于是政治问题，应当由教逻辑的教授们来一番演算或辩论以作决定；结果，"哲人为王"，逻辑论证能力最强的应当取得统治者的地位。对于老百姓，最低限度，应规定逻辑为义务教育的必修科，并大量开设逻辑补习班以作选举的准备。但是，在政治上，决不能如此。在儒家，只问人民的好恶；在民主政治，只是基于选民自己利害的选择。一个人，对于自己在利害上的选择，是无待于逻辑的论证能力的，当然有这种能力更好。人民的多数选择，可能是一种错误，而民主政治正是给人民以自由底改正其错误的保障。若是认为多数即是代表真理，则民主政治改正错误的机能便归于消失，这即意味着民主政治整个机能的消失。

政治与学术的观点不清，其弊害已如上述。但是，知其一，不知其二，也是人之常情，所以分清也并不容易。儒家思想，主要是"规定人的行为的思想"。但它在二千多年以前，已经把同是规定人的行为的思想，却在修己与治人两方面界划清楚。这种界划的基本用心，针对着共产党的现实（冯友兰曾说共产党是要人人作圣贤。以政治强制之力来要人人作圣贤，即使是真的，也会成为莫大的罪恶），针对着陈教授所提出的问题，似乎还有其深远的意义。由此可见孔家店所出的货色，似乎并没有随五四运动的打倒口号而俱倒，恐怕这是陈教授所意想不及的。

（按此文钱宾四先生，曾以《心与性情与好恶》一文作答，同见《民主评论》六卷十二期，读者可以参阅。）

国史中人君尊严问题的商讨
（1957 年 3 月 13 日）

　　读李璜先生二月廿七日《自由人》上《争自由·要民主》大文，至为钦佩。惟中间一段谓"在君主专制时代，天主圣明，臣罪当诛，天下莫有不是的君父，这是有尊严问题的存在，这不能随便去冒犯的。……在中国的经史书上，确是大书特书，连篇累牍，举不胜举……"则似李先生读中国书不多，猜度之辞，易滋误解，爰略为补正如下：

　　第一，君臣关系，在先秦乃视作与朋友同科，并不能与父子关系相提并论。故"朋友以义合"，而君臣亦以义合。《论语》上谓"事君数，斯辱矣；朋友数，斯疏矣！"意即谓事君与交友，乃基于同一之态度。"合则留，不合则去"，君臣之间，应为一种自由之结合，此与"父子以天合"者，大不相同。由君臣关系之绝对化因而显出人君特为尊严之观念，乃长期专制政治下之产物，为先秦正统思想中所未有。孔子虽"事君尽礼"，但彼决不认某一人君为固定之政治中心；且应答之间，与对学生无异。故彼不特周游列国，干七十余君；且尝欲应叛臣公山弗扰及佛肸之召。在孔子心目中，人君仅为实现自己政治主张之一工具耳，岂有丝毫如韩愈《琴操》中所谓天主明圣，臣罪当诛之奴才思想乎。君臣关系之绝对化，始于暴秦而完成于两汉，此为中国历史演进中之一大变局。西汉知识分子，对此一变局感受最为迫切，因之，曾与当时皇帝对政权作不断之流血抗争。禅让说之所以风行一时，甚且成为王莽篡汉之有力武器，其真实原因，乃在于此。但时至东汉，士人已不敢与人君争政权，而仅欲与朝廷争是非。及经党锢之祸，士人更不得不逃避于玄虚之中以避祸，此后即最有良心之士人，亦仅能为人君拾遗补缺。生民之气，在长期专制压迫之下，盖几于尽矣。

　　兹更举一例以见此中演变之迹。《论语》有"雍也可使南面"之语：

西汉人以南面即系作皇帝；雍也可使南面，即系孔子以其学生仲雍有资格作皇帝。东汉注释家则将南面解释为诸侯。而六朝人则将南面解释为卿大夫。专制之毒愈深，士人之志气愈消沉委曲，遂不得不自甘于政治上之被动而居于附庸之地位。以致中国文化之原有精神面貌，亦随此而逐渐萎缩变形。即就此一解释之演变，已可见一般。居今日欲言中国文化，首须辨清何者为中国文化之本来面目，何者为在专制政治压迫之下所受之奸污。必认定中国文化，应先向专制政治复仇，然后中国文化乃可继续担当其对人类之伟大使命。故凡讲中国文化而将其与专制政治并为一谈，甚且以中国文化作拥护专制之工具者，实皆中国文化之罪人。因此而招致社会对中国文化之误解，殆亦必然之势也。

第二，中国即使在长期专制统治之下，人君尊严之观念已成，然在儒家眼中，亦从未以直言极谏为冒犯人君之尊严，因而纳人入罪者。纳谏即为贤君，拒谏即为昏君，杀谏臣即为暴君，此乃中国历史上任何人所不能不共同承认之铁律。至于以谏诤为冒犯人君尊严，以冒犯人君尊严为罪大恶极，乃由廿四史中之另一系统——佞幸传系统所演变而来。此一系统之存在，当系与政治之组织，同其久远。孔子特提出"远佞人"，而司马迁作《史记》，特为此辈立传，直至《明史》，其系统皆绵延不绝。此辈之最大特色，即在出卖其肉体与灵魂，专为人君之尊严作供奉。其后则更进一步以"大不敬罪"栽诬善类，因而颠倒天下之公是公非。中国史学家，所以特为其建立一"佞幸"系统者，正在指明专以供奉皇上尊严者之可耻；另一面亦在说明直言极谏，根本不应有所谓冒犯尊严等问题也。在此一点上，仍系守住先秦思想之传统，为中国知识分子在文化上对专制政治所守之最低而最后之防线。若有人冒知识分子之名，而竟欲将此最低最后之防线一举而溃决之，此等人果自居于何等乎？故今日之争，谓为民主自由之争，仍属言之过高过远；鄙意则实为抢救中国文化最后防线之争，自由人士之所以投袂而起，殆亦欲维护人类尊严，民族尊严于万一耳。

兹更略举先秦思想家所言人臣事人君之礼，以便与今人作一对照。《论语》："子路问事君，子曰，勿欺也，而犯之"。犯者，犯人君之好恶，犯人君之尊严也。《礼记·檀弓》："事亲有隐而无犯"，"事君有犯而无隐"，"事师无隐无犯"。可知"犯"为人臣事人君之大礼，亦可证明先秦事君与事父母并非等类齐观。孟子主张"格君心之非"，又谓"有事君人者。事是君，则为容悦者也"。朱元晦释之曰："阿徇以为容，逢迎以为悦；此鄙夫之事，妾妇之道也。"儒家演变至荀子，君臣地位，已较在孔孟心目中者大为悬隔。但仍谓"从道不从君，从义不从父"，并斥"巧敏佞说，善取宠乎上"者为"态臣"。态臣者，搔首弄姿，供人玩弄之臣也。与儒家并称，但又互相非难之墨子，在此点上，亦复与儒家完全一致。《墨子》第一篇《亲士》谓："臣下重其爵位而不言，近臣则瘖（瘖，哑也），远臣则唫（噤，不敢出声也），结怨于民心，谄谀在侧，善议障塞，则国危矣。"法家乃中国之法西斯思想，特将人君之尊严绝对化。但法家欲维持人君之尊严，必要求人君自处于深密无为之地。否则人君亲自舞枪弄棒，势必露出马脚，虽欲维持尊严得乎？且儒家主张亲亲，此在政治上易流于家族政治。法家乃一出于冷酷客观之态度，使公族之政治权利，不能超出于一般人民之上，于是客观之政治制度，乃有建立之可能，此为法家之一大贡献。吾辈读古人书，应选长去短；而今人为学，则专欲选短去长，亦可痛矣。秦用法家，完成极权之治。汉承秦后，首先对秦代极权政治加以反省，因而渐开尔后政治之一线生机者，当推贾山之《至言》。贾山在《至言》中述秦因极权而亡之情形谓："秦皇帝居灭绝之中，而不自知者何也？天下莫敢告也。其所以莫敢告者何也？亡养老之义（按凡极权者多与匈奴同俗，"贱老而贵少"。盖匈奴重气力，而极权重驱使。少者容易玩弄而不敢有所是非，老者不易驱使也），亡辅弼之臣，亡进谏之士。纵恣行诛，退诽谤之人，杀直谏之士，是以道（导）谀，谕（偷）合苟容。比其（秦皇）德，则贤于尧、舜。课其（秦皇）功，则贤于汤、武。（按即"德与天平"之意）天下已溃而莫之告也"。细读此一段文章，孰谓鉴古之不可以知今乎？

兹更举一保皇党之刘向之言以作此一段之结束。盖刘向生于专制政治完全成熟之后，又为皇室懿亲，其所言最为低调，且对皇室亦最为保险也。

《说苑·臣术篇》谓："人臣之行，有六正六邪"。"六正"中之"直臣"乃"敢犯主之颜面，言主之过失"之臣。至于"六邪"则"一曰，安宦贪禄，营于私家，不务公事；怀其智，藏其能，主饥于论，渴于策，犹不肯尽节。容容乎与世浮沉，上下左右观望，如此者具臣也。二曰，主所言，皆曰善；主所为，皆曰可；隐而求主之所好，即进之以快主耳目。偷合苟容，与主为乐，不顾其后害，如此者谀臣也。三曰，中实颇（偏）险，外容貌小谨，巧言令色，又心嫉贤。所欲进，则明其美而隐其恶。所欲退，则明其过而匿其美。使生妄行过任，赏罚不当，号令不行，如此者奸臣也。四曰，智足以饰非，辩足以行说，反言易辞而成文章，姤乱朝廷，如此者谗臣也。五曰，专权擅势，持权国事，以为轻重；于私门成党，以富其家。又复增加威势，擅矫主命，以自贵显，如此者贼臣也。六曰，谄言以邪，坠主不义。朋党比周，以蔽主明。入则辩言好辞，出则更复异其言语，使白黑无别，是非无间。伺候可推，因而附然，使主恶布于境内，闻于四邻；如此者亡国之臣也”。刘向所列举，真可谓先乎今日之洋洋大观。而在中国历史文化中，从未以直言极谏为冒犯人君之尊严，亦可谓皎然明白矣。

至于历史之佞幸系统，就其发展言之，实足令人不寒而慄。春秋战国时之所谓便嬖佞人，不过系面目姣好，雄而实雌之辈。即《史记》、《汉书》之《佞幸传》中，其流品亦不外此。故班固谓“柔曼之倾色，非独女德，盖亦有男色焉”。则此辈只知供奉人君之尊严，亦何足责。迨后专制之毒日深，而此辈之蕃衍滋广，其为祸亦愈酷而愈烈。《明史·佞幸传》中，则纪纲、门达，出自锦衣厂卫（特务）。李孜省、僧继显等，出身江湖。江彬、许泰等，出身偏将。而顾可学、盛端明、朱隆禧等，则皆起自科甲之知识分子也。佞幸而扩大及于知识分子，由出卖肉体进而出卖灵魂，则明代欲不亡于流寇夷狄，得乎？且佞幸之扩大，岂一《佞幸传》所能概括？读书人终日忙忙碌碌，驱遣书本中之故事、词汇，咬文嚼字，以发为诗赋文章，或如今日之所谓社论、论文、文选、著作等，其目的只有一个，即在如何炫耀自己之聪明智巧，以讨皇上之欢喜，乱天下之耳目，变事物之是非，图个人之温饱而已。吾人试进图书馆、阅览室，一探其内容，则此类诗文著作，或且十居八九，则二千年来，中国文化固已被佞幸化之读书人而佞幸化其八九矣。三十年来，努力于歪曲西洋文化，而亦欲使之佞幸化者，固亦不可以一二数。反视邓通、董贤辈之不轻干预外事之为犹稍有廉耻之为难得也。今日中国知识分子，于流离丧乱之余，若犹欲为自己子孙延一线生命，必先立誓言：自兹以后，不为佞幸化之文化服役，不将自己所读之中文书、外文书供佞幸化之资。此大前提一经决定，则任何主义思想之争，皆可在客观问题上求得自然之解决矣。否则有如溺人之抱石以求自救，岂有幸乎。笔者久未到港，寄语港中故人，藉达拳拳之意。笔者年来居台无状可述，惟欲从佞幸化之传统洪流中，检存中国文化于十一，未敢自信能稍有所成也。

以上拉杂写来，毫无条理。笔者与李先生无一面缘，此文刊出，藉便请教于李先生，幸甚。

此为答覆《自由人》主编陈克文先生的一封信，经陈先生将前后略加删改刊出。

附　关于中国历史中的人民自由问题另给陈克文先生的一封信

克文我兄：这封信，我希望能把它刊出，但并不能算是"写文章"。

我每看到"中国人民是数千年来最享有自由之人民，其受病在缺乏紧张，形成涣散"，因而"不可再盲目学习西方民主"的这一类的文章，便使我心中万分难过。写这类文章的先生们，有的是出自一番好意，并且又是对线装书下过若干工夫的；但是为什么要把几千年无数人民在专制政治下的血河泪海，代他们装出白鼻子式的笑脸，为新的专制主义者制造出反对民主自由的太没理由的理由呢？

"自由"在政治上说，是人民对于自己合法的生存权利，政府官吏不能也不敢运用政治权力加以侵犯之谓。最低限度，老百姓只要没有犯"朝廷"的"王法"，官吏便不能随意加以诬陷罗织之谓。此一"自由"的确立，只是近三百年来的历史成就。中国在专制政治之下，有那一种客观的保障，能使人民可以得到这种自由呢？一部廿四史，有那几部历史没有酷吏列传？那一个酷吏后面不是跟上几千几万的冤鬼。并且姓名被列入史传中的酷吏，不过是千百人中最为突出之一二人。由史乘奏诏中所暴露出各时代官吏鱼肉细民的一般情形，真是不可胜数。到宋代而胥吏政治成熟，在胥吏政治下的暗无天日，宋明及清初许多人的文集中，有不少悲痛的纪录。"乾嘉大师"们的文集中便很少这类材料，是因为他们的心力只肯集注到文字训诂那一方面去，而不屑注意这些现实问题，以保持他们的高洁。但一直到民国十五年为止，下层政治的黑暗情形没有两样。县衙门派出的催粮差役，老百姓一看到没有不吓得发抖的。我小的时候便曾亲眼看到过几次。在我的乡下，称这些催粮的差役为"叫垫券的"，而"叫垫券的"便成为凶神恶煞的代名词。我一直到十九岁，还想不通"叫垫券的"为什么有那样的厉害。所以谚语说"灭门的知县"，这是说知县可以随意灭人一家的。又说"贫不与富斗，民不与官斗"。这里的所谓"斗"，不是斗争的斗，只是争论是非的意思。

这句谚语是说穷人只有顺从富人，百姓只有顺从官吏。若和他们争论是非，包管叫你吃上大亏的。此一情势的稍稍好转，不能不归功于民国十五年的北伐。从历史的材料看，从我们具体的社会经验看，中国人民是在何朝何代而可称为享有近代的所谓自由呢？我们讲话，一定要根据实际的资料，并且应把不同的资料作一种客观的衡量；不然，不论动机如何好，结果不仅毫无效果，反而只有模糊真实的问题，以延迟其解决而已。人类的理想，不论最先启发于何地；但一经启发出来以后，即属于"人类的"，而不问其为"东"或"西"。近代民主自由，虽启发自西方，但一定要在人类中开花结果，这和科学的成就没有什么两样。至于在不同的历史条件、社会条件下，其具体实现的方式或不尽相同，但这只是极小的不同，与大原则并无关系，在这种地方应当特别加以分疏的。至于"中国实行民主数十年，但……"这类说法，我们真怀疑到这只是刚从月宫降落下来的仙人的口吻，我们住在这块土地上几十年的人，是看见在什么地方真心实意的实行过一天的民主呢？

专此敬请

大安

弟徐复观上三月十日

中国孝道思想的形成、演变，及其在历史中的诸问题
（1959 年 8 月 24 日）

去年十月，我在台中省立师范学校作了一次"孝在中国文化中的地位"的讲演。讲后，黄校长冠宇先生希望我能把所讲的写了出来。同时，谢幼伟先生当我们联合发表了一个由唐君毅先生执笔的有关中国文化的宣言时，他有一篇文章，一方面推重此一宣言，一方面感到在此宣言中没有提到孝的问题，是一缺憾。我觉得他的话很有意义。近来我又看到在为我平生所最崇敬，而对于中国文化有最高热情和甚深研究的一位老先生的著作里，说孟子是孝治派，因而是专制政治的维护者，一笔抹煞他在中国思想史中的地位。我虽然知道这位老先生说这些话，是有不得已的苦衷；并且在他著作里所流露出的精神乃至大部分内容，实在可以悬之天壤而不朽，但依然抑制不住我内心的悲痛。因为上述三种因缘，我便想对中国传统文化中的孝道，作一综合的叙述。并将此文献给大陆上在苦难中死去的父亲母亲在天之灵，以告白我内心的愧耻和忏悔。

一九五九年八月二十四日，于东海大学

一、问题的再提出

以儒家为正统的中国文化，其最高的理念是仁，而最有社会生活实践意义的却是孝（包括悌）。日本桑原骘藏博士说"孝道"是中国的国本、国粹。所以以中国为对象的研究，不可不先阐明理解他的孝道。美

国的 Headland 也曾说若不牢牢记住孝道是中国人的家族、社会、宗教乃至政治生活的根据的这一事实，即终究不能理解中国及中国人的真相。① 另外有位日本汉学家认为，把孝当作重要的文化理念而发生极大影响的，在希腊、罗马、以色列、印度等文化系统中找不出这种情形；中国佛经中有关劝孝的经典，都是和尚为了适应中国社会心理的要求而伪造出来的，所以孝道要算中华民族最独特的文化现象之一。我想，这是可以承认的说法。由中国《易传》"观乎人文以化成天下"的意义说，由 Culture 一语的本来意义说，所谓文化，它都是表示经过人类的思虑、反省，而认为是合理的一种生活方式和态度；所以它是含有理想、目的的成分在里面，而与自然生活或野蛮生活相对称的。人类的生活，未曾经过思虑反省，或者虽经过思虑反省，而认为是不合理，但依然还要去作的，要占实际生活中的大部分。这是人类生活中"非文化"或"反文化"的一面。这一面只是表现生理的冲动和堕性，或对环境不自觉的反应。它的本身，固然就是人类的生存状态，但它并不能支持人类生活向上向前的发展。人类生活向上向前的发展，是要靠文化在环境和人的自然生命中，所能发生的作用。纯自然、纯自然生命的现象，不是文化；但离开自然和自然生命的，也不是文化。所以假定一切都入于涅槃或进到天国，此时便无所谓文化。宗教的文化意义，是在想涅槃而尚未涅槃，要进到天国而尚未进到天国时，对环境和人的自然生命所发生的现实作用。孝是经过中国历史上许多人的思虑、反省所提出的人生行为的一个重要规范；并且这个规范，是经过长时期的社会生活实践，在中国历史里面曾经很深刻的作用于生活环境及自然生命之中，所以它和缠小脚、吃鸦片烟不同，它是中国的重大文化现象之一。它的功过，可以说是中国文化的功过。在五四运动时代，如吴虞的"家族制度为专制主义根据论"及"吃人与礼教"这类的议论，直接从孝道及与孝道密切相关的文化现象来彻底否定中国的文化，这才算是接触到中国文化的核心，迫攻到中国文化的牙城，而真正和陈独秀、鲁迅们成为五四运动时代的代表人物。胡适先生推崇吴虞是"只手打孔家店的老英雄"，这要算是他的知人论世的特识。

不过谈到思想文化等问题，仅采取"打倒"或"拥护"的一剖两开

---

① 桑原博士著有《支那的孝道，特别是从法律上来看支那的孝道》一文。该文载在《狩野教授还历纪念支那学论丛》内。此处所引的，见该《论丛》，269 页。Headland 的话，桑原氏原注见 Headland 所著的 *Home Life in China*. p. 194。

的二分法，在问题的处理上最为简单。并且当社会转变时期，以打倒传统为旗帜的，最易博取声誉。但若离开个人主观感情的利害，而能进入到文化问题的内部去，便不难发现打倒与拥护，只不过是在文化问题的外面绕圈子的偷懒办法，对解决文化上所发生的问题，并无积极的贡献。因为如前所述，文化既是人类一种理想性的追求、表现，则彻底胡闹的东西，不会成为文化。同时，文化是人所创造的，没有完全的人，当然也没有完全的文化。每一文化理念的提出，都是适应历史上的某种情势、要求；而当它提出时，也一定会受当时各种条件的制约。历史上的要求、条件有了变化，则某一文化的内容及其效用，也会随之变化。把一个名词观念的内容，当作是一种静态的固定不移的东西，而将它应用到不同的人和不同的时代上去，便常会犯张冠李戴的毛病。把历史上所曾经发生过的文化效用，要求于历史条件已经改变之后，或者用现代的要求、尺度，去代替历史上的要求、尺度，这都不是研究历史文化问题的合理态度。孝道在中国，有这样长的文化历史，有这样广大的社会生活实践的内容，要把它简约化到应该打倒或拥护的二分法中，恐怕不是负责任处理问题的态度。因此，我希望对此一重大的文化问题，能较五四时代的人们，稍作进一步的提出。

二、孝道由发生到孔子的立教，及立教时之真正意义

《孝经郑注》① 释"先王有至德要道"的"先王"，以为专指的是禹。皮锡瑞疏引陆德明释文"推郑之意，以为五帝官天下，禹始传其子。传子者，尤重孝，故为孝教之始"②。我觉得郑注、陆释、皮疏，都非常牵强。但由此可以窥破一点消息，即是孝道和传子的政治制度有密切的关系，甚至可以说是起于政治的传子制度。因传子是家天下。要政权稳定，首先需要有一个稳固的家庭。孝便是以父权为中心所渐渐形成的巩固家庭组织、秩序的道德观念。舜的大孝，恐怕是孟子时代才形成的故事；《论语》中称赞舜，不曾关涉到他的孝行。同时，从历史的事实看，常常是某种事实发生在前，对事实的观念、理论发生在后。就

---

① 《孝经郑注》，有人认为是郑康成，有人认为是郑的孙子郑小同；皮锡瑞著《孝经郑注疏》则以为系郑康成早年本今文学所注。此处不涉及此一争端；但即若出于郑小同之手，也与郑康成的思想有关。所以我在此处暂时承认皮的说法。

② 皮锡瑞著：《孝经郑注疏》，《四部备要》本卷上，第四页。

古代比较可靠的史料看，在殷代的祖宗崇拜中，原始性的宗教意味，重于实践的道德意味。因此，孝的观念此时恐尚未形成，所以甲骨文中没有孝字。在西周金文中，"孝"、"考"两字常互用。孝字在西周金文中出现虽较晚，但由其使用以测其创造之时，当在西周初年。[1] 在周初以前，凡提到孝的文献，在时代上都不可靠。孝字恐始见于《尚书·康诰》的"矧惟不孝不友"；而孝的观念，在《诗经》的大小雅及周颂中，始特为明显。其中共出现有十六个孝字。周朝立国，是大封同姓以控制异姓，并建立宗法制度以树立同姓内部的秩序与团结。这在《左传·僖公二十四年》富辰谏周王的一段话中，说得非常清楚。他们团结的最高象征是文王，而团结的目的是要"文王孙子，本支百世"[2]，以维持一姓的政权于不坠；于是孝的道德要求，特为重要。其他的许多道德观念和制度，都是以孝为中心而展开的。《左传·文二年》："孝，礼之始也。"《国语·周语》："孝，文之本也。"文即是礼。而礼是包括政治、人文的全体。上面两句话，正说出了此中消息。

孔子自称是"述而不作"。他在人物方面的最高向往是尧舜；但在文献上的承述却是周代[3]；这主要因为有文献足征不足征的限制。但孔子的"述"，有三大特征。第一，是从过去特定的事项中，找出富有普遍性的共同准则。例如：礼本是由宗教的人神交接，发展而为贵族交接的礼仪及政治的制度；到孔子则发展而为一般人的行为规范。第二，是把外在的形式，转化而为内心的德性，使其成为人格成长的表征，并使形式因受到德性的批判而不致归于僵化。例如：礼本是外在的一种形式，他却把它和仁融合起来，使仁居于主导的地位。[4] 第三，通过他个人的人格上的体验与成就，而把传统的观念推进并提高为高深的根本原理。例如：他把传统的"爱"推进提高到"仁"；把传统的"性与天道"，提高到子贡所不得而闻的性与天道。这三点，应用到孝的观念上，完全是适当的。如前所述，孝原是为了适应传子的政治制度，尤其是为了适应宗法的政治制度的必要而发生的。但到了孔子，则成为每一个青年所必需的起码行为。[5] 孝原是为了建立外在的家庭间的秩序而发展

---

① 根据友人高笏之先生的说法。我写此文时，曾特别函请他指教过。

② 《诗经·大雅·文王》。

③ 《论语》："周监于二代，郁郁乎文哉，吾从周。"

④ 《论语》："人而不仁，如礼何？人而不仁，如乐何？"

⑤ 《论语·学而》章："子曰：弟子入则孝，出则弟。"

的；到了孔子，则转而为每一个人内心的天性之爱，是这种内心的天性之爱所不能自已的自然流露。① 孝是善事父母，是每一个人所能做到的极寻常的行为；但孔子则把它通向人生最高原理的仁上面，而使其成为"为仁之本"②。由此可知孔子是承述了周代的传统的孝；但在这种承述中，却把它由统治者的手上拿到每一个人的手上来，使其发生了本质的变化，而成为儒家思想中所永不能缺少的一部分。

儒家重视孝的意义，我先在这里试作一综合的叙述。儒家思想，是以仁为中心的实践道德思想；而"仁者人也"③，仁不是来自神的意旨，而是作为人之所以成其为人的特性，所以它是发自人的本身。人的本身何以具有仁德，这正如孟子所说，从"孩提之童，无不知爱其亲也"的这一点上可以得到证明。④ 孝是出于人子对父母的爱，即是仁的根苗。孝的实践，即是对仁德初步的自觉，初步的实践，也即是对于仁德根苗的培养。所以有子说这是"为仁之本"。一个人，在对父母之爱的这一点上，也混沌过去，毫无自觉，则仁德的根苗，将因此而湮塞枯萎，于是这种人不会把社会看成是一个谐和互助的有机体，而只能看作冲突斗争的场面；因而视强凌弱、众暴寡是当然的事。所以孟子说："于不可已而已者，无所不已；于所厚者薄，无所不薄也。"⑤；这在儒家的立场看来是非常不幸的。其次，儒家所要求的以仁为中心的实践道德，它与宗教的不同之点，是在于宗教所要求的，常常只能由特殊的少数人，在某种特殊的时空中，所偶然表现的卓异崇高的道德；而一般人对于这种偶然表现的卓异崇高的道德，只是抬起头来向上仰望着，表示一种皈依向往之情。等到把头低了下来时，他所仰而望之的道德，和他实际的生活，常常依然是两回事。儒家的实践道德，则不以其卓异崇高的形态出现，而只是以"中庸"的形态，亦即是以"布帛之言，菽粟之味"的形态出现；因为如此，所以每一个人，随时随地，皆有实践的可能。凡是不近人情的行为，即是不能普遍实践，不能随时实践的行为。凡是要凭借外在的机缘、条件，而始能实践的行为，也是不能普遍实践，不能随

---

① 《论语·阳货》章孔子对宰我短丧之问，只以"于女安乎"为答。及宰我答以不服三年之丧而心安时，孔子也只好答以"女安则为之"。可见孔子认为人子之孝父母，全出于内心之安不安，而非来自外在的制约。

② 《论语·学而》章："有子曰：孝弟也者，其为仁之本与。"

③ 此语分见于《孟子》及《礼记·中庸》、《表记》两篇。

④ 《孟子·尽心上》。

⑤ 同上。

时实践的行为。孝是顺乎人情的自然，而且又不需要外在的任何机缘、条件的，所以孝便成为儒家道德实践中的最基本的德行。

或许有人说：爱亲既是出于人情之自然，则特别提出"孝"字来立教，又有什么意义？这一点是值得特别研究的。因为把自然之情，特别提了出来，使由无意识而进入有意识的活动，这便加上了理性自觉的意义到里面去。出于自然之情的爱，是顺着生理作用所发出来的，其本身还夹杂着自私的成分在里面，与普通所说的"欲望"，没有多大分别。这种爱不能通向仁，不能扩充而为人类之爱。孟子说："人少则慕父母。知好色，则慕少艾。有妻子，则慕妻子。仕则慕君。"① 此便是说的顺着生理作用所发出的自私之爱。这种爱缺少了道德性的自觉，不能表现道德价值，必须加上了道德理性自觉以后的自然之情，在其自觉的要求下，同时即超越了自己的生理的限制，突破个人的自私，而成为一种道德理性的存在，以澄清淘汰自然之情中听包含的混杂成分。这比不曾经过自觉的自然之情，因而是生理的混沌、盲目、杂乱的自然之情，完全是两样。所以一切人类（乃至高等动物），孩提时都有对父母之爱，但他们缺少此一孝的自觉，所以这种爱在每个人的一生中乃至整个的社会里面，不曾发生积极性的作用。于是他们不能在自己本身上证明道德的爱、体认道德的爱，而只有在外面另找道德之爱的源头；所以宗教对于他们在道德上有特别重大的意义。但在自身缺少爱的自觉，缺少爱的真切体认、实践，而仅靠"他力"的启示、帮助，对一般人来说，这种"他力"的启示帮助，很难与现实生活融成一片。所以他们的爱，依然常流为一种贪欲、占领，如男女之爱、权利之爱等，以加强他们的自私，很少能突破自私以扩充而成为人类之爱，亦即是儒家的所谓仁的境界。其原因，便是因为他们在自己本身的爱的根苗上，缺少了这一点自觉，因而缺少了由生理转向理性，由自利转向利他的这一真切的转化作用。换言之，即是他们缺少了孝的教养。

《论语》的编纂次序，不必都有意义；但首之以"学习"，次之以"孝悌"②，则未必全无意义。即是，孔门立教的重视学习与孝弟，是毫无疑问的。但孔门只把孝弟当作对一般人的起码要求，并不会把它当作德行上最高的成就。《论语》上，孔子对他的学生问君子，问成人，问

---

① 《孟子·万章上》。
② 《论语》首章为"子曰学而时习之"，接着便是"有子曰，其为人也孝弟……"

士，问行，问达，他从未举孝悌来作答；因为在他的心目中，一个人在德行上人格上的成就，应当不止于孝弟，而须要更进一步的努力。最明显的有他答子贡的问士。原文是：

> 子贡问曰：何如斯可谓之士矣？子曰：行己有耻。使于四方，不辱君命，可谓士矣。曰：敢问其次？曰：宗族称孝焉，乡党称弟焉……（《论语·子路》）

"士"，有如今日的所谓知识分子，所以他的成就比"君子"、"成人"，要低一个层次。但孔子把仅有孝弟上的成就，只看作是次一等的知识分子的成就。头等的知识分子，在人格上须要有更高一层的成就；而在能力方面，须要对国家社会有某一方面的贡献。并且孔子教人立身行己，亦从不仅限于孝弟。如他说了"弟子入则孝，出则弟"以后，接着便说："谨而信，泛爱众，而亲仁；行有余力，则以学文"。他只把孝弟当作人生中的必需的具体德行之一，并没有把它当作作人的一般原则。孔子提出的作人的一般原则是"主忠信"的"忠信"或"忠恕"。孝弟限于家庭，不一定能通于社会；而忠信、忠恕，则可将人和己、家庭与社会，完全贯通起来。要了解儒家原始思想，及其以后的演变的人，尤其是要了解儒家孝的观念的演变的人，在这种地方，不可轻易忽略过去。必需能把握住《论语》的全般精神，以衡断其他典籍中所载许多孔子论孝的话，那些是出于孔子，那些是合于孔子的原意，那些是后来的推演，或迳与孔子的原意相反，这便容易在各种杂乱的说法中，理出一个线索。

三、孟子对孝道的传承与扩大，及所谓孝治派

一般的说法，孔门以曾子最能传孝道；子思是曾子的学生，而孟子又曾学于子思的门人，所以孝特为孟子所重视。这大概是可靠的说法。例如《论语》："孟懿子问孝，子曰：无违。樊迟御，子告之曰：孟孙问孝于我，我对曰，无违。樊迟曰：何谓也？子曰：生事之以礼，死葬之以礼，祭之以礼"（《为政》）。上面三句总括孝道的话，在孟子答滕文公问丧礼的时候，便完全引来作为是曾子的话。[①] 同时，孔子答子游、于

---

① 《孟子·滕文公上》"滕定公薨……然友之邹，问于孟子。孟子曰：亲丧，固所自尽也。曾子曰，生事之以礼，死葬之以礼，祭之以礼"。此与《论语》上孔子告樊迟的话，完全相同。

夏问孝时，皆不以仅能养为孝①；而孟子以曾子养曾皙为能"养志"，即是不仅能养曾皙的口体，认为"事亲若曾子者可也"②。这与孔子的意思，也完全符合。《论语》把孝的根源，内化于人子的不容自己之心；孟子一则曰"然后尽于人心"，再则曰"亲丧，固所自尽也"，三则曰"夫泚也，非为人泚，中心达于面目"③，这与孔子的精神，也完全是一贯的。不过孝的思想，在《孟子》一书中的分量，比在《论语》中的分量却大为扩大了。如前所述，《论语》只把孝视作人生德行的初步，也即是人生德行中的一部分；而《孟子》则有把孝扩大为德性的最高表现，因而有以孝来贯通德性的趋向，并且提出舜来作为最高的典型。他说："尧舜之道，孝弟而已矣"④。又说："视天下悦而归己，犹草芥也，惟舜为然"⑤。又说："大孝终身慕父母。五十而慕者，予于大舜见之矣"⑥。这些说法，可以从两点来解释：第一，认孝是发自一个人的内在德性；内在德性，对于一个人的人格来说，是超过于外在的一切东西的。在此说法的本身，不仅是强调了德性至上，而且也意谓着一个人在德性上的自足，即可超越一切与德性无关的外在世界，因而显露出人格的无限尊严。第二，一个人的全部德性，照理论讲，本来也可以通过某一种具体行为而显现出来，只要某种行为是呈露了彻底的自觉和整个的人格世界。照上面的解释，孟子对孝的思想地位的提高扩大，似乎也没有大的毛病。所以孟子特别强调孝弟和仁义礼乐的合一⑦，即是强调孝弟后面的全部道德理性的自觉，由此以贯通一切，并完成一个道德的人格世界，即是上述解释的证明。但由精神落到行为上时，行为总是实现于某一方面，因而也是局限于某一方面；例如孝，便是实现于家庭，而局限于家庭的这一方面的。一般人可以有这种行为，但不能有此一行为后面的彻底自觉。于是这种行为，便很难从局限中贯通出去。因而对于人生某一行为的过分主张，同时可能使人生其他方面的行为受到萎缩。因此，孟子对孝道价值的扩大，事实上会给后来许多人只知有家庭而忽略了社会国家的不良影响。尤其是孟子因为过分强调了孝弟，一方面主

---

① 见《论语·为政》，子游子夏问孝两章。

② 见《孟子·离娄上》"事亲为大"章。

③ 见《孟子·滕文公上》、《公孙丑下》"孟子自齐葬于鲁"章及"滕定公葬"章与"墨者夷之"章。

④ 见《孟子·告子下》"曹交问曰"章。

⑤ 见《孟子·离娄上》"天下大悦而归己"章。

⑥ 见《孟子·万章上》"万章问曰，舜往于田"章。

⑦ 见《孟子·离娄上》"仁之实，事亲是也"章。

张此一德性冒出于一切事实之上;一方面无形中便以其他一切的事物作为孝弟的手段,而抹煞了其他事物的客观独立的价值。如当时万章对舜封象于有庳的怀疑,认为舜不应牺牲有庳的人民以对他的"至不仁"的象,与舜之诛四凶的精神不合,这是非常合理的怀疑。① 但孟子的解释是"仁之于弟也……亲爱之而已矣。亲之欲其贵也,爱之欲其富也。封之有庳,富贵之也"②。这便是非常有害的说法。他又说舜是"孝子之至,莫大乎尊亲。尊亲之至,莫大乎以天下养"③。这与前面视"天下犹草芥"的说法,是一显明的矛盾,也是非常有害的说法。孝的思想,到了孟子所以有上述的演变,大概有两种原因:第一,某种思想,在开始成立时,常有客观的背景与要求,以制约它于某一范畴之内。但一经传承,便常不能避免传承者仅凭观念上的推演,因而不知不觉的超出了它原有的范畴。孝的思想的演变,当然也受了这一种影响。其次,孟子因主张性善,便主张道德不是从客观上建立起来,而是从人的本身内部流出来的。因此,便特别抓住"不学而能"、"不虑而知"的"良知"、"良能",以为德性立基;而良知良能,乃直接显现于"孩提之童,无不知爱其亲也;及其长也,无不敬其兄也"的事实之上。④ 站在性善的立场说,良知良能的一点可能性,同时便涵盖了道德价值的一切。所以孟子接着说:"亲亲,仁也。敬长,义也。无他,达之天下也。"也因此而把孝作了"充类至义之尽也"的说法。⑤ 而这种说法,是容易发生流弊的。

但是,若因此而说孟子乃至曾子、子思是"孝治派",而孝治派即是专制主义的维护者,这便是不应当有的错误。首先,中国专制政治,为主是秦始皇根据商鞅在秦国所奠定的基础,再加以韩非、李斯的法家思想所建立,再由汉代所继承下来的,这只要稍为读读《史记》若干有关的纪传,便立刻可以了解。固然在秦朝所建立的政治制度中,也有一小部分是受了一点儒家思想的影响,例如御史制度的确立。这是因为《吕氏春秋》中含有一部分儒家的政治思想,而李斯也曾是荀卿的门人。但自秦始皇到汉宣帝,法家与黄老的合作,才是政治思想的主流;而当时的黄老,也正是拥护专制政治的,此观于黄生(治黄老之学的)与齐辕固生(治齐诗的)在景帝面前争论汤武革命的事情而可以明了。⑥ 先

---

① 见《孟子·万章上》"万章问曰,象日以杀舜为事"章。
② 同上。
③ 同上,"咸丘蒙问曰"章。
④ 同上,《尽心上》"人之所不学而能者"章。
⑤ 同上。
⑥ 见《史记·儒林列传》。

秦儒家，一致是采取"抑君"而不是"尊君"的（请参阅拙著《西汉政治与董仲舒》一文）。以后儒家对专制制度的态度，在西汉的思想趋向上，大体可以分为三派：一派把儒家"五帝官天下"的理想，与阴阳家五德运会的说法（实际只是说皇帝应当轮流来做）相结合，以反对专制政治。这一派由王莽的成功而得到一个假胜利；也由王莽的欺骗、失败而得到真失败。当时的儒生向王莽上书，乃至扬雄也写剧秦美新的文章，后人看了觉得他们何以这样没有气节？其实，他们是在"官天下"的大气氛中来进行的。这一派的思想，后来只在朱元晦、陆象山、邓牧、黄梨洲这些少数人中保持着。另一派是与既成的专制政治妥协，在妥协中求得儒家政治理想部分的实现。这从陆贾、贾山已开始这种努力。而中国历史中，这一派人物，在专制的污浊中流下了最多的血，一直流到戊戌变法的六君子始告一段落。这些人是使中国的专制政治，在许多地方不同于西方的所谓专制政治的重要原因之一。另一派则是以叔孙通、公孙宏为首的曲学阿世派。所谓曲学阿世，即是歪曲自己所学，以阿附专制政治，为专制政治作欺骗、安魂的工作，以图得个人的富贵。这一派在极权政治下，会得到更容易繁殖的土壤。而事实上，这一派的人，可以假借儒学，可以假借宗教，也可以假借洋学。只要假借什么有效，他们便假借什么。但在本质上，他们与任何学都不相干。所以五四运动以来，许多人把中国的专制政治，一笔写在儒家思想身上，这和说中国自秦始皇起，所行的不是专制政治是同样的荒谬。就孟子来说，他在政治上的反专制、独裁，一切以人民的利益为政治的最高的准绳①，并且在两千多年前，已正式宣布人民的革命权利，因此而冒犯了朱元璋的忌讳，把他的神主从孔庙中迁了出来。这只要稍稍打开孟子的原典一看，便可以看得出来。若以一个字来概括他的政治思想，只能说他是仁治派，而不能说它是孝治派。"三代之得天下也以仁，其失天下也以不仁"②，这是他反反复复对政治的基本看法。他站在个人的德性上，虽然说"仁之实，事亲是也"，但在政治上，他不仅说"老吾老，以及人之老；幼吾幼，以及人之幼"③，特别重视一个"及"字，特别重视一个"推恩"的"推"字；并且由仁心而还要求仁政④。而他的所

---

① 如《孟子·梁惠王》之"与民偕乐""与百姓同乐""与民同之""乐民之乐，忧民之忧"，皆系以人民为政治之主体，此种精神，实贯注于《孟子》全书。所以他能说出"民为贵"的话。

② 见《孟子·离娄上》。

③ 见《孟子·梁惠王上》。

④ 见《孟子》"离娄之明"章。

谓仁政，都要见之于具体的设施的。例如：

> 五亩之宅，树之以桑，五十者可以衣帛矣。鸡豚狗彘之畜，无
> 失其时，七十者可以食肉矣。百亩之田，勿夺其时，八口之家，可
> 以无饥矣。谨庠序之教，申之以孝弟之义，颁白者不负戴于道路矣。
> 老者衣帛食肉，黎民不饥不寒，然而不王者，未之有也。（按此段话
> 凡三见。《梁惠王上》二见，《尽心》一见，可见他对此段话的重视）

> 昔者文王之治岐也，耕者九一，仕者世禄。关市讥而不征，泽
> 梁无禁，罪人不？……（梁惠王下）

此外，还提出井田的理想，一直给中国两千年来解决土地问题以启发性的作用。他在甚么地方，认为只要统治者能尽孝便可以治天下，因而可称为孝治派呢？

由孟子推上去，《论语》上孔子与政治有关的话，大概有五十多处，只有两处提到孝字。一是"季康子问使民敬忠以劝，如之何？子曰：临之以庄则敬，孝慈则忠，举善而教不能则劝"（《为政》）。季康子的问，是统治者对人民的某一特定的要求。这不是一般性的政治问答。孔子的答复，是要统治者先要求自己，做到庄、孝慈、举善而教不能的三点，而孝慈只是三点中之一。另一条则是"君子笃于亲，则民兴于仁。故旧不遗，则民不偷"（《泰伯》）的话，这是就在上者在作人方面所能发生的政治影响而言，并非就具体的政治设施而言。把《论语》上孔子谈到政治的话综合起来，当然说不上是孝治派。《大戴记》上纪录的曾子的话，都是他的后学展转传述而不很可靠的。要了解曾子的本来面目，当求之于《论语》及《孟子》所记载、所引述的材料。《论语》上所载与曾子有关的言行，一共有七条；其中仅"慎终追远，民德归厚矣"（《学而》）一条，是说孝与政治的关系，但这与孔子所说的"君子笃于亲"的话，是同样的意义。他在临死时告诉孟敬子的"君子所贵乎道者三"，丝毫没有以孝为政的意思。并且他和孔子一样，是以"仁"为士所应达到的目标①，而不是以孝为士所应达到的目标，他所传承的孔子的一贯之道是"忠恕"而不是孝。②《孟子》上引用曾子的话有六处，仅一处谈到孝道③，这是转述孔子的话。此外，主要都是强调人格尊严的。叙

---

① 见《论语·泰伯》"士不可以不宏毅"章。
② 见《论语·里仁》"子曰参乎"章。
③ 见《孟子·滕文公上》"滕定公薨"章。

述曾子行迹的有三次，有两次是关系于曾子个人的孝行，与政治无涉，其中也没有半点孝治派的痕迹。《孟子》中叙述子思的行迹有五，无一与孝有关。子思的思想见于《中庸》。《中庸》的三达德，是智仁勇而不是孝；其政治思想重在"以人治人，改而止"。其政治设施则为"九经"，九经中仅"亲亲"一项与孝有关。① 至于《中庸》里称述舜文王武王周公的大孝两节，与《中庸》上下文的脉络皆不相连贯。尤以"舜其大孝也与"一节，在本节中的语意也不相连属，与前面"舜其大知也与"一节，恰成一明显的对比。这无疑的都是编集时，把后来的材料随意编入进去的。从全体看，决说不上是孝治派。总之，一直到荀子为止，先秦儒家中，没有孝治思想。不过，在这里我应特别说明一点，仅仅提倡孝道，固然不足以治天下；但在治天下中而提倡孝，这对于中国民族的保存、延续，依然有积极的意义。如同后所述，把事君的忠，与事父的孝，混淆了起来，可以在知识分子方面尽到维护专制的作用，但仅就孝在社会上一般的作用说，依然与专制无关，依然正面的意义大于负面的意义。这是不可以用片面的意义来加以否定的。

四、孝道在政治上的作用，及对政治的伟大启示性

至于孝道在政治上所发生的实际作用，就我研究所得的结论，和五四运动时代许多人们的看法，恰恰相反。它在消极方面，限制并隔离了专制政治的毒素，成为中华民族所以能一直延续保存下来的最基本的力量。在积极方面，可能在政治上为人类启示出一条新的道路，也即是最合理的民主政治的道路。

首先我应指出，许多人以为过分重视孝道，便贬损了人格的尊严，因而在政治上便容易成为专制政治的拥护者，这对先秦儒家而言，乃至对宋明理学家而言，是完全不合事实的。《论语》"有子曰，其为人也孝弟，而好犯上者鲜矣。不好犯上，而好作乱者，未之有也"（《学而》）的这一段话，便很容易引起孝是奴才道德的感觉。其实，在任何社会制度之下，总不会以犯上作乱为社会的常态。人类只能在和平的社会中发展，决不能在长久动乱的社会中发展。即所谓正当的革命，也是出于一时的不得已。犯上作乱，是表示社会极端动乱的状态。而这种状态之形

---

① 见《中庸·哀公问政》章。

成，乃出于互相仇恨的心理。孝弟所以培养人类的爱苗，有了这种爱苗，便不会以仇恨的心理去看社会，而会以爱的心情去看社会，于是社会的问题，只努力在和平中求解决，因而这个社会可以保持和平的状态。把有子的话和下面"为仁之本"连在一起看，仁是包含有最崇高的人格尊严的意味在里面的，则他前面的一段话，当然应作我这样的解释。其次，孔子的"三年无改于父之道"（《学而》）及"父母在，不远游，游必有方"（《八佾》）这类的话，及三年之丧的主张，在今天看来，是不适于青年生活的要求发展的。但他是以当时封建的静态社会为对象来说的。而他之所以说这些话，都是出于唤醒青年人对于他的父母的真挚之爱，我们今日平心静气的来读这些话的时候，还接触得到里面所蕴蓄的深厚情感。并且如前所述，这只是孔子教人的一个方面。谁能找得出孔子因此而贬损了他的人格尊严的痕迹。

其次，曾子、子思、孟子，在德行方面，是比较特别强调孝；但他们在人格尊严方面，尤其是在对政治而言的人格尊严方面，却也特别显得突出。曾子"虽千万人吾往矣"的"大勇"（《公孙丑上》），子思"中立而不倚"的"君子之强"（《中庸》），孟子"富贵不能淫，贫贱不能移，威武不能屈"的"大丈夫"，都贯穿于他们整个思想与人格之中。在人类文化中，只有在中国这些圣贤中才能找出真正的人格尊严及其根据。荀子说："入孝出弟，人之小行也"[1]。他所给予孝弟的分量，到合于孔门的原意。但在人格尊严及抑制君权、伸张士气民气这一方面，却远不及曾子、子思、孟子。而韩非的反孝弟，正因为孝弟妨碍了他古典的法西斯的思想。因为孝弟在儒家是人的一种德行。真正的人格尊严，是要随内在德性的伸长而伸长的。

人类的物质生活，不仅须在相互关系中始能得到解决，即人类的精神生活，也要在同类的连带感觉中才能得到安定。从人群中彻底孤立起来的人，其精神上的枯寂与不安，实不亚于物质上的缺乏困苦。我们可以从这一方面去了解亚里斯多德"人是政治动物"这句话的意义。中国历史上的知识分子，常常只有走到政治方面去求到这种满足，于是政治生活便成为一个人生活中所不可缺少的一部分。这种无条件的投向政治，便促成知识分子成为政治的附属品，因而造成统治者高出庶物的幻觉。孔子的时代，正是由贵族的知识分子开始过渡到社会的知识分子的

---

[1] 《荀子·子道篇》。

时代。这些初兴起的社会知识分子当然要拼命向政治圈子里去攒；这从孔子"三年学，不至（当作志）于谷（俸禄）；不易得也"（《泰伯》）的话，可以看出来。或谓孔子曰："子奚不为政？"的疑问也是由此而来。但孔子的答复是"《书》云：惟孝友于兄弟，施于有政，是亦为政，奚其为为政"（《为政》）。为政，即是从事政治。孔子的意思，一个人以孝友尽力于家庭，也是一种为政；何必一定要去做官，才算为政。这几句话包含了两种意义。其一，人如要尽到人对人的责任，则应从现成的家庭开始，不必要有待于做官。另一，人在家庭的构造中，同样的可以得到人与人的相互关连的满足，而不必有待于政治。所以知识分子重视家庭的孝友，应当可以减少他们对政治的依附性。更紧要的是，可由此而诱导出一个重大的社会结果。中国在封建时代，只有贵族才有家，所以"家"字几乎是代表贵族身份的专用名词。[①] 孔子这句话，同时也是正面承认了"家"的一般的价值，代表了一般的对家的自觉。由孝弟、孝友的观念，而促醒士庶人也开始以自己的家庭构造来建立自己的生活基点，以满足自己的生活需要。孔子的"舍之则藏"，是藏在一个有人生价值的家里。一个孤单的个人，是无处可藏的。并且有了家以后的人们，在专制政治之下，政治只支配了他的生活几分之几，因而政治的灾害，也在一般情况下，只会受到几分之几。原因是每一个人有一个实际生活的立足点可资庇护。彻底的独裁专制，必把这种立足点加以摧毁，使每个人两脚悬空，不能不完全投入于政治机括之中，始能加以实现。近代的民主政治，是立基于承认个人价值之上，并非聚合许多孤立的个人，而可以建立民主政治。相反的，民主政治的建立，正赖于有许多对中央政府而保有半独立性的社会团体。假定英国没有地方自治团体、宗教团体及贵族集团与新兴工商业者集团，则民主政治，在近代不可能首先出现于英国。这是中国谈民主政治的人所常常忽略的事实。就中国的历史说，家庭及由家庭扩大的宗族，它尽到了一部分自治体的责任，因此，它才是独裁专制的真正敌人。所以秦始皇、汉高祖、武帝们，都要把距离朝廷较远的大家族，迁徙到自己能直接控制的京师。中国人生活的大部分，是在家庭及由家庭扩大的宗族的自治堡垒之内。在这种自治堡垒里面，不仅是经济利害的结合，同时也是孝弟的道义结合。这种道

---

① 鲁国的三桓：《论语》上即称为三家。孟子对梁惠王"何必曰利"一章："王曰：何以利吾国？卿大夫曰：何以利吾家？士庶人曰：何以利吾身？"独以国、家、身对举。此例甚多。

义精神，可以缓和在经济结合中常常无法避免的利害冲突。平时既可避开政府而自己解决许多切身的问题；在灾难中，不仅不会因外部的压迫而解体，且常因此而加强其内部的团结。灾难中的孤独者，有如洪流中的个人，很容易被浪潮吞没。但一个自治堡垒，便如在洪流中得到浮木竹筏一样，有更多渡起的机会。所以中国历史上几次大灾难中的人口迁移，多是"举族而迁"或者是"聚族相保"①，才能保存延续下来的。法人 Thiersant 在其《百孝图说》(La Piétéfi liale en Chine[Bibliothéque Orientale Eljévirem. XVI. 1877]) 的序言中说："中国以外的一切民族，都是发生，成长，而且灭亡。但仅有中国，几乎绝对是不动摇的，好像是站在荣枯的运命之外。然则中国是从何处带来此种不灭不断的生活力呢？这是从运转此庞大集团，而成为一切机关之唯一枢轴的一个原理产生出来的。这即是从他的最初立法者，为此帝国之存在及社会幸福的凭藉，作成了最巩固的基础而制定公布的孝道的教义产生出来的"②。中国今日海外华侨的许多宗亲会，恐怕还在发挥这种作用。家庭固然是农业社会的生产单位，但中国家族的形成，不是仅靠这种生产关系，而是加上了孝弟的精神力量到里面去，这才使中国的家庭，较之其他民族的家庭，有不同的内容，发挥了不同的作用。我不知道从甚么地方、家族曾助长了专制政治。

再进一步，我应提出孟子"道在尔而求诸远；事在易而求诸难。人人亲其亲，长其长；而天下平"，这几句话对政治的重大启示性。人类的灾害，若仅从政治社会方面来看，其最基本之点，可以说是由于在个体与全体之间，得不到一种适当的谐合而发生的。因而人类在这一方面的努力，便常表现为追求如何能得到二者之间的谐和的努力。就西方说，中世纪是不承认个体的价值，热心追求超现世的统一世界。这便抑压了人们个性的发展，使社会归于萎缩。换言之，问题是出在全体观念，压倒了个体观念。以文艺复兴为转机，个人主义抬头，在观念上，在政治社会的制度上，尽量鼓励伸展个人的欲望，驱遣各个人的才能，竭气尽力的向前追逐。从十七世纪到十九世纪，正是个体压倒了全体的世纪，因而得到了以个人财富为中心的空前的成就。但正在资本主义的鼎盛时期，却发出了社会主义革命的信号，暴露了自由与平等的矛盾冲

---

① 可参阅日清水泰郎教授著：《支那之家族与村落》，一八页。

② 桑原博士前论文所引，见《支那学论丛》，二七一页。

突，实际也即是个体与全体的矛盾冲突。苏联式的革命的实现，以及法西斯政权的成立，都是以平等的口号来压倒自由的口号，也即是以全体的观念和制度，来压倒个体的观念和制度。第二次世界大战，从政治最基本的观点来看，实际是一场混战。所以战争的结果，把世界最基本最深刻的对立，亦即是以个体为主的阵营与以全体为主的阵营的对立，划分得更为清楚明白。人类的命运，过去便在东风压倒西风，或西风压倒东风中，颠三倒四。今日则更由此种对立而把世界带到生死的边缘。假定人类能免于原子战争的毁灭，我相信只有在个体与全体之间，从观念与制度上，能得到一种谐和，而始能归于解决，这才是人类前途之福。孟子上述理念的提出，正是二千年前中国在此一对立中所作的谐和解决的构想。

要了解孟子这几句话的真正意义，须先了解他说这几句话的时代思想背景。当时的时代思想背景，是"杨朱墨翟之言盈天下"①。"杨子取为我，拔一毛而利天下，不为也"②，这是极端的个人主义。"墨子兼爱，摩顶放踵利天下，为之"③。墨家的兼爱，不同于《论语》中的"泛爱"④，也不同于一般人所说的"博爱"。"兼"在《墨子》一书中，是个专用名词，它是与"别"相对待的。《荀子·天论篇》批评他"有见于齐，无见于畸"。齐是整齐统一之意，畸是个别特殊的情形。"兼"与"齐"同义，"别"与"畸"同义。墨子想"兼以易别"（《兼爱下》），即是要以人间的统一性、全体性，代替人间的个别性、特殊性。在此一前提之下，他才主张无差别性的兼爱。因此，他的兼爱与"尚同"（《墨子》有《尚同篇》，要在下位者一切应该同于在上位者），都是从"兼"的观点，亦即从"齐"的观点出来的。所以他是中国古典的全体主义。"杨朱、墨翟之言盈天下"，用现在的语句来说，即是当时充满了个人主义与全体主义的思想。而这两种思想，是"皆思以其言易（治也）天下"的。孟子对他们的批评是："杨氏为我，是无君也。墨子兼爱，是无父也。无父无君，是禽兽也"⑤。孟子这几句激烈的话，引起了不少的反感。但他的语气太激，也只是推其流弊之极来说的。"君"，是当时

①　《孟子·滕文公下》："公都子曰外人皆称夫子好辩"章。
②　同上，《孟子·尽心章上》。
③　同上。
④　《论语·学而》章"子曰：弟子入则孝，出则弟……泛爱众：而亲仁。"在孔子这段话中，已表示了爱的差别性。故不同于兼爱。
⑤　《孟子·滕文公下》。

政治组织的象征，"父"是家庭组织的中心，也是伦理实践的基点。推原孟子的意思，从政治社会这方面来看（另有道德的一方面），乃是说极端的个人主义，便否定了人类共同过政治生活的可能性，用现代的语句来说，这种人实际会流入虚无主义。而彻底的全体主义，会否定了以爱为中心的伦理组织的基点，亦即是否定了作为每一个人物质生活，精神生活的基点——家庭；用现代的语句来说，这便会流于极权主义，而在墨子则称为"尚同"。尚同的政治结构，正是今日所说的民主集中的结构。世界上既没有孤立的个人，也没有无个人的全体；现实上，人类是生活在个体与全体之间的连接点上。只有把握住此一连结点，使个体不妨害由各个体而来的共同意欲、需要，所形成的全体，使全体不妨害构成全体的各别个体，能使个体与全体得到谐和，这便天下太平了。这种连接点，不能仅是观念上的，而须是生活现实上的。而家庭则正是个体与全体之间的连接点。在此连接点上，仅靠法律的规整其效用总会偏向某一边去，有如今日资本主义社会中的立法一样，不是削弱了自由，便是妨碍了平等。只有以爱为连结的精神纽带，自然可以消解这些矛盾问题。一个人在家庭中尽到爱的责任，即是"亲其亲"，亲爱自己的父母；"长其长"，恭敬自己的长上（此处之长，不仅指兄长，而且是指族中的长辈）。这站在纯个人的立场来看，乃是对他人尽了一分责任，是属于"公"的，是"义务性"的。但站在社会的立场来看，这种责任却与自己的利害直接连在一起，又是属于"私"的，是"权利性"的。所以"亲其亲"、"长其长"，乃是在公与私、权利与义务之间的行为。正因为如此，一方面满足了群体生活上的起码要求；另方面，又合乎个体的利益。而作二者纽带的是孝弟，便无所谓个性、自由的压抑。社会通过了这种以爱为结合纽带的家族组织，大家在家族生活中，使公与私、权利与义务、个体与全体，得到自然而然的融合谐和，以解决杨朱的不顾事实，墨翟的不近人情的个体主义与全体主义自身所包含的矛盾，这岂不是政治社会上最现实而可行的一条路吗？孟子是在这种情形之下来说"道在尔而求诸远，事在易而求诸难，人人亲其亲、长其长而天下平"的话的。"远"、"难"所指的是当时极端的个人主义和全体主义；"尔"、"易"所指的是儒家以家庭家族为解决政治社会问题的基点，乃顺乎人类生活的自然的。政治上只要顺乎这种自然，让每一个人都能有一个以爱为中心的家，都能过一种以爱为中心的家庭生活。社会是由许多以爱为基点的合情合理的家庭连接起来的，使每一个人都能在家庭中养其生，遂其性；人民的问题，社会的问题，便由人民、社会，在爱的鼓舞抚慰中自己解决了。政治假定真正是为人民而不是满足少数人的野心，这便可无为而治，亦即可以形成较之现在纯以个人主义为中心的民主政治更进一层的个体与群体得到谐和的民主政治。而还用得上水流汗泻的来讲这讲那吗？孟子还有与此有关的几句富于启示性的话："逃墨必归于杨，逃杨必归于儒"①。全体主义走不通的人，常常回到极端的个人主义。假定感到极端的个人主义实际上还是走不通，那便会想到一条"中庸"之道，这即是儒家通过家族的个体与全体之间的中庸之道。索诺肯（P. A. Sorokin）在其"人性的再建"（The reconstruction of humanity）中，觉得西方文化解决了人类的物质生活问题，但不能解决人与人间的和平相处的问题，以致发生随时可以毁灭的危机；他便想到西方缺少一种以爱为中心的家庭（他认为西方的家庭，是以商业的利害观念为中心所组成的），所以不能助长人的"利他"精神，因而他希望西方能有以爱为中心的家庭的再建。这正可以反衬出孟子这些话的意义。中国的专制所以不同于西方人所说的专制，除了我前面所说的有一部分知识分子在政治中保持了一部分儒家的政治理想以外，更重要的便是因为有这种道德性的家庭组织，把专制政治的毒害，消解隔离了不少。没有这，中华民族要在长期专制下保存下来，证之于其他民族的历史，如古巴比伦、埃及、希腊、罗马等民族的历史，几乎是不可能的。所以我们的"国"与"家"是不可分的，家是国的原型（Prototypc）。"国家"连词，在先秦时代，它是代表君主与贵族的共同政权；在秦以后，则系表示此一民族的政治组织，政治生活的具体内容及其特性。"国家"连为一个名词，是有它历史上、现实上的特殊意义的。现在有极少数的人，讨厌这个家字，而改称"国家"为"邦国"，这是我所不赞成的。

或者有人问："亲其亲，长其长"，既是顺乎人情之自然，又加以先秦儒家的倡导；而事实上，中国的历史，也大体是向这方面走，但为甚么并不曾如孟子所期待的"天下平"呢？殊不知，"亲其亲"、"长其长"，在孟子是要以"省刑罚，薄税敛，深耕易耨，壮者以暇日，修其孝悌忠信"及"五亩之宅，树之以桑……"等等的教养设施为前提、为内容的。在当时固然是"今也制民之产，仰不足以事父母，俯不足以蓄妻子"，即是不让人民有亲其亲、长其长的生活；在以后专制政治之下，

---

① 《孟子·尽心章下》。

由政治的淫暴剥削，及与政治相勾结的社会恶势力，人民的亲其亲长其长的自然之资，和孝悌之教，不知受到了多少摧残和破坏。从这一方面说，也可以知道，以爱为中心的家庭生活，和一切专制独裁者总是处于对蹠的地位。

五、被专制压歪以后的孝道——伪《孝经》的出现

然则孝道在中国历史中，一点也没有受到专制政治利用；因而没有助成过专制政治吗？那又不然。在两千〇二十年的大一统的长期专制中，凡是完全不受专制利用的思想学说，便不能存在，这是研究中国思想史的人所首须具备的常识。孝的思想也不例外。先秦儒家，有如孔子、曾子、子思、孟子，把事父母和事君的界线，是划分得很清楚的。到后来，这种界线慢慢的混同起来，即是先把对一般人的"忠"，变为事君的专用名词。再进而又把忠与孝混同起来，这便使臣道成为奴才道德，使独夫利用这一点来蹂躏知识分子的志节，以恣睢于亿万人之上；于是孝道的本身虽不会助长专制，但经过这一偷天换日的手段，把父子关系的孝道，偷到君臣的关系上去，这便犯下了助长专制之嫌。此一趋向，由无意识的偶然误解，而经过法家的有意的安排，以达到汉人所伪造的《孝经》，在文献中取得了崇高的地位，而孝道遂蒙上了千古不白之冤。这是大一统的专制政治，压歪了孝道的结果。这里，我先谈谈《孝经》的问题。

《孝经》，有的说是孔子自己作的；有的说是由曾子记录孔子的话而成的；有的则说是出于孔子的弟子或曾子的弟子；又有人说出于孟子门人之手。[①]《四库全书总目》说"今观其文，去二戴所录为近，要为七十子徒之遗书。使汉河间献王采入一百三十一篇中，则亦《礼记》之一篇，与《儒行》、《缁衣》，转从其类"[②]。这是总结一切《孝经》的怀疑

---

① 西汉末的《孝经纬》，及东汉儒生，皆认为孔子作。司马光《孝经指解》认为系孔子弟子所作。晁公武、姚鼐、崔述认为系曾子弟子所书。朱元晦认为自开始之"仲尼闲居"，至"孝无终始，而患不及者未之有也"为曾子门人所记，以后为妄人所增。姚际恒谓"勘其文义，绝类记中诸篇……同为汉儒之作"。日人武内义雄以为系曾子后学演其师说而示孔门之神髓者，或即系孟子派之学者所传孔子之教。日人佐藤广治谓其成书不能追溯到孟子的时代。梁启超以为只可归入《礼记》，作孔门后学推衍孝字之书。王正己以为系孟子门人所作。以上请参阅张心澂编：《伪书通考》，四一八—四二九页。

② 《四库全书总目》卷三十二。

论者的共同结论。怀疑《孝经》的人很多，其中以朱元晦、姚际恒二人说得较为具体。我综合这些人的说法，再作进一步的考查，判定它是西汉武帝末年，由浅陋妄人，为了适应西汉的政治要求、社会要求所伪造而成；它的内容疏谬，不能与《礼记》任何一篇相比拟。伪造出来之后，经过西汉末东汉初纬说的造谣渲染，而始在东汉光武与明帝时代，取得了重要地位。在武帝以前的文献，凡有关《孝经》的称述，都是后人追加上去的。

先从它的来历加以考察。《汉书·艺文志》：

> 《孝经》者，孔子为曾子陈孝道也。夫孝，天之经，地之义，民之行也，故曰《孝经》。① 汉兴，长孙氏，博士江翁，少府后苍、谏大夫翼奉，安昌侯张禹，传之，各自名家，经文皆同（按此即所谓今文"孝经"十八章）。唯孔氏壁中古文为异（按此即所谓古文《孝经》二十二章）父母生之，续莫大焉，故亲生之膝下，诸家说不安处，古文字读皆异。

按陆氏《释文叙录》："《孝经》亦遭焚毁。河间人颜芝为秦禁，藏之。汉氏尊学，其子贞出之，是为今文，凡十八章"。《隋书·经籍志》采用此说。按若赵岐孝文时设有《孝经》博士之说（见后）可信，则此《孝经》博士，非献《孝经》之颜贞莫属；而传今文《孝经》之五家，亦必与颜贞有其渊源。但颜氏藏《孝经》及献《孝经》之事，汉代文献无征，且与传今文《孝经》之五家，毫无蛛丝马迹可寻，则其为后人所增益，以补足《孝经》来历不明的缺点，殆无疑义，可置不论。《汉书·艺文志》所举传今文《孝经》的五家中，仅《儒林传》王式条下有"博士江公，世为鲁诗宗。至江公著《孝经》说。心嫉式……"的记载。这位人格有问题的江公，系宣帝时人。至于长孙氏，则马国翰谓其"名字爵里俱无考"。《翼奉传》中无传《孝经》之事；其奏议中的议论，亦无传《孝经》之痕迹。《儒林传》后苍条无治《孝经》之事。《张禹传》亦无一语及《孝经》。假定在西汉时，《孝经》真正如《公羊春秋序疏》所引《孝经纬钩命决》所说的孔子"志在春秋，行在《孝经》"的话，则在江公以外，传《孝经》之四人传记中，不应不提及一字。尤其是若《孝经》与《论语》居于同等地位，则《汉书》对张禹之习《论语》，叙述颇详；而对于他的传《孝经》，则缺而不记，似亦不合情理。更重要

---

① 此一名称之不伦不类，已由姚际恒《古今伪书考》"孝经"条下加以驳斥。

的是：汉今文家必有师傅的统绪。今文家之所以不承认古文《左氏传》，正因为它没有这种传承的统绪。《汉书·张禹传》说他传《论语》的情形是"禹本受鲁论于夏侯建，又从庸生王吉受齐论，故兼讲齐说也"。《论语》在当时亦系传而非经；盖当时经传初出，尚未普及，非师承即无以通其句读。传今文《孝经》的五人，相互间既毫无传承关系，亦无一人传授给他的弟子这与西汉当时，经传的师承家法的实际情形，全不相类。所以今文《孝经》的传承历史，是由作伪的人胡诌出来的历史。

再就古文《孝经》的情形说，孔安国是学术史中的问题人物，凡是作伪的几乎都牵涉到他。刘向《别录》谓："《孝经》古孔氏者，古文字也。《庶人章》分为二也。《曾子敢问章》为三。又多一章，凡二十二章"。后汉许冲《上说文解字书》曰："臣父慎，又学《孝经》孔氏古文说。古文《孝经》者，孝昭帝时，鲁国三老所献。建武时（光武年号）给事中议郎卫宏所校。"陆氏《释文叙录》："又有古文二十二章。刘向校书定为十八"。王应麟《汉书艺文志考证》："孔惠所藏，与颜芝十八章大体相似。……按志云：孔氏壁中古文，则与《尚书》同出也。盖始出于武帝时，至昭帝时乃献之。"《经义考》引孙本曰："颜芝今文，非有断章错简，乃孔曾全书也。……昭帝时，鲁三老复献古文，而成帝命刘向典校经籍，除其繁惑。夫既经向校定，则世所传者（按指十八章之《孝经》）乃刘向之经文，而非颜芝经文矣。"我引了上述这些材料，只想指出：《汉志》及刘向《别录》，无将古文《孝经》二十二章校定为十八章的记载；所以陆氏《释文叙录》说刘向"校定为十八"，孙本说"世所传者乃刘向之经文，而非颜芝经文"，实无根据。假定刘向已校定为十八章，"与颜芝十八章大体相似"，则许慎既学古文《孝经》，何以不知系刘向所校，而其子许冲说是东汉卫宏所校？所以刘向根本无校定二十二章为十八章之事。刘向未曾校定二十二章为十八章，而陆氏偏要如此立说，是因为二十二章的分章，系虚拟的，不能成立的，所以只好造出刘向的校定，以弥缝古文今文在事实上的并无分别。如实的说，所谓今文古文，实际只是一个来历，一个本子，仅由作伪者利用当时的古文问题而变个花样，以作此一来历不明之书的掩饰。元吴澄在《孝经校正定本序》中，知道他所看到的古文《孝经》为伪，遂以为孔壁古文《孝经》，亡于魏晋以后。而怪司马光、朱元晦，何以为隋后之伪古文所欺。但他不知他所看到的古文，与《汉志》所记的古文，同为一物，本出于虚拟伪造，无所谓真古文亡于魏晋以后之事。并且古文《孝经》的伪造，我怀疑是由套"古《论语》"的架子而来的。《汉志·论语》有《论语》古文二十一篇，如淳谓："分尧曰篇后，子张问如何可以从政已下为篇，名曰为政"。桓谭《新论》云："文异者四百余字"。古文《孝经》也套此而多分为二十二篇。《新论》云"古《孝经》千八百七十一字，今异者四百余字"。古《论》多分出一篇，对上下文意，并无问题；但古《孝经》多分出三篇，在文意上实在分不下去。且《论语》与《孝经》，两书字数既甚悬殊，而异字之数，偏又若合符节（四百余字），岂非怪事？所以古今文《孝经》的异字，我怀疑桓谭只是根据一种传说的数目，而不是出自征实的数目。《孝经》的来源只有一个，即许冲所透露的汉武帝末，昭帝时，有人把它伪造以后，为掩饰它的无来历，便托之于孔氏古文，由与孝有关的三老把它献上；而当时的五经，是今文立于学官，遂又另伪造一今文《孝经》的历史，以相呼应。伪造的人，可能便出自嫉忌王式的江公一干人之手，以迎合当时的潮流，加重自己的地位。东汉初特重谶纬，于是传习经传的人，多假谶纬以争立于学官的地位，例如贾达，便把《左传》附会于谶纬，以争取左氏的立官。《孝经》伪造出来以后，因为是迎合当时的潮流，虽没有遇到反对，但也没有受到特别的重视；于是西汉末，东汉初，再加上纬书的谣言神话的攻势。[1] 这些纬书，系迎合当时刘家的统治者的要求而伪造出来的，形迹昭著，是不待多说的。此一攻势果然奏效，《后汉书·樊准传》谓光武时，"期门羽林介胄之士；悉通《孝经》"。《儒林传》谓明帝"自期门羽林之士，悉令通《孝经》章句"。成为当时教育的必读课本。大儒如郑玄，且谓"孔子以六艺题目不同，指意殊别，恐道离散，后世莫知根源，故作《孝经》以总汇之"[2]。这样一来，《孝经》便负起麻痹士人，助长专制之责。

《孝经》既出于汉武帝末昭帝时的伪造，然则对于昭帝以前有引用《孝经》的文献，又作何解释呢？首先王应麟《汉书艺文志考证》谓"蔡邕《明堂论》引魏文侯《孝经传》"，据经义考，蔡邕所引者为"大学者，中庸明堂之位也"；其说荒谬，出于伪托，日人佐藤广治，已有辨正。[3]

---

① 将《孝经》加以神化的《孝经纬》有《钩命决》、《孝经中契》、《孝经援神契》等。

② 《孝经正义》引郑玄《六艺论》。

③ 佐藤广治《经学中有关〈孝经〉地位之一考查》一文，收入《支那学论丛》。本项见该《论丛》七八七—七八八页。

《吕氏春秋·察微篇》曾引"《孝经》曰"一段，即《孝经》之诸侯章第三；于是许多人便以《孝经》为先秦旧典。① 其实，《吕氏春秋·孝行篇》"敬其亲，不敢恶人……此天子之孝也"一段，与《孝经·天子章第二》，大体相同；但它没有标"《孝经》曰"或"子曰"之名。《孝行篇》接着引"曾子曰：身者父母之遗体也……"一段，与《礼记·祭义》所记者完全相同；但它也不曾标出《礼记·祭义》的名称。这可以有两种解释：一是先秦著作，除了《诗》、《书》、《易》以外，很少标举引用的书名，最多也只是"传曰"、"语云"、"志有之"，或直举当事者的姓名。其二，《礼记》上的许多篇名，多数是二戴编定时所加上去的，此等篇名，先秦时尚未成立。在《察微篇》"在上不骄"一段，它的本意，原不是说孝的，何以偏偏加上"《孝经》曰"三字？这与《吕氏春秋》全书引书乃至一切著作引书的惯例不合。并且这几句话，不仅对《吕氏春秋》及《孝经》各为一义；且在《吕氏春秋》的《察微篇》为有意义的话，而在《孝经》的孝道方面，实在没有意义。《察微篇》的主要意思是在说明"治乱存亡，其始若秋毫"；能察到这种秋毫则治则存，不然则乱则亡。下面遂引了几个实际的事例。其中之一，是楚不能察吴之微而自骄自满，以致为吴公子光所败；所以接着说：

> 凡持国，太上知始（即微），其次知终，其次知中。三者不能，国必危，身必穷。《孝经》曰，高而不危，所以长守贵也。满而不溢，所以长守富也。富贵不离其身，然后能确保其社稷，而和其人民，楚不能之也。

假定《孝经》在《吕氏春秋》成立时代已经流行，而《察微篇》居然要引《孝经》这段说诸侯之孝的话来证明楚不能察微，吕不韦门客的学识，绝不至如此的贫乏。在孔子、曾子、子思、孟子的思想中，怎样也找不出"富贵不离其身"而可以算得是孝。这几句话，与孝的本身，实在没有关系。从《孝经》全书到处偷窃文句的情形看，是他偷了《察微篇》的话以后，代吕不韦的门客加上了"《孝经》曰"三个字。至于他何以要偷这几句与孝无关的话，这与伪造《孝经》的整个时代背景有关，留在下面再说。

其次，是《春秋繁露》卷十五的《五行对》有"河间献王问温城董君曰，《孝经》曰，夫孝、天之经，地之义，何谓也？"的话，以下便是

---

① 如黄东发、王念孙、汪中，日人武内义雄、泷川资言皆是。

温城董君用五行来解释《孝经》；其内容牵强附会，固不待言。清姚振宗《汉书艺文志条理》谓"此董君似献王官属"；则其非董仲舒可知。《春秋繁露》一书，颇有残缺而经后人补缀者。此篇殆为西汉末依附《孝经》者所假托，而后人因有"董君"二字，误以为系董仲舒，遂妄收于《繁露》中，不足为董仲舒时已有《孝经》之证。

又其次，《史记·仲尼弟子列传》有"曾参，南武城人，字子舆，少孔子四十六岁。孔子以为能通孝道，故授之业，作《孝经》，死于鲁"的记载。史公叙事取材，必有所据，则孔子为曾子作《孝经》，似亦有所据。但《仲尼弟子列传》，凡弟子之言行见于《论语》者，史公无不加以缀录。以曾子在孔门的地位，史公对于《论语》中所记载的曾子言行，竟不缀录一字，尤其是关于曾子传一贯之道，及临死时的纪录，也不提及一字，此乃不能加以解释之事；所以日人中井积德谓"曾子传独不引《论语》，且略、何哉？"① 这是有力的疑问。我在孔子诛少正卯的考证中，曾指出《孔子世家》中有关此事之记载，乃出于后人之增改；并怀疑增改之人，即系编定《孔子家语》的王肃。现按《仲尼弟子列传》中的《曾子传》，与《孔子家语·七十二弟子解》中"曾参、南武城人，字子舆，少孔子四十六岁。志存孝道，故孔子因以之作《孝经》"之文，最为近似。《家语·七十二弟子解》中，虽弟子之次序，与《史记》相同；然《史记》除曾子外，凡在《论语》中有言行可录者皆录之，《家语》则一概不录。两书对同一人的叙述、无一人如对曾子叙述的相近似；则《史记》弟子列传之《曾子传》，殆亦为王肃所改纂。改纂后而略去史公缀录《论语》之原文（我认为史公原文一定缀录有《论语》中曾子之言行）。因为在《论语》中只有曾子传孔子"忠恕"一贯之道，而无"以为能通孝道，故授之业，作《孝经》"的痕迹；故不如一并略去，以免露出马脚。司马迁根本没有看到《孝经》；其《史记·自序》中，引其父临卒"且夫孝始于事亲、中于事君、终于立身"的话，为《孝经》开宗明义第一章之言，而司马氏未尝称之为《孝经》，亦其一证。② 或者《孝经》上这三句鄙陋的话，即系偷自司马谈，亦未可知。从《史记·自序》看，司马谈是一个很热中的人。

还有赵岐孟子题辞谓"孝文皇帝，欲广游学之路；《论语》、《孝

---

① 日人泷川资言著《史记会注考证仲尼弟子列传》所引。
② 佐藤广治前文亦曾指出此点。

经》、《孟子》、《尔雅》，皆置博士。后罢传记博士，独立五经而已"。钱
大昕《潜研堂答问》谓武帝"建元五年，置五经博士；则传记博士之
罢，当在其时"。按文帝立传记博士之说，他无旁证。而最有充《孝经》
博士资格的颜贞（见前），既不见于《汉志》，且与《汉志》传《孝经》
之五人，无丝毫线索，则此《孝经》博士究系何人？汉武帝好大喜功，
因董仲舒、公孙宏等之言而开始推明孔氏，似无将文帝已立之儒家重要
传记博士加以罢屈之理。此殆亦为伪造《孝经》者之谣言，特将《论
语》、《孟子》、《尔雅》作陪衬。现就我所看到引用《孝经》的可靠材
料，恐怕是始于匡衡的奏疏。① 在此以前的，皆系后人伪托追改。

六、伪《孝经》内容疏谬之一般

仅从文献的来源上考查，对于上面的结论，或难免因片面的推论而
流于武断。现在再考查它的文字结构及思想内容，几乎每章都有问题。
两相印证，即可断定上述结论之不误。它的思想内容，朱元晦认为"是
后人缀辑而成"，又谓"其中煞有《左传》及《国语》中言语……其言
在《左氏传》《国语》中，即上下句文理相接；在《孝经》中即不成文
理"②；这已说得很透彻了。但他因时代的限制，在态度上还有点保留
妥协。兹将朱元晦所认为"自天子章到孝无终始……只逐章除了后人所
添前面子曰，及后面引诗，便有首尾，文义都活"③ 的部分，即是前六
章，稍加探索，以追查它的底细，其作伪的情形，即可完全明白。至全
文的追查，则非本文篇幅所许。

> 《开宗明义章第一》：仲尼居，曾子侍。子曰，先王有至德要
> 道，以顺天下，民用和睦，上下无怨，女知之乎？

按至德指孝悌而言。《论语》："泰伯，其可谓至德也已矣。三以天
下让，民无得称焉"。至德，乃德的极至。孔子仅以孝为始德④，未尝
以孝为至德。陆贾《新语·慎微篇》："故道无废而不兴，器无毁而不
治。孔子曰，有至德要道，以顺天下，言德行而天下顺之矣"。陆贾所

---

① 见《汉书·匡衡传》。
② 《朱子语类》卷八十二。
③ 同上。
④ 《大戴记·卫将军文子》："孔子曰，孝，德之始也"。

引孔子的话，与此处相同。不仅陆贾未尝以此为孔子论孝之言，且在陆贾用这两句话，是泛说道德所能发生的效用；文意上较此处为顺，是知伪造《孝经》者抄袭《新语》，而非《新语》抄袭《孝经》。

> 曾子避席曰，参不敏；何足以知之。子曰，夫孝，德之本也，教之所由生也。

按此二语与《论语》"君子务本"，及《礼记·祭义》"子曰，立爱自亲始"、"曾子曰，众之本教曰孝"，语意皆合。但与上文之"至德"有出入。

> 复坐，吾语女。身体发肤，受之父母，不敢毁伤，孝之始也。立身行道，扬名于后世，以显父母，孝之终也。

按此系取自《论语》"曾子有疾，谓门弟子曰……"一章，及《礼记·祭义》"乐正子春，下堂而伤其足……吾闻诸曾子，曾子闻诸夫子曰……"一章。但上二处皆以不敢毁伤身体为人子一生之事，且又将保全身体，与立身行道，合为一事。所以《论语》曾子的话是"而今而后（今者将死之时），吾知免夫，小子"。《祭义》是"父母全而生之，子全而归之，可谓孝矣。不亏其身，不辱其身，可谓全矣"。此处则将二者分为"始"、"终"两阶段，则在前一阶段可以不立身行道？在后一阶段可以毁伤发肤吗？一经转手，义即不通。

> 夫孝始于事亲，中于事君，终于立身。《大雅》云，无念尔祖，聿修厥德。

按此文见《史记·自序》司马迁述其父之言，将孝分为三阶段，而此三阶段，乃就人之一生而言。"终于立身"，然则人在"始"、"中"二阶段，可以不立身吗？事父事君，可以不立身吗？《论语》孔子自述"吾十有五；而志于学，三十而立"。此"立"非立身而何？大约郑康成亦觉得这样是解不通的，所以把"立身"解释为"七十行步不逮，悬车（悬而不用之意）致仕"。"立身"何以能解释为"致仕"？致仕又与孝何关？这都不能掩饰这三句话的不通。且此段乃就孝的一般原则而言，包括下面自天子到庶人五种人在内。若"中于事君"，则天子的本身便是君，更无君可事，而庶人又无事君的机会，这两种人在生命的中间一段，便无法尽孝吗？即就士的阶段而论，前面所引的《论语》"子奚不为政"章，说明孔子认为在家庭能孝友，即等于为政；绝非认为要为政

（事君）才算尽孝道。下而曾子、子思、孟子（他曾经是不见诸侯的）乃至荀子，无一人认"事君"为尽孝的必需条件。像《孝经》把事君说成孝的必需条件，便养成二千多年的知识分子，不仅从利禄上，并且从德行上，也非把政治当作唯一而不可缺少的出路不可。这就影响后来整个知识分子的动向，影响到整个社会的发展。因为除事君外，一般知识分子在社会上更不承认有值得努力的事业，使知识分子与社会生活完全脱节。而在孝行方面，反把"菽水承欢"的真意①，也因而染污了。更重要的是，先秦儒家，是主张父子"以天合"，即系血统的自然结合；作为这种结合的精神纽带是"恩"是"亲"，这是一个人从生到死的结合。君臣则是"以义合"②；所谓以义合，即是合乎义便作人君的臣子，否则"不事王侯，高尚其事"③，亦即所谓合则留，不合则去。这样便可以维持士人的人格和政治上的方向、目标，使统治者不致发生他自己是建中立极的幻觉，而可以在精神上抑制其独裁的行为。并且先秦儒家思想，在事亲和事君的态度上，也分得十分清楚。《礼记·檀弓上》"事亲有隐无犯"、"事君有犯无隐"的话，可以说是这个意思的总结。现在既以事君为孝道所不可缺的一部分，而将事亲事君混同起来，于是人君便可以向人臣作人父对于人子的同样要求。父子之间，有种自然之爱，以发生自然的融和作用；所以中国过去虽主张人子对其亲有无条件的义务，但除因后母等特殊情形以外，很少有父亲真正虐待儿子的事实。虽然以后受了《孝经》"严父"这一观念的影响④，而为父亲的多偏向"严"的方面。君是代表一种政治权力，人君向人臣要求无条件的义务，即是人臣向权力作无条件的屈服。这便使君权无限制的扩张，而助长了专制的气焰。《孝经》此一"中于事君"的说法，正提供了专制者以无限制的压制其人臣的理论上的根据，对知识分子发生了精神麻醉的作用。所以这三句话，是儒家孝道被歪曲的大标志，是假借孝道以助长专

---

① 《礼记·檀弓下》："孔子曰，啜菽饮水尽其欢，斯之谓孝"。

② 《春秋公羊·庄公三十二年》："君臣之义也"；《论语·微子》及《礼记·祭义》："君臣有义"。《孟子·滕文公上》："君臣有义"。此外尚多。

③ 见《易·蛊卦》及《礼记·表记》。

④ 《易·家人卦》："家人有严君焉，父母之谓也"。这是以家庭比譬朝廷的话，以说明家是以父母为秩序的中心。《孝经》则始有"严父"的话，这是先秦文献中所没有的。《礼记·哀公问》："孔子对曰，夫妇别，父子亲，君臣严，三者正，则庶物从之矣"。可知伪《孝经》一面把子事父的态度转移为人臣事君；一面又把君臣间的严，代替了父子间的亲，以成一大混乱。

制的总根源。

"中于事君"的这种观念，我以为是从法家那里转手而来的。因为法家是要把人彻底隶属于政治支配之下，所以一方面反对对于政治作消极抵抗的隐士，一方面反对尽力于父母，尽力于家庭的孝德。这在《韩非子》一书中可以看得很清楚。但正如我在《辨孔子诛少正卯》一文中所指出：他们一方面反对孔子，一方面又要利用孔子的招牌；他们一方面反对孝道，一方面又要利用孝道，即是把孝道拿来作他们自己所要求的解释。有如他们反对仁义，但一面又把仁义按照他们的要求而作"仁义者，不失人臣之礼，不败君臣之位者也"的解释①，而加以利用。所以在《韩非子》一书中有《忠孝篇》，决不是偶然的。著有《韩非子翼毳》的日人太田方，根据两点而认《忠孝篇》不出于韩非，日人多承述此说。他一以为"韩子之学本于老子"，在这篇中不应攻击"为恬淡之学，而理恍惚之言"的人。殊不知韩非此处所攻击者乃出于庄子一派之隐士。老子的消极，不是目的而是手段，与庄子的精神不同，所以这里与他的本于老子并不相背。一以为"《史记·秦始皇纪》二十六年，更名民为黔首，韩子之死在是前"而觉得此篇不应有"黔首"之称。殊不知始皇二十六年"更名民曰黔首"，乃是法令上的正式规定；而法令上的正式规定，常常即系采用先已存在的私称，所以这也不能成为否定此篇出于韩非的证据。所以我同意容肇祖《韩非子考证》一书中，认此篇"为韩非所作"的说法，可惜他大概没有看到太田方的论点而加以辨正。就此篇的思想内容说，在韩非的时代以前，先秦没有把"忠孝"并称的。《尚书·蔡仲之命》有"惟忠惟孝"的话，正可以证明其为伪古文。《忠孝篇》的目的，即是要把忠与孝混同起来，以达到"忠臣不违其君，孝子不非其亲"，因而指摘尧舜汤武是"反君臣之义，乱后世之教"②。因此，韩非所说的孝，实际是他所说的尊君而卑臣的忠。他们既认为知识分子非事君不可，而事君又与事亲无二，这便酝酿出《孝经》上的"始于事亲、中于事君"，及"资于事父以事君"的观念，而轻轻的把先秦儒家的孝道来一个偷天换日了。

> 《天子章第二》：子曰，爱亲者不敢恶于人，敬亲者不敢慢于人。爱敬尽于事亲，而德教加于百姓，形于四海，盖天子之孝也。

---

① 《韩非子·难一》。

② 同上，《忠孝篇》。

《甫刑》云：一人有庆，万民赖之。

按就孝的德性论，应无分于上下；即如此处"爱亲者"二句，何以专属于天子之孝？此书将孝按人的身份地位而分为五种，而其内容又多不相应，实毫无意义。至就天子的地位来说，"爱敬尽于事亲，而德教加于四海"，这中间缺少孟子所说的"老吾老，以及人之老"的"及"字，便缺少许多政治上的实际设施，而认为自己行孝便可以治天下，决没有这样便宜的事情。所以《孝经》才是孝治派。

第三章偷《吕氏春秋》的《察微篇》以言诸侯之孝，其荒谬已如前述。但伪造《孝经》的人，却何以要偷这几句话？这便和伪造《孝经》的时代背景有关。我们从《韩非子》有《忠孝篇》，《吕氏春秋》有《孝行篇》等的情形来看，可见孝的观念，已深入到社会各方面，而不复仅是儒家的思想。刘邦得天下后，除了以杀戮功臣来巩固刘氏一姓的政权以外，政治的急务，便是如何恢复疲弊残破的社会，使其能在安定中发展农业生产。孝惠帝四年正月，举民孝弟力田者，复其身；这是他们开始所想出来的一个适合农业社会的大社会政策。高后元年二月，初置孝弟力田，二千石者一人。① 孝文帝十二年诏"孝弟，天下之大顺也。力田，为生之本也。廉吏，民之表也"②。在这诏书里，此一社会政策的意义，更为明了。文帝并以户口率置三老，孝弟，力田的常员，以作其基层政治的基础。到了武帝元光元年冬，初令郡国举孝廉各一人③，成为汉代选举制度的骨干。这种意识的把孝悌与力田结合在一起，即是把人生的基本德行和生产，结合为一个家庭的内容，这在当时收到了社会复兴的很大效果④；因为由孝弟所结合的家族，是可以促进产业生产的。《后汉书·樊宏传》说他的父亲樊重"世善农稼，好货殖。重性温厚，有法度。三世共财，子孙朝夕礼敬，常若公家……故能上下戮力，财力岁倍；至乃开辟广田三百余顷……"，即其一例。并且中华民族的性格，因此而开始得到凝定、形成。⑤ 后来以一个朝代（汉朝）的名称，即作为一个民族的名称（汉族），决不是偶然的。

再站在汉朝统治阶级的自身来讲，刘邦灭了项羽以后，杀戮功臣，

① 《西汉会要》卷四十五。
② 《汉书·文帝本纪》。
③ 同上，《汉武本纪》。
④ 可参阅《史记·平准书》及《汉书·食货志》。
⑤ 可参阅《东亚论丛》第五辑守屋美都雄之《汉代宗族结合之一考察》一文。

剪除异姓，大封子弟，以作巩固政权的手段。但刘邦是一个大流氓，他的子弟，缺乏周初姬姓子弟的教养，所以平勃安刘之后，此一统治集团的最大危机，即来自这些骄奢淫逸，而又富有野心的子弟。刘家为了安定自身，建立本身的秩序，也非重视孝不可。这便是从惠帝起，每个皇帝加上一个"孝"字作庙谥的原因。田延年对这一点说得最清楚，"汉之传谥，常为孝者，以长有天下，令宗庙血食也"①。对社会须要提倡孝，对统治阶级的自身，也要提倡孝，而典籍中提倡孝的文字虽然不少，但没有讲孝道的专书作教材，总是不方便的。伪造《孝经》的人，正是做这一桩投机生意。因此，《孝经》的诸侯章，系针对汉代的同姓诸侯骄奢淫逸的情形而说教的。这便是他所以要抄《吕氏春秋·察微篇》与孝无关的几句话的原因。

第四章以"非先王法服不敢服……"为卿大夫之孝，实系肤泛之谈；即不切于孝，亦不切于卿大夫之孝。这是因为无确实内容可说，而胡乱凑合的。日人武内义雄以为这一段话，与孟子答曹交的"子服尧之服，诵尧之言，行尧之行，是尧而已矣"（《告子下》）的话，甚为相近，即以此为《孝经》系孟子学派传曾子之学的证据。殊不知孟子此处并非贴切着孝来说，更不是仅指卿大夫而言。所以在孟子这几句话为有意义，而在此处便毫无意义。《士章第五》关系重大，兹迻录如下：

> 资于事父以事母而爱同，资于事父以事君而敬同。故母取其爱，君取其敬，兼之者父也。故以孝事君则忠，以敬事长则顺。忠顺不失，以事其上，然后能保其禄位。

按此章主要系节取《礼记·丧服四制》而成。原文是：

> 其恩厚者其服重。故为父斩衰三年，以恩制者也。……资于事父以事君而敬同……故为君亦斩衰三年，以义制者也。……资于事父以事母而爱同。天无二日，土无二王，国无二君，家无二尊，以一治之也。故父在为母齐衰期者，见无二尊也。

将二者两相比较，可以发现有两点不同。第一，《丧服四制》的话，卿大夫、士都可适用；而《孝经》则专指为士之孝。第二，在《丧服四制》是就丧服的特定事项说的，而《孝经》则将其变为一般的原则。遂

---

① 《汉书·霍光传》。

将孔孟事亲与事君的区别完全抹煞，使君父在人伦中的分际完全混同。君有权势刑赏以策鞭于其上，故实际上支配知识分子（士）精神生活的，是君而不是亲；本出于人之至性至情的孝，也因此种混同而冲淡了。当然，这一大转变，并不是突然来的；在强烈的政治气氛之下，儒家中也会有人于不识不知中，忽略此一区别的重大意义；所以《礼记》的《坊记》也有"孝以事君"的话。《坊记》虽托之于孔子，但观其以孔子的口气来引用《论语》上孔子的话，可知其中有许多话是远出于《论语》成书之后①。再加以法家的有意歪曲，并经谶纬家将《孝经》伪托到孔子的"行在孝经"里面，遂使《孝经》在文献上定于一尊，而将孔孟言孝的原意，掩蔽了近二千年之久。

《庶人章第六》，以"因天之道，分地之利，谨身节用，以养父母"，为庶人之孝，这是从当时"孝弟力田"相结合的社会政策而来的，较为切至。但其总结"故自天子至于庶人，孝无终始，而患不及己者，未之有也"的几句话，在语意上实在是讲不通。以上是朱元晦认为"只逐章除了后人所添前面子曰，及后面引诗，便有首尾，一段文义都活"②的，已是如此。下面系朱元晦所认为"此后却似不晓事人写出来"的，更不必详加分辩。

我所以认为这篇东西，不能与《礼记》上的《表记》、《坊记》等相提并论，因为《表记》、《坊记》等，固然在时间上也前后间出，在内容上也真伪互见，但这些都是由编纂而成，编纂者无心作伪（《王制》中的刑法思想，有一部分是博士有意渗杂了汉代所继承的秦法），所以各章的文理，都是不成问题的。但在《孝经》，则每章的文理，却都成了问题。再加以唐明皇的御注，把其中偶然残存的先秦儒家的遗意，也扫除净尽，于是伪造《孝经》者的目的，更彻底完成了。例如《圣治第九》："父子之道，天性也。君臣之义也"。郑注："君臣非有天性，但义合耳"。此系先秦儒家古义。郑康成在《六艺论》中，也说过"古者君臣犹朋友"的话。但明皇注云："父子之道，天性之常。加以尊严，又有君臣之义"。这便把君臣的关系，说成了"天性之常"，再加上"尊严"，不仅混同了亲子君臣的关系，并且把君臣的关系，解释成远超过了亲子的关系；这站在他的立场，自然会如此的。

---

① 《礼记·坊记》："子云，君子弛其亲之过而敬其善。《论语》曰：三年无改于父之道，可谓孝矣"。断无孔子以自己的话来为自己作证的。

② 《朱子语类》八十二。

今人王正己作《孝经今考》，指出《孝经》思想与孟子思想相同者五点，因而断定是孟子门人所作。[①] 在我看，孟子除了"尊亲之至，莫大乎以天下养"[②] 这一句有问题的话，和《孝经》"严父莫大于配天"[③]，找得出关连以外，此外只能找出相反的证明。即就此一句话来讲，孟子是特指舜而言，而《孝经》则作为一般的原则来说。特有所指的话，和作为一般原则性的话，其中实有很大的分际。我现在再总括举出《孝经》与孟子相反的两点来，以作这一章的结论：第一，如前所述，孔孟（包括曾子、子思。下同）言孝，总是归结到内心德性的要求；而《孝经》言孝，则总是归结到权势、利禄。例如"富贵不离其身，然后能保社稷"（《诸侯章第二》）。"然后能守其宗庙"（《卿大夫第四》）"然后能保其禄位"（《士章第五》）。这正代表了伪造者当时"盖利禄之路然也"[④] 的风气。第二，孔孟论政治，总是为了人民；而在《孝经》上，则变成是为了统治者的祖宗，这也是非常可笑的。例如"故得万国之欢心，以事其先王"（《孝治第九》）。"故得百姓之欢心，以事其先君"（同上）。这完全是"天下为家"的观念烂熟以后，所自然流露出来的。

七、历史中与孝有关的突出问题
——三纲，理学，五四运动

以下，我再就《孝经》成立以后，实际即是专制政治压歪了儒家思想，也压歪了孝道思想以后，在许多与孝有关的问题中，特别提出三纲、宋代理学及五四运动三个问题来说一说。

首先是三纲的问题。在群体生活中要建立秩序，则此秩序一定要有个中心点。而且，凡是中心点，在某一范围内，总只能是"一"。这个"一"是代表统一而不是分裂，是代表协调而不是矛盾；此即前面所引《礼记·丧服四制》中所说的"以一治之也"的意义。在如何形成这个"一"，及如何行使这个"一"的上面，才有种种不同的内容，以致使"一"的性质，形成天壤悬隔。但仅就"一"的本身而言，是无间于古

---

① 见《古史辨》第四。
② 见《孟子·万章上》。
③ 见《孝经·圣治章第九》。按"严"与"敬"有别。严父之严，与语孟父子主观主恩之意义相去甚远。
④ 《汉书·儒林传》叙。

今中外的。任何政制，它的中央政府只能有一个，而作为全体代表的只能有一人。从这点说，"天无二日，土无二王，国无二君，家无二尊"的说法，也是很顺乎自然的说法。由此一说法而演变成为三纲之说，也是自然之势。譬如说，中央政府是地方政府之纲，阁揆是阁员的纲，这在实际上并没有什么说不通的。我所以要首先指出这一点，是想说明凡是经过大家长期在理论上所接受过的观念，并不会完全没有一点道理的。三纲之说，正复如此。但在先秦儒家的伦理思想中，却找不出三纲的说法；而三纲说法的成立，乃在专制政治完全成熟以后的东汉，首先出现于由汉明帝御前裁决的《白虎通》，这在思想史上，是继《孝经》伪造以后的一件大事。秩序中有一个中心，有个一，这是自然的趋势。但若仅从这一方面来谈秩序，则此中心的"一"，便成为一种外在的权威，而秩序也成为以权威为基础的秩序。从人类自身所发出的灾害，无不来自此种权威。所以人类理性的觉醒，亦无不表现于反对此种权威、转化此种权威之上。因此，儒家的伦理思想，只强调每一个人应尽的义务，以相互间的义务为秩序的纽带，而不强调此种秩序中心的一，乃至《白虎通》上所说的"纲纪"①。义务是发自各人的德性，德性是平等的，所以义务也是平等的。因为是平等的，所以它是双方的而不是片面的。于是我们人与人的关系，不是立根于外在权威之上，而是立基于道德自觉之上；此时外在的，形式上的中心，一即所谓纲，乃成为一种虚设的不重要的象征的存在，等于君主立宪的君主，或者民主政治的首揆一样，实以"多"为"一"的具体内容，自然不会有由外在的权威而来的灾祸。《左传·隐三年》"君义臣行、父慈子孝、兄爱弟敬，所谓六顺也"。顺即是和顺，这里只有各人的义务而没有谁是纲、谁是纪的问题。《论语》孔子答齐景公问政是"君君（人君者尽人君之道、即义务。下同）臣臣、父父、子子"（《颜渊》）。这里也只有各人的义务而没有谁是纲，谁是纪的问题。孟子"父子有亲，君臣有义，夫妇有别，长幼有序，朋友有义"（《滕文公上》）。此中也无谁是纲谁是纪的意思在里面。并且若就"民为贵"及"民之所好好之"的政治思想来说，应当是君为政治形式之纲，而民为政治具体内容之纲。若就"以位，则子君也，我臣也，何敢与君友也。以德，则子事我者也，奚可以与我友"（《万章下》）的君臣关系来说，则在名义上君为臣纲，但在实际上臣为君纲。

---

① 《白虎通》有《三纲六纪篇》。

家庭中自然是以父为中心，但先秦儒家从来不涉及这一点；因为父子主恩，"父子之间不责善；责善，贼恩之大者也"①。"门内之治，恩掩义"②。在恩的气氛中，自然不会从纲与纪上去计较。《礼记·郊特牲》，有"妇人从人者也"一段话，即所谓妇人的"三从"，我怀疑这是经法家转手后的汉人说法，因为它和先秦许多谈夫妇关系的话不相合。在先秦，夫妻的地位是平等的，所以"妻"即作"齐"字解释。"壹与之齐，终身不改"，郑注"齐谓共牢而食，同尊卑也"③。《易·咸卦》主张"男下女"；昏礼则男子要亲迎；成家以后，则"女正位乎内，男正位乎外"④，在分工原则之下，各人有各人的正当地位。所以只要读过柏柏尔（Ferdinard August Bebel，1840—1913）的名著《妇人论》，而又读过中国儒家古典中谈到夫妇关系的人，一定会惊讶在十九世纪五十年代以前，欧洲妇人的地位，还没有取得中国两千年以前由儒家所奠定的妇人的地位。这一点，从《墨子》的《非儒篇》也可以得到有力的反证。《非儒篇》说"取妻身迎，祇揣（玄端之服）为仆，秉辔授绥，如仰严亲；昏礼威仪，如承祭祀"。所以在恩与敬的家庭中，只是"恺悌"、"和乐"，压根儿没有所谓"父权"、"夫权"之类的观念。到了法家，便把由德性所转出的人格平等，及由各人德性所转出的义务的伦理关系，简化而为地位上的服从的关系；把以德性为中心的人伦，转变而为以权威为中心的人伦，这才完全配合上了他们极权专制的政治构想。所以《韩非子·忠孝篇》说"臣事君，子事父，妻事夫，三者顺，则天下治；三者逆，则天下乱"；而责"孔子本未知孝弟忠顺之道"⑤。这一套思想，形成秦代专制政治的基底，为汉代所承继。西汉儒家，如前所述：一部分人是对专制的抗争，一部分是对专制的妥协。到了东汉初年，便通过谶纬而几乎完全投降于专制君权之下。谶纬，尤其是纬，是尽了把学术思想转向专制的大责任。于是三纲之说，乃正式成立。《白虎通·三

---

① 父子间不责善，在《孟子》凡两见：一见于《离娄上》"公孙丑问曰：君子之不教子何也"，一见于《离娄下》"公都子曰：匡章通国皆称不孝焉"。按"责善"乃严格认真要求能实现某一善的标准。《论语》上所说的"几谏"，只是委婉补救某一过失。一系积极的，一系消极的；二者不可混同。

② 《礼记·丧服四制》。

③ 《礼记·郊特牲》。

④ 《易·家人卦》。

⑤ 此处之顺，乃顺从之意，与前引《左传》"六顺"之义不同。六顺之顺，乃偏在和顺方面。

纲六纪篇》说:"三纲者何谓也,谓君臣父子夫妇也。……故君为臣纲,夫为妻纲。……纲者张也,纪者理也。大者为纲,小者为纪;所以强理上下,整齐人道也。……若罗网之有纲纪,而万目张也。"纲纪,主要是由"大小"、"上下"而来,亦即由外在权威而来,这是法家思想,挟专制之威,篡夺了儒家的人伦思想,乃儒家人伦思想的一大变化,实亦中国历史命运的一大变局。在这种变化中,儒家以其残余之合理性,如谏诤、爱民、重视家族等,掺上由法家转手而来的奴才道德,这对于专制政治的稳定,是发生了积极作用的。只要把《汉书·儒林传》叙论和《后汉书·儒林传》叙论两相比较,即可看出此中消息。虽然班固和范蔚宗两人自己,并没有意识到这一点。

其次,我应提到宋朝的理学。一般人认为宋朝理学,特重视纲常、名教,所以特别是专制政治的护符。但只要平心读过他们的著作,便不难发现,在他们中,有一部分人,是因为三纲之说,便把君臣的关系绝对化了,这可以程伊川为代表。但怀疑到这种绝对关系的,也大有人在,如朱元晦、陆象山们。不过,他们即使是笃信三纲之说,但他们也要经过自己理性的较量。他们没有想到君主专制是可以推翻的;但他们并不是以为凡是属于君主专制体系下的东西,都是合理而应当服从的。即以程伊川为例,他任崇政殿说书时,以周公辅成王自期①,以师保之义争之于当时的朝廷,力主讲官应座讲于殿上②;而责当时的人"以顺从为爱君,以卑折为尊主,以随俗为知变,以习非为守常"③。等到他受谗外调,他便坚决要求致仕归田;理由是"臣身传至学,心存事道。不得行于时,尚当行于己。不见信于今,尚期信于后。安肯失礼害义,以自毁于后世乎"④。正因为这种守道不屈,所以招到进一步的贬谪,连学也讲不成,弄得死时没有人敢送葬。今日信口开河骂理学家是维护专制的人们(章太炎甚至说他们是乡愿),试把自己的立身行己,来和他们的出处辞受取与之间,稍作对照,若稍有廉耻,恐怕真要抱惭无地了。

在此,我应特别提出的是,在先秦,孝悌为儒家奠定我国固有文化的基石;而在宋代,则孝悌又为儒家复兴我国文化的转捩点。魏晋的玄

---

① 《伊川文集》卷二,《经筵第一劄子》及《上太皇太后书》。
② 同上,《又上太皇太后书》。
③ 同上。
④ 同上,《乞致仕第二状》。

学，接上由印度传来的佛教，以超务出世的教说，一方面不断动摇由汉代所凝结的人伦社会的基础；一方面更助长了知识分子脱离社会实际生活的趋向。其结果为中唐以后的混乱，而极于五代五十多年的黑暗。宋代要重新建立社会秩序，巩固社会基础，便有儒家的复兴运动。此运动开始于唐代的韩愈、李翱，到宋代二程出而始完成了本身从理论到实践的结构。这即是一般人所说的新儒学运动。此新儒学运动，究竟以什么为它的转挽的枢轴？朱元晦常喜提出"穷理"二字以作说明。意思是说佛老讲空讲无，在空与无中，安放不上一个"理"字，所以在现实生活上都落了空，而得不到人生的一个立足点。程伊川特别提出"体用一源，显微无间"① 来，把佛老将现象与本体分而为二的，打成一片；在现象中认取本体，即当下认定现象界之本身，不是空，不是无，而系有其理；由穷此现象界之理而可以当下承认现象界之价值，可以当下为吾人之生命在现象界中立根基，而不致挂空虚度；这即是他们从佛老转出来的枢轴。所以程朱一生，最重"即物穷理"。他们这种说法，当然是很对的。但我觉得这种说法，有点近于抽象。凡是抽象的、概念上的东西，其影响常局限于知识分子，而不易发生大的社会影响。在朱元晦所特为重视的"穷理"的观念里面，实有一更为具体的内容；因为有了这种更具体的内容，才能发生千年来广大的社会影响。这种具体内容，即是程伊川所作的《明道先生行状》中的"知尽性至命，必本于孝弟。穷神知化，由通于礼乐"的两句话。尽性至命，是穷究人生的根源，穷神知化，是探求宇宙的法则，这是佛老与儒家共同的要求。但佛老不从人伦道德的实践中去穷究人生的根源，不在社会共同生活的实践中去探求宇宙的奥秘，结果只是停在观想界中，无助于人生社会现实生活的充实向上。伊川的所谓必始于孝弟，即是从人伦之爱的实践中扩充出去，以达"混然与物同体"的仁。② 使个人生命，融合于宇宙整个生命之中，尽一己的责任，实现一己生命的价值，同时即系尽了整个生命的责任，实现了整个生命的价值；于是尽心，知性，知天，只是一件事。所以由此以尽性至命，是有其具体的内容、历程，而能证验于现实生活之中，以昂扬充实现实生活的。礼指的是社会生活的秩序，乐指的是社会生活的谐和；这里所说的穷神知化，不是近代科学上的意义，而是价值哲学

---

① 程伊川：《易传序》。
② 程明道《识仁》篇："仁者浑然与物同体。"

上的意义。宇宙是一个有秩序而得到谐和的存在，但人只有通过自己群体生活中的秩序与谐和，而始能体认到宇宙法则的秩序与谐和。此时宇宙法则，在人群的现实生活中生根；而人群的现实生活，可以向宇宙的法则上昂扬，于是儒家的天人合一，乃有其现实上的意义，有其社会上的意义，这便涵摄了佛老的要求，而迥然不同于佛老的归趋与作用。此是宋儒出入于佛老而回头向六经立脚的真实内容，这也是宋儒重新贞定我们民族生命的大贡献。他们所说的孝弟，完全回到孔孟的德性上立基。他们虔敬的人生态度，及由此所流露出的人格尊严，并且讲学所开出的在政治以外的民族自存自保的方向和努力，没有丝毫与专制者以假借，不能把孝治派加在他们头上。他们自身在宋代政治上所受到的迫害，及在元代的惨酷黑暗中重新给民族以生存的方向与信心，都是历史上伟大的见证。任何学问，尤其关于人自身方面的学问，必定有所偏，有所蔽，宋儒也不能例外。反宋儒理学的，经过了三个阶段：开始是出于补偏救蔽；以后是出于好名争胜；当前许多人，则是以此来掩护自己人格上的惭德。至于盲目附和，而实则任何东西也不懂的人，则在三阶段中常是满坑满谷。这里应当说的话很多，现在只说到此处为止。

最后，说到五四运动中的反孝的问题。首先我们不能因为当时反传统文化，反作为传统文化核心的孝道的人们，言辞激烈、知识浅薄，而忽视了他们所代表的为他们自己所不自觉的一种意义。孝弟是一种道德行为。凡是行为，总是以情感为基底；无感情的活动，即不会发生行为。孝弟的情感，既不是冷静的，也不是热烈的，而是一种温暖的情调。人生在温暖的情调中，总有些拖泥带水，即俗语所说的"清官难断家务事"。"断"是出于坚强的意志，须要情感的冷静。同时，正因为它有点拖泥带水，缺少坚强的意志，所以它的活动，多半是旋磨式的活动，既不能决然舍弃什么，更不易一往直前的追求什么；因为一往直前的追求，是需要在情感的两极状态下进行的；即是感情在某一方面的冷静，丢掉什么而无所顾惜。另一方面的热烈，执着什么而不怕牺牲。所以由孝弟所培养的生活感情，它对人生是发生一种带有韧性的融和团结安定的作用，而缺乏勇往直前的作用。由孝弟精神所形成的家族生活，正是上一说明的具体表现。不过在先秦儒家以恩为主的理念中，家庭是一种恺悌和乐，自然会赋与生命以活力和生气。但三纲之说成立以后，在家庭生活里便占了两纲，大大的冲淡了"主恩"或"主亲"的原来意义，于是在家庭生活中的活力与生气，会因此而感到不够，不免有沉滞沉闷之感。宋儒过分的虔敬主义，也多少加重了此种倾向。它可以安定以农业为生产中心的社会，但它不能把它推进向前。到了鸦片战争以后，以生活感情的两极化为其基底所形成的西方工商业社会的力量，一下子冲垮了安定而沉滞的古老的农业社会；工业社会的生产品，冲垮了农村的自给自足的经济体制，也破坏了在家族自治体中的纯朴生活方式，使生活在这种社会中的人，必须急起自救。要急起自救，则须采他人之长；要采他人之长，便不知不觉的感到我们家庭生活的单纯方式，尤其是蕴藏在这种方式里的生活情调，并不能与大家所要求的新事物相适应。于是便由富有时代感触力的聪明之士，发而为反孝的运动，也可以说是事有必至，理有固然的。换言之，这是因为中国要由农业社会进而为工商业社会，须要有大幅度的生活方式与情调上的调整。在这种调整未能顺利进行时，便会激出一个大的反动。所以五四时代反孝的根源，是来自西方工商业社会冲击着古老的农业社会所引起的。就我的直接记忆所及，从辛亥革命到民国十五年这一段时间里，穷乡僻壤，以各族的祠堂为中心的家族自治体，其解体之速，至足惊人。这种解体，事实上与陈独秀、鲁迅、吴虞们的反孝活动毫无关系。也可说先有这种社会基础动摇的事实，才有他们的言论。历史上多是事实在先，解释事实的理论在后。所可惜的，当时的知识分子，对于这种事实，缺乏冷静的理解，因而他们的态度，不是出之于理智，而依然是诉之于感情。凡是诉之于感情的，容易猎取一时的声名，但多不能尽到解释事实的责任，因而只能破坏，而不能为人类现实生活开辟新的途径。再加以狡狯者流，知道在社会转变时期，只要言辞激烈，便能不凭任何学问，即可以猎取声名。于是相激相荡，离开原意愈远。这里我只节录钱玄同藉以成名的写给陈独秀的一封信，以见一般：

独秀先生：

……欲祛除三纲五伦之奴隶道德，当然以废孔学为唯一之办法。……欲废孔学，欲剿灭道教，惟有将中国书籍，一概束之高阁之一法。……但是有人说中国旧书虽不可看，然汉文亦不必废减。……如其仍用野蛮之旧字，必不能得正确之知识。……至于有人主张改汉字之形式——即所谓用汉字罗马字之类——而不废汉语……殊不知改汉字为拼音，其事至为困难。……（所以他主张连汉语一起废掉）。我再大胆宣言道……欲使中国不亡，欲使中国民族为二十世纪文明之民族，必以废孔学，灭道教，为根本之解决。

而废记载孔门学说及道教妖言之汉文，尤为根本解决之根本解决。至废汉文之后，应代以何种文字（按他这里实包括语言而言）……玄同之意，则以为当采用文法简赅，发音整齐，语根精良之人为的文字 Eoperanto。

钱玄同只凭这一封信，便成为当时英雄好汉之一。陈独秀对钱玄同的答复是"惟有先废汉文，且存汉语"，比钱玄同的汉文汉语同时都废的主张，似乎缓和一点。胡适之则认为"独秀先生主张先废汉文，且存汉语，而改用罗马字书的办法，我极赞成。凡事有个进行次序"。

我在这里，只想让大家针对着现实来作一番沉静的回想，用不着什么批评。真正有力的批评，是时代的真实情况。最后，我提出一点感想来作本文的结束。

为了哗众取宠而放言高论，那是最便宜、最容易的事。但落实下来要解决与群体有关的实际生活问题，便会想到《论语》上"为之难，言之得无切乎？"（《颜渊》）的话。在一个沉滞的社会里，提倡娜拉从家庭中出走，这很易使人耳目一新。但欧洲近代妇女从家庭走向工厂的前一段历史，未必可以代表妇女的解放，而我国则中上人家的妇女，多从家庭走向麻雀牌桌子上；台湾山地妇女，则多从家庭走向酒家。可见走出来是容易的，走出来以后应如何？则并不简单。吴虞在《家族制度为专制主义之根据论》里，在大骂了孝弟之后，却以下面这一段来作收束：

> 或曰：子既不主张孔氏孝弟之义，当以何说代之？应之曰，老子有言，六亲不和有孝慈。然则六亲苟和，孝慈何用？余将以和字代之。

吴虞引老子的话，要以和字代替孝慈，殊不知孝慈正是达到和的手段，同时，也是和的具体表现。所以老子也并不曾反对孝慈，他在"六亲不和有孝慈，国家昏乱有忠臣"的下面，接着说"绝仁弃义，民复孝慈"，是其明证。所以吴虞费了九牛二虎之力来打倒孝慈，但遇着实际上会发生的"或曰"一问，他便不知不觉的走了回头路，这便是嘴上英雄遇着实际问题时的尴尬相。不仅五四时代许多知识分子在文化上的主张，若与今日的共产党相对此，则他们是左派，而共产党反为右派。即在今日流亡在外的许多知识分子，其反中国文化的情绪，且过于共产党。连抱着线装书吃饭的人，一听到线装书中有有价值的东西，立即发生反感。这种奇怪的情形，是因为共产党究竟是在实际问题中打转，而这些人除了自己的兴趣、声名外，对国家社会的实际问题，一切都不负责任，并且以这种态度为鸣高、为得意。并且五四时代的彻底反传统文化，多激于一时爱国之情；在今日无条件的反中国传统文化，我怀疑是由于不知不觉之中，中了殖民主义的毒。时代的悲剧，岂是偶然？因此，我觉得以家族来形成整个社会的自治体的时代，已经是过去了；我们须要有更多的文化、经济、政治等自治体，以适应并推动我们当前的生活；而不能像过去一样，只靠一个家族的自治体。但每一个人，若能有以孝弟为纽带，亦即以爱的精神为纽带的一个安定和乐的家庭和家族，与其他许多社会自治体，并立并存，一方面可使每一个人在社会利害的竞争中，有一个没有竞赛气氛的安息之所；一方面在许多利害角逐的团体中，渗入一点爱的温情，以缓和两极的情感。让人与人的竞争，不仅是靠法的限制，同时也可以得到温情的调和，这对于我们乃至整个人类的生活，是不是更为健全呢？这是经过了暴风雨后，或正在暴风雨中，值得郑重考虑的问题。至于人类是否需要以爱来融和个体与全体的对立，藉此以建立真正谐和的社会？假定有此需要，则中国先秦儒家，以爱为精神纽带的伦理思想，家庭生活，是否能给现代的人们以若干启示？这也许不失为对人类有责任感的思想家们的研究课题。当我看到《世界人权宣言》第二十六条第三项有"父母有选择其子女应受教育之种类的优先权利"的规定时，发生不知其然而然的感动。提出这一项规定的先生们，已知道在苦难的时代，真能保障下一代的，只有靠各人的父母。这即是要求大家对于"慈"的正当性和必要性，作了一次法定的承认。但慈易而孝难。现代许多文明先进国家，壮年人对于自己的子女，无不舐犊情深。但对于他的衰年父母，则异常冷淡，在感情上还得不到他们豢养的猫狗所能得到的温暖。《礼记·坊记》中也有"子云，父母在，不称老，言孝不言慈……君子以此坊民，民犹薄于孝而厚于慈"的话，可见古今中外的人情是一致的。慈是生理作用的成分多；孝则要诉之于理性的反省。有慈而没有孝的社会，等于是每一个人都没有圆满收场的社会；也即是每一个人从他的工作退休时，即失去了人生意义的社会。难说这便不算一个社会问题？人生问题？而不值得把中国的孝道加以新的评价吗？

《周官》中的教化（教育）思想
（1980 年 5 月）

一、万民的教化

现在对《周官》中的教化思想，应加以考查。在教化中常含有社会政策的意义。

《周官》中的教化思想，可分为两个层级。一是对贵族子弟的教化，这是教化的重点。一是对六乡的"万民"的教化。很奇特的是，《周官》作者称六遂之民为甿，《郑注》对甿的注释是"变民称甿，异外内也。甿犹懵懵无知貌也"（卷十五《遂人》"凡治野，以下剂致甿"下注）。六遂之民除读法、纳税服役外，更无教化设施。兹先将对六乡之万民的教化有关材料录下：

（一）以八统诏王驭万民。一曰亲亲。二曰敬故。三曰进贤。四曰使能。五曰保庸。六曰尊贵。七曰达吏（《郑注》："达吏察举勤劳之小吏也"）。八曰礼宾。（卷二《冢宰》）

（二）乃立地官司徒，使率其属而掌邦教，以佐王安邦国。（卷九《地官·司徒》）

（三）因此五物者（按指，"以土会之法，辨五地之物生"）民之常而施十有二教焉。一曰以祀礼教敬，则民不苟。二曰以阳礼（《郑注》："谓乡射饮酒之礼"）教让，则民不争。三曰以阴礼（《郑注》："谓男女之礼"）教亲，则民不怨。四曰以乐礼教和，则民不乖。五曰以仪（《郑注》："谓君南面臣北面，父坐子伏之属"）辨等，则民不越。六曰以俗（《郑注》："谓土地所生习也"）教安，则民不偷（《郑注》"偷谓朝不谋夕)。七曰以刑教中，则民不暴。八曰以誓教恤（《郑注》：恤谓灾危相忧"），则民不怠。九曰以度（《郑注》："谓宫室车服之制"）教节，则民知足。十曰以世事（《郑注》："谓士农工商之事"）教能，则民不失职。十有一曰以贤制爵，则民慎德。十有二曰以庸（功）制禄，则民兴功。 （卷十《大司徒》）

（四）以保息（《郑注》"谓安之使休息"）六养万民。一曰慈幼，二曰养老，三曰振穷，四曰恤贫，五曰宽疾，六曰安富。（同上）

（五）以本俗六安万民。一曰嫩（美）宫室。二曰族（《郑注》："犹类也"）坟墓。三曰联（《郑注》："犹合也"）兄弟。四曰联师儒。五曰联朋友。六曰同衣服。（同上）

（六）令五家为比，使之相保。五比为闾，使之相受。四闾为族，使之相葬。五族为党，使之相救。五党为州，使之相赒。五州为乡，使之相宾。（同上）

（七）以乡三物教万民而宾兴之。一曰六德，知仁圣义忠和。二曰六行，孝友睦（《郑注》："亲于九族"）姻任（《郑注》：信于朋友）恤。三曰六艺，礼乐射御书数。（同上）

（八）以五礼防万民之伪而教之中。以六乐防万民之情而教之和。（同上）

（九）乡大夫三年则大比。考其德行道艺而兴贤者能者。乡老及乡大夫帅其吏与其众寡（庶）以礼礼宾之。厥明（《郑注》："其宾之明日"），乡老及乡大夫群吏献贤能之书于王，王再拜受之，登于天府，内史贰之。退而以乡射之礼五物询众庶，一曰和，二曰容，三曰主皮，四曰和容，五曰兴舞。此谓使民兴贤，出使长之。使民兴能，入使治之。（卷十二《乡大夫》）

（十）国索鬼神而祭祀，则以礼属民而饮酒于序，以正齿位……（同上）

由上引材料，可以得出如下的若干结论：

第一，王莽、刘歆们生当董仲舒思想在儒家思想中取得支配地位的时代，而王莽又想托儒家思想根源之一的周公以夺取权位，则他对儒家的政治思想是以教化为主，并经董仲舒所特别提倡的教化问题，在《周官》中不能不提到。但我们应首先注意的，试把《周官》中的教化项目与赋税及刑罚项目，加以比较，则《周官》作者的重点是在赋役刑罚而不在教化，立刻可以得到很清楚的印象。

第二，表现在《周官》中的教化思想，由政治设施所发生的对人民的教化作用，有如（一）、（三）、（四）、（五）、（九）、（十）所规定的内容，其分量远超过由统治者的生活行为所直接对人民加以教化的分量。统治者的生活行为，对人民可以发生教化作用，这是儒家所肯定、所重视的。即是由孔子起，所提倡的"身教"，是要求统治者，对人民的要求，先在自己生活和自己家族中实现，这便直接指向到统治者自身的人格问题。没有真诚人格在后面的政治设施，尤其是所谓礼乐这一类的设施，常流于点缀性乃至流于形式主义的虚伪。所以从周初以迄西汉，主要的政治思想，必然包含有统治者的人格问题在里面。但通过一部《周官》，却没有接触到即使在现代还有重大意义的统治者的人格问题，于是点缀性形式化的政治设施，对人民教化所能发生的效力，便微乎其微。《周官》作者的精神集中在财赋、刑罚之上，这便说明与教化有关的政治设施，有的只是为统治者自身着想，如（一）的"保庸"、"尊贵"、"达吏"、"礼宾"，（五）的"嬓言室"，对人民有何关系？有的则一开始便是为了凑数凑上去的，有如（三）中的"阳礼"、"阴礼"、"乐礼"的名目，可能是《周官》所特有，本无意义可言。逼得郑玄不能不曲为之解。

第三，因为《周官》作者的真正用心不在教化，许多只是为了妆点门面，随意敷演凑数而来，所以即使深信不疑的郑玄，在注释中虽尽可能为它回护，但有时依然也回护不了；在（九）的"退而以乡射之礼五物询众庶"下注谓"庶民无射礼。因田猎分禽，则有主皮。主皮者，张皮射之，无侯也。主皮、和容、兴舞，则六艺之射与礼乐与（欤）？当射之时，民必观焉，因询之也"。《郑注》是说明两点：第一点是说明此处不应有"乡射之礼"；第二点是说明"乡射之礼"亦不应主皮。然后再转一个大圈子来回护，而毕竟与本文不相应，可知这完全是随意胡诌的。又（十）属于党正的"则以礼属民而饮酒于序"，《郑注》谓"党正饮酒礼亡。此事（正齿位之事）属于乡饮酒之义，微失少矣"。假定郑玄真正认为原有党正之礼，至其作注时而亡失，何以又认为将"正齿位"之事，属于乡饮酒而微失少？这也是要为它回护而毕竟回护不了的。

第四，（七）及（八），到是直接对"万民"的教化。乡三物的"六德"、"六行"、"六艺"，比孟子所说的"教以人伦"，"皆所以明人伦也"的规模阔而完备。但缺少了孟子所说的"设为庠序学校以教之"的教化机构。（五）有"联师儒"的话，但儒的地位如何，在本书并无下落。而师则是专司贵族子弟的教化的。礼可以教人之行为能得其中，乐可以教人之性情能得共和，这是有根据而且也是合理的。但这都是就礼乐的精神以及可见于日常生活中者以为言。其在（八）中要以吉凶军宾嘉的五礼来防万民之伪，则孔子未为鲁大夫以前，也难见五礼之全，万民能见到的机会更少；即使见到了，对于与自己生活悬隔的文饰仪节，可能吓得目瞪口呆，如何可以发生防伪的作用。至于"云门咸池大韶大夏大濩大武"的六代之乐，连士大夫也难得一遇，万民更何由而得一闻的机会。我之所以作此分析，无非想指出《周官》作者所讲的多是一场大话空话。

第五，（六）的地方行政组织系统中的规定，从好的方面说，可认为寓教化于组织之中。但孟子是把"出入相友，守望相助，疾病相扶持，则百姓亲睦"的教化上的效果，与井田制度结合在一起的，也即是与生产关系结合在一起的。《周官》也行的是井田制度。把教化上的效果不与井田结合在一起，而与行政组织连结在一起，两相比较，是何者较有实际意义？何况《周官》的地方组织，本是以内政寄政令的组织。

第六，（九）的"三年则大比，考其德行道艺，而兴贤者能者"，这正如郑司农"若今举孝廉"、"若今举茂才"的注释，可以推测这是西汉选举贤良文学孝廉方正的反映。但王制把由乡所选论的"秀士"，升至司徒曰"选士"。"司徒论选士之秀者，而升之学曰俊士"，升于学以后"曰造士"。"大乐正论造士之秀者以告于王而升诸司马曰进士"。司马"论进士之贤者以告于王而定其论。论定然后官之，任官然后爵之"。《王制》所说的也是一种构想。试将两种构想加以比较，则《周官》的构想远不及《王制》所构想的周密而含有实现的可能性。所以《王制》的构想，影响到由汉起的博士弟子员的制度，尤其是影响到唐代起的科举制度。而《周官》所构想的既没有推选的历程，又没有特别给以教育的机会，更没有如何选用的明文，似乎把"乡老及乡大夫群吏献贤能之书（名册）于王"，连大司徒、小司徒也不经过，"王再拜而受之，登于天府"以后，就算了事。至于如何把名册上的贤能，"出使长之"，"入使治之"，更无一字作实际的规定。于是（九）的兴贤兴能，也只落得一场疏阔的大话废话。遂则仅在遂大夫下有"三年大比则率其吏""兴氓"的无头无尾的一句话。

第七，应特别注意到在"掌邦教"的大司徒系统下，没有反映出学校制度的存在。乡的空洞地教化规定，没有贯彻到遂，而乡的教化，也不似《王制》样，可以与贵族的学校教育相通。于是司徒"掌邦教"，对乡遂而言，都无实际意义。其有实际意义而一直贯彻下去的，则是前面已经指出过的各层组织的读法系统。所以我认为王莽们真正要求的还是"以吏为师"。

人臣乃至人民对其他统治者的谏争，自周初以来，在事实上，在理论上，都认为是政治中的大事。汉从文帝起，提倡"直言极谏"，但没有谏大夫。《周官》大司徒系统下，设有司谏一职，但谏的对象不是王及其他统治者，而是"掌纠万民之德而劝之朋友，正其行而强之道艺，巡问而观察之……"这也难怪，他们构想的官制，是与天道相合的官制，官制中的官，自然是与天合德的人物，安能容许下对上的谏争观念呢？

二、贵族的教化

现在再考查他们对贵族子弟教育的构想。先将有关材料录下：

（一）大（冢）宰以九两系邦国之民……三曰师（《郑注》："谓诸侯师氏"）以贤得民。四曰儒（《郑注》："儒，诸侯保氏"）以道得民：……（卷二《大（冢）宰》）

（二）师氏掌以媺诏王，以三德教国子。一曰至德以为道本，二曰敏德以为行本，三曰孝德以知逆恶。教三行，一曰孝行以亲父母，二曰友行以尊贤良，三曰顺行以事师长。掌国中失（《郑注》："中，中礼者也。失，失礼者也"）之事以教国子。凡国之贵游子弟（《郑注》："王公之子弟"）学焉。……使其属率四夷之隶，以其兵服，守王之门外且跸。朝在野外，则守内列。（卷十四《师氏》）

（三）保氏掌谏王恶。而教国子以道，乃教之六艺：一曰五礼。二曰六乐。三曰五射。四曰五驭。五曰六书。六曰九数。乃教之六仪：一曰祭祀之容。二曰宾客之容。三曰朝廷之容。四曰丧祀之容。五曰军旅之容。六曰车马之容……使其属守王闱。（同上《保氏》）

（四）大司乐掌成均之法，以治建国之学政而合国之子弟焉（《郑注》："国之子弟，公卿大夫之子弟。当学者谓之国子"）。凡有道者有德者使教焉。死则以为乐祖，祭于瞽宗。以乐德教国子，中和祗庸孝友。以乐语教国子、兴、道（《郑注》："道读曰导，导者言古以剀今也"）讽（《郑注》："倍文曰讽"）诵（《郑注》："以声节之曰诵"）言（《郑注》："发端曰言"）语（《郑注》："答述曰语"）。以乐舞教国子。舞云门大卷大咸大磬大夏大濩大武。……（卷二十二）

（五）乐师掌国学之政，以教国子小舞……教乐仪，行以肆夏，趋以采荠（《郑注》："肆夏采荠，皆乐名"）。车亦如之。环拜以钟鼓为节……（卷二十三《乐师》）

（六）大胥掌学士之版，以待致诸子。春入学，舍采合舞。秋颁学合声……（同上《大胥》）

（七）小胥掌学士之征令而比（《郑注》："比犹校也"）之。觵（《郑注》："谓罚爵"）其不敬者。巡舞列而挞其怠慢者……（同上《小胥》）

（八）大师教六诗，曰风、曰赋、曰比、曰兴、曰雅、曰颂。以六德为之本，以六律为之音……（同上《大师》）

上面的材料，属于三个系统。（一）是天官冢宰对师儒性格的陈述，而师儒是对教化直接负责的。这算是一个总纲。此后（二）、（三）是属地官大司徒的系统。（四）至（八）是属于春官大宗伯的系统。

首先应指出：（一）所提出的师儒的性格，是《周官》作者所特别赋予的性格，在历史上没有根据。（一）中对师儒的职能，实含有显著的矛盾。因为师儒并称，师是大司徒系统下的中大夫的官职，则儒亦应是官职。但此后除了大司徒中有"联师儒"一语外，并无儒的官职，又无儒在教化中的作用，则所谓"儒以道得民"者，毫无着落。其次，师儒都是"得民"，后文不仅儒无着落，而（二）的师氏亦仅与贵族的国子及王发生关系，并未与民发生关系，对其所谓"得民"者，究指的是什么？郑玄注意到上述矛盾，并在注中加以回护地说"师，诸侯师氏，有德行以教民者。儒，诸侯保氏，有六艺以教民者"。他把儒解释为（三）所说的保氏，使儒在官职中有了着落，但着落得太牵强了。师保的名称，周初已经流行。师保连称已见于春秋时代，而儒字则由孔子时代才开始流行。儒字的地位，在古代远不及保字地位的显赫。大司徒系统下分明有师氏、保氏的官职，官职的名称是不可随便通假的。若儒即是保氏，则在冢宰系统下既称为儒，在司徒系统下即不应称为保。郑氏何以把师、保、儒都解释为诸侯之官呢？诸侯即暗示系六乡系统的官。

这并非因师氏、保氏的官，系列在乡大夫系统之后，而是为了对"得民"的"民"字找着落。只有师氏、保氏系属于乡大夫系统，在乡主管教化，才是以"万民"为对象而可称为"得民"。但（二）的师氏，（三）的保氏，不仅明白规定他们教化的是"国子"而不是"万民"，并且都有"守王之门"、"守五闱"的任务，这便证明他们是直属于大司徒的朝廷命官，而决不是诸侯之官。《周官》成于众人之手，又并非以历史实践的材料为根据，这种"招前不顾后"的情形，是常见的现象。

第二，要指出的：（二）的师氏是中大夫，（三）的保氏是下大夫，师的地位此保为高，但周初保的地位，却在师的地位之上。其次，师、保本是为教化人君及太子而设的，即是与王有密切关系。（二）的师氏"以媺诏王"，"守王之门"，及（三）的保氏"掌谏王恶"，"守王闱"，只能说保存了一点古代师、保与王有密切关系的痕迹，但他们在王面前的分量已减轻了很多。又其次，由周初一直到贾谊《新书》的《保傅篇》，师、保没有负"国子"教化责任的迹象。《礼记·文王世子》："入则有保，出则有师，是以教喻而德成也。师也者教之以事而喻诸德者也。保也者，慎其身以辅翼之而归诸道者也。《记》曰，虞夏商周有师保，有疑丞"。这里所说的师保，也是以王的世子为对象的。《周官》师氏、保氏负国子教化的责任，是新出现的构想，且与（四）、（五）等项有重复，有混淆的。

第三要指出的：从（二）到（八），都受有《礼记·文王世子》的影响，尤以（四）、（五）、（六）、（七）为最明显。郑玄对《文王世子》"小乐正学干。大胥赞之，龠师学戈，龠师丞赞之"一段，及"大乐正学舞干戚、语说，命乞言，皆大乐正授数，大司成论说在东序"一段，皆引周官此处的材料以作解说的根据。《周官》没有大司成的名称，他解为"司徒之属师氏也"，这即说明郑氏已注意到《周官》与《文王世子》的关系。并且除前面引过的师、保、小乐正、大胥、胥等名称外，学士、瞽宗、大乐正、大合乐、诸子、成均等名称，皆为两方所共有。而（四）的"以乐语教国子——兴、道、语、诵、言、语"的"乐语"，我怀疑即是由《文王世子》中的"合说"、"语说"、"论说"、"以待又语"等名词附会出来的。（二）、（三）的"守王之门"、"守王闱"等，是从《文王世子》中的"守于公宫"、"守大庙"等观念附会出来的。但我已经指明过，王莽们是存心创制，而不要因袭。所以凡经他们所援据到的材料，必加以改编改变，以形成他们心目中所要求的系统。《文王

世子》可能是受贾谊《新书》的影响而缀辑以成的。孔颖达将全编分为
五节，其中所含材料有迟有早，至为显然。例如中间引"《记》曰"，西
汉人引大小《戴记》率称为"《记》曰"，此"《记》曰"虽一时找不出
它的根据，但其属于大小《戴记》一类的性质，则无可疑。王莽们将此
编加以改编并改变的结果，在形式上，此编杂乱而《周官》较有条理，
但在内容上，《文王世子》中的材料较为近古，而其中的议论则间有切
义。《周官》中的材料，则愈改而与古愈远，且义多肤阔。

第四要指出的：从（二）到（八），都是以国子为对象的教化工作。
并且假使揭穿它的数字排列所布的烟幕而分析其实质，则（二）、（三）
与从（五）到（八）的内容，也没有真正的差异。例如（二）"三德"、
"三行"，与（四）的"有道有德"及"乐德"的"中和祗庸孝友"，有
什么分别？（三）的"五礼"、"六乐"、"六仪"，又为什么不可以概括从
（四）到（八）的内容？但《周官》的作者，为什么把（二）、（三）置
于地官大司徒系统之下，而将（四）到（八）分置于春官大宗伯的系统
呢？我以为是因为《尚书·舜典》已有舜命契作司徒"敬敷五典"的说
法，所以《周官》的作者有"乃立地官司徒，使率其属而掌邦教"，以
承舜典之绪。于是特把师氏、保氏的官职，安置于大司徒系统之下，以
与"掌邦教"相应。但对"大司徒之职"，作进一步的规定时，则是
"掌建邦之土地之图与其人民之数，以佐王安扰邦国"。于是实际掌管的
重点乃在土地的规划，人民物业的登记，及以内政寄令的组织，而归结
于通过组织以起役征赋，致使大司徒系统下的教化设施，成为点缀性
质。不仅教化万民没有专官，没有学校，即教化国子的，虽有专官，也
没有学校。

我国古代教育，大概是由音乐发端，而大乐正这类的官，大概是附
带负教化贵族子弟之责。这一大传统，王莽们不能抹煞。春官宗伯是
"掌邦礼"的，礼与乐不可分。且乐的兴起，远在礼之前，所以在"春
官宗伯"下的"大司乐"，便不能不接上古代以乐官主教化的大传统。
《周官》作者，要概括两个传统，便把同一性质的教化责任，分置于两
个不同的系统，而不能不忍受由重复而来的混乱，由混乱而来的空
洞化。

第五，我应就他们所提出的教化内容，作若干具体的考查。

甲：乡大夫对万民的教化，举出了"六德"、"六行"、"六艺"。此
处的六艺则安排在（三）的保氏主管。教万民的"知仁圣义忠和"的

"六德"，在教国子时则成为（二）的"至德"、"敏德"、"孝德"的"三德"。教万民的孝友睦姻任恤的"六行"，在教国子时则成为"孝行"、"友行"、"顺行"的"三行"，这种降升损益之数，有什么道理可讲吗？我觉得没有什么道理可讲，只是一用"六"的数字来凑数，一用"三"的数字来凑数。两相比较，此处的三德三行，较乡大夫的六德六行，更为空洞肤泛，无实际意义。（二）的三德中的"至德"，郑玄引孔子"中庸之为德，其至矣乎"为解，是郑氏认为至德即是中庸。但中庸的三达德是知仁勇，恐怕与此处的至德不相应。

乙：以礼、乐、射、驭（御）、书、数为六艺，乃《周官》出现以前所未有。古代之所谓艺是艺能，《论语》的"游于艺"，"吾不试，故艺"，及"吾少贱也故多能"，艺与能是相通的。把礼、乐、射、御、书、数称为艺，固无不可。但战国末期出现"六艺"一词以后，皆指《诗》、《书》、《礼》、《乐》、《易》、《春秋》而言，更无例外。王莽们暗示《周官》出于周公，则《书》中的一部分，《易》的十翼及《春秋》，皆为周公时所未有，他们不能使用。而六艺一词，有显赫的地位，他们又不愿放弃，于是改以礼、乐、射、御、书、数为六艺，这是他们旧瓶装新酒式的创造。书即是写字，先秦政府与民间的教育工作，必然从学写字开始；但在教育历程中，没有给与以特别重要地位。到汉始特为重视，并见之于律令，作严格的要求，将"书"提高到与礼、乐同等的地位，此正西汉特别重视书的反映。郑玄以九章算术释处此的九数，是不错的。刘徽《九章算术注序》谓"周公制礼，而有九数（按即指此处之九数），九数之流，则九章是矣……苍（张苍）等因旧文之遗缺，各称删补"，这是以《九章算术》乃由此处之九数流演而出（其颠倒自明），又经张苍们的删补。但正如《四库提要》所述，"书内有长安上林之名。上林苑在武帝时，苍在汉初，何缘预载。知述是书者在西汉中叶以后矣"。由此亦可断言九数之列入，必出于莽、歆之手。射、御与礼、乐有关连，但先秦典籍，决无将射、御与礼、乐平列之事。当孔子说"吾何执？执射乎，执御乎，吾执驭矣"乃是一种谦辞。孔子未尝轻视射、御，但在教人时，只是"以诗书礼乐教"。把射、御、书、数与礼、乐并列，这也是王莽、刘歆们的创意，不是儒家的传统。但这并不是说他们这样做便没有意义，这样做是提高技能在教化中，亦即是在文化中的地位，可以说是非常有意义的。不过从思想史的立场来说，不应当把此事推到他们的时代以前去。

礼可以概括仪，仪不能概括礼。（三）的六艺中既有礼乐，而又另立"六仪"，正是毫无意义的繁复。而所谓六仪即是六容，可断定是出自贾谊《新书·容经》的。《新书·容经》"有朝廷之容"、"祭祀之容"、"军旅之容"、"丧纪之容"，与此处的名称完全相同，而次序略有不同。《容经》有"坐车之容"、"立车之容"，此处将两者合称为"车马之容"，另加一"宾客之容"以成"六仪"之六的数字。《新书·容经》对于各容皆有具体描述，另还有日常起居之容、此处则完全空洞化。

综上甲乙两项所述，师氏、保氏的内容，必以王莽、刘歆们为上限，且系敷衍成文，有形式而无真正意义。

《周官》作者在总叙春官宗伯的职守时是"使率其属而掌邦礼，以佐王和邦国"（卷十七）。礼是在人与人与事的关系上建立合礼的秩序，由这种秩序而达到互相谐和，这是由春秋时代起，经过战国以迄西汉初年，礼在发展中所特别显出的人文的意义。在规定"大宗伯之职"时，是"掌建邦之天神人鬼地示之礼，以佐王建保邦国"（卷十八）时，则把礼的重点转回到礼本是起于祭神的宗教意义之上，这是王莽承武帝"尤好鬼神之祀"之后，再加以谶纬之说大行，养成他"好怪"、"密（祟）鬼神淫祀"的性格的反映。他们在"邦国之鬼神示"中，有"以疈辜祭四方百物"，这便说明了王莽末年，何以会"至诸小鬼神凡千七百所"。站在此一立场，礼没有由孔子以降所强调的教化的意义。《书·舜典》"修五礼"，《皋陶谟》的"天秩有礼，自我五礼有庸哉"，皆指公侯伯子男五等爵的五礼而言。我曾推测，《书》的《尧典》、《舜典》、《皋陶谟》等，乃由西周史官根据传说所整理而成，则史官整理时用上了西周时五等爵之礼的观念，不足为怪。马融以"吉凶宾军嘉"释《舜典》的五礼，这是因他坚信《周官》出于周公所误。郑玄释《皋陶谟》中的五礼时，则认为是"天子也，诸侯也，卿大夫也，士也，庶民也"，因为在《皋陶谟》所说的礼的内容上，不能说成是吉凶宾军嘉的五礼。以吉凶宾军嘉五个名称概括礼的内容，这是出于王莽、刘歆们对传统中极为系复的礼，作了归纳性的整理后所提出来的。五礼的系列，为《周官》出现以前所未有。姚姬传谓"任宏以《司马法》百五十篇入兵权谋，班固出之以入礼经"，按即指《汉书·艺文志》六艺略礼家中的"军礼《司马法》百五十五篇"而言。此盖班氏深信《周官》五礼之说，所以特别将《司马法》从《兵书略》的兵权谋中抽出，列入礼家以实五礼中的军礼。但《周官》中军礼的内容有五："大师之礼，用众也。大均

（《郑注》："均其地政地守地职之赋"）之礼，恤众也。大田之礼，简众也。大役之礼，任众也。大封之礼（《郑注》："正封疆沟涂之固"）合众也"；此五礼既非《司马法》所能该，而《汉书·艺文志》中，除《司马法》外，更无军礼。《仪礼》分为冠礼、昏礼、相见礼、乡饮酒礼、乡射礼、燕礼、大射礼、聘礼、公食大夫礼、觐礼、丧服、士丧礼、既夕礼、士虞礼、特牲馈食礼、少牢馈食礼、有司等十七种。而刘向对《礼记》四十九篇所作的分类为：制度、通论、明堂阴阳、丧服、世子法、祭祀、子法、乐记、吉事九种，此时五礼的分类尚未出现。五礼分类的出现，或可视为对礼的条理是一种进步；但不可因此而引起时代上的错误，更应了解《周官》作者因特别重视形式上的要求而来的夸张傅会，误以为所录系古代的事实，有如凶礼中的所谓禬礼，军礼中的大均、大封之礼，嘉礼中的脤膰之礼、贺庆之礼等类，并且祭祀、丧葬、昏、冠、饮食诸礼的意义，《礼记》中作了各方面的发挥，较此处所敷衍的，有亲切与肤泛之不同。五礼中既有宾礼，又于嘉礼中说"以飨燕之礼亲四方之宾客"。这是显然的重复。《周官》中的礼官，没有负教化上的责任，而《礼记》的《王制》及《文王世子》，负教化责任的都是乐官，这大概是很古老的传统。但有几点应加以澄清。

第一，郑玄引董仲舒"成均五帝之学"，又引《文王世子》"于成均以及取爵于上尊"，以释（四）的"大司乐掌成均之法"，是认为"周人立此学之宫"，以成均为周学。我觉得是很难成立的。因为董氏的说法，既在其他典籍上找不到根据；由此而进一步以成均为周学，更与许多相关的材料不合。并且应用在此处，又与上下文矛盾。《国语·周语》下伶州鸠答周景王的问律谓"律所以立均出度也。古之神瞽，考中声而量之以制，度律均钟，百官轨仪，纪之以三，平之以六，成于十二，天之道也"。《韦注》"均者均钟木，长七尺，有弦系之。以均钟者，度钟大小清浊也，汉大予乐官有之"。由此可知所谓"成均之法"，乃使十二律大小清浊合于均钟的法度，亦即是主管调和音律的法度。《文王世子》的"于成均……"也应作此解释。所以郑司农（众）对此成均之法的解释是"均，调也。乐师主调其音，大司乐主受此成事已调之乐"；虽对"均"字的解释不切，但大意是与上下文相合的。若如郑玄之说，成均之法，是五帝之学的"遗礼可法者"，又谓"周人立此学（成均）之宫"，则下句"以治建国之学政"的"学政"，又作何解释？且（五）"乐师掌国学之学政"，则（四）的"学政"，即是"国学之政"，《周官》

在此处，提出了"国学"的名称以作教学之地，何缘又立有成均之宫？既有五帝的成均之宫，则教者死后，又何以又祭于殷学的"瞽宗"，是《郑注》分明与作《周官》者的原意不合。

据上引《国语·周语》的伶州鸠的话，定均律之法的是"古之神瞽"；若有"乐祖"，亦必为古之神瞽。（四）在"以治建国之学政而合国之子弟焉"，接着说"凡有道有德者使教焉"。依据（二）的所谓"道"与"德"，既直接与音乐无关，而"有道有德者"亦非必是瞽者，何以"死则以为乐祖，祭于瞽宗"？从来论乐的功用，都以一"和"字概括；此处的乐德何以能推出"中和祗庸孝友"六个德目？"乐语"一词，为他典所未见；而又将其分为兴、道、讽、诵、言、语的六种乐语，在实际音乐教育中，是真能成立吗？凡此，说明了《周官》作者的凑合成文，并无事实经验的根据。至（八）的"教六诗，曰风、曰赋、曰比、曰兴、曰雅、曰颂"，这分明是抄《毛诗大序》"故诗有六义焉，一曰风、二曰赋、三曰比、四曰兴、五曰雅、六曰颂"，而将"六义"改为"六诗"。"六义"是指诗有六种内容（义可以作"内容"解），所以"六义"是可以说得通的。风、雅、颂是三种诗体，赋、比、兴是三种作诗的方法，须附丽于风、雅、颂而始为诗，不能独立指之为诗，所以"六诗"是不通的。乃郑玄在《毛诗笺》谓"太师上文未有诗字，不得径云六义，故言六诗；各自为文，其实一也"。孔颖达承认《毛诗大序》的诗有六义，与《周官》大师的"教六诗"，"其实一也"。但他为《周官》此处作开脱说，"大师上文未有诗字，不得径云六义，故言六诗"。意谓《大序》开始有一诗字，所以可称"六义"。此处大师"教"字上未有诗字，只好说"教六诗"；试问可不可以说"教诗六义"呢？这种曲折回护，完全没有意义。并且《周官》作者是以"六诗"与下文的"六德"、"六律"相配，以成就数字整齐而对称的形式的，内容上通不过，不是他们的重点。

综上所述，《周官》中的教化思想，是空洞、混乱，并无真实内容，完全没有反映出先秦及西汉私人讲学之盛，师道之隆。及由景帝起，郡国已开始兴学，至武帝置博士弟子员而开始有大学之实的情形。因为他们真正所要求的是"以吏为师"，教化之业，仅系点缀性质。

荀子政治思想的解析
（1954 年 9 月 25 日）

一、荀子政治思想中的儒家通义

有人认为荀卿约死于秦始皇统一宇内之前十二年；有人认为他死于秦始皇完成统一大业以后，尚及见李斯之入相，两说尚不能完全论定。但其活动与著书的时期，适当七雄鼎立之势已竭，嬴秦统一之势已成；诸子百家，亦由茁壮而衰老，惟法家一枝独秀，以适应此大一统的趋向，这是大家可以公认的。从学术方面说，他承孟子之后，为儒家开创期之殿军；儒家的人文精神，由他而更得到一明确的形态，形成人文精神骨干的礼、乐及由礼而来的"正名"，孔子只提出一个端绪，在他都有详细的发挥。在这一点上，他似乎可以说是儒学的完成者。西汉所结集的儒家典籍，几无一不受其影响（详见汪中《荀卿子通论》）。但从政治方面说，他面对兴（秦）亡（六国）转变的激流，并已感到暴秦气氛的重压，现实的政治问题，较其他任何问题，对于他更为迫切；于是儒家的人文精神，因他的太偏重在政治方面，不仅缩小了人文活动的范围，并且他所强调的人文的礼治，反而成为人文精神的桎梏。后世许多人以韩非、李斯，系荀卿思想之转手，此固昧于当时情实；然儒家精神，因荀子而受了一大的曲折，则亦不容讳言。

我在这里，想先把荀子的政治思想与孔孟相同的地方概略的举出来，不仅由此可以见荀子之所以为"大儒"，并且由此可以看出儒家在政治思想方面的通义，不容后人轻相假借。

第一，儒家继承"民本"的思想，以"天下"在政治中为一主体性之存在；天子或人君，对此主体性而言，乃系一从属性的客体，因此，儒家认为天下不是天子或人君私人之可以"取"或"与"。孟子很清楚的说"子哙不得与人燕，子之不得受燕于子哙"（《公孙丑》）。又说，"天子不能以天下与人"（《万章》）。荀子继承此一思想，对于汤武桀纣间政权的移转，认汤武为"非取天下也"，"桀纣非去天下也"（《正论》）。并且否认尧舜的擅（禅）让；因为"天子者势位至尊，无敌于天下，有谁与让矣"，"有擅国，无擅天下，古今一也"（同上）。这分明说天子之对于天下，不是私人"所有权"的关系，所以天下不是个人之所得而取或所得而与。决定天下的是人民的公意，人民才是天下的主人。所以孟子说，"得天下有道，得其民，斯得天下矣。得其民有道，得其心。斯得民矣"（《滕文公》）。又说，"得乎丘民而为天子"（《尽心》）。荀子则说，"天下归之之谓王，天下去之之谓亡"（《正论》）。又说，"天之生民，非为君也。天之立君，以为民也"（《大略》）。天下不是私人可得而取或与，乃系决定于民心民意，则人君的地位与人民对人君的服从，无形中是取得人民同意的一种契约的关系。契约说虽非历史上的事实，然实由"神权"、"君权"过渡到民权的重大枢纽。

第二，因为天子或人君不是天下的主体；天子或人君的存在，乃基于人民的同意，等于是一种契约行为，则对于违反契约者自可加以取消；故儒家在比西方早二千年即正式承认"叛乱权"，亦即承认人民的革命权。孔子以"汤武革命，顺乎天而应乎人"。董仲舒说孔子作《春秋》是"退天子、贬诸侯、讨大夫"。孟子说，"闻诛一夫纣矣，未闻弑其君也"（《梁惠王》）。又谓"君有大过则谏。反覆之而不听，则易位"（《万章》）。荀子也认为"臣或杀其君，下或杀其上，无它故焉，人主自取之也"（《富国》）。更进一步认为"夺然后义，杀然后仁，上下易位然后贞"（《臣道》）。

第三，因为天子或人君是应人民的需要而存在，人民最基本的需要是生存，所以人君最大的任务，便是保障人民的生存，于是爱民养民，便是儒家规定给人君的最大任务。近人萧公权氏在其《中国政治思想史》中谓"孔子教民重于养民，孟子养民重于教民"。孟子的所谓"王道"，就是"制民之产"，"正经界"，"七十者可以衣帛食肉，黎民不饥不寒"，固然都是养民；但孔子"道千乘之国，敬事而信，节用而爱人，使民以时"；"子适卫，冉有仆，子曰：庶矣哉。冉有曰：既庶矣，又何加焉。子曰富之"，然后再说"教之"，养先教后，孔孟同揆。萧氏的误解，大概是来自"自古皆有死，民无信不立"的一段话。其实，这一段的"足食足兵，民信之矣"的三件事，都是就在上位者的政治措施来说的；"民信之矣"是使民相信政府；"去食"而不去信，是要政府不可因财政困难，而轻作失信于民的措施。孔子断无民可以饿死而民之信不可放松的意思。"老者安之，少者怀之"，岂有丝毫轻养之意。《荀子》一书，教与学的意味特重。然荀子以礼为政治的骨干，再三谓"礼者养也"。可见养民以保障人民的生存权，在荀子的政治思想中，一样是人君所负的最大最基本的责任。

第四，因为要保障人民的生存，所以儒家特严"义利之辨"。"子罕言利"；欲弟子鸣鼓而攻为季氏聚敛的冉有。《孟子》首章便说，"王何必曰利，亦有仁义而已矣"（《梁惠王》）。儒家的所谓利，指的是统治者的利益；所谓义，在政治上说，指的是人民的权利。《孟子》上说得最清楚，好色好货，只要"与民同之"，和人民的权利合在一起，则色与货都是义而不是利。所以义利之辨，在政治上是抑制统治者的特别利益，以保障人民的一般权利的。这一点在荀子也说得非常清楚。如：

> 挈国以呼功利，不务张其义，齐其信，唯利之求，内则不惮诈其民而求小利焉，外则不惮诈其与（与国）而求大利焉，内不修正其所有，然常欲人之有……如是，则敌国轻之，与国疑之，权谋日行而国不免危削，綦（至）之而亡。（《王霸》）

> 上重义，则义克利；上重利，则利克义。故天子不言（自己的）多少，诸侯不言利害，大夫不言得丧，士不通货财。有国之君，不息牛羊；错质之臣，不息鸡豚；冢宰不修币，大夫不为场圃。从士以上，皆羞利而不与民争业，乐分施而耻积臧（藏）。然，故民不困财，贫窭者有所窜（容）其手。（《大略》）

统治者自身言利，用现代的语言来说，必产生官僚资本，使政府成为分赃的工具。美国现时艾森豪的商人政府，商人从政，必出卖彼所参加经营的股票；防微杜渐，吾先儒早提出于二千年之前。

第五，人君是由人民的需要而存在，则一切政治的活动，是为人民而非为人君。于是人臣之事君，并非为了人君个人之应当供奉，而实为了一种共同的任务。所以君臣父子，同为人之大伦，但儒家却作不同的看法：父子是绝对的关系，君臣是相对的关系。自汉儒三纲之说出，于是君臣之伦，也视为与父子同科。然三纲之说，乃出自法家（韩非子有"臣顺君，子顺父，妇顺夫"之说），为先秦儒家所未有。"父子主恩，君臣主敬"，或"主义"，乃儒家的通说。孔子的"拜乎下"好像特别尊君，但这不过是尊重这种秩序。孔子对于当时人君的态度，都是采取教导而非顺从的态度。孟子特创为"不召之臣"，以提高人臣的地位。在"君之视臣如手足"一段，特强调人臣与人君是处于相对的关系。荀子思想中，臣的地位远不如孟子。但于臣之外特提出"傅"与"师"的观念以与君并立；且以谏、争、辅、拂，为社稷之臣，而深以阿谀取容的"态臣"为可耻；并再度提出"从道不从君"之义（以上均见《臣道篇》）。则儒家于君臣之际，不容苟合，固彰彰甚明。

第六，儒家主张德治。德治的最基本意思是人君以身作则的"身教"，亦即是孔子的所谓"其身正，不令而行；其身不正，虽令不从"。因此，"正身"、"修身"是德治的真正内容（孔孟似乎都言"正身"，至荀子而始言"修身"）。孟子说，"其身正而天下归之"（《离娄》）。又谓，"天下之本在国，国之本在家，家之本在身"（同上）。人君先修其身，一切道理先在自己的行为上实现，再推以及人，自然会成为"絜矩之道"。这才是德治的真正意义。所以荀子也特别提出"闻修身，未尝闻为国也"（《君道》）的话。

第七，儒家既不承认天下是人君的私产，更规定天子的任务是爱民养民；所以爱民养民是目的，而"得天下"只是一种手段。其次，儒家认为"自天子以至于庶人，壹是皆以修身为本"，以求具备人之所以为人的德性；而德性乃"虽大行不加焉，虽穷居不损焉"（《孟子·尽心》）的，有天下或没有天下，无关乎德性的增损；"有天下"不过是得到推扩自己德性的一种工具，并非修身的目的。儒家的人格主义，决不肯把工具和手段混同于目的，更不肯为了工具、手段而牺牲目的。所以孔子说，"舜禹之有天下也，而不与焉"。孟子说，"非其义也，非其道也，禄之以天下，弗顾也"（《万章》）。因此，他认为"舜视天下若敝屣"。他以伯夷为圣之清，伊尹为圣之任，孔子为圣之时，三个人在人格的表现方面并不相同；但"行一不义，杀一不辜，而得天下，皆不为也，是则同"（《公孙丑》）。荀子因政治的气味太重，几乎把人生一切，都淹没于政治之中，于是人格自我完成的成分，似乎没有孔孟来得深刻而显著。但他两次说"行一不义，杀一无罪，而得天下，不为也"。荀子是非难孟子的；由此一语言之相同，可知这是从孔子以来儒家相传的最根本的大义。这系说明儒家把政权（天下）隶属于个人人格之下，使政权处于一极不重要的地位，不能因为追求政权而作稍有亏损人格及政权所要达到的目的的行为。必如此，一个人的人格才可以完成，政治才不致成为少数恣睢自喜者的窟宅。人格因此而可得到纯化，政治也可因此而得到纯化。这是儒家政治思想中的究竟义，也是儒家人格主义的最高峰。

以上是指出荀子之所以为儒家，是因为他在政治思想上继承了儒家的这些通义。但这并不是荀子之所以为荀子的特征。以下试就荀子不同于孔孟的特征，略加申述。

二、荀子政治思想的特征

一般人提到孟荀在政治上的异同，便容易想到一个是"法先王"，一个是"法后王"的问题。其实，荀子的所谓"后王"，不仅不是杨倞所说的"近时之王也"，不只于他在《非相篇》所说的"周道"。他在《正名篇》分明说"刑名从商，爵名从周"。在《儒效篇》分明以"法先王，统礼义"为大儒。此外称"先王"或"尧舜"的地方也很多，而在《大略》一篇中，亦分明谓时君不如五伯，五伯不如三王，三王不如五帝。他所向往的何只"周道"。他之所以特别提出"后王"、"周道"，是基于其思想上的经验的性格，及其重"统类"的思想。荀子思想的经验性格，随处可见，最显著的为"不求知天"，不求知"物之所以生"（《天论》）。他认为要了解过去的东西，应该从现在可以把握得到的地方下手，此即所谓"欲观圣王之迹，则于其粲然者矣"（《修身》），而周道正是粲然可以把握得到的。其次，荀子的"统类"思想，是认为天下许多事物，假定以统相属，以类相推，便可"以一知万"，"以近知远"。后王与先王，是同统同类的。由后王——周道的粲然者的统类推了上去，即可以知道周以前的先王。所以他说，"千万人之情，一人之情也。天地者，今日是也。百王之道，后王是也。君子审后王之道，而论于百王之前，若端拜而议"（《修身》）。又说，"欲观千岁，则数今日。欲知亿万，则审一二。欲知上世，则审周道。欲知周道，则审其人，所贵君子。故曰，以近知远，以一知万，以微知明，此之谓也"（《非相》）。固然，孟子特重政治的动机，所以特别重视尧舜，因为尧舜是"性之也"。荀子特重政治的敷设，所以特别重视周道，因为周是"郁郁乎文哉"；但这只是在历史中的着眼点的重点不同，并非孟子尚古而荀子从今的区别。荀子在政治思想上之异乎孔孟，主要是在其礼治思想。

近人萧公权在其《中国政治思想史》中谓"孔子从周，而孟子泛言先王"。又谓"孔荀说礼，皆从周道"，是其意，无宁谓荀较孟更近于孔，此实系一大误解。"郁郁乎文"是在文物制度上说，所以孔子说"吾从周"。但《论语》中对尧、舜、禹之赞叹，其用心实远在从周之上。而"行夏之时，乘殷之辂，服周之冕，乐则韶舞"，是孔子在文物制度上亦并非完全从周。孟子的所谓先王，主要是指的"师文王"、"法尧舜"，亦决非泛指。荀子之后王，亦决不止于周道，已如前述。至于礼的问题，《论语》中提及礼者最多，并且有"道之以德，齐之以礼"的话，是礼在孔子的政治思想中，所占的分量相当重。而孟子则甚少言礼，其列为四德（仁义礼智）之礼，乃是不涉及形式的一种"心之德"。因此遂易引起萧氏上述的误解。其实，《论语》中言礼，有三种态度：一是随顺已有的礼俗；一是扩大本系宗教性的仪节于日常生活起居之间（详见《乡党》）；一是由"礼之本"而赋与礼以新的意义，使礼"内在化"而成为一种心之德，或用以涵养心之德。这是孔子最基本的用意所在。孔子针对着当时政治上的你争我夺而特别提倡"让"，他称泰伯"三以天下让"为"至德"，乃将让与礼连结在一起，而说"能以礼让为国乎何有。不能以礼让为国，如礼何"。所以孔子在政治方面所说的礼，主要是内在化而为让德的礼。孟子继承此一内在化的倾向，更进一步直接将礼说为"恭敬之心"、"辞让之心"，将礼与义连在一起，视礼与义为互辞，不再注重形式（节文）的一面，这是真正孔子思想的发展。到了荀子则一反孔孟内在化的倾向，而完全把礼推到外面去，使其成为一种外在的东西，一种政治组织的原则与工具，这不仅是孟子所没有的思想，也是孔子所没有的思想。

荀子以"学至乎礼而止"（《劝学》），又谓"礼者，人道之极"（《礼论》），因此他便认为"国之命在礼"（《天论》，《强国》）。然则礼为什么对于荀子有这样的重要性呢？这要先把荀子的基本意思条贯清楚，现分四点来说明。

首先，孔孟以敬与让言礼，荀子则主要以"分"言礼，所谓"制礼义以分之"（《王制》，《礼论》）。"分"是按着一种标准将各种人与事加以分类；于是因"分"而有"类"，"类"是"分"的结果；故荀子常称"知类"、"度类"、"通类"。分类之后，各以类相"统"，故又称"统类"。"分"、"类"、"统类"，这是荀子思想中最基本的三个概念。三个概念贴到人身上来说，总谓之"伦"，所谓"礼以定伦"（《致士》）。"圣人也者，尽伦者也"（《解蔽》）；其实"伦"也是"类"，故有时又称

"伦类"。就见之于设施上来说，称为"制"，所谓"王也者，尽制者也"（同上）。分类时，必合于各人的情实，所谓"类以务象其人"（《解蔽》）。这种"务象其人"，泛名之曰"正名"（正名更兼物之名而言），专称之为"报"，（报亦称"应"），或为"称"。

> 爵列官职，赏庆刑罚，皆报也。以类相从者也。一物失称，乱之端也。（《正论》）

按照人与事的情实，加以分类，而使其相应（报）相称，并按照类的等级加以标志，使其易于分别，并含有鼓励的作用，谓之"饰"，亦称"文饰"、"藩饰"。

> 若夫重色而成文章，重味而成珍备，是所衍也。圣王财衍以明辨异，上以饰贤良而明贵贱，下以饰长幼而明亲疏。上在王公之朝，下在百姓之家，天下晓然皆知其非以为异也，将以明分达治而保万世也。（《君道》）

饰系各就其分位以为等差，不相凌越，这种情形谓之"节"，所谓"礼，节也"（《大略》）。荀子认为"由士以上，则必以礼乐节之；象庶百姓，则必以法数制之"（《富国》）。所谓"法数"，亦称"械数"，亦简称"法"，是比礼低一级的东西。但所谓低一级，因为一是朝廷的，以安排爵、官、赏、罚等为主；一是社会的，以安排一般职业及人民之相互交往为主。因之，礼有"饰"，而法无"饰"，礼较有融通性，而法更多强制性。但法数也是以"分"、"类"、"称"为骨干，所以实际也包括在礼之内，众庶百姓也实际是包括在礼的分、类、称之内。他说，"礼者，贵贱有等，长幼有差，贫富轻重，皆有称者也"（《富国》），这当然把百姓也包括在内。

作为分与类的标准而使之相称的，首先是人伦的义务。人伦是天然的分类，所以重点不在分与类上，而是要各尽其本身的义务。

> 请问为人君，曰以礼分施，均遍而不偏。请问为人臣，曰以礼待君，忠顺而不懈。请问为人父，曰，宽恩而有礼。请问为人子，曰，敬爱而致文。请问为人兄，曰，慈爱而见友。请问为人弟，曰敬诎而不苟。请问为人夫……此道也，偏立而乱，俱立而治。（《君道》）

所谓"偏立"，是片面义务。所谓"俱立"，是平等义务。

荀子的礼，更重要的是把人与事结合起来，作相称的分类。这种分类的标准是德、能、技、职等。

谪（商）德而定次，量能而授官，使贤不肖皆得其位，能不能皆得其官。万物得其宜，事变得其应……言必当理，事必当务。（《儒效》）

无德不贵，无能不官，无功不赏，无罪不罚。朝无幸位，民无幸生。尚贤使能，而等位不遗。（《王制》）

量地而立国，计利而畜民，度人力而授事，使民必胜事，事必出利，利足以生民……故自天子通于庶人，事无大小多少，由是推之。故曰，朝无幸位，民无幸生。（《富国》）

论德而定次，量能而授官，皆使其人载其事，而各得其宜。（《君道》）

明分职，序事业，材技官能，莫不治理。……人习其事而固。人之百事，如耳目鼻口之不可相借官也。故职分而民不探（王念孙以不探为不慢之误），次定而序不乱。……如是，则臣下百吏，至于庶人，莫不修己而后敢安正，诚能而后敢受职。百姓易俗，小人变心，奸怪之属，莫不反悫。夫是之谓政教之极。（同上）

《荀子》一书，这类的话最多。同时，他用作定位授官的标准的是德与能，而非由历史所形成的固定性的阶级。德能是每个人由自己的能力可以得到的，即是一个人能各以自己的力量，变更自己在礼的"分"中的地位，于是礼的"分"虽然定得很整齐，但社会各成员，依然有自由上进的机会。所以他说，"虽王公士大夫之子孙，不能属于礼义（即德与能），则归之庶人。虽庶人之子孙也，积文学，正身行，能属于礼义，则归之卿相士大夫"（《王制》）。因此，在他心目中的社会，是"朝无幸位，民无幸生"的理想社会。用现代的话说，是"各尽所能，各取所值（称）"的理想社会。而礼是通往此一社会的桥梁，并且即是此种社会的本身。此其一。

其次，他面对着快要统一的这样大的天下，便不能不构想到负政治总责的人君，必须无所不能，亦即是他所说的"兼能"，才可以统治得了。但人君如何可以兼能呢？在《君道篇》他从正面提出此一问题："请问兼能之奈何？曰，审之礼也。古者先王审礼以方皇周浃于天下，动无不当也"。审礼何以能兼能？因为礼是由"分"而"类"，因"类"而"统"，由"统"而"一"。凡是事物的组织化，亦即事物的单纯化，统一化，所以礼之"分"，亦即是礼之"一"，因此，他除说"明礼义以分之"之外，更说"明礼义以一之"（《富国》）。他相信"类不悖，虽久同理"（《非相》），故可"以情度情，以类度类"（同上）。"类"与"一"在性质上是相同的，既可"以类度类"，则由类一直推下去，即可"以一知万"（同上）。礼是"类"，是"一"，人君审礼，即是"以类行杂，以一行万"（《王制》），这种"枢要"在人君手上，便很简易的把天下治理了。

> 推礼义之统，明是非之分，总天下之要，治海内之众，若使一人；故弥约而事弥大。五寸之矩，尽天下之方也。故君子不下堂，而海内之情举积此者，则操术然也。（《修身》）

> 法先王，统礼义，一制度，以浅持薄，以古持今，以一持万。苟仁义之类也，虽在鸟兽之中，若别黑白，倚（奇）物怪变，所未尝闻也，所未尝见也，卒然起一方，则举统类而应，无所悬怍；张法而度之，则腌（顺）然若合符节。（《儒效》）

> 以类行杂，以一行万……故丧祭朝聘师旅，一也。贵贱杀生与夺，一也。君君臣臣父父子子兄兄弟弟，一也。农农工工商商，一也。（《王制》）

这里的"一也"，大约是指属于一类，由一个原则贯通支配的意思。

> 主道治近不治远，治明不治幽，治一不治二……故明主好要，而暗主好详。主好要，则百事详。主好详，则百事荒。君者论一相，陈一法，明一指，以兼覆之，兼炤之，以观其盛者也。（《王霸》）

上面是人君能审礼便可以"兼能"的说明。人君兼能之后，

> 故天子不视而见，不听而聪，不虑而知，不动而功，块然独坐，而天下从之如一体，如四肢（肢）之从心，夫是之谓大形。（《君道》）

由此可知礼治在荀子是走向无为而治一的统治术，此其二。这里要顺便一提的，无为而治，是在君主专制下的各家共同的要求。孔子认为"其身正，不令而行"；所以归结到"无为而治"。老庄尚自然，自然是有为的反面，亦即是无为。法家要使人君居于不可测之地，且怕人君随便动手动脚破坏了法，所以也要人君无为。荀子则由"礼义之统"而认

为可以达到"块然独坐"。无为的形式一样，而无为的内容与达到无为的经路各不相同。胡适之先生硬要指《论语》上的"无为而治"是受了《老子》的影响，以证明《老子》一书，乃孔子曾经问过礼的老聃的著作；并把《论语》曾子所说的"昔者吾友，尝从事于斯矣"的吾友，硬说指的即是老聃；把曾子说成一个认"太老师"作朋友的人，未免用心太苦了。

再其次，荀子从人类社会的起源上，证明礼的必要。

> 力不若牛，走不若马，而牛马为用，何也。曰，人能群，彼不能群也。人何以能群，曰分。分何以能行，曰义。故义以分则和，和则一，一则多力，多力则强。(《王制》)

按此处之所谓"义"即是礼。"礼义"自孟子而始运用，荀子亦多连用。连用者每可互用。群即是一种广义的社会组织。人之所以能战胜毒蛇猛兽，一是人善用工具，一是人能构成社会的群。而在荀子则认为群是人类战胜自然环境的唯一因素，礼是群的原理与方法，当然是支持人类社会生存的骨干，此其三。

最后，前面说的"兼能"，是从"治"方面说的。人君治的主要内容是"养"。即兼能是要能"兼足天下"。荀子认为"兼足天下之道在明分"(《富国》)。明分何以能兼足天下？荀子认为人的欲望是相同，而人的贤能不同；"天地之生万物也固有余，足以食人矣"(《富国》)，但不平均的满足人的欲望。所以只好按着"礼义之分"，由贤能技职所形成的分位之不同，而各与以和各人分位相称的待遇。这样一来，分配不决定于各人主观的欲望，而决定于客观的分位，大家便可以不争。其次，随分位之不同而分配数量亦因之不同，分位高者享受高而人数少，分位低者享受少而人数多；生产增加，则分配量亦比例的增加，人既可以自力改变自己在礼中的分位，亦即可以自力改变自己物质的享受，而可鼓励社会的进步。这恰与近代"各取所值"的理想相符合。他说：

> 分均则不偏(遍)，势齐则不一，众齐则不使。……势位齐而欲恶同，则必争。争则必乱，乱则穷矣。先王恶其乱也，故制礼义以分之，使有贫富贵贱之等，足以相兼临者，是养天下之本也。《书》曰，维齐非齐，此之谓也。(《王制》)

> 使有贵贱之等，长幼之差，知贤愚能不能之分，皆使人载其事，而各得其宜，然后使谷禄多少厚薄之称，是夫群居和易之道

也。(《荣辱》)

礼起于何也,曰,人生而有欲。欲不得,则不能无求。求而无度量分界,则不能不争。争则乱,乱则穷。先王恶其乱也,故制礼义以分之,以养人之欲,给人之求,使欲必不穷乎物。物必不屈于欲,两者相持而长,是礼之所起也。故礼者养也。……君子既得其养,又好其别。曷谓别,曰贵贱有等,长幼有差,贫富轻重皆有称者也。(《礼论》)

这里,荀子以调节欲望与生产的关系来说明礼的起源,亦即是以经济来说明礼的起源,已经深入到荀子政治思想的核心,最足以看出其思想上的经验的、功利的性格。儒家在财富分配上,多主张"均";而荀子的礼义之分,则是一种差别待遇。然这种差别待遇,是要称于"德"、"能"、"技"等的标准的;并且在差别待遇之下,还有一个共同的基数以作一般人民生活的保障。如"由天子至于庶人也,莫不骋其能,得其志,安乐其事,是所同也。衣煖而食充,居安而游乐,事时,制明,而用足,是又所同也"(《君道》),这种差别待遇,是各取所值的差别待遇。在理论上并不违反"均"的原则,此其四。还有,荀子以前,儒家无"抑末"的思想。至荀子而始有"工商众则国贫"(《富国》),及"省工贾,众农夫"(《君道》)的说法,此或系受有法家影响,或系至荀子时而"土著商业资本"之害始著。要之"重本抑末",非儒家原有思想,特附带提出。

由上述四点说明荀子的礼治,虽角度不同,但都是互相贯通,互相关连。总括的说一句,即是以合理的组织原则与方法,把社会构成一套整齐的有机体,以达到"各尽所能,各取所值"的理想人群生活。于此,我们不能不惊叹其理论上构造之完整与严密,及其思想在古代的突出与奇特。

三、荀子政治思想对儒家精神之曲折

凡是抹杀道德的人格尊严,而想完全从具体的物质方面来解决人的问题的,必走向极端的个人主义或社会主义。极端的个人主义,在自由的口号之下,"争必乱,乱必穷",而在"争"的过程中,则如荀子所说"强凌弱,众暴寡",出现许多以自由为藉口的低级的小极权主义者。到了"穷"的阶段,常激出一个大的独裁。社会主义,在正义口号之下,势必一切政治化，一切组织化，在政治化组织化的尖端，也必定是一个独裁者。社会主义者常常认为只有在正义之下才有自由；结果必定自由，因而也否定了正义。荀子的政治思想，无形的也含有此一可能性。

这里应该先申述一下荀子与法家在思想上的关涉。首先应指出他与法家最不相同的地方。第一，法家反对历史文化，"明主之国，无书籍之文，以法为教。无先王之语，以吏为师"（《韩非子·五蠹篇》）。因为人类是非曲直的价值观念，是由历史文化累积而来。反历史文化，即可不受这些价值观念的约束，而一切归之于现实政治权力的支配。荀子的礼，乃是生根于历史文化之上。他说，"故国者重任也，不以积持之则不立。……故一朝之日也，一日之人也，然而厌焉有千岁之固，何也，曰，援夫千岁之信法以持之也……以夫千岁之法有持者，是乃千岁之信士矣。故与积礼义之君子为之则王"（《王霸》）。可知荀子以礼乃千岁之积，故他以"法后王"为雅儒，以"法先王"为大儒（见《儒效》）。儒家本身即是代表中国的历史文化（孔子述而不作，信而好古），荀子是儒家，在这一基点上决不能同于法家。

第二，儒家是人本主义，以法的"械数"从属于人的本质，因而尚德尚贤。法家是法本主义，不重视人的本质，使人从属于法，使法为主而人为客。中国过去之所谓法，根本没有由法以限制人君，限制政府的意思，所以荀子认为"有治人，无治法"；理由是"合符节，别契券者，所以为信也；上好权谋，则臣下百吏，诞诈之人，乘是而后欺。探筹投钩者，所以为公也；上好曲私，则臣下百吏，乘是而后偏。衡石称县（悬），所以为平也，上好倾覆，则臣下百吏，乘是而后险。……故械数者治之流也，非治之原也"（《君道》）。法家则认为"君人者能去贤巧之所不能，守中拙之所万不失，则人力尽而功名立"（《韩非子·用人篇》）。儒家的人治乃与德治是相关连的。这点是和法家截然不同。

第三，因为法家对人君的要求是"术"，是"势"，而不是德，所以人君的举动特别须要诡密，这与近代的独裁者完全符合。"故明主之行制也天，其用人也鬼。天则不非，鬼则不困"（《韩非子·八经篇》）。荀子则恰与此相反。"故君人者周（密），则谗言至矣，直言反矣，小人迩而君子远矣……君人者宣，则直言至矣，而谗言反矣，君子迩而小人远矣"（《解蔽》）。又说，"上周密，则下疑玄矣。上幽险，则下渐诈矣。上偏曲，则下比周矣（犹今之所谓派系）……故主道利明不利幽，利宣不利周。故主道明则下安，主道幽则下危……故上易知，则下亲上矣。

上难知，则下畏上矣……主道莫恶乎难知，莫危乎使下畏已"（《正论》）。荀子这一段话，好像是指着现代的各种独裁者来说的，当然与法家相反。

但是，在荀子的思想中，毕竟含着走向独裁政治的因素。这便牵涉到他的性恶问题。荀子与孟子的区别，有点像程朱与陆象山的区别。孟子与陆象山是把心与性看作是一层的东西；而荀子与程朱则分心与性为二，看作是两层的东西。不过程朱把性看作是在心的上一层之理；而荀子则把性看作是比心下一层的本能的"欲"。荀子认为"生之所以然者谓之性"，"性之好恶喜怒哀乐谓之情"（《正名》），情是性的表现，情不是恶，然而恶由情出，所以他便说性恶。但他认为使情不至于恶的是心，所以他说"情然而心为之择，谓之虑"，"欲（欲由情出）过之而动不及，心止之也。心之所可中理，则欲虽多，奚伤于治。欲不及而动过之，心使之也。心之所使失理，则欲虽寡，奚止乎乱。故治乱在于心之所可，亡于情之所欲"。因此，他也认为"心也者，道之工宰也"（以上皆见《正名》）。这与孟子"耳目之官不思而蔽于物，物交物，则引之矣。心之官则思，思则得之，不思则不得也"的意思正同。不过孟子对于心是从两方面去肯定，一是从认识方面（思），一是从道德方面（如恻隐之心）。而荀子则缺少道德这一方面的肯定，又把心与性分开，说性是恶，于是道德不能在人的本身生根，礼也不认其系出于人的内心的要求，而只是由于"圣王"、"先王"根据利害的比较，《正论篇》已经说明先王为了防止"争则乱，乱则穷"，因而为之起礼义。《性恶篇》又说，"古者圣王以人之性恶，以为偏险而不正，悖乱而不治，是以为之起礼义，制法度，以矫饰人之性而正之，以扰化人之情性而道之也"。礼义既由先王圣王防人之性恶而起，则礼义在各个人的本身没有实现的确实保障，只有求其保障于先王圣王。先王圣王如何能对万人与以此种保障，势必完全归之于带有强制性的政治。这样一来，在孔子主要是寻常生活中的礼，到荀子便完全成为政治化的礼；礼完全政治化以后，人对于礼，既失掉其自发性，复失掉其自主性，礼只成为一种外铄的带有强制性的一套组织的机括。在此机括中，虽然有尚德尚贤以为其标准，亦只操之于政治上的人君，结果也只会变成人君御用的一种口实。于是荀子的"朝无幸位，民无幸生"的理想社会，事实上只是政治干涉到人的一切，在政治强制之下，整齐划一，没有自由，没有人情温暖的社会。这与孔子的"老者安之，朋友信之，少者怀之"，孟子的"老吾老，以及人之老；幼吾幼，以及人之幼"，"出入相友，守望相助，疾病相扶持"的社会，完全是两种性质的社会。

孟子因为相信人的性是善，所以信任人民的"好恶"，于是人君政治的设施，遂一要以人民的好恶为标准，这才能贯彻民本主义。他说，"得天下有道，得其民，斯得天下矣。得其民有道，得其心，斯前民矣。得其心有道，所欲与之聚之，所恶勿施尔也"（《离娄》）。在这种情形之下，统治者的眼睛要向下看。荀子认为性恶，于是人民的好恶不可靠，要靠人君拿礼来"扰化"，因为"人君者，所以管分之枢要"，于是人民一切不能自己作主，经常要把自己的眼睛向上看，弄得人民赖人君而存在。他说，"百姓之力，待之（人君）而后功；百姓之群，待之而后和。百姓之财，待之而后聚；百姓之势，待之而后安"（《富国》）。百姓不能生于政治组织机括之外，这与今日极权主义国家的情形，真有相似之处。

在荀子的礼治之下，人君是"管分（礼）之枢要"，百姓赖人君以生存，加以礼的"藩饰"是一级推上一级，推到人君那里，在荀子的描述中，真够堂皇伟大；于是人君的地位，至隆至高得神化起来了。他形容天子是"居如大神，动如天帝"。

孔子"道之以德，齐之以礼"的礼，是与"道之以政，齐之以刑"的刑是相对的。所以，在孔孟的思想中，对于刑是采取一种谨慎的、无可奈何的态度；因为人性之善，能用德相感，可以不用刑；势至于非用刑不可，亦自觉这是治者的德化不够，自然会流露"哀矜而无喜"及"安有仁人在位，罔民而可为也"的心情。但因荀子认为性恶，所以礼是成立于利害争夺比较之上，没有得到人道良心上的保障，于是为了推行礼治，礼与刑的关连，便较孔孟大为密切，刑在荀子的政治中，较孔孟远为重要。而人君之"势"，也几乎重于人君之德。他在《正论篇》反对传说中的"象刑"（以象征性的方法来代替实际的刑谓之象刑），而认为"治则刑重，乱则刑轻"（《正论》）。又说：

> 夫民易以道，而不可与共故，故明君临之以势，道之以道，申之以命，章之以论，禁之以刑。（《正论》）
>
> 故古者以人之性恶，以为偏险而不正，悖乱而不治，故为之立君上之势以临之，明礼义以化之，起法正以治之，重刑罚以禁之……今当试去君上之势，无礼义之化，去法正之治，无刑罚之禁，倚（立）而观天下民人之相与也，若是，则夫强者害弱而夺

之，众者暴寡而哗之，天下之悖乱而相亡，不待顷矣。（《性恶》）

荀子把礼外在化了，政治化了，而礼又是"人道之极"，其归结必至人只有政治生活，而无私人生活，社会生活。且必至以不合于现实政治者为罪大恶极。所以他说"才行反时者，死无赦"（《王制》）；而孔子诛少正卯的故事，亦堂皇出现于其《大略篇》，此点与《管子·九败篇》主张诛戮"不牧之民"，及韩非子以隐者为"不令之臣"，同出一辙。天下至于诛戮隐士，诛戮言行不合于现实政治之人，则真可谓生人之道绝。孔子对隐士的态度，由"虞仲夷逸，隐居放言；身中清，废中权"的话表白得最清楚。由孔子称"隐居放言"为"中清"、"中权"推之，可断其决无诛少正卯之事。此一故事之流传，形成了二千年正反两面对儒家的误解，实含有无穷的毒素。孔孟不承认政治可以支配人的一切，所以孔子是"无道则隐"，处乱世是"危行言逊"；孟子是"穷则独善其身"。而荀子的处乱世则惟有"崇其（暴国）美，扬其善，违其恶，隐其败，言其所长，不称其所短，以为成俗"（《臣道》）。此种卑微屈辱的生活，真是知识分子的悲剧。这固然是他已嗅到暴秦气息的反映，实逼而处此，亦由其太重视政治，认为人无所逃于政治之间的思想有以致之。

荀子自认为继承仲尼、子弓，在政治思想上，也有许多地方还是继承儒家的圭臬，已如第一节所述，所以他的理论构造虽甚为严密，然内容实含有不少的矛盾；彼亦赖此矛盾以在其思想上有一制衡作用，不至一往不返，大体上尚能与法家划一界线，以保持其儒家的规格。然因其对人性的根源自信不及，即是对人格尊严的根源自信不及，遂偏于在功利上，在利害上去求解决人的问题，差之毫厘，遂在其政治构想之归结点流于与孔子相反的方向而不自觉。今日浅薄偏激之徒，以道德为玄谈，辄欲驱逐道德于政治生活之外，于此乃低级极权思想之变相，以此求自由民主，真可谓南辕北辙了。

儒家对中国历史运命挣扎之一例
——西汉政治与董仲舒
（1955 年 9 月 2 日）

数十年来，中国知识分子，辄将此一时代之悲惨遭遇，集矢于儒家思想；而董仲舒之推明孔氏，抑黜百家，尤为一般人所诟病。董仲舒乃至整个儒家，在我国历史中之地位及其功过，究竟若何，本文根据历史事实，将从各个角度，与以衡情之论述。倘因此文而对我国之历史问题，及由历史所延伸之今后问题能提供读者以了解之新线索，则作者之始愿诚不及此。

一九五五年九月二日作者于台中市

一、儒家法家政治思想的对比

在约百年以前，我国政治之理想是三代；而奠定两千年来实际政治之局格者则为秦汉。秦以法家思想致霸，虽国运短促，然汉得天下后，除了去泰去甚以外，政治之本质，依然是秦代的延长。换言之，亦即是法家政治之延长。及天下稍定，元气稍复，在思想上即逐渐展开儒法之争。法是当时政治的现实，统治者成为法家的代表；而儒则是一部分人的理想，人民是一部分人的后台。贾山、贾谊们对法家已有一种自觉的批判，因而表现出由法家转向儒家的转捩点。他们立论，大抵是以"古"与"秦"相对比，主张由"秦"而返之"古"；"古"即是指的儒家理想，"秦"即是指的由秦到汉的法家政治。两汉像样点的知识分子，几乎都参加了此一争论。被今人称为怀疑主义的王充，也同样参加儒家的行列而成为儒家的斗士。儒法之争，是中国历史升降的大关键。把握到这一点，我们读两汉的巨著《史记》与《汉书》，乃至其他两汉人的著作，才能真正了解其精神，才能真正敞开中国历史的奥秘。但这批知识分子中，在思想上——不是现实上——为儒家重新奠定基础，在政治上对法家加以全面批评，因而缓和了法家的毒害，乃至压缩其活动范围的，却不能不归功于董仲舒。董仲舒的《天人三策》，乃代表当时儒法思想在政治方面斗争的高峰。用现在的语句表达董氏的工作，正是"把人当人"的人性政治，对"把人不当人"的反人性的极权政治的决斗。此一决斗，在当时并未立刻收实际上的多大效果。然儒家思想，在打了若干折扣之后，却获得了理论上的胜利。此一胜利，逐渐使法家的传统，下降而为"吏"的地位；于是以前的政治实权虽仍操之于"吏"，而在政治的名分上，吏总是从属于儒。后世的胥吏政治，是秦汉法家政治的缩小与延长；后世"官"与"吏"或"儒"与"吏"之争，也是两汉儒法之争继续。这是了解中国历史的一大线索。

要了解上述的线索，首须对以韩非为代表的法家思想，在与儒家思想对照之下，作一概略叙述。

第一，儒家思想乃建立于人性皆善的这一基本认定之上。故人与人关系，是以互信互爱为基础。法家的人性论，乃立足于性恶之上。因此它根本不相信人与人之间，能够建立亲爱互助的可质信赖的关系，所以它便不能相信儒家"老吾老，以及人之老"的"推恩"政治，而自然走上基于猜疑心理而来的劫持控制之途。韩非说：

> 人生之患，在于信人。信人则制于人。人臣之于其君，非有骨肉之亲也，缚于势，而不得不事也。故为人臣者，窥觇其君心也，无须臾之休……为人主而大信其子，则奸臣得乘其子，以成其私。……为人主而大信其妻，则奸臣得乘于妻，以成其私。……夫以妻之近，与子之亲，而犹不可信，则其余无可信者矣。（《韩非子》卷五《备内篇》）

> 且父母之于子女，产男则相贺，产女则杀之。……故父母之于子女也，犹用计算之心以相待也，而况无父子之泽乎。（卷十八《六反篇》）

> 黄帝有言，上下一日百战。下匿其私，用试其上；上操度量，以割其下。……有道之君，不贵其臣。……无使民比周，同欺其上。（卷二《扬权篇》）

第二，就人君地位来说，儒家虽然承认它是政治秩序中不可缺少的一环，但君臣之间，只是互相对待的关系。"君使臣以礼，臣事君以忠"；"君之视臣如草芥，则臣视君如寇仇"。"合则留，不合则去"，人

臣并不是人君的私人工具。并且在人君的上面，另外还要拿出一个
"古"或"天"压在它头上，使人君不能自有其意志，必以"古"或
"天"的意志为意志；否则不配作人君，而可来一套"革命"、"受命"
的。在"古"和"天"的后面，揭穿了说，只是人民的好恶、利益。所
以在儒家心目中的人君，决不是使其恣肆于群生之上的绝对体。儒家也
说"贵贱尊卑"的话，但儒家不把这些东西由"身份"制度来决定，而
是要由各个人的"德"及"能"，并根据"德"、"能"所发挥出来的义
务来决定。德与能，是每个人可以自作主宰。因此，贵贱尊卑，都是可
以变动，应当变动的。到了法家，大力扫荡了历史遗留下来的贵族的身
份地位，这是它们的一种贡献。但儒家的反对贵族，因为它是选贤举能
的障碍。而法家的反对贵族，则不过是以贵族为人君绝对化的障碍。人
君之所以形成政治中的绝对的地位，完全是由法家思想所造成。这也是
秦自孝公以来，一直接受法家思想，并一直支配到西汉的实际政治的最
真实的重要原因。儒家常称尧舜禅让，汤武征诛。韩非则干脆以尧舜汤
武为"反君臣之义，乱后世之教"。他更说：

> 夫为人子而常誉他人之亲……是诽谤其亲者也。为人臣常誉先
> 王之德厚而愿之，是诽谤其君者也（按此系指儒家）。……非其亲
> 者，知谓不孝；而非其君者，天下皆贤之，此所以乱也。故人臣毋
> 称尧舜之贤，毋誉汤武之伐……尽力守法，专心于事主者为忠臣。
> （卷二十《忠孝》）

因为法家把人君看作是至高无上的东西，便彻底把君臣的关系悬隔
起来。他说："道不同于万物，君不同于群臣"，而人臣只不过为人君所
"畜"（《忠孝篇》，"所谓君者，能畜其臣也"）。由此可知尊君而卑臣，
只是法家思想而不是儒家思想。此在西汉初年崇尚道家的司马谈，尚知
道得很清楚。所以他在叙述六家要旨中说：

> 儒家……序君臣父子之礼，列夫妇长幼之别，不可易也。……
> 儒则不然。以为人主天下之仪表也。主倡而臣和，主先而臣随。如
> 此，则主劳而臣逸。
> 法家……正君臣上下之分，不可改矣。若尊君卑臣，明分职不
> 得相逾越，虽百家不能改也。

刘向《别录》亦谓："申子学主刑名，刑名者以名责实，尊君卑臣，
崇上抑下。"

由上可知，在承认君臣关系的这一点上，是儒法所同。然儒家理想中之君是"劳"，而法家理想中之君是"尊"；儒家理想中人君对于人臣是"礼"是"敬"（敬大臣也）；而法家理想中人君对于人臣只是猜防贱视（"不信其臣，不贵其臣"）。这一大分水岭，在汉继承秦代尊君之后，依然是很分明的，但自东汉以后，便渐渐模糊了。

第三，儒家对我们民族最大的贡献之一，是在二千年以前即明白指出政治乃至人君，是人民的工具，是为人民而存在；而人民不是政治乃至人君的工具，不是为政治乃至人君而存在。所以人君要以人民的好恶为好恶，而不是人民以人君的好恶为好恶。在儒家思想中，每一个人，都是人格的存在，所以特别尊重每一个人人格的成就。而政治的目的，便是要助成这些人格的成就，使人人"皆有士君子之行"，以开启一人文的世界。所以政治的本身，即要求其人文化、人格化。此即德治、礼治的真意所在。法家则正与此相反，政治完全是为人君的统治而统治的，一切都是人君统治的工具；所以它便否定个体存在的价值，以个人人格人文的成就为统治上的障碍。因为只有在肯定独立自主的个体时，才有人格人文的可言；而人格人文的修养，正所以完成独立自主的个体。此种个体只能服从理性而不能服从权威，这便成为古今中外极权主义者的敌人。韩非说：

> 夫父之子孝，君之背臣也。……举匹夫之行，而求社稷之福，必不几矣。（卷十九《五蠹篇》）
>
> 廉贞之行成，而君上之法犯矣。……贤能之行成，而兵弱地荒矣。……私行立而公利灭矣。（同上）
>
> 博习辩智如孔墨，孔墨不耕耨，则国何得焉。修孝寡欲如曾史，曾史不战攻，则国何利焉。（卷十八《八说篇》）

他既完全否定了人格的世界，人文的世界，他自然要否定政治上助成人格人文的设施。他说：

> 上古竞于道德，中世逐于智谋，当今争于气力。然则今有美尧舜鲧禹汤武之道于当今之世者，必为新圣笑矣。是以圣人不期修古，不法常可。（卷十九《五蠹篇》）
>
> 夫仁义辩智，非所以持国也。去偃王之仁，息子贡之智，循徐鲁之力，则齐荆之欲（齐荆乃欲灭亡鲁、徐二国者），不得行于二国（徐、鲁）矣。夫古今异俗，新故异备。如欲以宽缓之政，治急

世之民，犹无辔策而御驿马，此不知之患也。（卷十八《八说篇》）

因为儒法两家所认定的政治主体不同，所以，儒家要求人君成为听取臣民意见的工具，而法家则要求臣民成为人君的应声虫，一如今日高级的极权主义国家，只要求服从教条；低级的极权主义国家，只要求"听话"一样。他说：

顺上之为，从主之法，虚心以待令，而无是非也。故有口不以私言，有目不以私视，而上尽制之。（卷二《有度篇》）

第四，法家为达上述目的，他必反对儒家在政治上所主张"把人当人"的人文价值的教化设施，而一归于严刑重罚。严刑重罚，是法家在政治上的总归结。他说：

今有不才之子，父母怒之弗为改，乡人谯之弗为动，师长教之弗为变……州部之吏，操官兵，推公法，而求索奸人，然后恐惧，变其节，易其行矣。……故明主必其诛也。……明主之国，无书简之文，以法为教。无先王之语，以吏为师。（卷十九《五蠹篇》）

夫严刑重罚者，民之所恶也，而国之所以治也。哀怜百姓，轻刑罚者，民之所喜，而国之所以危也。（卷四《奸劫弑臣》）

世之学术者说人主，不曰乘威严之势，以困奸邪之臣。而皆曰仁义惠爱而已矣。世美仁义之名，而不察其实，是以大者国亡身死，小者地削主卑。……夫严刑者民之所畏也。重罚者民之所恶也。故圣人陈其所畏以禁其邪，设其所恶以防其奸，是以国安而暴乱不起。吾以是明以义爱惠之不足用，而严刑重罚之可以治国也。（同上）

明主峭其法而严其刑。（卷十九《五蠹篇》）

"严刑重罚"，"把人不当人"的政治，只能建立在人民愚蠢之上。法家为达此目的，除了反德反智以外，更如今日极权国家一样，要把人民一个一个的隔开，在大铁幕中形成无数的小铁幕。所以他在《难四篇》说"官有一人，勿令通言，则万物皆尽涵"。秦律偶语者弃市，即由此而来。

这里对于法家的所谓法，还须特别说明。法家的法，广义的说，乃统治者强制人民为统治者尽片面义务的命令；狭义的说，只是一种刑法。此和西方近代法的观念相去颇远。儒家不是不承认刑罚之不可缺少，但儒家在这一点上与法家仍有其重大的分别。第一是儒家以刑罚为政治上次级的东西，而法家则认为是最高级的东西。第二是儒家以刑罚为政治上的辅助手段，而法家则认为唯一的手段。第三是儒家以刑罚为不得已而用的，而法家则认为是天经地义，非用不可的。再就刑法的本身来说，儒家的人性政治，是以"钦恤"之心（《今文尚书·尧典》，钦哉钦哉！惟刑之恤哉），一贯的主张"目的刑主义"。因此而为省刑主义，宽刑主义，教育刑主义。法家的极权政治，是以报复之心，彻底主张威吓性的"应报刑主义"，法家认为只有由犯人科刑的痛苦而始能达到政治所要求的目的；所以严酷烈惨，是法家的本来面目。欧洲到了十九世纪，目的刑主义才渐取应报刑主义而代之，中国却由儒家提出于二千年以前；我们不难由此而了解儒家即在刑法思想这一方面所占的世界性的地位。（以上系参照日人根本诚的《上代支那法制的研究·刑事编》的"上代支那刑罚思想之展开"一章。此书关于儒法两家刑罚思想之比较叙述，最为平实详明），此一大的区别，随处可以发现明确的对比。例如儒家主张"罪人不孥"，而法家自商鞅起即主张"相收司连坐"。秦以后两千年间，常因一案而动辄诛戮百千万人，其销铄吾民族之精神活力者最为惨酷，实皆由法家思想中导出，此诚吾民族之最大不幸。

其次，法家与道家的关系，司马迁在《史记·老庄申韩列传》中一则曰，"申子之学，本于黄老而主刑名"；再则曰，"韩非……喜刑名法术之学，而其归本于黄老"；三则曰，"其极惨礉少恩，皆原于道德之意"。司马迁之父司马谈，"习道论于黄生"，推道家为六家之冠。司马迁继承家学，又受董生影响，反法家之意识特隆，其所述道法两家关系，决无因不了解或拘成见以致牵强附会之事，故其说至为可信。但因《老子》一书，富于形而上学之气息，引起西人之注意；而其虚无主义之情调，又与中国若干知识分子的口胃相合，乃为了袒护老子而想推翻司马迁的结论，遂以《韩非子》中之《解老》、《喻老》非韩非所作，而谓司马迁所指者乃汉初之黄老，并非老子本来面目。殊不知道家与法家之显明结合，不始于韩非而始慎到；所以《解老》、《喻老》，纵不出自韩非本人，但《韩非子》全书之精神脉络，其与《老子》相通者殆随处可见。老子拿一种"先天地生"之虚无境界，以否定人文世界之一切设施与人生价值；对于现实生活，不肯作一正面之肯定，而仅赖"深静以窥几"的机巧，此与韩非之人生观、社会观，正有其相同。其在政治上，则主张"不尚贤"，"绝仁弃智"，"常使民无知欲"，而其动机乃出自"以百姓为刍狗"之心，则彼虽未正面提出严刑重罚之主张，但"小国寡民"、"至老死不相往来"之乌托邦，在现实中既不复存在，摆在眼前的，只是一统之势既成，上下之机巧变诈日亟的局面，则除了严刑重罚以外，道家又有何方法来治理天下？同时，韩非的法，乃系否定一切人格价值、人文世界的符号，其本身即系一种虚无。因其系一种虚无，则其发而为事象，亦只有归于恐怖。所以虚无主义一转而为恐怖主义，乃古今中外所表现的共同道路。再就另一方面说，韩非认定创法用法以宰制天下者是人君，人君完全是一个孤立的绝对体，连妻子都不可靠，人臣都是窥伺的谋害者，然则人君到底凭借什么本领来达到宰制天下的自的？因此，只有把申不害的"术"拿来再加以深化神化，使其担当法之所自出，而为臣民所不能窥测的主体。《韩非子》一书，言术之比重，实超过于言法。而深化神化后之术，正与老子的"至虚极，守静笃"，自居于不可测之地，以窥天下之机者相合。于是韩非心目中的人君，正是老子所说的道之"权化"。所以他说：

> 故明主之行制也天，其用人也鬼。（卷十八《八经篇》）
>
> 道者万物之始，是非之纪也（按韩非之所谓道，与老子同），是以明君守始以知万物之源，之源以知善败之端。令名自命也。令事自定也。虚则知实之情，静则知动者正。……故曰，君无见其所欲。……君无见其意。……去好去恶，臣乃见素。去旧（惯性）去智，臣乃自备。……是故去智而有明，去贤而有功，去勇而有强。……故曰寂乎其无位而处，寥乎莫得其所。明君无为于上，群臣悚惧乎下。（卷一《主道篇》）
>
> 权不欲见，素无为也。事在四方，要在中央。……用一之道，以名为首。名正物定，名倚物徙。故圣人执一以静，使名自命，令事自定。……圣人之道，去智去巧。智巧不去，难以为常。（卷二《扬权篇》）

以上的话，可以说是老子的重述或引申。不过秦人行法家之治，并未能保留住法家守法不私的客观精神；而韩非学老子，也没有保留着"圣人无常心，以百姓之心为心"及"民不畏死，奈何以死惧之"之教训。此正系取法乎上，仅得其中的一定不移之理。因此，法家援引道家以为其思想的根据，只能说明道家有向法家推演及被法家利用的最大可能性，而不能说法家即是道家。

二、西汉政治之剖视

秦自孝公用商鞅起，即成为法家的实验场所。秦政见韩非所著书，至叹为"得见此人与之游，死不恨矣"。这是因为韩非把商鞅的思想更向前推进了一步，一面与秦的传统深相契合，一面与秦政阴鸷之资水乳交融。秦以法家政治而统一六合，这是因为凡是极权主义的初期，都可由强制及集中而发生一种强大力量。李斯与韩非同事荀卿，因"耻卑贱"而入秦，其顺应秦之传统及秦政之资性以取容，乃无可疑之事。故其云为，全系抄取法家。如秦政三十四年博士淳于越，请封子弟功臣，秦政下其议，李斯的意见是：

> 今天下已定，法令出一，百姓当家则力农工，士则学习法令，辟禁。今诸生不师今而学古，以非当世，惑乱黔首。……古者天下散乱，莫之能一，是以诸侯并作，语皆道古以害今，饰虚言以乱实。人善其所私学，以非上之所建立。今皇帝并有天下，别黑白而定一尊，而私学乃相与非法教之制。……如此弗禁，则主势降乎上，党与成乎下，禁之便。臣请官吏非秦纪皆烧之。非博士官所职，天下敢有藏诗书百家语者，悉诣守尉杂烧之；有敢偶语诗书，弃市。以古非今者族。吏见知不举者与同罪。令下三十日不烧，黔为城旦。所不去者，医药卜筮种树之书（按此乃当时之科学。任何极权者，皆反历史文化而不会反科学）。若欲有学法令，以吏为师。制曰可。（《史记·秦始皇本纪》，又见《李斯传》）

这可说是法家思想的全部实现。其后李斯劝二世"行督责之术"，也是法家的本来面目。秦的政治和思想全为法家所支配，这是无丝毫可疑之事。中国现代可称为史学家者，仅有陈垣与陈寅恪两先生。寅恪先生谓"李斯受荀卿之学，佐成秦治，秦之法制，实儒家一派学说之所附系"。这不能不说他是一个很大的误解。

汉兴以后，大家只认其因盖公对曹参的进言，行黄老之治，而忽视它在黄老的后面，依然是继承秦代的法家政治。一般人之所以疏忽了此一重大事实，其故有三：第一是因刘邦起自闾阎，身受秦政之害，所以直觉的对秦政作了去泰去甚的修正，使法网由密而疏；第二，汉文以资性之美，常行减赋减刑之政，自司马迁起，乐为史家所称道，而不知其中实多溢美之词。东汉应邵在《风俗通义》中已有所辨正。他说：

前待治贾捐之为孝元皇帝言，太宗（文帝）民赋四十，断狱四百余。案太宗时，民重犯法，治理不能过中宗（宣帝）之世。地节元年天下断狱四万七千余人。……前世断狱，皆以万数。（《风俗通义》卷二）

向日（刘向对成帝之问），文帝时政颇遗失。（下引冯唐之言，贾山谏不宜教从郡国贤良吏出游猎及爱幸邓通等数事）……上曰（成帝），后世皆言文帝世，天下几至太平，其德比周成王，此语何从生。向对曰，生于言事。文帝礼言事者，不伤其意。……后人见遗文，则以为然。世之毁誉，莫能得实。（同上）

其实，孝文本"好道家之学"（《史记·礼书》），及"刑名之言"（《史记·儒林传》）；且"外有轻刑之名，内实杀人"，"犹有过刑谬论"（皆见《汉书·刑法志》），史有明文，可知《风俗通义》对于传说的纠正，是非常可靠的。第三，一般人以为法令密如牛毛，为法家政治的特征。汉初法网较疏，遂以汉治与秦大相径庭。不知法家依据黄老，其理想依然是在缓刑薄赋。至于法令之日演日密，乃其不承认人文世界之必然结果，并非法家的理想本来如此。所以李斯狱中上书自称其功谓"缓刑罚，薄赋敛，以遂主得众之心"。汉初各种议论中称刑之不足以止刑，其势必日益滋蔓者，屡见不一见。可见秦之法是由疏而密，汉之法亦同样的是由疏而密。

《史记·儒林传》谓："孝惠吕后时，公卿皆武力有功之臣。孝文时颇征用（言孝文稍用文学之士），然孝文帝本好刑名之言。及至孝景，不任儒者，而窦太后又好黄老之术。故诸博士具官待问，未有进者。及今上（武帝）即位，赵绾、王臧之属，明儒学，而上亦乡之"。然赵、王两氏所致力的是欲立明堂以朝诸侯，此实系以阴阳家思想来附会武帝的夸大性质，与儒家本义无关。所以简单的说，汉初的政治思想大势，是黄老与法家的天下；而阴阳灾异之说，也分得一部分势力。黄老制约了汉初的君相，不轻事更张，不轻生事端，不走入侈泰。其实，秦政之侈泰，胡亥之荒淫，固为黄老所不许，亦为法家所不许，所以在此等处所，二家并无矛盾。但这只是消极作用。仅靠这种消极作用，不能统治天下。担当统治天下积极任务的，却是一代的"法制"。藏在汉初黄老政治后面的，却是秦代的法制，法家的法制。这便从根本地方规定了汉代的政治方向。

汉承秦后的法家政治，可以分三点来说明：

第一是表现在作为制度之骨干的君臣的关系上。儒法家对君臣关系之不同，已如前述。我国在秦以前，君臣之地位并不悬绝，此征之人类进化史的氏族社会封建社会而可信。君臣地位之悬绝，是由法家为统治而统治，以人君为统治的绝对体所建立的观念，而由秦政所实现的。要表现君之特别尊，臣之特别卑，必有一套特定的仪节，此即所谓"朝仪"。秦政统一天下，合传说中的"皇"与"帝"为一，而，"号曰皇帝"，"命为制，令为诏"，"自称曰朕"，并废谥法以使子不得议父，臣不得议君，当然随着有一套尊大与卑微，相形而益彰的仪节。如古者臣拜，君亦答拜，至秦则不复答拜。古者君臣告语之词皆曰书，至秦则诏、令、书、疏，分别均严，即其一例。汉高起自匹夫，即帝位之后，"悉去秦苛仪，法为简易，群臣饮酒争功，醉或妄呼，拔剑击柱"（《史记·叔孙通传》），尚保有若干村野纯朴之气。这时恰有一个"所事者且十主，皆面谀以得亲幸"的叔孙通，抢着此一进身机会，迎合高帝"患之"的心理，遂建议重定朝仪，"大抵皆袭秦故"。初实行时，"自诸侯王以下，莫不震恐肃敬"。于是高祖曰"吾乃今日知为皇帝之贵也"（以上皆见《史记·礼书》及《叔孙通传》）。自此以后，君臣的关系，完全成为由法家思想所形成的天地悬绝的关系，儒家也只好向此一既成事实投降。专制政体，由此而遂成定格。此种君臣关系一经决定，便赋与昏暴之主以精神上的武装，使其得以摧残尽知识分子在政治中、在社会上的人格与灵魂，二千年来，只有作"文犬"、"文丐"，才有富贵利达之路。这是中国政治在二千年中，愈演愈下的总根据。朱元晦对于此中关键，看得最为清楚。

> 黄仁卿问，自秦始皇变法之后，后世人君，皆不能易之，何也？曰，秦之法，尽是尊君卑臣之事，所以后世不肯变。（《语类》一百三十四）

他又说：

> 叔孙通为绵蕝之仪，其效至于群臣震恐，无敢喧哗失礼者，比之三代燕享群臣气象，便大不同，盖只是秦人尊君卑臣之法。（《语类》一百三十七）

由朱元晦的话，亦可窥见此一尊君卑臣之局，为真正之儒家思想所不许。所以，宋明诸大儒，对于现实上的君臣关系，几无不采取批评补救的态度。至黄梨洲的《原君》、《原臣》出，实可与卢骚的《民约论》

东西比美。可惜此一发展，不久又被满清的专制统治压回去了。直至中山先生而始得到初步的解决。

第二是表现在作为法制之骨干的"法"的性质上。汉代法的性质，不是根据儒家精神的目的刑主义，而是根据法家精神的应报刑主义的秦法。《汉书·刑法志》说：

> 汉兴，高祖初入关，约法三章。……其后四夷未附，兵革未息，三章之法不足以御奸。于是相国萧何攈摭秦法，取其宜于时者作律九章。

萧何作律的科条当属简单，但夷三族，诽言令、挟书律等皆继续存在。不过"萧曹为相，填以无为"；而孝文"躬修玄默"，"禁罔疏阔"（皆见《汉书·刑法志》），这些都缓和了法家的流毒。但是，严刑重罚的这一基本精神，并无改变。如：

> 秦用商鞅，连相坐之法，造参夷之诛。增加肉刑，大辟有凿颠抽肋镬烹之刑。（《汉书·刑法志》）

而汉则：

> 汉兴之初，虽有约法三章，网漏吞舟之鱼。然其大辟尚有夷三族之令。令曰：当三族者，皆先黥劓斩左右趾，笞杀之，枭其首，菹其骨肉于市。其诽谤詈诅者，又先断舌，故谓之具五刑。彭越、韩信之属，皆受此诛。（同上）

此当然系秦法的再版。高后元年除三族罪诽言令（按《汉书·文帝纪》："今法有诽谤诽言之罪"，则所谓高后除诽言令者，乃一时之宽惠，而并未改其律条），孝文二年，又不顾周勃、陈平的反对，免父母妻子同产坐收之罪；然及新垣平之事起，"复行三族之诛"。文帝除肉刑，而代之以"当劓者笞三百，当斩左右止（趾）者笞五百"，结果是"外有轻刑之名，内实杀人"。景帝元年，下诏曰"加笞与重罪无异；幸而不死，不可为人"。致使此以天性刻薄著称之皇帝，曾作两次修改。然"酷吏犹以为威"（以上皆见《汉书·刑法志》）。以上是文景盛时的情形。到了武帝"奸轨不胜"，遂命持法深刻的张汤、赵禹，重定诸律令，其情形是：

> 律令凡三百五十九章，大辟四百九条，千八百八十二事。死罪决事比，万三千四百七十二事。文书盈于几阁，典者不能遍

睹。……奸吏因缘为市，所欲活则傅生议，所欲陷则予死比，议者咸伤之。(《汉书·刑法志》)

再演变下去，到了成帝时，则：

大辟之刑，千有余条，律令烦多，百有余万言。奇请它比，日以益滋。(同上)

这与秦的演变情形完全一样。中间宣帝为路温舒之语所感动，特置廷平之官，以求补救。但当时涿郡太守郑昌上书，劝其"删定律令"，而"宣帝未及修正"。其后元帝成帝，受儒家思想之影响渐深，皆欲加以修改，使其"务准古法"（即儒家思想），然当时"有司无仲山甫之材，不能因时广宣主恩，建立明制，为一代之法，而徒钩撾微细，毛举数事以塞诏而已。是以大议不立，遂至今（班固时）"（以上皆见《汉书·刑法志》）。所以《汉书·刑法志》全篇的文字，皆出自深悲隐痛之精神。中间引"《周官》有五听八议三刺三宥三赦之法"，将儒家的"目的刑主义"与法家"应报刑主义"两相比较。又引孔子"善人为国百年，可以胜残去杀"的话，认此乃"为国者之程式"。而对于汉代则再三叹息的说"然而未能称意比隆于古者，以其疾未尽除，而刑本不正"。"罔密而奸不塞，刑蕃而民愈嫚，必世而未仁，百年而不胜残，诚以礼乐阙而刑不正也。"由此可知汉代除武帝外，虽皆有慎刑之意，以求临时补救之方；但补救又有时失之过轻，过轻则人易犯，而又转于过重。而刑法的本身是出自法家，与儒家精神不合，亦即所谓与"古"不合；刑的根源已经"不正"了，枝节的补苴，不能改变其大的趋向。而其中枢治狱，至有二十六所之多，至光武始加以减裁（《容斋续笔》卷一《汉狱名》）。此种事实，两汉人士都有深切感受，随处表现出来；而反为后之治史者所忽视，则治道之不明，真非一朝一夕之故了。

第三是表现在由上述法制所推行的吏治上。西汉人主，因高祖开布衣天子之局，除统治意识以外，尚保有若干社会意识，故多有恤民之意，并很重视对人民负实际统治之责的吏治。但吏治所凭藉的是法制，而汉代的法制只是法家的刑罚观念，根本没有儒家的"教化"观念。贾谊在其《治安策》中说：

道之以德教者，德教洽而民气乐。殴之以法令者，法令极而民气哀。……汤武置天下于礼乐，而……累子孙数十世。……秦王置天下于法令刑罚……下憎恶之如仇雠；祸几及身，子孙灭绝。……

今或言礼谊之不如法令，教化之不如刑罚，人主胡不引殷周秦事以亲之也。（《汉书·贾谊传》）

由贾谊反拨当时的话来看，即可知汉初政治的主流是法家而不是儒家。景帝残刻成性，其生平即属一典型的法家。而路温舒在宣帝初即位时，曾上书请尚德缓刑略谓：

臣闻秦有十失，其一尚存，治狱之吏是也。……方今天下赖陛下恩厚，亡金革之危，饥寒之患，父子夫妻，戮力安家。然太平未洽者，狱乱之也。夫狱者天下之大命也。……今治狱吏则不然，上下相殴，以刻为明。深者获公名，平者多后患。故治狱吏，皆欲人死，非憎人也；自安之道，在人之死。是以死人之血，流离于市；被刑之徒，比肩而立；大辟之计，岁以万数。……故天下之患，莫深于狱。败法乱正，离亲塞道，莫甚乎治狱之吏。此所谓其一尚存者也。……唯陛下除诽谤以招切言，开天下之口，广箴谏之路，扫亡秦之失，尊文武之德，省法制，宽刑罚，以废治狱，则太平之风，可兴于世……天下幸甚。（《汉书》五十一《路温舒传》）

这里指明了因为汉法即秦法，所以汉之吏治，亦无异于秦之吏治。宣帝号为明主，吏治超过汉初，《汉书》上《循吏传》的人物，多出自他的时代。但他说，"俗儒不达时宜，好是古非今，使人眩于名实，不知所守"。这和李斯是一样的口气。而《汉书》载元帝为太子时，"见宣帝，用多文法吏，以刑名绳下……常侍燕从容言，陛下持刑太深，宜用儒生。宣帝作色曰，汉家自有制度，本以霸王道杂之，奈何纯任德教，用周政乎？"（《汉书·元帝纪》），按"周政"无形间即系与"秦政"相对而言，亦即儒家与法家相对而言。元帝号称好儒尚惠爱，但以法家为主流的法制未变，则政治的基础亦未变。所以匡衡曾上疏说："今俗吏之治，皆不本礼让而上克（刻）暴，或忮害好陷人于罪，贪财而慕势，故犯法者众，奸邪不止。虽严刑峻法，犹不为变。"所以他主张"宜壹旷然大变其俗"（《汉书·匡衡传》）。一直到王充写《论衡》的时候，尚谓"儒者寂于空室，文吏哗于朝堂"。又谓"文吏在前，儒生在后"，"文吏治事，必问法家。县官事务，莫大法令"，"法令汉家之经，吏议决焉"（以上皆见《论衡·程材篇》）。所以司马迁创《循吏》、《酷吏》两列传，酷吏尽为汉吏，而《循吏传》中，汉代却无一人，其所以指陈汉政之本质者至为深切。而班固在《汉书·刑法志》中亦慨叹的说：

> 今郡国被刑而死者岁以万数，天下狱二千余所。其冤死者多少相覆，狱不减一人，此和气所未洽也。原狱刑所以蓄若此者，礼教不立，刑法不立，民多贫穷，豪杰务私奸不辄得，狱犴不平之所致也。

我国吏治，辄称两汉。而两汉吏治之实质乃若此，生民之气，几何不戕贼以尽。居常怪朱元晦与陈同甫争汉唐，争王伯之辨，心里总觉得朱元晦有点迂阔，现在才知道理学家不满意汉唐的缘故。读史不能析其关节条理之所在，如何能窥见大儒之识见及其用心于万一？

三、汉武帝的脸谱

为更亲切的了解董仲舒的时代背景，除了上述西汉一般政治的情势外，对于和董仲舒有密切关连的汉武帝，还应当特别提一笔。一个伟大的史学家，对于他当时的政治及政治人物，必具备真正的洞察力，从许多政治的虚伪中窥破人物的真正性格与一个时代的真正精神，而把它认真的表达出来。此即司马迁所说的"具见其表里"（《封禅书》），否则只是排比故事的"史匠"。司马迁和班固，生于大一统的专制时代，以当代人写当代之史，冒着真正生命的危险，虽有时不能不有曲笔或隐笔，但他们总要运用一种文学上的技巧，把一个时代的真相与真问题表达出来，以指出历史所要求的真正方向。我们读汉史时，对于他们所说的人与事，总觉得比读其他史书来得亲切，其原因正在于此。特别是司马迁受儒学的薰陶，尤其是受董仲舒春秋学的薰陶，综史学、文学天才于一身，其洞察力与表现力更为千古一人（班志虽谓道家者流，盖出于史官，但道家精神中转不出史学）。他没有从正面写武帝本纪，或曾写过而早佚失。但他在《封禅书》（现时《史记》中之《武帝本纪》，乃褚先生据《封禅书》所补。褚先生于此亦有特识，不可谓"其才之薄"）、《酷吏传》、《儒林传》中写出了一个活生生的武帝的脸谱。为便利计，我首先引若干褚先生根据《封禅书》所补的《武帝本纪》，来看看他的内心生活。

> 孝武皇帝即位，尤敬鬼神之祀。……是时上求神君，舍之上林中蹏氏观。神君者，长陵女子以子死悲哀，故见神于先后宛若。及武帝及位，则厚礼置祠之内中……
>
> 是时而李少君亦以祠灶谷道却老方见上，上尊之。……少君言

于上曰，祀灶则致物，致物而丹砂可以化为黄金。黄金成以为饮食器，则益寿。益寿而海中蓬莱仙者可见。见之以封禅，则不死。于是天子始亲祠灶，而遣方士入海求蓬莱安期生之属。……居久之，李少君病死，天子以为化去不死也……亳人薄诱忌奏祠泰一方曰，天神贵者泰一。……古者天子以春秋祭泰一。……为坛开八通之鬼道。于是天子……如忌方。其后人有上书言古者天子三年一用太牢具祠神三一……天子许之。……后人复有上书言古者天子常以春秋解祠，祠黄帝用一枭破镜，……用乾鱼阴阳使者以一牛。令祠官领之如其方……明年，齐人少翁以鬼神之方见上。……拜少翁为文成将军，赏赐甚多，以客礼礼之。文成言曰：上即欲与神通，宫室被服不象神，神物不至。乃作画云气车，及各以胜日驾车辟恶鬼。……居岁余，其方益衰，神不至。乃为帛书以饭牛，详（佯）弗知也。言此牛腹中有奇，杀而视之，得书，书言甚怪，天子疑之，有识其手书，问之人，果伪书，于是诛文成将军，而隐之。

文成死明年，天子病鼎湖甚。……游水发根（人名）乃言曰，上郡有巫病而鬼下之，上召置祠之甘泉，及病，使人问神君……病良已，大赦天下。……（神君）非可得见，闻其音与人言等。……其所语世俗之所知，毋绝殊者；而天子独喜，其事秘，世莫知也。

栾大，胶东宫人。……天子即诛文成，后悔恨其早死，惜其方不尽。及见栾大，大悦。……大言曰，臣常往来海中，见安期羡门之属，顾以为臣贱不信。……臣恐效文成，则方士掩口，恶敢言方哉。上曰，文成食马肝死耳，子诚能修其方，我何爱乎？大曰，臣师非有求人。……陛下必欲致之，则贵其使者，令为亲属，以客礼待之勿卑。……乃拜大为五利将军。居月余，得四金印，佩天士将军、地士将军、大通将军、天道将军印。制诏御史……其以二千户封地士将军大为乐通侯，赐列侯甲第，僮千人。……又以卫长公主妻之。赏金万金，……天子亲如五利之第，使者存问，所给连属于道。自大主将相以下，皆置酒其家献遗之。于是天子刻玉印曰，天道将军。使使衣羽衣，夜立白茅上。五利将军亦衣羽衣立白茅上受印，以示弗臣也。……于是五利常夜祠其家，欲以下神，神未至而百鬼集矣。……数月饰六印，贵振天下，而海上燕齐之间，莫不搤腕，而自言有禁方能神仙矣。

齐人公孙卿曰，今年得宝鼎，其冬辛巳朔旦冬至，与黄帝时等。卿有扎书……因所忠欲奏之。所忠视其书不经，疑其妄，书谢曰，宝鼎事已决矣，尚何以为。卿因嬖人奏之，上大悦……

天子既闻公孙卿及方士之言，黄帝以上封禅皆致怪物与神通，欲放黄帝以常接神仙人蓬莱士，高世比德于九皇，而颇采儒术以文之。群儒即以不能辨明封禅事，又牵拘于诗书古文而不敢骋……于是尽罢诸儒弗用。三月遂东幸缑氏，礼登中岳太室，从官在山下，闻若有言万岁云，问上，上不言，问下，下不言……

齐人之上疏言神怪奇方者以万数，然无验者。乃益发船令言海中神山者数千人，求蓬莱神人。公孙卿持节常先行。侯名山，至东来，言夜见一人，长数丈。就之，则不见，见其迹甚大，类禽兽云。群臣有言见一老父牵狗言吾欲见巨公，已忽不见。上既见大迹，未信。及群臣有言老父，则大以为仙人也。

方士之侯祠神人，入海求蓬莱，终无有验。而公孙之候神者，独以大人迹为解，无其效。天子益怠厌方士之怪迂语矣。然终羁縻弗绝，冀遇其真。自此之后，方士言祠神者弥众，然其效可睹矣。

我们今日看了上面所节录的一部分纪录，不要只认为这是二千年前的愚昧可笑。此种愚昧的程度，在比这早几百年的儒家经典乃至诸子百家中都找不出来。当时传子之局早定，武帝不必为其后代担忧，于是把他自私自利之心，完全集注在自己的长生不老上面，不惜竭一切方法以求之。大凡一个人自私到极点，不论其自私的对象为何，即足以泯灭其灵性，自然暴露出人性最愚蠢、最丑恶的一面而无法自饰。武帝仅其一例。

汉武帝关于政治的基本方向，在《酷吏列传》中表现得非常清楚。列传中共十人，有二人是景帝时代的，一个人是始于景帝时代而终于武帝时代，其余皆是武帝的杰作。这批人，都是在"上以为能"、"天子以为能"、"上说"、"天子以为尽力无私"（俱见《酷吏传》）的特达之知的情形之下提拔起来的。他们有的是由"攻剽为群盗"的无赖汉中，因其残贼之性，一跃为武帝政治的柱石。其中尤以张汤贵列为九卿，每奏事，"天子忘食，丞相取充位"。虽然，自公卿以下至于庶人咸指汤，但是"汤常病，天子至自视病，其隆贵如此"。尤其张汤这个人，"多诈舞智以御人"，"收接天下名士大夫，己心内虽不合，然阳浮慕之。是时上方乡文学，汤决大狱，欲傅古义，乃请博士弟子治《尚书》、《春秋》，补亭尉史，亭（平）疑法"。并且"造请诸公，不避寒暑"；所以汤虽

"文深意忌，不专平，然得此声誉"。但司马迁对于这样一位势倾朝野，专以杀人为业，又会附庸风雅、卑躬折节的天子柱石，直将其掷入《酷吏传》中。把武帝只以"杀"来当作政治真正本钱，及这批以杀人起家的刽子手的狰狞面貌，无情的刻画出来，这是说明司马迁的良心，"在流血十余里"的人间惨剧之下，不是一时的暴力与人情所能堵死。而人类在政治上所应走的方向，必须从这些丑恶东西的反面逼了出来。在这种地方，表现出了中国史学的真价。司马迁把自己之作《史记》，比于孔子之作《春秋》。我们从这些地方，可以了解他并无意于夸张自己，而只是想借此来把他的苦心，暗示给后代的知识分子。那知二千年来，岂仅无人能再写出一部像《史记》这样的书，连真能读懂《史记》的人也是凤毛麟角了。

在武帝这种秦皇再版的政治之下，实际情形怎样呢？《酷吏列传》中说：

> 自温舒（王温舒）等以恶为治，而郡守都尉诸侯二千石欲为治者，其治大抵尽放（仿）温舒，而吏民益轻犯法，盗贼滋起。……大群至数千人……小群盗以百数。于是天子……乃使光禄大夫范昆诸辅都尉及故九卿张德等，衣绣衣，持节虎符发兵，以兴击斩首，大部或至万余级，及以法诛通饮食，坐连诸郡，甚者数千人。……无可奈何，于是作沈命法（即连坐法）曰，群盗起不发觉，发觉而拂弗满品者，二千石以下至小吏主者皆死。其后小吏畏诛，虽有盗不敢发。……府亦使其不言，故盗贼浸多，上下相为匿以文辞避法焉。

> 客有让周（酷吏杜周）曰，弗为天下决平，不循三尺法，专以人主意指为狱，狱者固如是平？周曰，三尺安出哉。前主所是，著为律。后主所是，疏为令。当时（合乎当时要求的）为是，何古之法乎？至周为廷尉，诏狱亦益多矣。二千石系者新故相因，不减百余人。郡吏大府，举之廷尉，一岁至千余。……廷尉及中都官诏狱逮至六七万人，吏所增加十万余人。

以上更可以略窥汉武的政治，完全是走的暴秦的老路。司马迁在《酷吏传》的叙论中引了孔子、老子的话以后，接着说："信哉是言也。法令者治之具，而非制治清浊之源也。昔（表面上是指秦，实际是指当时，西汉人立言，大抵系如此）天下之网常密矣，然奸伪萌起，其极也上下相遁，至于不振。当是之时，吏法若救火扬沸，非武健严酷，乌能胜其任而愉快乎，言道德者溺其职矣。"在此传的结论中说："自张汤死后，网密多诋严，官事浸以耗废，九卿碌碌，奉其官，救过不瞻，何暇论绳墨之外乎？"千载而下，尚闻其叹息之声。

一般人说汉武帝"尊崇儒术"，殊不知每一极权性的人主，都想牢笼万有，以抬高或粉饰自己的地位。其实，一切和他阴狠之私不合的，不是曲解利用，便干脆背道而驰。同时，我们应当知道，儒术并不是和其他的诸子百家一样，只是代表一二人的特出思想，而是集结到周末为止的历史文化的总和。儒家是从历史文化的总和中以抽出结论，发现人类所应走的道路。儒家的六艺，即是经过整理后的历史文化的遗产。其地位在战国时已高出于诸子之上，这在庄子的《天下篇》中表现得非常清楚。任何个人的思想，不能和历史文化之总和相提并论，这是一种最起码的常识。人与一般动物重要区分点之一，即是一般动物无历史意识与历史要求，而人，则除了把人当物看的极权主义者之外，一定有历史的意识、要求，这是人性的重要表露之一。法家及由法家思想所建立的暴秦，是反历史文化的，亦即是反人性。随暴秦之推倒，人性之复活，则汉初政治中虽无儒家思想之自觉，但不能抑制人类对于历史憧憬的自然天性，于是挟书之禁得以解除，且能恢复博士以"具官待问"。顺着此一趋势，只要不再受到人为毒害，则直接代表历史文化的儒家，势必随人性的复苏而自然兴起。从这一点说，汉武之较文景稍重视儒术，亦可谓迫于此一时势要求之自然结论。但汉武所取于儒的乃在"阴阳"与"文词"以满足其浮夸之本性。他所用的儒者，只是出卖灵魂的如"曲学阿世"的公孙弘及"和良承意"的兒宽。《汉书·匡张孔马传》赞谓"自孝武兴学，公孙弘以儒相。其后蔡义韦贤玄成匡衡张禹翟方进孔光平当马宫及当子晏，成以儒宗居宰相，服儒衣冠，传先王语，其酝藉可也（宽博厚重之意），然皆持禄位保位，被阿谀之议。彼以古人之迹见绳，乌能胜其任乎"。在班固的眼中，公孙弘的系谱，是有愧于"古人之迹"的。他在《循吏传》中又说，"公孙弘兒宽，以经术润饰吏事"。"吏事"是法家的本据，而经术只居于"润饰"的地位。这也刻画出了汉武时儒家在政治中的真正分量。其次，因"利禄"之路而奔集的儒生，只是混着一点残羹冷饭吃，试与那些方士和酷吏比较，相去何仅千万。至"为群儒首"的董仲舒，一几死于灾异的"刺讥"，一几死于"从谀"的公孙弘的毒计。而当时真儒如申公、辕固生，率多受屈辱。例如武帝把申公请来后：

至，见天子。天子问治乱之事。申公时已八十余，老，对曰：
为治者不在多言，顾力行如何耳。是时天子方好文词，见申公对，
默然而已。……申公亦疾免以归。（《史记·儒林传》）

辕固生在景帝时几乎死于豕圈。

及今上（武帝）初及位，复从贤良征固。诸谀儒多疾毁固
曰，固老罢（疲），归之。时固已九十余矣。固之征也，薛人公
孙弘亦征，侧目而视，固曰：公孙子，务正学以言，无曲学以阿
世。（同上）

由上所述，我们不仅可以了解所谓汉武尊崇儒术的真正内容，并可
以了解武帝的真正性格，及当时政治的主流，与由此主流所造成的毒
害。再由此我们可以进一步来看由董仲舒所代表的儒法之争的意义。

四、董仲舒的志业

董仲舒，汉信都国广川县人，在今河北省景县附近。后由广川徙茂
陵，所以李肇国的《志补》以长安的虾蟆陵为董氏之墓。他在景帝时已
为博士，而在他著的《春秋繁露》中提到武帝太初的改制，所以他的年
龄，大概总在七十以上。苏舆《董子年表》，起汉文帝元年（西纪元前
一七九）止武帝太初元年（西纪元前一〇四），恐怕也只是一种近似的
推论。他的政治活动的高潮为武帝时的《贤良对策》。至于对策之年，
先儒疑而未定。我觉得齐召南的说法，较为可信。齐说略谓：

《汉书》武帝记载于元光元年（西纪前一三四），与公孙弘并
列，既失之太后。《通鉴》据《史记》武帝即位为江都相之文，载
于建元元年（西纪前一四〇）与严助并列，亦失之太前。若以仲舒
此文推之（按即对策中"今临政而愿治，七十余岁矣"之文），则
在建元五年也（西纪前一三六）。计汉元年至建元三年为七十岁。
而且五年始置五经博士，举传所谓推明孔氏，抑黜百家，立学校之
官也。至元光元年，初令郡国举孝廉各一人，即传所谓州郡举茂才
孝廉也。若在建元元年，得云七十余岁乎。（王先谦《汉书补注·董
仲舒传》所引）

王先谦因董生对策中有"夜郎康居，殊方万里，说德归谊"之语，
而夜郎之通，乃在建元六年大行王恢击东粤后，次年即为元光元年，遂

谓"《汉书》载仲舒对策于元光元年，并不失之太后。齐说非也"（同上）。但对策中所称"康居归谊"，直到元光元年亦于史无征。以情理推之，通夜郎虽在建元六年，通康居虽更在其后，然此等事并非突然而至，在正式通夜郎及通康居之前，必有若干来往因缘，以为之线索。当一个浮夸的时代，便因此而宣传为"说德归义"，很是可能的。齐说与董传全合，殆不应因通夜郎一事而遽推翻其本传。所以我赞成建元五年之说。董生对策后为江都相，江都易王"素骄好勇"，他以仲舒比管仲，但仲舒谓"夫仁人者，正其谊，不谋其利。明其道，不计其功。是以仲尼之门，五尺之童，羞称五伯，为其先诈力而后仁谊也"。盖亦以此抑易王骄恣之念，中废为中大夫。后因推辽东高庙长陵高园殿灾，草囊未上，为主父偃窃奏，"天子召诸生示其书有刺讥，下吏当死被赦"。时"公孙弘治《春秋》不如仲舒，而弘希世用事，位至公卿。仲舒以弘为从谀，弘嫉之"，遂把仲舒推荐及作"尤纵恣"的胶西王相，想假手胶西王杀掉他。但因他在当时已被认"为儒者宗"（《汉书·五行志》），"善待之"。仲舒恐久获罪，病免，以寿终于家。

＊　　　　　　＊　　　　　　＊

关于他遗留到现在的著作《春秋繁露》，亦众说纷纭。繁（蕃）露据本传乃与清明竹林之属，同为其著作中之篇名。以"繁露"为全书之名，始于梁阮孝绪之《七录》。《崇文总目》所列八十二篇之数，已非完本。而此八十二篇本者，至南宋则馆阁之本有二，一为十卷三十七篇本，一为十七卷本，其篇帙之残缺，可以想见。今通行八十二篇，内缺三篇之本，乃南宋楼钥得潘氏八十二篇本所刊定。其文字之讹挩，随处可见，故前人疑之者甚众。尤以程大昌、黄东发二氏为甚。然程大昌所疑《寰宇记》及《通典》所引，而为此书所无者，楼本皆赫然俱在，则可知程氏所见之本不全。而黄东发所疑之诸条义理，乃因黄氏不通《公羊》，且系以黄氏当时之论点妄推古义，皆不足据。诚如《崇文总目》所谓"义引宏博，非出近世"。所以我不仅认此书为可靠，而且由战国末期到汉初的儒家思想，许多尚保存于此书之中，值得加以发挖。但本文仅以其《汉书》本传中之《贤良对策》（即所谓"天人三策"）为主，必要时始以《春秋繁露》为补助之说明，从政治思想上略述其在历史中所占之地位（以下引董生之言而未注出处者，皆《对策》之语。列举篇名者系出《春秋繁露》）。

＊　　　　　　＊　　　　　　＊

《汉书·董仲舒传》谓其"少治《春秋》"。而传赞引刘歆的话：

> 仲舒遭汉承秦灭学之后，六经离析。下帷发愤，潜心大业，令后学者有所统一，为群儒首。

从这一段话里我们可以了解董生治学，与当时笃守师说，谨守一经的"传经之儒"不同。他继承综合了儒家全部——最少是大部的遗产，而以《春秋》的微言大义，加以贯通。《春秋》的自身是"历史文化"，是"古"。"历史文化"和"古"，是儒家立言的根据，也是董生立言的根据。这里须附带一提的，人类的行为，都带有主观的感情和利害，其是非得失，常各有各自的说法，很难有一共同标准。尤其是政治行为，常挟带着现实权威以作其后盾，所以若没有一个比行为当事者更大的范围以作比较，而仅就一个行为的平面单元来论其是非得失，那更不容易得出结论，更没有方法可以说服他人的。因此，就一个人的道德自觉来说，则行为固可诉之于各自的良心；但就行为的一般衡断而论，则常须投之于较行为者的范围更大，因而可资比较的客观环境中，使其脱离主观状态，才易得出可靠的结论。这种可资比较的客观环境，一是环绕在行为者外面的世界，一是可以表示行为连贯性的历史。前者是比一个行为者的更大的空间，后者是比一个行为者的更长的时间。现在论一个国家的政治得失，可以拿世界各国的政治来作比较，譬如若有人硬把极权说是民主，若站在与他同等的空间里，便没有方法和他争论。但一拿到大空间的世界中去一比，则其真相可以立现。而各国的政治，又都由历史演进而来，作世界的比较，同时亦即是作历史的比较。在这种比较之下，丑恶的政治即无所遁形，政治演进的前途亦不难预断。所以现在的极权国家，一面须以铁幕隔断世界，一面须豢养若干"文犬"、"文丐"来伪造或歪曲历史，亦即是隔断真的历史，这就是它们害怕比较的原故。在汉代庞大帝国之下，没有空间的世界政治可资比较，可资比较的只有历史。儒家之特别重视历史文化，重视"古"，而董仲舒以《春秋》综贯儒家思想，其重要原因之一，正在于此。他说：

> 古之人有言曰，不知来，视诸往。今《春秋》之为学也，道往而明来者也。（《精华》第五）

而司马迁说："余闻之董生……孔子知言之不用，道之不行也，是非二百四十二年之中，以为天下仪表。贬天子，退诸侯，讨大夫，以达王事而矣。"（《史记·自序》），可见《春秋》是儒家手上拿着衡断政治的法典。但《春秋》的微言大义，在专制政治压迫之下，多已废绝改篡，其本来面目今日殆不可见（熊十力先生曾为此言），董生之学的全貌，今日殆亦不易见。观于《汉书·司马迁传》引上述一段话，即将"贬天子"一语删去，其受专制政治压力而使汉初所保存的一部分原始儒家思想逐渐消失之迹，宛然俱在。这是值得在这里特别一提的。

＊　　　　＊　　　　＊

其次，谈到董仲舒的学术思想，必定首先想到他所说的"天人之际"。而作为天人之际的桥梁与征验的，则是阴阳五行灾异的思想。战国末期的阴阳家，本与儒家经典中的《周易》、《春秋》和《书经》的《洪范》有关系，所以汉初是今文学家与阴阳家不分，并且阴阳家言，也是当时统治集团中所公认的说法。不过汉初阴阳与五行之说，因各专一经的关系，多各自发展。董生则将二者综合在一起。同时，董生把阴阳家五德运会的，盲目演进的自然历史观，转移为政治得失上的反应；于是朝代的废兴，依然是决定于人事而不是决定于天命。这便从阴阳家的手中，把政治问题还原到儒家人文精神之上。阴阳五行之说，本是出于人类对自然及历史作进一步解释的要求，这是中国初期的形上学。但此种形上学一开始便和人事现象纠结在一起，这一方面说明中国文化太注重实用的基本性格，在此种基本性格之上，形上学不能完成纯理论的发展，所以不能建立一种像样的形上学，以叩开理论科学之门。另一方面，由于中国人文精神之深化而来的心性之学，也常因此种夹杂而受其拖累。董生在仁义礼智的德目中增入"信"的德目而称为"五常"，以与五行相配合。更由阴阳五行之说，而得出"道之大原出于天，天不变，道亦不变"的结论。把人类行为的准则，向客观的普遍妥当性这一方面，推进了一大步。这两点一直影响到宋明的理学，其在文化思想上之为功为过，这里只好略而不论。

＊　　　　＊　　　　＊

董生在政治思想方面，首先是要从法家"为统治而统治"的思想中，争回政治是"为了人民而不是为了统治者"的这一儒家的基本观点。这一观点的后面，实藏有儒家"尊生"的基本观念。他说："故子夏言，《春秋》重人。诸讥皆本此"（凡妨害人之生存尊严者《春秋》皆讥之）（《俞序》十七）。因此，他再三指出《春秋》是贵仁贵让，以实现重人的精神（《俞序》第十七，《竹林》第三，《玉英》第四）。又说："故孔子曰，天地之性人为贵。明于天性，知自贵于物"。他以为每一个人都是一个小天地。"身犹天也，数与之相参，故命与之相连也"（《人副天数》第五十六）。因此，保障人民的生存，便是政治的主要任务。他说：

> 且天之生民，非为王也。而天之立王，以为民也。故其德足以安乐民者天与之。其恶足以贼害民者天夺之。（《尧舜不擅移，汤武不专杀》第二十五）
>
> 五帝三王之治天下，不敢有君民之心。（《王道》第六）
>
> 王者民之所往。君者不失其群者也。故能使万民往之而得天下之群者，无敌于天下。（《灭国上》第七）
>
> 春秋……亲近来远，同民所欲。（《十指》第十二）

政治既是人民的工具，则统治者的地位是否合法，应视民心之所向而定。他说：

> 非其位而即之，虽受之先君，《春秋》危之。……虽然，苟能行善得众，《春秋》弗危。……以此见得众心之为大安也。（《玉英》第四）

但是一般人君，不倒转来把人民当作自己的工具的很少。遇着这种暴君，儒家主张应当加以更换。这即当时之所谓"受命"。受命的方式，不是禅让，即是征诛。而禅让与征诛的合理根据，都在民心。董生在《春秋繁露》"尧舜不擅（禅）移，汤武不专杀"一篇中，阐发此义甚详。法家以尊君而卑臣之义，反对汤武至烈。董生针对此点特别说：

> 儒者以汤武为至圣大贤也，以为全道究义尽美者，故列之尧舜，谓之圣王。（同上）

这分明是对于暴君而主张革命的神圣权利。大约先秦儒家对于人君地位的继承问题，分"继体"与"受命"两大方式。西汉以后，受专制压迫的结果，"受命"之义，在"君臣大义"的隐藏下，渐隐没不彰。但在西汉时，则儒者不惜冒生命的危险以坚持"受命"的理论。如：

> 清河王太傅辕固生者齐人也。以治诗，孝景时为博士，与黄生（道家）争论景帝前。黄生曰，汤武非受命，乃弑也。辕固生曰不然。夫桀纣虐乱，天下之心皆归汤武。汤武与天下之心而诛桀纣……不得已而立，非受命为何？黄生曰……今桀纣虽失道，然君上也。汤武虽圣，臣下也……非弑而何？辕固生曰，必若所云，是高帝代

秦即天子之位非邪。于是景帝曰，食肉不食马肝，不为不知味。言学者无言汤武受命不为愚。逐罢。（《史记·儒林列传》）

睦弘字孟鲁……从嬴公受《春秋》。……孝昭元凤三年正月，泰山莱芜山南……有大石自立。昌邑有枯社木卧复生。……孟推《春秋》之意，以为石柳皆阴类，下民之象。……此当有从匹夫为天子者。……即说曰，先师董仲舒有言，虽有继体守文之君，不害圣人之受命。……汉帝宜谁（问）差（求）天下，求索贤人，檀（禅）以帝位。而退自封百里，如殷周二王后，以承顺天命。孟使友人内官长赐上此书。……延尉奏赐孟安设袄言惑众，大逆不道，皆伏诛。（《汉书·睦弘传》）

是时上（宣帝）方用刑法，信任中尚书宦官，（盖）宽饶奏事曰，方今圣道浸废，儒术不行。以刑法为周召，以法律为诗书。又引《韩氏易传》言，五帝官天下，三王家天下。家以传子，官以传贤。若四时之运，功成者去。不得其人，则不居其位。书奏，上以宽饶怨谤终不改……遂下宽饶吏，宽饶引佩刀自刭北阙下，众莫不怜之。（《汉书·盖宽饶传》）

盖宽饶所引的《韩氏易传》言，又见于《说苑·至公篇》博士鲍白令之对秦始皇，而谷永对成帝之言，亦明谓"方制海内，非为天子。列土封疆，非为诸侯。皆以为民也。垂三统，列三正，去无道，开有德，不私一姓，明天下乃天下之天下，非一人之天下也"（《汉书·谷永传》）。则"受命"的观点，为儒家的微言所寄，实可无疑。

不过在汉武时代，皇帝至高无上的地位，已由法家思想的推荡而成为客观的事实。只看武帝策问贤良文学之士，一开头便是"朕获承至尊休德，传之亡穷而施罔极"的口气，不难想到一介书生面对此大一统的皇帝，要实现其人君乃为人民而存在之主张，谈何容易。由此，我们不难窥见西汉儒家与阴阳五行之说的奇异结合，乃出于在不合理之中，求得合理之真实内情。而董生之所谓"天人之际"，亦可了解其真正意义之所在。他说：

臣谨案《春秋》之中，视前世已行之事，以观天人相与之际，甚可畏也。国家将有失道之败，而天乃先出灾害以谴告之。不知自省，又出怪异以警惧之。尚不知变，而伤败乃至。以此见天心之仁爱人君而欲止其乱也。

臣谨案《春秋》之文，求王道之端，得之于正，正次王，王次春。春者天之所为。正者王之所为也。

其意曰："上承天之所为，而下以正其所为，正王道之端云尔。然则王者欲有所为，宜求其端于天。"把"王"安放在"天"的底下，说"王者欲有所为，宜求其端于天"。而天之意志表现为灾异。《春秋繁露》中反复申明此义。在此一说法之下，王者不能有自己的意志，王者本身不是一种自律自足的存在。此与 "The king is from god，and low from the king"，完全是两样。不过，在先秦的儒家，认为表示天意的是民意，所以人君最大的责任是通过其人臣的谏诤以听取民意；而董生则以为表示天意的是灾异，在这一点上，较之先秦儒家多了一层周折，也是倒退了一步。其原因，大概是因为，第一，他对天人相与之际，信之甚笃，他之立论根据是建立在"以类相召"的现象之上（见《同类相动》第五十七）。这是在社会生活中常有的现象，董生由此而扩大了它应用的范围。第二，民意对人君的影响力量，在专制政治正盛的时代，恐怕没有灾异说来得更为简捷有力。日人重泽俊郎在其《董仲舒研究》一文中，对于这一点说得很新鲜。

> 虽有强大的君权之存在，但在关于君权活动完全没有法律规定的当时，除了从来由贤人的道德谏正之外，更诉之于这种神秘手段，以防止君权无限之强化，实有其必要。所以灾异说在其系直接以君权为对象而被设定的这一点上，可谓其发挥着类似后世宪法的机能。（《周汉思想研究》，一九一页）

重泽俊郎以低俗的唯物观来看周汉思想，其结论多浅薄不足观。他以儒家之所以被定为一尊，乃对统治者特为便利的缘故，即其一例。但他承认抑制君权，为儒家在政治上的基本观点之一，这比之于中国浮薄之流，又似乎稍胜一筹。此种对于人君的地位、意志的限制，与法家成为一显明的对照。

董生把人君从属于"天"的另一面，又把"天"和"古"连起来，和《春秋》连起来。他说："臣谨案《春秋》之中，视前世已行之事，以观天人相与之际，甚可畏也。"其意即是"天人相与之际"，乃是由历史而得其证验的。又谓"《春秋》之道，以元之深，正天之端。以天之端，正王之政"（《二端》第十五）。这是把天之端，王之政，都归结到《春秋》之道的上面。所以他一方面说，"道之大原出于天"，同时又说，"天义出于经（即《春秋》），经传大本也"（《重政》第十三）。一面强调

"王者欲有所为，宜求其端于天"，同时又强调"以此见古之不可不用也"。于是他主张"迹之古，返之天"，"古"与"天"在他是一而二，二而一的东西。且天道由"古"或《春秋》而始可见，"古"是儒家理想的寄托。把"古"和"天"结合起来，于是"天"乃从渺冥神秘中脱化出来以接受儒家理想的解释，亦同时接受儒家理想的规定，而"天"乃有一个实际的内容。这是藏在董生神秘外衣里的真实意义。

因此，政治之关键，依然是在人而不在天。所以他说"故治乱废兴在于己，非天降命不可得反"。这与阴阳家五德运会的自然历史观，完全是两样。

        *   *   *

我们明了了董生在政治思想上的大间架，应进一步知道他所认当定时的政治问题是什么？他说：

> 今废先王德教之官，而独任执法之吏治民，毋乃任刑之意欤。孔子曰，不教而诛谓之虐。虐政用于下，而欲德教之被四海，故难成也。圣王之继乱世也，扫除其迹而悉去之，复修教化而崇起之。……至周之末世，大为亡道，以失天下。秦继其后，独不能改，又益甚之。重禁文学，不得挟书，弃捐礼谊而恶闻之。其心欲尽灭先王之道，而颛为自恣苟简之治。……自古以来，未尝有以乱济世，大败天下之民，如秦者也。其遗毒余烈，至今未灭，使习俗薄恶，人民嚚顽，抵冒殊扞，熟烂如此之甚者也。孔子曰，腐朽之木，不可雕也。粪土之墙，不可污也。今汉继秦之后，如朽木粪墙矣。虽欲善治之，亡可奈何。法出而奸生，令下而诈起，如以汤止沸，抱薪救火，愈甚，亡益也。
>
> ……至秦则不然，师申商之法。行韩非之说，憎帝王之道，……又好用憸酷之吏。……是以刑者甚众，死者相望而奸不息。
>
> 今之郡守县令，民之师帅，所使承流而宣化也。……今吏既亡教训于下，或不承用主上之法，暴虐百姓，与奸为市。贫穷孤弱，冤苦失职。……皆长吏不明，使至此也。
>
> 古者修教训之官，务以德善化民。……今世废而不修，亡以化民，民以故弃行谊而死财利，是以犯法而罪多。一岁之狱，以万千数，以此见古之不可用也。

董生的话，分明是说当时的政治问题，乃在于承秦代法家的政治，因循未改。法家政治的中心是任刑罚而不信礼义教化，汉初政治的中心只有刑罚而无礼义教化。所以汉初的民情风俗，与秦无异。大家过的是"非人的社会生活"。关于这一点，贾谊也有详细的叙述。

> 商君遗礼义，弃仁恩。……秦俗日败，故秦人……借父耰鉏，虑有德色。母取箕帚，立而谇语。抱哺其子，与公并倨。妇姑不相悦，则反唇而相稽。其慈子嗜利，不同禽兽者亡几耳。……其遗风余俗，犹尚未改。……弃礼义，捐廉耻日甚，可谓月异而岁不同矣。（《汉书·贾谊传》）

由政治的性质不同，而造成社会不同的心理反应，现代社会心理学者，作了许多重要的实验和研究。这里试引用一个不很完全的例证：

> 在一个团体里，如果那些领导者所采用的方法，都是一种同情和劝告的心，来引导他们的同人……则这些被领导者所表现的反应，一定是自然的、真诚的、有创造性的、有持久力的。如果领导者用的是一种强迫的手段，来驱使他的同人去作一件未得他们同意而已经决定好的，一定要他们去作的事情，其结果必与之相反。……他也能驱使他的群众去完成某一些工作，都是勉勉强强的一种形式上的敷衍。（见《自由中国》十二卷十一期徐道邻《福利国家的科学意义》，原注：参阅 Lewin Resobing Social conficts，1948，p. 71）

汉初儒家对于由法家政治所造成的社会心理的深刻叙述，与现代心理学家所得的结论大致相符合。要从法家政治所造成的"非人的社会生活"解放出来，使大家过着"人的社会生活"，这是董生的崇高任务。同时我们不难指出，在中国农村社会中随处可以接触到人情的温暖及纯朴的美德，与秦代及汉初的社会情形，恰恰相反，这正是在长久岁月中儒家精神之所渐溃。

＊　　　　　　＊　　　　　　＊

董生所要达到的人的社会生活是：

> 入有父子兄弟之亲，出有君臣上下之谊。会聚相遇，则有耆老长幼之施。粲然有文以相接，欢然有恩以相爱。

这是儒家理想中的人性底人文底社会生活，与法家政治下的社会生活完全是相反。人只有在此种社会生活之下，才真正能过着人的生活。所以他接着说，"此人之所以贵也"。为要达此目的，只有把汉家所继承的秦代的政治方向，彻底扭转过来。以儒家仁爱的观念，代替法家残暴的观念；以儒家的教化观念，代替法家的刑罚观念；总结的说一句，即是要以人性的政治，代替中国古代的极权的法西斯的政治。董生的《天人三策》，正是在政治上的人性的呼唤。

他首先以儒家的中心思想来规定天的意志，以天的意志来压服当时至高无上的皇帝。他说：

> 天道之大者在阴阳。阳为德，阴为刑。刑主杀而德主生。是故阳居大厦而以生育长养为事。阴常居大冬而积于空虚不用之处。以此见天之任德不任刑也。天使阳出布施于上而主岁功，使阴入伏于下而时出佐阳。阳不得阴之助，亦不能独成岁，终（究竟）阳以成岁为名，此天意也。王者承天意以从事，故任德教而不任刑。刑者不可任以治世，犹阴之不可任以成岁也。为政而任刑，不顺于天，故先王莫之肯为也。

> 故圣人法天而立道，亦溥爱而亡私。布德施仁以厚之，设谊立礼以导之。春者天之所以生也。仁者君之所以爱也。夏者天之所以长也，德者君之所以养也。霜者天之所以杀也，刑者君之所以罚也，繇此言之，天人之征，古今之道也。孔子作《春秋》，上揆之天道，下质诸人情，参之于古，考之于今，故《春秋》之所讥，灾害之所加。《春秋》之所恶，怪异之所施也。书邦家之过，灾异之变，以此见人所为，其善恶之极，乃与天地流通而往来相应，此亦言天之一端也。

> 及至后世……废德教而任刑罚。刑罚不中，则生邪气。邪气积于下，怨恶畜于上，上下不和，则阴阳缪戾妖孽生矣。此灾异所缘而起也。

以上是董生的阴阳灾异说的骨干。《春秋繁露》中反覆发明此意，这里不再征引。阴阳说出于《易传》。但《易·系辞》"一阴一阳之谓道"，阴与阳系居于平等的地位，这是中国开始谈阴阳时的本义；董生在《春秋繁露》中，有的地方也表现此义。但他主要是把阴降到阳的下面去，这是阴阳意义的一种演变。我们把董生这种神秘的外衣丢掉不管，只看他所说的"独任治法之吏"一语，已戳穿了当时政治的法家的本质。针对法家的"刑"而正面提出"德"，这正说明了儒法在政治上的对决。而在董生的心目中，天道即《春秋》之道，亦即儒家的理想，在上面所征引的语句中，也表现得非常明白。

*　　　　　　*　　　　　　*

"德"的内容从两方面表现。一方面是统治者首先应当从权力中纯化自己，使自己成为有德之人。他说：

> ……《春秋》深探其本，而反自贵者始。故为人君者正心以正朝廷，正朝廷以正百官，正百官以正万民，正万民以正四方。四方正，远近莫敢不壹于正。

> 今陛下并有天下……然而功不加于百姓者，殆王心未加焉。曾子曰，尊其所闻，则高明矣。行其所知，则光大矣。高明光大，不在于它，在乎加之意而已。愿陛下因用所闻，设诚于内，而致行之。则三王何异哉。

这本是孔子"政者正也"的基本思想。而我们想到汲黯面责武帝"内多欲而外行仁义"的话，便可了解董生所说的，正切中武帝个人膏肓之疾。这里还应一提的，董生在《春秋繁露·离合根》第十八谓"为人主者以无为为道，以不私为宝"。《立元神》第十九谓"故为人君者谨本详始，敬小慎微，志如死灰，形如委衣。安精养神，寂寞无为"，"不可先倡，感而后应。故居倡之位，而不行倡之势。不居和之职，而以和为德。常尽其下，故能为之上也"。这都富有道家的气息。但他在这些说法中，依然是以"泛爱群生，不以喜怒赏罚，所以为仁也"（《离合根》第十八），及"天生之以孝悌，地养之以衣食，人成之以礼乐"（《立元神》第十九）的这些思想为内容，所以大体上他对于人君的要求，依然是儒家德治的无为，而不是道家虚无主义的无为。

＊　　　　　　＊　　　　　　＊

德的另一面是对于刑罚观念，而提出教化观念。教化即是教育，所以同时便提出了实现教化的学校制度。使人民不仅是在刑罚之下成为统治者的被动的工具，而是在教化观念之下，都成为人格的存在，使每一个人能为其自己而完成其人格，把上下互相窥伺的威压与诈骗的社会，变成为人性交流的礼乐社会、人文社会。他说：

> 道者所繇适于治之路也。仁义礼乐，皆其具也。故圣王已没，而子孙长久安宁数百岁，此皆礼乐教化之功也。

> 今陛下贵为天子，富有四海，居得致之位，操可致之势，然而天地未应，而美祥莫至者何也？凡以教化不立，而万民不正也。夫万民之从利也，如水之走下。不以教化隄防之，不能止也。古之王者明于此，是故南面而治天下，莫不以教化为大务。立大学以教于

国，设庠序以化于邑，渐民以仁，摩民以谊，节民以礼，故其刑罚甚轻，而禁不犯者，教化行而习俗美也。

常玉不琢，不成文章，君子不学，不成其德。

夫不素养士，而欲求贤，譬犹不琢玉而求文采也。故养士之大者莫大虖（虖）太学。太学者贤士之所关也，教化之本原也。今以一郡一国之众，对亡应书者，是王道往往而绝也。臣愿陛下兴太学，置明师，以养天下之士。

儒家典籍中所说的三代学制，多系出于托古改制。《今文尚书》中，似乎看不出学校制度的痕迹，换言之，这只是儒家的理想。此一理想的初步实现，实始于董仲舒的对策。欧洲正式经教皇之承认及帝王之敕书而成立的近代大学的雏形，乃十四五世纪时之事，我国早欧洲一千五六百年，即由政府创立雏形的大学，使政治本身，包含一教育的因素。在人君之外，另建立一"明师"的地位以实际对人民的教育负责，这是人类生活发展史上的一件大事。更值得注意的是，董生劝汉武立学，决不曾认汉武帝有无限的灵感，可以直接去掌教化的大权，而荒唐的汉武帝，从他的用将及《秋风辞》看来，虽然也确有些才量文采，但他也只满足于做皇帝。所以君师合一的"政教合一"的说法，这是比二千年前的专制更为专制的说法，儒家决不能加以承认。

这里应顺便把董生的人性论，简单的提一下。他说"人受命于天，有善善恶恶之性，可养而不可改"（《玉杯》第二）。又说"凡人之性，莫不善义"（《玉英》第四）。由此可知他依然是继承儒家性善之旨，但强调性善太过，则恐一切听任自然。教化无所设施，所以他对孟子的性善说有所批评。如谓"情亦性也。谓性已善，奈其情何？故圣人莫谓性善"（《深察名号》第三十五）。

他把性解释为"可能"之善，而非"已成"之善。可成之善，有待于教化之功，他说：

故性比于禾，善比于米。米出禾中，而禾未可全为米也。善出性中，而性未可全为善也。……今万民之性，有其质而未能觉。譬如瞑者待觉，教之然后善。当其未觉，可谓有善质而不可谓善。（同上）

圣人之性，不可以名性。斗筲之性，又不可名性。名性者中民之性。中民之性，如茧如卵。卵待覆二十日而后能为雏。茧待操以涫汤而后能为丝。性待渐于教训而后能为善，善，教训之所然也。

非质朴之所能至也。(《实性》第三十六)

他因为强调教化的功能，所以认为"善当与教，不当与性"(《深察名号》第三十五)，而谓"孟子以为万民之性皆能当之(善)，过矣"(《实性》第三十六)。其实，孟子之所谓性善，亦仅指出其"可能"之确实根据，而并非谓其"已善"；已善有待于"养性"之"养"，"知性"之"知"，"设为庠序学校以教之"的"教"。他两人说话的重点虽有不同，而根本并无二致。这与后来汉人好以"善恶混"(不仅扬雄如此)言性，并不相同。

＊ ＊ ＊

但是人民的问题，并非仅靠教化可以解决。在这一点，董生又是严格的继承了儒家养重于教，及以调均为中心的经济思想。他说：

> 夫古之天下，亦今之天下。今之天下，亦古之天下。……以古准今，何不相逮之远也。……意者有所失于古之道与，有所诡于天之理与。试迹之古，返之天，党(倘)亦可得见乎。夫天亦有所分予。予之(上)齿者去其角，傅其翼者两其足。是所受大者不得取小也，古之所予禄者不食于力，不动于末，是亦受大者不得取小，与天同意者也。……身宠而戴高位，家温而食厚禄，因乘富贵之资力，以与民争利于下，民安能如之哉。……民日削月朘，浸以大穷。富者奢侈羡溢，贫者穷急愁苦。穷急愁苦而上不救，则民不乐生，民不乐生，尚不避死，安能避罪。……故食禄之家……不与民争业，然后利可均布，而民可家足。此上天之理，而亦太古之道，天子之所宜法以为制。……夫皇皇求财利常恐乏匮者，庶人之意也。皇皇求仁义，常恐不能化民者，大夫之意也。

更具体表现董生经济思想的要算下面这一段话：

> 大富则骄，大贫则忧。忧则为盗，骄则为暴，此众人之情也。圣人则于众人之情，见乱之所从生，故其制人道而差上下也，使富者足以示贵而不至于骄。贫者足以养生而不至于忧，以此为度而调均之。是以财不匮而上下相安，故易治也。(《度制》第二十七)

儒家的所谓调均，只是大体上的平均，更非是废止私有。这与亚里士多德想以中流或中产阶级为政治的社会基础，并由此以建立道德实践的中庸之道，可谓在精神上是不谋而合。

＊ ＊ ＊

董生认为政治运用的原则，是"改制"而不"变道"。道是儒家尚德、尚仁、尚教化的基本精神。这种精神表现在具体的政治上，必形成一种格局。此即所谓"夏尚忠，殷尚敬，周尚文"等是。每一种格局，常顺其外在的趋向，流而不反，以致发生过与不及的"偏"与"弊"。因此，须补偏救弊，以使其不致脱离原来的基本精神，此即所谓三代的"损益"。但基本精神的"道"，则不能改变。改制乃王者受命的表征，如"改正朔，易服色"之类，所以表示去旧染之污，与民更始。汉在太初以前，仍用秦以十月为岁首，实太不合理，故汉初人士，主张改正朔甚力，董生亦是如此。他说：

> 臣闻夫乐而不乱，复而不厌者谓之道。道者万世无弊，弊者道之失也。先王之道，必有偏而不起之处，故政有眊而不行。举其偏者以救其弊而已矣。……故王者有改制之名，无变道之实。然夏上忠，殷上敬，周上文者，所继之救，当用此也。……继治世者其道同，继乱世者其道变。今汉继大乱之后，若宜稍损周之文致，用夏之忠者。

所谓用夏之忠，损周之文致者，实际便是欲以纯朴质实来补救汉武时的浮夸诈伪。

但是，汉代政治的基本精神，并不是继承周代而系继承秦代。因此，汉代政治问题的重点，不在补偏救弊的损益，而在方向大转换的"更化"，即是要由法家政治转换为儒家的政治。"更化"是儒法斗争的决胜点，他说：

> 圣王之继乱世也。扫除其迹而悉去之。……今汉继秦之后，如朽木粪墙矣。虽欲善治之，亡可奈何。……窃譬之琴瑟不调甚者，必解而更张之，乃可鼓也。为政而不行甚者，必变而更化之，乃可理也。……汉得天下以来，常欲善治而至今不可善治者，失之于当更化而不更化也。

此外，他主张"量材而授官，录德而定位"，特别强调"遍得天下之贤人"，这都是继承儒家一贯的"为政在人"的人治精神，他反对当时"吏二千石子弟选郎吏，又以富訾"的办法，而正式提出"贡士"的制度，这都是儒家"选贤举能"的精神的实现。总之，他的政治思想，亦即是由他所代表以与法家相对照的儒家政治思想，可用他下面几句话作总结：

> 是故王者上谨于承天意，以顺命也。下务明教化，以成性也。

正法度之宜，别上下之防，以防欲也。修此三者而大本举矣。

＊　　　　　＊　　　　　＊

他最为今人所诟病的是抑黜百家，定儒术为一尊的主张。他说：

> 春秋大一统者，天地之常经，古今之通谊也。今师异道，人异论，百家殊方，指意不同，是以上亡以持一统，法制数变，下不知所守。臣愚，以为诸不在六艺之科，孔子之术者，皆绝其道，勿使并进。邪辟之说灭息，然后统纪可一而法度可明，民知所从矣。

董生这一段话，我们可从三点来加以论列。第一，董生这段话，完全是站在政治上立言。百家思想而可以影响到"法制数变"，这当然是政治的大忌。在当时亦只是法家及纵横家言。董生只主张政府不必提倡以致影响于政治上的安定，而并非要将各家学说根绝之于社会。董生自己，不仅综贯了儒家思想，并且也综贯了当时的各家。这是了解《春秋繁露》的人可以感觉得出的。第二，"六艺之科，孔子之术"，如前所述，是代表了当时整个的历史文化，其本身即系汇集百川，富于含容性；所以儒家的人文精神，即系以整个人文为对象。其基本用心，亦只是想建立"把人当人"的社会，决非一偏一曲的诸子百家所能比。所以定儒术为一尊，实际等于今日之信奉自由民主，而不奖借极权法西斯一样。第三，董生及西汉为今文学。东汉则重古文学，魏晋尚庄老，继之而起者，则释氏之学，发生主导作用者垂及千年。宋儒重奠儒家思想之地位，然亦未能排绝释老，且新儒学本身即融摄有释老之精英。专以经义取士者乃宋（唐时尚非如此）以后之科举，而宋明理学家无一不反对科举，无一以经义八股为学术。由此可知，中国学术发展之趋向，另有其各种基本因素，事实上从未受到推明孔氏之影响。以董生之议为妨碍中国学术思想之发展者，实全系昧于史实之谬论。总之，儒家成为中国之正统思想，乃根于儒家"把人当人"的思想之自身；董生之议，乃我国历史命运从政治上"不把人当人"而转向"把人当人"的挣扎中所应运而生的运动。此由其与当时法家政治之对决而愈益明显。今人不从这种大关键处来了解董生乃至整个儒家在历史中之地位，这只说明今人对其自身之命运，尚缺少真正之自觉而已。

五、董仲舒后儒家对历史之影响

《汉书·董仲舒传》谓："自武帝初立，魏其武安侯为相而隆儒矣。

及仲舒对策，推明孔氏，抑黜百家，立学校之官，州郡举茂材孝廉，皆自仲舒发之"。这是说明董生在当时所发生的影响。此外，太初元年（西前一〇四年）五月造太初历，用夏正，以正月为岁首，遂沿用二千余年而未变，这也是董生所参加过的一件大事，也可以说是"改正朔"的主张的实现。但董生最大的目的是要在政治上以儒家的德的观念，代替法家的刑的观念。这不仅在武帝时不曾转换过来，并且到宣帝时还未转换过来。史称元帝"少而好儒。及即位，征用儒生，委之以政"（《汉书·元帝纪》）。儒家的气氛，至此才开始伸长。可是，他"牵制文义，优游不断，孝宣之业衰焉"（同上）。这便引起今日许多责难儒家的藉口。但是，元帝好儒而孝宣之业衰，可分几点来了解。首先根据《汉书》的叙述，元帝是一个风雅而心肠很好的人。他没有从根本的法制上把汉家的政治基底转变过来，而只是从大赦及赏赐等方面来缓和汉法的严酷，及表达其仁心的广被。他在位十六年，大赦天下者凡九次，赐爵及金帛者五次，而局部之赏赐还不算在里面。这是"惠而不知为政"，当然不会有多大效率的。但光武之凭藉"人心思汉"以中兴，此种"人心"实来自元成之培养，而断非承自武宣之勋业。《汉书·酷吏传》十三人中，无一人通经术。《循吏传》六人中，其最优者文翁、袭遂、邵信臣三人，皆通经术。余三人乃因资质之美，而黄霸则近于诈伪。时至东汉，吏多儒生，故"自中兴以后，科网稍密（按此乃指对吏治之考核而言；盖西汉令吏治狱，可以"先行后闻"，而东汉则稍加限制故也），吏人之严害者方于前世，省矣。而阉人亲娅，侵虐天下"（《后汉书·酷吏列传》），此亦儒家思想浸渍渐染之效。其次，人性的政治，其作用在弛缓政府之诛求压迫，以培养社会之生机元气。所以帝王因奢淫而对社会多所诛求压迫，固为儒家所不许，即帝王因一时之功利而对社会多所诛求压迫，亦非儒家之所奖借。所以儒家对政治之功效，常是间接的、持久的，是应当从社会看，不应当从政府本身看。儒家认为社会好，政府才能好。此即"百姓足，君孰与不足"之意。若就一时之政治效率而言，其不如法家之集中权力，以政治之现实要求去统制一切之为有较大效率，正如今日之民主政治，若就一时之效率言，并不及极权政治，是同一的道理。但法家的极权的政治效率，既不能持久，并且也不是人所能忍受的，所以我们不应从这种地方去论政治的是非得失。还有儒家对政治只有副良好的动机，标示了一个大的好的方向，而其发展尚未至足以真正负担其理想的任务。这在下面还要特别说到。

＊　　　　　　　＊　　　　　　　＊

　　自从董生推明孔氏之后，在两千年的历史中，当然也有其深远的影响。儒家在政治上的若干观念，如爱民、纳谏、尊贤、尚德、兴学、育才等等，已成为二千年来论定政治及政治人物是非得失的共同标准。此一标准，在最近四十年前，即使是最愚蠢最凶暴的人君，也不敢不加以承认，有形无形的使其在此标准之前认罪认错。因此，便对于暴君污吏，不能不发生若干制约的作用。最低限度，那怕在最黑暗的时期，也提供了人们向前挣扎的一个指针，一个方向。这是在我国历史每一次存亡绝续之交，都可以明白看取出来的。至于为统治而统治的法家思想，在最近四十年以前，已不复能作为一种理论的存在，已不复能堂皇的为统治者尽其理论上的辩护之责，而只退处于政治中一种不自觉的事实的存在，其实际的担当者，则由秦汉的整个政治机构中，逐渐压降而退处于胥吏的地位。这种减轻毒素，维护生机的作用，是不可计算的。同时，由孔子在历史地位中之崇高化，使任何专制之主，也知道除了自己的现实权力以外，还有一个在教化上、在道理上，另有一种至高无上，而使自己也不能不向之低头下拜的人物的存在。使一般的人们，除了皇帝的诏敕以外，还知道有一个对人类负责，决定人类价值的圣人，以作为人生的依恃，而不致被现实的政治，盖天盖地的完全蒙得抬不起头，吐不出气。所以，在中国历史中，除了现实政治之外，还敞开了一条人人可以自己作主的自立生存之路。在最近的五十年以前，中国每一个人的真实价值，并不是由皇帝所决定，而是由圣人所决定，连皇帝自己的本身也是如此。因此，人们虽生存于专制政治之下，还可以过着互相教养，互相救助的人伦生活。虽有时政脉断绝于上，而教脉依然延续于下。我国民族，不至随朝代的变更，夷狄的侵占，而同归于尽，其关键全在于此。今人乃谓我国历代之尊孔，纯出于维系专制之便利；果如此，则专制之主，何不祷祝于商鞅、韩非、李斯之前？何不奉《商君书》、《韩非子》为经典？而乃崇奉主张为人民而政治，抑人君之好恶以伸张人民之好恶的孔子及其学派，何其颠倒若此。历史上出身于盗贼狙猾夷狄之君主，尚不敢抹煞天下万世之公是公非以自肆于孔子之上，这是说明权力向学术向教化的低头，亦可由此以见人心之未曾全死。今日之知识分子，其无知识，其无忌惮，乃悍出于出身盗贼狙猾夷狄的君主之上，则今日的总溃灭、大黑暗，岂系偶然之事？

＊　　　　　　　＊　　　　　　　＊

不过，若以为自董生推明孔氏以后，中国的政治，便一直是按照儒家思想去推演实行，因而在汉以后的政治中可以看出儒家思想在政治制度中的发展，或者以为二千年的政治，都应由儒家负其责，这都是明察秋毫之末，而不见舆薪的论断。政治是人类的行为之一。凡是行为的规范，即行为上的当然之理，都是属于可能性而不是属于必然性的东西。即是，这种当然之理，并非一经提出，承认，即会必然的实现，而尚有赖于各个人由自觉而来的意志的努力。人由自觉而来的意志的努力，并非如物理一样，只要条件具备，立即可以呈现一定的活动。在同一条件之下，人的行为可以作各种选择，可以走向各种方向。因此，人类行为规范的当然之理，永远是属于可能的范畴而不是属于必然的范畴。对个人是如此，对政治更是如此。认为有一种超越的理念，高高在上，由此理念之自律性的活动以支配着人类的行为，人类行为自然而必然的按照此种理念之推演而推演，于是历史不过是此种理念自己完成之一例，如黑格尔的世界精神，旋转照临到古代，又旋转照临到东方，最后又旋转照临到普鲁士以完成其自身的发展，这只能算是一种浪漫诗人的说法。中国二千年的政治，是在一个专制的圈架中，填满了夷狄、盗贼、童昏之主，掌握着最高的权力。由封建而专制，或历史演变之不容避免；然专制之毒，实甚于封建，此亦为中西之所同。而中国专制政治规模之大，时间之长，为西方历史中所未有。在此种政制之下的人君，能受儒家一部分影响而勤俭、纳谏、爱民的，在两千年中，能数得出几位？更不要说天下为公的基本精神，历史中便不曾找得出一个。那些夷狄、盗贼、童昏之主，大体上说，都是在专制的圈架中胡天胡帝。不过在这种胡天胡帝中，儒家思想有形无形的，多多少少的尽了一点提厮缓和的作用。而最主要的还是靠儒家思想，在百姓日用而不知之中，形成一个人伦社会于专制政治隙缝里面，作为活动的基盘，以延续民族的命脉。从政治制度上说，其中含有若干好的因素，好的倾向的，从来没有得到正常的发展。作为制度中的骨干，为儒法所共同要求，代替人君主政的冢宰——丞相，或宰相，在汉武时已经开始崩坏，他接连便杀掉了五个丞相。自宣帝起，已经没有名符其实的丞相。以后，甚没有制度上的丞相。明清两代，专制政治发展到了顶点。不把握儒家的真正精神及其遭际，而反为专制政治作辩护，这和许多人把专制政治一笔写在儒家身上，同样的，是对于中国历史的曲解。而前者所发生的坏影响更为严重。

　　*　　　　　　*　　　　　　*

　　当然，就中国历史上政府的多数组成分子而论，也可以说是"士人政府"。因为这一点，中国历史上的专制，确与西方的专制，乃至一般西方人口头上所说的东方专制（如古代的波斯及近代的俄罗斯），有很大的区别，这也就是在中国的专制政治之下，为什么还可以受儒家思想的影响，并且使中国社会还不致于因专制而完全冻结僵化，一如其它的专制政治的情形一样的主要缘故。论中国历史，决不可忽视此一重大因素。同时，士人政府之得以形成，也正是儒家"选贤举能"（儒家之所谓"为政在人"的人治思想，即是选贤举能的要求）的思想所发生的影响，也是董生在《天人三策》中贡士的方法的逐步扩大。其前提条件，当然是贵族政治的摧毁。此一工作，乃儒法两家所共同完成的。但法家是摧毁贵族后要以吏为师，它不容许士人阶级的存在。因此，我们可以这样说，士人政府，是儒家的贡献，而胥吏政治，则是法家的残余。不过，士人政府，只能缓和专制政治，在专制政治中，保持政府与社会交流的作用，并渗入若干合理的因素。但士人政府，决不曾突破过专制的最高形式。于是士人在此一形式之下，主要的都是蕃衍着叔孙通、公孙弘的系谱，愈趋愈下，以至今日，消磨社会的智力于举目皆是的"文犬"、"文丐"之中，而不知所底止。士人中也不是全无忠于所学，守正不阿的人，这正是民族历史命脉的所系。但这种人的主要作用，多在于维系社会的人心，提示社会的趋向。至若在政治上能行其所学的，则几乎可说是旷千载而一遇。一般的说，书生若在政治上要稍忠于所学，立即戮辱随之。我国历史，也可以说是一部忠臣义士的流血流泪史。这些忠臣义士，一方面说明了他们以生命坚持了天下的是非；另一方面，则是汉以后"君臣之义"的牺牲品。站在原始的儒家思想说，并不一定有此必要。效忠人主，希望人主能长治久安，尚多不能保持其性命，何况敢动动天下为公，易姓授命的念头。东汉法家的影响已较轻减，所以东汉的士气较为伸张。太学生三万人，极古今之盛。当时士夫，砥砺名节，交通声气，"并危言深论，不隐豪强，自公卿以下，莫不畏其贬议"（《后汉书·党锢传》）。由这种情势顺利发展下去，也可能形成名符其实的士人政府。最低限度，可以形成士人的坚强舆论，说不定为我国政治，会开辟出另一新的途径。但结果，几个宦官，凭社鼠城狐之势，冒天下的大不韪，诛戮禁锢，累及五族。"海内涂炭，二十余年，诸所蔓衍，皆天下善士"（同上）。因此，一方面固然是"朝野奔离，纲纪文章荡然"（同上）；但另一方面，儒家既非宗教，无固定团体以自律自保，又无近代之市民社会，以资结托凭藉。因此，而仕宦之途，即士人非变节，即成仁之地。成仁不可期之于人人，隐逸亦生人之枯槁。于是以东汉党祸为一大转捩点，说明了士人抵抗专制之失败，也说明了士人争取政治自主性的不可能。遂使历史上之士人政府，实系一种士人投降变节之政府，其间仅有程度之差，并无本质之异。两汉后戮辱士夫最酷者为明朝，戮辱士夫最惨最巨者为清代。许多人所向往的乾嘉诸老，大多数是以"文丐"自甘，过着非宋明理学家所能忍受的生活，即此亦可以概其余了。

在此种情形之下，儒家思想之本身，在政治方面，不仅未能获得一正常之发展，且因受压迫而多少变质，以适应专制的局面。其最重要者为无形的放弃了"抑君"的观念，而接受了法家尊君所造成的事实。由法家"三顺"之说，演化而为儒家"三纲"之说，将儒家对等之伦理主义，改变而为绝对之伦理主义，此一政变，对儒家思想之本身影响至大。几乎可以说，使儒家思想在政治方面发生了本质的变化，即是本以反专制为骨干的儒家思想，逐渐而随顺专制，因而尽了许多维护专制的任务。"三纲"一词，首见于董生的《春秋繁露·深察名号》第三十五（循三纲五纪），但并无解说，其内容不可得而知。然观其"父不父，则子不子。君不君，则臣不臣耳"（《玉杯》第二）之言，及其全般思想之结构，则董生固犹谨守伦理之对等主义。《三纲》之正式内容，始见于《白虎通德论》，其内容与韩非子《三顺》之说，同辙合轨。而"白虎"通"德论"，固系汉代皇帝"钦定"之书，其受当时政治之影响，不难想见。自此以后，"君臣大义"，压在每一个人的头上，动弹不得，于是"天王明圣，臣罪当诛"的奴才论调，于以出现。在中山先生以前，任何黑暗时代，只有流氓盗匪起来造反，因而成王败寇；但决没有书生主动的起来造反。这固然受了生活形态的束缚，同时也未始不是受了观念的束缚。先秦儒家的革命思想，后世儒家除了非常特出的如陆象山、黄梨洲几个人以外，一般人连做梦也不敢想到。也有许多大儒，如程朱这些人，对于政治有真正的宏愿及高人一等的见解；但一推到政治权力最高处所的人君那里，便只希望他由诚意正心以成为圣人。不能成为圣人，便谁也毫无办法，只有洁身而退，以讲学来向社会负责。这固然是他们的伟大所在，但若非宋祖立下不杀士大夫之戒，则程伊川、朱元晦便很有不得善终的可能。曾国藩躬行实践，勉强可谓为中国儒家在政治方面最后的殿军。假定他当时能突破君臣之义，以考虑中国的问题，则我们的前途可能完全两样。康有为也可说是豪杰之士。他们的维新运动，从现在看来，依然是有气魄、有内容的运动。但他毕生以真实的感情做一个保皇党。总括的说一句，后世品德最好的读书人，在政治上也多不敢怀疑到君臣的关系。政治上的努力，一遇到宸衷独断的时候，就一切到了尽头了。

＊　　　　　　＊　　　　　　＊

　　除上面所说的以外，儒家原始的政治思想，停滞在秦汉之际的阶段，再没有向前发展，因而其本身包含的缺点，使它所构想的客观的政治间架，并不足以担负其基本精神的使命。儒家已经想到了人君应当以人民的好恶，即是以民意为依归；并且想到把政治机构，构想为整个是人君听取人民好恶的机构（参阅《国语·周语》，召公谏厉王之言）。又想到不以人民的好恶为好恶的暴君，应该由革命或禅让与以芟夷变动，这已经构想得相当周密了。但是它所想的一切，都是以人君或人臣去实行为出发点，而不曾想到如何由人民自身去实行的问题。这或许是受了人民在农业社会中过着分散生活的制约；但政治问题，不在这一点上用力，则政治的主动始终是在人君而不在人民。甚至在儒家"五伦"的观念中，根本缺乏人民与政府相关的明白观念。于是儒家的千言万语，终因缺少人民如何去运用政权的间架，乃至缺乏人民与政府关系的明确规定，而依然跳不出主观愿望的范畴。这是儒家有了民主的精神和愿望而中国不曾出现民主的最大关键所在。

　　其次，儒家言政治，都是从个人的德性推扩出去。《论语》的所谓"政者正也"，《孟子》的所谓"推恩"，《大学》的所谓"絜矩之道"，及表明实现絜矩之道的诚意正心修身齐家治国平天下，都是此意。这站在政治最根源的地方来讲，当然是正确的。并专从一个人的人格完成上来讲，只有这样，才能尽德性之量，亦即是尽了人格完成之量。从这一方面来说，儒家思想在世界各种伦理道德的学说中，是最成熟圆满的思想，因而对人类有其永恒的贡献。但从政治方面说，由修身而治国平天下，由爱亲敬长而推之于人民，推之于社会，在客观上须要一种有力的桥梁；而这种桥梁，必须人人可以了解，可以遵守。但儒家在精神上架设了这种桥梁，而在客观上，并没有好好的架设起来。儒家实现修己治人的方法是礼乐，礼乐有其客观的形式，因而有其客观的意义。可是礼乐现成的间架是周代的，不仅带有封建贵族的浓厚色彩，不足以陶铸发展中的社会；并且礼乐既是"因缘人情"的东西，事实上必须随时代而变迁。儒家本来都承认这种变迁的必要，此即所谓"礼，时为大"。同时，孔孟把外在的礼乐转化而为内在的德性，以掘发其在人性中的根源，使礼乐的形式，能与人性人格的要求合一，这便奠定了礼乐应如何变迁的基础。但这只是精神的主观的一面。礼乐不可无形式，而形式应如何变迁，却不曾因社会的变迁完成适当的构造。汉初高堂生传承的名物制度，我们固然可由此以窥知"礼意"，及古代一部分生活的情形，但既不合于社会的要求，也不能代替朝廷的政治制度。于是自秦代起，以至汉元之世，儒生每论及朝章国故，多是十人十义，百人百义，无所折衷。以后儒生在礼这一方面的努力，大抵超不出祭祀、婚丧的范围。在政治上，只不过是皇室自身某一部分的生活，与现实政治，实渺不相涉。司马谈谓儒家"博而寡要，劳而少功"，这是表现在政治上的实际情况。儒家要求从内在的德性以推及天下国家，这只有圣人制礼作乐，以弥纶天下之大经，才可以做到。自董生以后，只要是读书的人，便是儒者；只要是儒者，便可参加政治；不可能以圣人之事去期望在专制统治下压软了骨头的一般读书人。这自然便会形成书本上的道理和各人实际活动的脱节。且纵使真正有志于圣人的人，面对现实的政治，若不甘心依样葫芦，即无客观的东西可资依傍，而等于须要自己重新创造。这不仅牵制太多，恐亦为一二人之力所不许。所以制礼作乐，始终是儒生的空想。刘歆、王安石之徒，抱着一部《周官》想办法，这恐怕也是情非得已。

更重要的是，支持欧洲走向近代社会的动力之一，不能不数到植根于罗马的法的精神与法的制度。因为有了法的精神与制度，可使个人与社会，个人与政府之间，皆在一种明确的规限之下，保持各自的立足点，而不致受到不正当的侵害，这便使个人对社会及政府的关涉，有一种坚确的基础。此是自罗马以来，许多思想家一贯的共同努力的结果。儒家所向往的礼，不仅如上所述，因其缺乏更新而早经僵化。并且礼是立足于个人的德性，而立足于德性上的东西，必须赖各人的自觉自动，这便须要高度的教养，不易期望之于社会的人人。《礼记》谓"礼不下庶人"，而仪礼乃"士礼"，并非庶人之礼，即表示礼自身的一种限制。礼本可发展而为近代的法，有如自然法发展而为制定法，但在中国根本缺少此一发展。而中国之所谓法，始终不曾摆脱刑法的观念，因而不曾努力把主观的道德要求客观化、政治化，使成为人人所能共见共守的法律。王充谓"仲舒表《春秋》之义，稽合于律，无乖异者"；而《艺文志》有《公羊董仲舒治狱》十六篇，则董生似曾作过此种努力；但是，从现在看，他所作的不会超出刑法的范围，也不会超出"润饰"的程度。他的学生吕步舒治淮南狱，以《春秋》义颛断于外，死者数万人，即其铁证。这距离西方的法的观念还很远。因为合理的法的观念，未能在士人中生根，亦即不曾在政治中、在社会中生根，于是个人的社会生活，因缺少明确的依据而不能扩大。尤其是人民一旦与政府发生关系，即仍堕入于法家幽灵下的胥吏手中，受其摧残惨酷之毒。陆象山对于这种情形，曾有沉痛的叙述，我在《象山学述》中已经提到。现在再引一段故事在下面：

> 张芸叟与石司理书云，顷游京师，求谒先达之门。每听欧阳文忠公、司马温公、王荆公之论，于行义文史为多。唯欧阳公多谈吏事。久之，不免有请：（问）大凡学者之见先生，莫不以道德文章为欲闻者。今先生多教人以吏事，所未谕也。公曰，不然。吾子皆时才，异日临事，当自知之。大抵文学止于润身，政事可以及事。吾昔贬官夷陵，方壮年，未厌学，欲求《史》、《汉》一观，公私无有也。无以遣日。因取架阁陈年公案，反覆观之，见其枉直乖错，不可胜数。以无为有，以枉为直，违法徇情，灭情害义，无所不有。且夷陵荒远褊小，尚如此，天下固可知也，当时仰天誓心曰，自尔，遇事不敢忽也。（《容斋随笔》卷四《张浮休书》）

此一故事，一面是说明传统士人所向往的"道德文章"，与人民的实际政治生活，很少相关；一方面说明在人民与政府发生关系的政治实际面，该是如何的黑暗。这并不是一件特出的例子，而是两千年来埋在"士人政府"下面的普遍情形。所以一直到现在，人民不敢轻易与政府接触，以避免与政府接触为立身处世的要务。有人说，中国历史上，人民有过多的自由。这些人所说的自由，正指的是人民瑟缩于政治缝隙之间的喘息。这是压缩生命活力的自由，与近代西方的自由恰是相反。时至今日，还有人拿"法治"的口号来作为抵抗民主自由的挡箭牌，由此可知因在中国文化中缺乏法的传统观念，以致站在统治地位的人，依然以为由法家残余下来的胥吏手中的把戏就是法治，宪法则成为可有可无的眼中钉。我们的政治与社会，迟迟不能走上现代化的道路，这当然是一个重大的因素。

还有，儒家对社会制度的态度，是主张逐渐蜕变，而不主张剧烈改革。此一性格，与英国人很有点近似。儒家创立于封建社会开始动摇之际，对封建社会中的"贵、贱"观念，并不曾主张彻底的扫荡，而只是要以"德"与"能"的标准去重新规定，已如前述。但事实上，儒家既无法在政治上保障贤者在位，能者在职，则儒家思想中所保留的贵贱观念，结果只足表征一种政治地位的高下，再堕落而为官贵民贱，压倒了原来民为贵君为轻的思想。一直到现在，还使许多官吏自己横着"贵"的变态心理而不肯放，以与极权主义的"权威"、"威信"的观念相结合，更装腔作势以伸张之，违法乱纪以保障之，以致成为走向民主政治的莫大障碍，这真是先秦儒家始料所不及。至于儒家强调德性的本源，实践的节序，而主张"亲亲之杀"，这本是可以立脚得住的想法。但移用到政治方面去，便阻碍了政治所要求的客观精神，甚至堕落而为家族政治，这当然也是值得注意的问题。

最后，儒家重历史，重古的精神与用意，前面已经说过。但先秦儒家，都是面对现实的社会与人生而称道历史，称道古，这不过是把对社会人生的理想，假借历史、假借古，以确定其客观的意义与地位。所以此时的重古，是蕴藏着一种思想创造的动力，因而先秦儒家的"古"，实际是创造的意味，多于因袭的意味。但到后来，便常常受到"古"的束缚，脱离对于现实的观察、思考，而埋头于经典的注释。文化发展到了此种阶段，即表示由独立思考能力的丧失而渐归于衰退。这在西方，在印度，也都是如此。宋明理学，提出了"观物"及"省察"的工夫，这便是面对人生的思考，所以在宋明理学中始有思想之可言。但宋明理学家，依然未能完全脱掉"古"的羁绊，以致引起许多可以不必要的牵文引义的纠葛，束缚了可能的发展。在政治方面，甚至由公羊三世之说的进化观念，堕退而为历史的退化观念，这便影响到民族向前追求的活力。及到清儒，想以文字训诂之学来代替面对宇宙人生的思考，进而据其饤订考据来抹煞思想上之问题，此风一直由五四运动后，为一部分人所沿袭未变（请参阅张君劢著《比较中日阳明学》篇三），他们"反古"而实被"古"裹胁得更紧。则中国思想今日之荒凉状态，亦非偶然。但在此种情景之背后，实藏有专制政治之莫大压力。所以这种人，对社会，对政治，几无不采取逃避态度；对人生，几无不走向自然主义、虚无主义、达达主义（Dadasim）之路。因此中国思想的发展，表面上是受了儒家"古"的观念的束缚，实际依然是受了政治专制的压迫。中国的学术思想，常发展于政治解纽之时。如周秦之际的诸子百家，隋唐之际的佛学，明清之际的顾、黄、王等。宋学则得培荫于宋祖宽大的家法。一到政权稳定，思想之发展便随之停滞，即思想受了专制政治压迫之铁证。

总之，儒家思想，为政治提供了道德的最高根据，而在观念上也已突破了专制政治。但如上所述，却又被专制政治压回了头，遂使儒家人格的人文主义，没有完全客观的建构，以致仅能缓和了专制政治而不能解决专制政治。这是留给我们今日所应努力的一大问题。因此，我这几年以来，始终认为顺着儒家思想自身的发展，自然要表现为西方的民主政治，以完成它在政治方面所要完成而尚未完成的使命；而西方的民主政治，只有和儒家的基本精神接上了头，才算真正得到精神上的保障，安稳了它自身的基础。所以儒家"人把人当人"的思想，不仅在过去历史中尽了艰辛挣扎之力；且为我们迈向将来的永远指针，及我们渡过一切难关的信心之所自出。不抱着这一大纲维去考索中国的过去与将来，我相信将永远不能了解中国的历史，也将对于中国的将来，不能有其真正的贡献。

孟子政治思想的基本结构
及人治与法治问题
（1959 年 5 月 25 日）

一、了解历史文化的态度

我在这里，想以孟子的政治思想作为儒家政治思想的一代表，略加分疏，以澄清若干误解。

在未谈到本问题以前，想先谈谈为得要了解历史上的某种思想，在态度上似乎有几点值得注意的地方。

（一）古人与人自身有关的思想，都是适应于他当时社会的某种要求，也受到当时社会各种条件的制约。社会环境是变的。我们只能先从某一思想家所处的社会环境中去了解他的思想，估计他的思想价值。一种成为知识系统的思想，对其以后的历史，总会发生某程度的影响。但此种影响，只是原则性的、启发性的，而不会是一个具体的蓝图；只是可能性的，被动性的（《论语》："非道弘人"）。因为只要是一个人，便应有其自主性；古人决不会从坟里钻出来牵着后人的鼻子走。拿今人的社会环境作评判古人思想的尺度，或者恨古人的思想，并不能作今人行动的蓝图；乃至把今人的一切罪恶，都归到古人身上，这只是表现自己的堕性、堕落。

（二）因为中国文化，很早便重体认，重实用，而不重思辨；所以古人表达其思想时，常是片断的，针对某一具体事实而说的，缺乏由思辨而来的抽象性及构造形式。但只要是成了"家"的思想，在他各个片断的语言中，依然会有其内在的关联，含有逻辑的结构，否则便只能算是一个"杂家"。并且在他们针对某具体事实所陈述的语言中，有的没有普遍的意义，有的则在具体事物的后面，含有普遍的意义。因为正如卡西勒（E. Cassirer）在《原人》（An essay on man）中所说，思想的本身便是普遍性的，除非还没有上升到可以称为是一种思想。因此，对于中国古人思想的了解，便须要多费一番爬搜组织的工夫，须要在他全般相关的语言中来把握他的思想，并且也只有在全般相关的语言中，才易于确定某一句话的意义。万不可拈住一句两句话去随意作猜测。五四时代的人，谈到中国文化时，多半犯了这种毛病。

（三）古人的思意，有对有不对；有的我们赞成，有的我们反对；但反对是与仇恨、裁诬不同。反对是根据一种事实、理由，而不接受他，或进一步去批评他。仇恨，则完全是由现实利害所引起的感情上的东西。若由仇恨而变成裁诬，那更是不正当的手段。试想，古来许多艰苦奋斗一生的思想家们，他的身体，早在坟墓中腐朽；他遗留的著作，也正是"烟墨无言"；他如何会得罪现代人而引起现代人的仇恨？因为在外赌钱赌输了而回到家来打家具，丢祖宗牌位；因为对现实不满而一箭射向坟墓中的人身上去，这都可以算作能避免直接抵抗的勇敢，但未必算得是有出息的勇敢。有不少的人，好像是曾经得过一部无字天书样，对于他完全不知道的东西，大嚷大骂，有如街头玩江湖的人，觉得只要声音嚷得大，姿态出得怪，便不愁没有人围拢来看热闹。文化界中所以有这种现象，多半是由仇恨而来的发泄。其实，这不仅与古人无关，更与他所谈的问题也无关；而只会令人怀疑到这种人有无谈任何问题的资格？因为只有能保持清明平允之心的人才能谈问题。

我之所以说上这些闲话，是感到在古人中孟子的政治思想，是最不易引起误解的；但在今日也竟会引起不易使人想象得到的误解。我想，这种误解，大概不应归之这些人们的学力，而应归之于这些人们的态度。

二、孟子政治思想的结构

近人萧公权氏所著的《中国政治思想史》中说："孟子之政治思想，遂成为针对虐政之永久抗议"（原著九〇页）。又说，"专制时代忠君不二之论，诚非孟子所能许可"（九一页）。这都是很正确的结论。我现在除了顺着孟子政治思想的结构，略述一个轮廓外，再就孟子中的人治与法治问题稍补萧氏之所未及。

孟子在政治上谈仁义，谈王道的具体内容，只是要把政治从以统治者为出发点，以统治者为归结点的方向，彻底扭转过来，使其成为一切为人民而政治。这点在经过二千多年的我们现在，还不曾完全达到，甚至连观念上也不曾达到的扭转工作，在历史上是一件惊天动地的大事。他不仅把当时统治者的利益从属于人民利益之下，由人民的利益来作一切政治措施得失的衡断；并且把儒家所强调的"礼义"，也把它从属于人民现实生活之下，使礼义为人民的生活而存在，而不是使人民的生活，为礼义而存在，所以他一再强调"无恒产者无恒心"，(《梁惠王》，《滕文公》) 及"此惟救死而恐不赡，奚暇治礼义哉"(《梁惠王》)。任何好的主义、名词，都是可以伪装利用的，只有人民的现实生活不能加以伪装利用，这才是各种政治思想的试金石。我过去几次指出先秦儒家是把修己治人的标准加以分开的，即是说明儒家在修己方面的严格的道德要求，决不许假借为欺压人民的工具。这点是被过去的人所忽略，因而引起许多争论的思想史中的一大关键。

因为他坚持政治应以人民为出发点，为归结点，所以他明白确定政权的移转应由人民来决定。他提出"天与"(《万章上》) 的观念来否定统治者把政权当作私产来处理的权利；而他之所谓"天与"，实际便是民与。所以当齐宣王伐燕胜利，想援传统的天命观念来作取燕的根据时("不取必有天殃")，孟子干脆告诉他，"取之而燕民悦，则取之……取之而燕民不悦，则勿取"(《梁惠王下》)。即是说，这应当是由民意来决定的事，与天命无关。正因为他认定政权应由人民来决定，所以他便在二千年以前，已经肯定了政治的革命权利 (《梁惠王》："闻诛一夫纣矣")，及人民对统治者的报复权利 (同上，"夫民，今而后得反之也")，或将人君加以更换的权利 (《梁惠王下》："四境之内不治，则如之何？""反覆之而不听，则易位")。他是非常反对战争的，但汤之伐葛，他认为是"为匹夫匹妇复仇"，他却认为是王者之师。并且他还认为人民的力量，是政治上最大的力量，所以他说"民归之，由水之就下，沛然谁能御之"(《梁惠王》)。"保民而王，莫之能御也"(同上)。"孰能御之"(同上)。"七十者衣帛食肉，黎民不饥不寒，然而不王者，未之有也"(同上)。"乐以天下，忧以天下，然而不王者，未之有也"(《梁惠王下》)"以德行仁者王，王不待大"(《公孙丑》)。"信能行此五者……则无敌于天下"(同上) 这都是表明人民有力量来决定政治。他这些话初听来不仅是当时的统治者认为迂阔，现在读《孟子》的人，恐亦多有同感。但把历史扯长了看，彻底翻动历史的，谁能说不是人民的力量？

过去，我也和许多人一样，以为孟子的民贵、君轻思想，只是民本思想。与民主的思想，尚隔一间。用萧公权氏的话说："孟子贵民，不过由民享以达于民有。民治之原则与制度，皆为其所未闻。"（《中国政治思想史》，九一页）现在看来，民治的制度，实为孟子所未闻；但民治的原则，在《孟子》中已可看出其端绪。《梁惠王章下》：

> 国君进贤，如不得已。……左右皆曰贤，未可也。诸大夫皆曰贤，未可也。国人皆曰贤，然后察之（察其贤之事实）。见贤焉（见其有贤之事实），然后用之。左右皆曰不可，勿听。诸大夫皆曰不可，勿听。国人皆曰不可，然后察之。见不可焉，然后去之。左右皆曰可杀，勿听。诸大夫皆曰可杀，勿听。国人皆曰可杀，然后察之。见可杀焉，然后杀之。故曰，国人杀之也。

就全文看，这里省掉了"故曰国人用之也"，"故曰国人去之也"的两句话。这段话的意思，是说用人、去人、杀人之权，不应当由人君来决定，而应当由人民来决定。人民的好恶，决定政治的具体内容（《离娄》："所欲与之聚之。所恶勿施尔也。"《大学》："民之所好好之，民之所恶恶之。"）而对于用人、去人、杀人的政治权力，又主张保留在人民手上，这怎样没有透露出"民治的原则"呢？但人民如何有效来行使这种权力，则系制度问题，孟子的确没有想到。但由此一原则性的要求，便发展而为《礼记·礼运大同章》的"天下为公，选贤举能"的主张。这已向制度方面迈进了一大步。西汉初开始的"乡举里选"，即由此一思想的要求而来。但西汉的"乡举里选"，缺少了天下为公的大前提，所以只有缓和一点专制毒害的作用，而失掉向民主前进的意义。但我们不要忘记，西方以议会为中心的民主制度，是在几万人口的城邦国家中自然产生的。中世纪若干小的城市，也自然而然的采用了这种制度，都不是从思想家的理想中产生的。在近代以前，在西方的政治思想中，只认为民主制度，是许多政治制度中之一种，并不曾把它当作最好的政治制度。把它当作理想的政治制度而加以追求，乃经过了一段国王专制以后的启蒙运动后期的事情。则在土地广大的农业社会基础上，二千年前不能产生健全的民治制度的思想，是可以了解的。

三、孟子不重法治吗？

孟子政治思想的结构，只能简略的说到此处为止，以后有机会再行补充。现在转到孟子政治思想乃至整个儒家思想的人治与法治的问题上面。一般人说儒家只重人治，不重法治，由此而加上儒家很多的罪名。但我觉得这完全是出于误解。任何时代，在政治中不能否定人的重要性。当二千年前，天下为公，还是托之于理想；政治的权原，还是操在一个人君的手上，人君成为政治的总发动机时，只有人君能成为一种道德的存在；最低限度，只有人君能控制自己而遵守人生上、政治上的若干基本原则，才有法治可言。否则一切良法美意，在人君一摇头、一瞪眼之下，立刻会走样、变质，成为倒闭后的钞票。用宪法来控制人君或其他形态的政治权力，乃到了近代才出现之事。在中国古代，便只有靠人君的德性来控制人君自己。由人君的德性推上一层，便只有抬出"天"来；但西汉中叶以后，人君便把"天变"的责任转嫁到大臣身上去，由人君的德性落下一层，便只有陈述现实上的利害；但有权力者常常会把利害倒错。所以归根到底，不论怎样，总要以人君德性为中心。这不仅在宪法的观念未出现以前，是无可如何之事；即在宪法已经存在，但还未树立起真正的基础、权威时，还是一样。当今人类每遇到重大的关头，也常要在法的后面，还须呼吁人类的良心理性，有如《联合国宪章》及《世界人权宣言》之类。则在两千年前，儒家不特别重视人治，不特别重视负政治责任者的良心理性，还有何办法？法家重法而不重人，到韩非，可说主张得最为彻底。而秦国也正是法家政治思想的试验场。但韩非死于李斯，李斯死于赵高，扶苏、胡亥也皆不得其死，二世而亡。这不是最现实的讽刺吗？

至于说儒家重人治而不重法治，便首先要看对法的解释。若将法解释为今日的宪法，则二千年以前，尚无此观念。当然过去也曾想到要有一种恒常不变的法，来维持政治的安定，此即孟子听说的"旧章"、"先王之法"（《离娄》）；这有似于英国的历史的惯例。但它与现代的宪法观念，究不相同。若将法解释为刑法，则儒家确是不重视刑法，但并不否定刑法。孟子说得很清楚，"国家闲暇，及是时，明其政刑"（《公孙丑》）。若将法解释为政治上所应共同遵守的若干客观性的原则，及由此等原则而形之为制度，见之于设施，则孟子乃至整个儒家，是在什么地方不重治法呢？孟子说"先王有不忍人之心，斯有不忍人之政矣"（《公孙丑》）。"尧舜之道，不以仁政，不能平治天下"（《离娄》）。"子产听郑国之政，以其乘舆，济人于溱洧"。"孟子曰，惠而不知为政"（同上）。凡这里所说的"政"，即是一般所说的治法。又"上无道揆（度也）也，下无法守也。朝不信道，工不信度……国之所（或）存者幸也"（同上）。这即是说无法治便会亡国。不错，孟子由传统的德治的观念，更落实到人君的心上面，以为人自己可以确实把握得到的心，是政治的根据，所以他特别强调"仁心"，"不忍人之心"，并且强调要"格君心之非"。但他所指的心，是"仁义礼知根于心"（《尽心》）的心。顺此种心的本性，必须客观化出来以成为治法，来解决人类实际的问题，这才能填补"天下有溺者，犹己溺之也；天下有饥者，犹己饥之也"（《离娄》）的心愿。正因为如此，所以在先秦诸子百家的政治思想中，以孟子最注重经济问题，最注重经济制度。他再三强调"明君制民之产"，即要以"法"来定人民之产。因为当时土地都在人君手上，人君不制民之产，人民便没有产，便无从得到起码的生活手段。"五亩之宅，树之以桑"的一段话，在《孟子》一书中凡三见，可见这是他针对当时"民之憔悴于虐政，未有甚于此时者也"（《公孙丑》）的实际情况，所提出的经济立法的蓝图，以求达到"七十者衣帛食肉，黎民不饥不寒"的目的。而他对工商，则希望能采取鼓励自由发展的途径。他再三主张"关市讥而不征"（《梁惠王》），"市廛而不征，法而不廛"（《公孙丑》）的法制。这是先秦儒家对工商的共同态度，所以《中庸》提出"劝（鼓励）百工"的主张。此种思想，一直到荀子受了法家的影响而才稍有所改变。孟子由此再进一步的法治主张，则是他对滕文公所提出的井田学校的制度。这里不讨论古代井田制度的有无，及其实际性质怎样等问题，而只指出孟子的井田制度，是经过他理想化以后所提出的，与历史上的有无此种事实及此种事实之究竟如何，并无关系。这是中国土地改革的最早主张，一直影响到中山先生平均地权的思想。关于教育的观念、作用，到孔子才真正明确化。学校制度，在《尚书》、《诗经》中似乎没有明显可靠的证明材料；殷代政治经验的承传，大概是靠着巫；周代靠着史。而学校的萌芽，恐怕开始只是习射养老，并非经常的教育机构。焦循《孟子正义》引王念孙《广雅疏证》，以为"养老习射，偶一行之，不得专命名之义"。故释"养犹教也。射绎古字通。《尔雅》，绎，陈也，则射者陈列而宣示之。此序训为射之说也。养射皆教也"。此乃不明于历史上各种制度的演进事实，以后来的学校观念解释萌芽时期的形态，故在文字训释上如此牵强附会。学校由"偶一行之"的养老习射，而进到一种经常的教育机能，这是儒家不断努力的结果，并且到孟子而开始得到一个明确的形态。这在主张法治的意义上，更是一件大事。即是在中国历史上的治统之外，另开辟出一个教育的系统。除了井田学校的法治以外，再引孟子几段关于一般法治的具体意见：

> 不违农时，谷不可胜食也。数罟不入污池，鱼鳖不可胜食也。斧斤以时入山林，材木不可胜用也。（《梁惠王》）

> 省刑罚，薄税敛，深耕易耨。壮者以暇日，修其孝悌忠信。（同上）

> 昔者文王之治岐也，耕者九一，仕者世禄，关市讥而不征，泽梁无禁，罪人不孥。老而无妻曰鳏，老而无夫曰寡，老而无子曰独，幼而无父曰孤。……文王发政施仁，必先斯四者。（《梁惠王下》）

> 尊贤使能，俊杰在位。……市廛而不征，法而不廛。……关讥而不征。……耕者助而不税。……廛无夫里之布……（《公孙丑》）

总结孟子关于人与法的观点是"徒善不足以为政。徒法不能以自行"（《离娄》）。上一句是说仅有治人（徒善）是不能办好政治，所以还要有治法。下一句是说治法不会自动实现的，须要治人始能推行。即是：治人治法，不可偏废。这似乎是明白而平实的看法。不过因时代的关系，在二千年以前，重点是稍偏在治人那一方面。而在今日，则重点乃是多偏在治法这一方面。但正在过渡期的中国，二者的轻重，恐怕是难分轩轾的。

由孟子上推到孔子，他曾说"道之以政，齐之以刑，民免而无耻。道之以德，齐之以礼，有耻且格"（《论语·为政》）。《论语》上的所谓政，多指政治上的命令而言。道之以政，即是"言教"；道之以德，即是"身教"。《论语》上的德治，乃指为政者须以自己的生活作模范而言，没有后来德治一词的广泛意义。所谓道之以德，是以自己的实际生活作领导，这是人治。而道之以礼的礼，其基本精神，正合于现代之法治；而法家的法，偏于刑法的意味重，并与现代的法治不同。因此，齐以之礼，即是主张法治。荀子的所谓礼，在政治上也是指法治而言。孟子也有"上无礼，下无学，贼民与，乱无日矣"的话。专谈政治制度的《周官》又称为《周礼》；由此一端，也可知儒家在政治上所说的礼都是法治。而孔子也决不曾忽略法治。所以汉人常说："孔子作春秋，当一王之法。"

最易引起误解的是《中庸》"文武之政，布在方策；其人存，则其政举。其人亡，则其政息"的一段话，许多人由此而说儒家不重法治。

其实，这段话只说明当时的实际情形，何能解释为不讲法治？《中庸》在这章后面接着说"凡为天下国家有九经"，九经，即是九种常法大法，后面皆一一的胪列了出来，这不是法治是什么？先秦儒家典籍中，讲政治制度最详，（如《孟子》、《荀子》、《礼记》等）因此，才演变出来《周官》这一部书。而今人竟异口同声的说，儒家只讲人治，不讲法治。治学不实事求是，论事不虚心坦怀，把现代人的责任，推卸到自己祖宗身上去。则此一代知识阶层的没落，决不是偶然的。

明代内阁制度与张江陵
（居正）的权、奸问题
（1966 年 8 月 17 日）

　　一九五二年十一月，钱穆先生出有《中国历代政治得失》一书，中谓张江陵是权臣、奸臣。万武樵先生看到后，深为难过，要我写一文为张江陵昭雪。张江陵的相业，虽经当时童昏之主及虚浮不实的士人，曾极力加以诬蔑，但至崇祯时代，由土崩瓦解的形势所引起的反省，明代的君臣，对他已加以昭雪了。钱先生的私人意见，本不必重视。但钱先生是以制度为立论的根据，这里面含有在专制政治下的一大悲剧问题，须稍加清理。所以我便由武樵先生的激励，写成此文。此文写成后，先寄钱先生过目，钱先生写一跋语作答，原拟在《民主评论》上同时发表。后来我因为某种顾虑，把两文一起压下了。今岁四月，钱江潮先生两次来信，谓江陵县在台人士，将以餐会崇乡谊，邀我届时对张江陵的平生作即席讲演；我因张怀九先生及江潮之尊大人钱纳水先生，皆耆年硕学，对张江陵的了解，实非我所能企及，故未敢应命。然重违江潮雅意，答应将此文清出发表，藉请江陵在台人士加以教正。课务结束后，在抽屉中寻出此文时，首尾两段，因外面未加封套，已经残缺不全；有关刘台的一段考证文章，也在残缺之列；当时用何标题，亦不复记忆；连蓝墨水也褪了色，字迹都变成模糊不清。而钱先生的跋语，因装在一厚信封内，却完好如故。乃把原文首段剩下之百余字完全删去，以原第二段为首段，另添若干材料，重新写作末段，以现标题刊出。钱先生在跋语中认为"历史应就历史之客观讲……若针切在时代，那又是谈时代，不是谈历史"。此意甚好，亦甚难。因对历史的了解，常有待于时代经验、意识的启发，所以克罗齐便说只有"现代史"。而我国传统中的"史论"，十之八九，即是时论，也正是这种原因。钱先生以为自己在这里所讲的是客观历史；但他说"此刻，我们要提倡法治，却又推尊张居正，正为不了解明代政治制度"。可见讲客观历史，而不针对时代，确是不容易，并且也不必故意去避忌的。

钱先生又提出"历史意见"的问题。历史中，一时谬误的意见，常能在历史的经过中得到澄清、纠正；中国过去之所以特别重视历史，正因为历史能提供是非的判断以保证，可以尽到宗教中因果报应所能尽的责任。张江陵的情形，正是一个显著的例子。是非之所以不明，常常为当事者利害好恶之私所遮蔽。理学家常要求人当下能脱出私人的利害好恶，以把握是非之公，这是为了救当下的人，救当下的事，救当下的时代。历史则在时间之流中，也能使人脱出过去的是非好恶，以看过去的是非得失之公。在这种地方，理学家与史学家，常于不知不觉之中，有其会归之点。但历史家若缺乏时代意识，则不仅他对历史是非的判断，无补于当时；并且因缺乏打开历史的钥匙，对历史上的是非，因之也无从把握。章实斋对史学家特提出一个德字敬字，可知史学家依然要有理学家的若干基底，这在今日更是无从谈起的。

一九六六年七月五日夜，记于东海大学

一

钱穆先生在他的大著《中国历代政治得失》中认为张江陵是明代的内阁大学士，不是宰相；但以"相体自居"，这是"不应该揽的权而揽，此是权臣，并不是大臣"，"是奸臣，是权臣，这是违反国法的，也是违反政治上传统道德的"。"现在我们不了解这情形，总认为张居正是一大政治家，他能讲法治。其实他本身就违法，而且违反了当时的大本大法。""此刻我们要提倡法治，却又推尊张居正，正为不了解明代政治制度。"（以上均见原著八三—八四页）又归结的说，"张居正第一不应有权径下政府最高的命令；第二不应要人报皇帝的公事也报他一份"。钱先生要推翻张江陵历史上的地位，纯是就当时政治制度上的法制立言，所以我这里也就此点加以讨论。

钱先生的话，依我的判断，是根据当时御史刘台劾张江陵的奏疏的。刘台是张江陵的门生，他当御史巡按辽东时，坐误奏捷，奉旨谯责，他便深恨江陵，才有劾江陵的奏疏。刘台此一奏疏，尽倾陷之能事。我现在先把刘的奏疏与钱先生论证有关的部分引在下面：

> 高皇帝鉴前代之失，不设丞相……文皇帝始置内阁，参预机务；其时官阶未峻，无专肆之萌。二百年来，尚惴惴然避宰相之名而不敢居，以祖宗之法在也。乃大学士张居正，偃然以相自处。……祖宗朝一切政事，台省奏陈，部院题覆，抚按奉行。未闻阁臣有举劾也。居正定令，抚按考成章奏，每具二册，一送内阁，一送六科。……阁臣衔列翰林，止备顾问，从容论思而已。居正创为是说，欲胁制科臣，拱手听令。（《明史》卷二百二十九《刘台传》）

首先，我应说明"法"是产生于政治主权之所在。主权所在的地方可以立法，也可以改法废法。所以法愈近于主权所在的地方，其安定性愈小。民主政治，主权在民。民非一二人，故立法改法，都要经过认为可以代表民意的机关、程序去实行，因此才可保持法的合理性与安定性。然真正民主国家，依然是人民的自由，大于政府官吏的自由。因为人民是"法原"所在。专制的主权在君，君的意志随时影响到法。君的意志之所在，几乎法即随之。宰相地位不仅与皇帝最接近，而且它本是帮助乃至是代替皇帝总揽一切的。人君在事实上须要这样一个帮助的人；但在心理上却又害怕这样的人，如果有了正式的法理地位，便会感到这是一种莫大的威胁。所以中国历史上宰相的地位，在上述矛盾之下，很少平正的安顿过。钱先生认为中国历史中的政权早开放给读书人，也就是开放给天下了，所以没有主权的问题。我认为中国过去之所以没有主权问题，只是一般人认为主权在皇帝，是天经地义，所以不感觉这是一个问题，好像过去一个人花钱买了田地，田地自然是他的，没有人对之发生疑问一样。及土地改革之说兴，于是土地国有？公有？地主有？耕者有？更成为问题了。明代专制太酷，在黄梨洲的《明夷待访录·原君》一篇中，也正式提出了主权问题。至于过去的选举考试等制度，实等于今日的大公司、大机关之登报招考职员，这比之贵族政治是开放了，但这并不是开放了主权，不是大家和皇室有平等的地位，作政治的竞争。故与今日之所谓政治开放的意义，大不相同。这一大前提不澄清，对于中国历史的了解，便都会走上牵强傅会之路。

秦悼武王二年始置丞相。汉承秦制，亦设丞相。《汉书·百官公卿年表》说："丞相掌丞天子，助理万机"。应劭曰："丞者承也。相者助也"。陈平在汉文初为左丞相，但答文帝决狱、钱谷之问时，自称"宰相"，是丞相即宰祖。秦始皇尊吕不韦为相国；韩信诛后，汉高亦尊萧何为相国。相国比丞相的地位，更为尊贵，然实际依然是宰相。宰相是秉承皇帝的意思来帮助皇帝的。这在大一统的专制政治之下，站在人君的立场来说，宰相一职，在事实上既不可少，但在事势上又必须提防。于是历史上不外想出下列几种提防的方法：一是多设几位以分其权；一是有宰相之名而不与以宰相之实；一是与以宰相之实，而不与以宰相之名。必使其名实之间，有所牵制。所以我觉得宰相在中国历史上的地位，最为蹩扭，名实相符的宰相很少。于是宰相在法的地位，常是习惯法而不是成文法。即是，无宰相之名，而负宰相之实的，时日稍久，人即以宰相视之，史家亦以宰相称之，这是中国历史上的惯例。在官制上言，其间变换甚多；但有一基本线索不变，即是，凡与皇帝最易接近的，不论其官阶之高下，常即居宰相之实。换言之，宰相的实质，常决定于与皇帝的关系，而非决定于官制，此系专制政治的本质使然。言中国政治制度者不了解这一点，便不能真正得到要领。

丞相制度到了武帝便出了毛病。自公孙弘死后，由李蔡到刘屈，换了六个宰相，自杀者二，下狱死者二，腰斩者一。这段惨史，正说明在专制中宰相地位的困难。尚书令属于少府，官不过六百石，武帝开始以宦官充任。及他临死时要托孤与霍光，于是一面以光为大司马大将军；一面以光领尚书事，使光既掌兵权，又掌内朝机要。宰相的权，在制度上已经开始动摇了（汉时故事，"诸上书者，皆为二封。署其一曰副，领尚书者先发之"）。宣帝时张安世以大司马车骑将军领尚书事，魏相丙吉为相，大政由安世在尚书办公的地方决定好了，再装病出外。及见之诏令，乃派人到丞相府去假打听消息。所以马端临说，"丞相府乃宣行尚书所议之政令耳"。魏相丙吉，号称贤相，而实际他所做的是假宰相，小小的尚书，才是真宰相。东汉以三公为宰相。尚书令的地位提高到千石，外放时也只能当县令。《太平御览》二百十二引《汉官仪》所记东汉明帝诏谓："尚书盖古之纳言，出纳朕命。机事不密则害成，可不慎欤"。这在今日，乃是一个机要秘书兼内收发的地位。但据《通典》说："后汉众务，悉归尚书，三公但受成事而已。尚书令主赞奏事，总领纪纲，无所不统"。并且在朝会时，它可以"专席而坐"。这小小的千石之秩，更成了真正的宰相。此时尚书无宰相之名者，因为还有一个空头宰相三公的招牌存在。

汉献帝时,曹操过了名实俱符的丞相的瘾。"魏晋以后,或置或否。居之者多非寻常人臣之职。"齐、梁、陈,则仅作赠官而无实职。魏、晋以后,始以中书侍中为宰相。宋文帝时,刘湛为侍中,与其他的侍中同为宰相,湛尝谓:"今代宰相何难,此正可当我南阳郡汉代功曹耳"。宰相等于郡守的功曹,实说破了宰相一职,根本无制度可言。唐代门下、侍中、中书令是真宰相,尚书左仆射(太宗为秦王时曾为尚书令,故阙不复置)加平章事方为宰相。其以他官参掌者无定员,"但加同中书门下三品"。尚书左仆射为从二品,而门下侍中及中书令均为正三品。在"法"的立场说,他们皆不是宰相,而实际做的是宰相的事。因中书独取旨,尤为相权之所在。可是又不像以前另外有一个空头宰相的招牌,故即认他们为真宰相。宋虽承唐旧,以三省长官为宰相,但旋"以其秩高,不轻授人……乃以尚书令贰(尚书令是尚书省的长官,贰是其副手,等于今日的次长)左右仆射为宰相。而左仆射兼门下侍郎,以行侍中之职;右仆射兼中书侍郎,以行中书令之职"(叶梦得语)。把尚书令的副手来当作宰相,这更于法无据。所谓"同平章事",是共同商量政事,这是给它的一种任务,而不是官职。但这任务是宰相的任务,故即以宰相称之而不疑,并不发生"法"的问题,这是"习惯法"。此种习惯法的所以得到一般的承认,因为后面有作为"法原"的皇帝意志。

南宋恢复了宰相的名称,因为这才是名实相符,在"法"上说得通一点。明初所以有宰相,是继承此一线索来的。但太祖秉性特为猜忌,洪武十三年胡惟庸之变,大肆诛戮,并废止宰相,设"四辅官"来帮助他看公事。后又觉得四辅官的地位高了一点,不很妥当,遂于十五年仿宋制置殿阁大学士。宋朝的学士"资望极峻,无吏守,无职事,惟出入侍从,备顾问而已"。马端临谓宋的"学士直阁,尊卑不同,故难概称"。其中观文、资政两大学士,非拜过相的人不能当。明太祖取其"仅备顾问",而抑其官秩为五品。此时是以翰林春坊帮他看公事,出主意,那等于现时的侍从秘书。所以刘台对殿阁学士职位的论断,就始设的时候说,那是正当的。但《明史·职官志》及《续通志》的《职官略》,列殿阁学士于六部之前。而对大学士的职位说"掌献替可否,奉陈规诲,点检题奏,票拟批答,以平允庶政。以其授餐大内,常侍天子殿阁之下,避宰相之名,故名内阁"。这和宋制大学士之"仅备顾问",完全是两样;他们所行使的可以说完全是宰相职权,乃是实质的宰相。

何以要"避宰相之名"，因为明太祖有一道敕谕，禁止后世设宰相。"臣下有奏请设立者，论以极刑。"明以大学士为宰相，与隋、唐、宋之以三省长官为宰相者，在法理上说，完全相同，都是由演变的事实而来的。所不同者，明代即不同只是表面文章而已。当时的人，以及后世的史家，无不以宰相称大学士。并且这种演变，是在张居正以前早就完成了的。

二

明代大学士职位的演变，大抵可分为四个阶段。成祖即位，特选择解缙、胡广、杨荣等直文渊阁参机务，"阁臣之预机务自此始"。这是第一阶段的演变。但这时，"入内阁者皆编检讲读之官，不置官属，不得专制诸司。诸司奏事，亦不得相关白"。所以没有演变到宰相的职位。仁宗因杨士奇、杨荣、杨溥等为东宫旧臣，以侍郎、太常卿等官兼大学士，地位渐增重要。其后士奇等皆迁尚书，且累加至三孤（少师、少傅、少保，从一品），内阁地位便水涨船高起来。到了宣宗，"内柄无大小，悉下大学士杨士奇等参可否。虽吏部蹇义，户部夏原吉，时召见，得预各部事，然希阔不敌士奇等亲，自是内阁权日重。即有一二吏兵之长（尚书）与执持是非，辄以败"。这是第二阶段的演变。在此一演变开始时，杨士奇与尚书吕震讨论问题，吕震"当面厉声叱之"。对于士奇的意见，仁宗因尚书们认为士奇无参政资格，所以不敢直接接受。但到宣宗时，时人以杨荣比姚崇，即系以宰相视大学士。而《明史·三杨传》赞曰"明称贤相，必首推三杨"，大学士之演变为实质的宰相，至此已经确定。而其演变的过程亦表现得最为清楚。《宪章类编》谓，"洪武中，惩胡惟庸之专权生乱……严为禁革，俾永不得设丞相。……内阁置大学士以备顾问，官仅五品，不预政柄。……自三杨入阁，乃以少师尚书兼大学士，官尊于六卿。而口唧天意，自是无丞相之名，而有丞相之实矣，故中外皆称之曰宰相云"。正指的此一阶段。

景泰中，"王文以左都御史进吏部尚书入内阁，自后诰敕房俱设中书舍人，六部承奉意志，靡所不领"（《续通志·职官略》）。这是第三阶段的演变。在此演变中，大学士有了正式办事的机构，而大学士之成为实质宰相的机能至此始具备。到了"嘉靖以后，朝位班次，俱列六部之上"（同上）。这是第四阶段的演变，而大学士成为实质宰相，已得到朝廷正式的承认。假定朝位班次，应算一种制度，这也可以说至此而得到制度上的承认。接着很著名的大学士是夏言、严嵩，《明史·职官志》称他两人"赫然为真宰相"。严嵩是奸臣，夏言并非奸臣。《明书》亦未将夏言列入《权臣传》。修纂《明史》的人，决不以大学士成为真宰相，而目之为权臣、奸臣。因为这在当时已经承认了，这是"历史事实"；客观的史学家不能任意加以抹煞。再接着是华庭徐阶。他写三句话在"直庐"墙上说"以威福还主上，以政务还诸司，以用舍刑赏还公论"，这是监于严嵩的专横自肆，处危疑之地，以谦抑自勉。但这三句话只是说明了徐阶为相之量，而并不是否定自己的相位。所以《明史》说"论者翕然，推为名相"。再接着为首辅的是高拱。神宗冲年即位以后，拱"每慷慨收宫府权曰：有传奉中旨，所司按法覆奏，白老臣折衷之，以复百官总己之义"（《明史》本传）。这是要把宦官经手的皇帝"圣旨"，由他审核一番，他认为这是他当宰相的职责。高拱即因此被宦官所逐。而刘台劾张居正的原因之一，是认张居正有参加逐高拱的嫌疑，因而要为高拱打不平的。若照刘台的大学士不得以宰相自居的理论，则高拱是应该被逐，他何必为其打不平呢？张居正在穆宗时，以礼部右侍郎入阁，又迁吏部左侍郎兼东阁大学士，进礼部尚书兼武英殿大学士，加少保。一年多的时间，由学士五品升至尚书的正二品，少保的从一品。《明史》本传称"时徐阶以宿老居首辅，与李春芳皆折节礼士。居正最后入，独引相礼，倨见九卿。人以是惮之，重于他相"。可见当时大学士以相体自居，已视为当然。神宗即位后，他代高拱为首辅，"慨然以天下自任"。因为他不仅是神宗的老师，而且是受了顾托之重。慈圣太后（神宗的生母）要他特别多负责任说："先生有师保之责，与诸臣异。"历史上凡是受命托孤的人，一面是保育皇帝，一面也可以说是代理皇帝，除非是太后自己垂帘听政。居正后由吏部尚书而进太师（明文臣无生而进太师者，居正是一个例外），官正一品，在六部尚书之上。神宗赐居正札称"元辅张少师先生"，当时的皇帝、皇太后，都以"元辅"称他，在《明史》本传中，班班可考。这即是"历史事实"，史学家有什么方法去否定这种历史事实呢？他当政后，主要政策之一是守祖法，尊主权，屡次要神宗多御朝，亲万机，并建议增加阁员人数。此在《明史》及《江陵集》（《江陵集》出于张家残败之后，危疑未解之时，其中决不敢有饰辞）中记载至为明了。权臣、奸臣有一共同特点，便是不愿皇帝多问事。而居正则惟恐皇帝不问事。他指挥政治，除私人书札外，都是敕制诏令，这在法理上是皇帝的而不是居正个人的。凭什么可以说他是权臣、奸臣？至于说他"不应要人报皇帝的公事也报他一份"，这更是一种误解。如前所述，在西汉时，各方奏报，即须以副本送尚书令。假使明代大学士等于汉代尚书令，则多要一份公事也是理所当然。何况此时大学士已演变为实质宰相，报皇帝的事，没有不经过大学士之手的。也即是对张居正而言，没有多报一份的必要。刘台原劾疏对此事说"居正定令，抚按考成章奏，每具二册，一送内阁，一送六科。抚按延迟，则部臣纠之。六部隐蔽，则科臣纠之。六科隐蔽，则内阁纠之"。可见居正是为了增加行政效率，使能互相循环考核，以对治当时散慢疲玩欺瞒之蔽。《明书》张传说"前是，六部都察院有覆奏，而行抚按勘者，度事之不易行……则稽缓之，至数十年不决。居正下所司，以大小缓急为限行之"。这正是对治此病的一种办法，乃是一种行政措施，是宰相应有的措施。这与西汉上奏事者以副本送尚书的情形也不相同。刘台只认为"阁臣衔列翰林，止备顾问，从容论思"，站在此一立场，才算是违法的。可是阁臣之成为事实宰相，已经百年，刘台说的只是百年前的掌故而已。当时攻击张居正最力的如傅应桢，以王安石比居正，王安石是宰相。王用汲劾居正疏中，指居正为"辅臣"、"宰臣"、"相"、"大臣"。艾穆劾居正疏中称之为"元辅大臣"。在居正的政敌心目中，并未否认他宰相的地位。且刘台既攻击居正不应以大学士冒充宰相，但在同一疏中，对于居正推荐张四维、张瀚入阁为大学士一事，则称"祖宗朝，用内阁冢宰，必由庭推。今居正私荐用张四维张瀚云云"，可见刘台自己也承认大学士为冢宰。冢宰当然是宰相。由其疏中之自相矛盾，即可见他的话不能引作历史的论证。假定说张居正的"独引相体"（此独字系对徐阶等之折节下士而言）为违法，这是中国历史千百年中许多宰相的共同违法，是张居正百多年以来的先辈的共同违法，是中国历史中共同承认，中国史学家共同承认的违法。钱先生说："试问当时何尝有一道正式命令叫张居正代理皇帝呢？"宰相代理皇帝，是制度决定的。宰相制度没落后，是出于事实要求，而由皇帝承认的。这在明代，在宣宗时代，已正式有此要求和承认，决不始于张居正。张居正和旁人不同的到真是"有道命令叫他代理皇帝"。因为他受命托孤的时候，神宗只有十岁；他不代理皇帝，便只有由宦官代理。神宗曾降敕谓："卿受遗辅政，有安社稷之功。"又"赐大字凡五，曰元辅，曰良臣，曰尔惟盐梅，曰汝作舟楫，曰宅揆保衡"。当江陵要回籍奔父丧时，神宗一则谓"天降先生，非寻常者比，亲承先帝付托，辅朕冲幼……"；再则谓"但今朕当十龄，皇考见背，丁宁以朕嘱卿……"。这类的话，不一而足。

<h1 style="text-align:center">三</h1>

张居正有许多缺点。熊师十力说他的思想有道家底子，《明书》上也曾提到。道家多半是有"机心"的。熊先生又责他不应干涉讲学，有统制思想之嫌。此外，也是当时引人最不满的，是他接受批评的雅量不够，这是政治家的大忌。但虽然如此，他依然是一个大政治家。第一，中国承认皇帝还要有"先生"，这正是中国政治思想与制度的伟大处，可是实际做到的很少。居正对皇帝以师道自居，进《帝鉴图说》及《列圣宝训实录》，真正尽了"为王者师"的责任，这只有大政治家才得有此。第二，中国历史上谈政治的，多半是谈一人一事，以一人一事为对象。有几个人能像张居正样，把当代整个政治问题，本末精粗，一齐含摄住，作有系统的说出来，以构成一个结实的政治大体制，而以毅力贯彻之。可以说，周秦而后，又有王安石有此气魄。《江陵》一集，气刚理密。风采俨然，虽与日月争光可也。他取怨的原因，就《明史》本传所载，一是痛折御史在外凌辱抚臣。因为他知道政治的基础在地方。二是执法严，省冗官，核驿递，得罪了不少绍兴司爷。三是减少县学生名额，大邑士子难于进取。四是治盗太认真，奉行不便者相率为怨言。五是江南豪贵，恃势与猾吏勾结，隐瞒赋税，居正遣大吏精悍者严行督责，国富而豪猾皆怨。当时对他攻击最力的公开理由是"夺情"。而其身后之祸，根本原因有二。一为对神宗要求太严，使神宗受不了；又得罪了宦官外戚。宋学洙在《张文忠公遗事》中，对此详加考订后，归结的说"确然见造冰者外戚也。换日者中官也。闪烁其间者凰盘（王四维）二三公。彼吷吷者只鹰犬耳。故两宫圣母，不闻传矜宥之旨。神宗宿三十七年之怨。非惟新郑（高拱）无此党，缙绅宁有此力量哉"。说得再明白也没有。二还是种毒于刘台劾疏中的另几句话："尽居正之贪，不在文吏而在武官，不在内地在边郡。"这是影射毒恶的几句话。大家知道居正治边很勤而又很有成效的。刘台若说居正在文吏和内地这一方面贪污，是马上可以查验的。他说是在武臣边地这一方面贪污，便无对

证，而且那又是当时花钱最多的方面。这几句话说入了神宗的心，所以"疑居正多蓄，益心艳之"（《明史》本传），遂籍没居正家。当籍没时，侍讲于慎行写了一封信给担当籍没任务的邱橓，中有谓："江陵殚精毕智，勤劳于国家。阴祸机深，结怨于上下。当其柄政，举朝争颂其功，而不敢言其过。今日既败，举朝争索其罪，而不敢言其功；皆非情实也。且江陵平生，以法绳天下，而间结以恩，此其所入有限矣。彼以盖世之功自豪，固不甘为污鄙。而以传世之业期其子，又不使滥有交游，其所入又有限矣。若欲根究株连，称塞上命，全楚公私，重受其困……"于慎行的信，是在举朝构陷正急的时候写的，当然不敢稍有阿私之词。但邱橓没有接受于氏的意见。当时籍没的情形，《明史》本传谓：

> 帝命司礼张诚及侍郎邱橓……籍居正家。诚等将至荆州，守令先期录人口，锢其门，子女多遁避空屋中。比门启，饿死者十余辈。诚等尽发其诸子兄弟藏，得黄金万两，白金十余万两。其长子礼部主事敬修不胜刑，自诬服寄三十万两金于省吾篆及傅作舟等，寻自缢死。

张敬修在缢死前写有血书，略谓：

> ……其当事噂沓之形，与吏卒咆哮之景，皆平生所未经受者。而况体关三木，首戴幪巾乎？在敬修固不足惜。独是屈坐先公以二百万银数；不知先公自历官以来，清介之声，传播海内；不惟变产竭资不能完，即粉身碎骨亦难免者。且又要诬报曾确定庵寄银十五万两，王少方寄银十万，傅大川寄银五万。云："从则已，不从则奉天命行事"……他如先公……惟思顾命之重，以身殉国，不能先几远祸，以至于斯。而其功罪与今日辽藩诬奏事，自有天下后世公论在，敬修不必辩。独其虚坐本家之银，与三家之寄，非一时可了之案，则何敢欺天罔人，以为脱祸求生之计？不得已而托之片楮，啮指以明剖心……

江陵身后受如此惨祸，但其第五子允修，于甲申正月十日，以八十之年，纵火自焚，殉流寇张献忠之难。他的曾孙张同敞，与瞿式耜同死难于桂林，"同敞尸植立，首坠跃而前者三，人皆辟易"。江陵张氏，可算无负于明室吧！假使历史上的权臣奸臣，皆如江陵张氏，何至亡国圮族相次呢！我国专制政治，到明代而发展到了高峰。钱先生的高论，实质上是认为明代的专制还不够。然则中国的历史，到底要走向何处？

四

张居正身后之祸，几乎可说是专制政制下，想为国家真正负一番责任的大臣所必然要受的祸。这在张居正自己也知道得很清楚。他在万历元年《答吴尧山书》谓："二十年前曾有一宏愿，愿以其身为蓐荐，使人寝处其上，溲溺垢秽之，吾无间焉。有欲割吾耳鼻者，吾亦欢喜施与"。《答张操江书》谓："受重托之重，谊当以死报国。远嫌避怨，心有不忍。惟不敢以一毫己私与焉耳"。《答李渐庵书》谓："草茅孤介，拥十龄幼主，立于天下臣民之上；国威未振，人有侮心；仆受恩深重，当以死报国。宋时宰相，卑主立名，违道干誉之事，真仆之所薄而不为"。又《答李渐庵论驿递书》谓："天下事非一手一足之力。仆不难破家沉族，以殉公家之务。而一时士大夫，乃不为分谤任怨，以图共济，将奈何哉？计独有力竭而死已矣"。在万历六年《答林按院书》谓："既已忘家殉国，遑恤其他。虽机阱满前，众镞钻体，不之畏也。如是，稍有建立耳"。万历八年《答李学院书》谓："不穀弃家忘躯，以殉国家之事，而议者犹或非之。然不穀持之愈力，略不少回。故得失毁誉关头，若打不破，天下事无可为者。"他在《被言（被刘台的弹劾）乞休疏》中，也说得痛切：

> 念臣受先帝重托，既矢以死报矣……今皇上圣学尚未大成，诸凡嘉礼尚未克举，朝廷庶事尚未尽康……臣岂敢言去？……皇上宠臣以宾师不名之礼……即其恩款之深洽，亦自有不能解其心者，又何忍言去。然而臣之必以去为请者非得已也。盖臣之所处者危地也。所理者皇上之事也。所代者皇上之言也。今言者方以臣为擅作威福，而臣之所以代王行政者，非威则福也……今谗邪之党，实繁有徒；背公行私，积习已久。臣一日不去，则此辈一日不便……若取臣之所行者，即其近似而议之，则事事皆可以为作威，事事皆可以为作福。喷喷之谗，日哗于耳；虽皇上圣明，万万不为之投抒；而使臣常负疑谤于其身，岂亦臣节之所宜有乎？

他的儿子张懋修事后曾惨痛地说：

> 夫人必回顾，然后周虑足以庇后。必好名，然后完美足以保功。未有见先公专行一意，但知报主，祸机毁怨身后名，都置之不

顾者。明知其且破家而不邮，明知庸庸多厚福而不为，难乎免其后矣……

邹元标是因攻击张居正"夺情"而受了廷杖的人。但籍没事起，却上疏援救，说他"功在社稷，过在身家"。海瑞说他"工于谋国，拙于谋身"。这都可与张懋修的话相印证。江陵若非五十八岁便死掉，一定会及身而受到惨戮。不过当时攻击江陵的人虽多，但从政治制度上攻击江陵的，恐怕在当时只有刘台，在以后便只有钱先生了。

钱塘林鹿庵有《江陵救时之相论》，以为"逐新郑，废辽王，夺情起复，三者罪之大者也"。关于江陵与新郑（高拱）的关系，宋学洙（顺治丁亥翰林）在《张文忠公遗事》中考之甚详。他与新郑的相违，是为了保全他的馆师徐文贞（阶）。但新郑卒赖江陵得以保全。王大成挟刃入后宫案，王大成在初讯时谓"自戚继光及高拱所来"；江陵但以栏入罪诛之，不使其牵连构成大狱。辽王宪㸅以淫酗被废，时人诬江陵羡其府第壮丽，攘以为宅，而不知辽王故第已赐广元王（以上见张同奎《上六部禀帖》）。由此可知以废辽王罪江陵，实出于当时腐儒谬守"亲亲"之义，又从而伪造事实，以诬蔑江陵的政治动机。至"夺情"一事，为当时不满江陵者最大的藉口。袁枚《答洪稚存书》谓："古名臣如汉之赵熹、耿恭，唐之房、杜、褚遂良、张九龄，俱有夺情之事"，意谓不应以此责江陵。林鹿庵在上文中又说：

> 其（江陵）进《直解》，进《大宝箴》，进《帝鉴图》，欲天子进学。进《皇陵碑》，进《宝训》，进《御札》，欲天子法祖。裁进奉，谏营造，欲天子节俭。引见贤能，欲天子知吏治。图百官于御屏，欲天子体群臣。请大阅，欲天子念边防。蠲逋赋，欲天子子庶民。绝馈遗，戒请托，欲天子知大臣法，则小臣廉。……彼（江陵）亲见贵溪（夏言）分宜（严嵩）交相龁齮，而边备废弛……一旦柄国，辅十龄天子，绸缪牖户……以奠安中夏者十年。至江陵没而享其余威以固吾圉者，又二十年。……方其柄国时，惓惓致书贤者，辨明心曲，以为吾非不知府天下之怨；既已肩其任矣，吾欲贻冲圣以安，不专，必不一；不断，必不成。十年之间，两宫冲圣享其逸……六曹大臣荫其逸，犹日侵官。乃委琐龌龊者畏之，有才无胆者妒之，清正拘牵者非之，畏难者怨之，迎合者惮之。深文排诋者疑之。蜚语喧腾，而欲虚心衡断其是非功罪也，胡可得哉？……以忠君爱国之心，而杂以一切吐弃之意，此则太史公责淮阴不能学

道谦让，不矜不伐者也。

上面的话，可谓说得痛切允当。至于有人说江陵的相权太重，代皇帝做了事；林氏在上文中则以为"宰相重，则朝廷尊，百务举。宰相轻，则朝廷卑，百事杂。自江陵没后，而诋江陵者非惟自轻，而卒以误国；而国不可为矣……"

《明史》本传引尚书李日宣下面的一段话，以作对江陵的断案：

> 故辅居正，受遗辅政，事皇祖者十年，肩劳任怨，举废饬弛，弼成万历初年之治。其时中外乂安，海内殷阜，纲纪法度，莫不修明，功在社稷。日久论定，人益追思。

其次，则钱牧斋在《少保梁公邮忠录序》里面的话，也值得深省。

> 绍述江陵者，以阴柔为和平，以惯眊为老成，尽反其政以媚天下。江陵所用之人，一切抑没。其精强干办之才略，奄然无复存于世。……夫江陵所用之人，良马也。江陵以后所用之人，雄狐也，黠鼠也。江陵，能御良马者也。江陵以后，能豢狐鼠而已耳。国家之事，与狐鼠谋之，良马必将迁延负辕，长鸣而不食……公与江陵，立谈数语而弭两浙之乱。向令今日公在本兵，江陵在政府，岂以奴寇遗君父哉。……念江陵之遗事，不胜其慨然也……

尤可异者，变节和尚道忞《北游录》中，载道忞在清世祖前讥张居正为揽权，世祖谓："老和尚罪居正揽权，悮矣。彼时主少国疑，使居正不朝纲独握，则道傍筑室，谁秉其成。亦未可以揽权罪居正矣"。江陵在《明史》中稍得昭雪，与此一故事有甚大关系。身受江陵辅翼之功的神宗，因真信江陵有二百万两银，使江陵受残家之惨祸；而易世外夷专制之主，却不以江陵为揽权，认定其为历史中的贤相；兴亡之机，岂非表现得太清楚吗？权臣奸臣之论，恐怕太昧于史实了。顾梁汾曾谓先文端（疑应作"端文"）在郎署时，立论颇不直张相国。后与史太常王池书有云，"梅长公致思于江陵，其言可痛"。盖久而论定也。又相国言，有明一代，艰巨之事，众所不敢承者，率楚人当之。异时如熊（廷弼）如杨（琏）"可为一叹"。有清一代，楚人才气，已大不如明。而今人聪明伶俐，更谁会蹈江陵的覆辙呢？这一点是钱先生可以放心的。

孔子德治思想发微
（1966 年 8 月 28 日）

一、在夹攻中的中国文化

极权主义和殖民主义对中国来说，他们在文化上有一共同之点，即是都彻底反对以孔子为中心所展开的中国传统文化。极权主义之所以如此，是因为中国文化系立基于性善思想之上。这便真正把握到了人类尊严、人类平等及人类和平相处的根源，当然也是政治上自由民主的根源。[①] 所以极权主义者一旦稍稍接触到它的时候，便立刻会感到这种由人性所发出的呼声、力量，对于他们是致命的威胁。

殖民主义者之所以如此，是因为由对自己文化的尊重而来的民族自尊心及与此相关连的国家独立意识，乃任何国家一切建设的前提条件。但与殖民主义者所追求的殖民目的，却是背道而驰的。因为殖民主义，只能建立在自卑自贱的民族之上；而对于自己文化的诬蔑、侮辱，正是自卑、自贱的动力和表现。以孔子为中心的传统文化，乃至以老庄为中心的传统文化，都是彻底地和平主义的性格，这只要稍有常识的人便可以承认。所以抗战期中，陈立夫氏以教育部长的地位，说提倡孔学，也是争取世界和平的最好途径时，这话并不算错。但费正清氏于一九四三年十一月十九日提向美国驻华大使的节略中，认为陈氏提倡孔学，"为了美华文化关系，我们（美国）必须反对，原因是孔学含有侵略性质"[②]。这里特别值得注意的是：费正清氏此时在重庆，正是美国派在

[①] 对于中国文化在这一方面的意义，我们少数几个人，年来作了相当的研究、阐述。

[②] 按六月廿八日《征信新闻报》梁和钧氏《费正清改造了毛泽东？毛泽东改造了华盛顿？》一文中附注"见国务院一九四三年国际关系，页三八五"。

中国的外交工作人员，而他的意见，乃是向他的大使提出，要以此形成美国正式的外交政策。以驻外的外交人员，居然要在外交政策上从正面反对驻在国的传统文化，这是外交史上所没有的先例。有人说他是出自残余的殖民主义的心理，我实在没有方法为他辩护。他既彻底反对孔子，那里还有中国文化？还说什么"华美文化关系"呢？

极权主义者和殖民主义者的反对孔子，都有其现实上的必然性。我们若不能说服他们放弃极权主义和殖民主义，便不应希望他们改变对孔子的态度。但站在作为一个人的基本条件上，我们可以要求他们的反对，应建立在有关孔子的真实材料及对这种材料的正常解释之上。所以我在这里特提出孔子的"德治"思想来作一探讨。

二、美国费正清所提出的德治问题

费正清认为"中国是被孔子的一个伟大创作所控制，他就是德治的神话（The Myth of Rule by Virtue）。依照这个神话，一个超人的本于正当行为树立一个楷模……那些愚昧的人，如不能为皇帝的楷模所感召，则就以刑赏去对付"。"无论如何，中国依然为伟大的儒家政治虚构，即德治之神话所统治"①。陶百川氏在六月六日《征信新闻报》《费正清对华言论的再检讨》一文中谓"我以为译为礼治主义，更能切合费正清教授的说法"。这里我得先说一句公平话，由陶氏的改译看来，陶氏对此问题的了解，可能还不及费正清，这到后文自然会明了。

孔子正式提出德治的有《论语》下面的一段话：

> 子曰：为政以德，譬如北辰，居其所，而众星共之。（《为政》）

尧舜在孔子心目中是最高的德治典型。下面的话，可以说和上面的话是完全相应的。

> 子曰：无为而治者，其舜也与；夫何为哉，恭己正南面而已矣。（《卫灵公》）

"恭己"，"正南面"，即是德治。何晏《论语集解》对"为政以德"的解释引"包曰，德者无为；独北星之不移，而众星共（拱）之"；是

---

① 这里是从《中华杂志》第四卷第六号曹敏氏《陶百川先生〈费正清再检讨〉的检讨》一文中所转引。

包氏以德治乃无为之治；把上引两段话互相印证，包氏的解释是有根据的。所以朱熹《集注》对前一段话的解释也说"为政以德，则无为而天下归之"。这里先作一个小小的结论，德治即是无为之治。但所谓无为，如后所述，乃是不以自己的私意治人民，不以强制的手段治人民；而要在自己良好的影响之下，鼓励人民"自为"，并不是一事不作，这是两千多年来的共同认定。

再进一步要追问的是，德治的德，到底作何解释？邢昺《论语集解疏》谓"德者得也。物得以生谓之德。淳德不散，无为化清，则政善矣"；这大体是采用老子的思想。《邢疏》是由剪裁《皇侃疏》而成，其受老子思想的影响，与何晏正同。这种解释，先不说孔老思想的异同，仅指明它在此处的含意，显得非常空洞笼统。朱熹《集注》谓："德之为言得也，行道而有得于心也"。这便由老子之所谓德，转到孔子之所谓德，与"志于道，据于德"（《述而》）之德，可以贯通得上。但用在这里，依然有点空洞笼统。《语类》卷二十三对此处（"为政以德"）的解说是："凡人作好事，若只做得一件两件，亦只是勉强，非是有得。所谓得者，谓其行之熟而心安于此也"。这是把行为和内心连结在一起来作德的解释。若把这段话稍稍变通一下，则所谓德，"乃是内外如一的规范性的行为"。"为政以德"，即是人君以自己内外如一的规范性的行为来从事于政治。周初用"德"字，多指行为而言；春秋时代，则多以有恩惠于他人的行为为德。孔门也将"德行"连辞。所以把为政以德的德，作如上的解释，应当是和原意相切近的。由此可知费正清氏以"正当行为"解释德治，并不算太错。而陶百川氏的改译，反为多事。因为德可以包含礼，但较礼更为广泛些。根据此种解释，则《论语》下面的话，都说的是德治。

> 子谓子产，有君子之道四焉。其行己也恭，其事上也敬。其养民也惠。其使民也义。（《公冶长》）

按《左·襄公二十四年》子产在告晋宣子的话中有"夫令名，德之舆也；德，国家之基也；有基无坏"。子产的话，也可以说是德治思想。孔子这里说子产"有君子之道四焉"，这也可以说子产是为政以德。

> 子曰：雍也可使南面。仲弓问子桑伯子，子曰，可也，简。仲弓曰，居敬而行简，以临其民，不亦可乎？居简而行简，无乃大（太）简乎？子曰，雍之言然。（《雍也》）

按"简"与"无为"相近。"居敬"是德，而"居简"则易流于不德，所以居敬而行简，可以说是德治的另一说法。

> 齐景公问政于孔子，孔子对曰，君君、臣臣、父父、子子。（《颜渊》）

按君君，是说为人君者应尽自己为人君之道，亦即是尽人君之德。孔子在此处虽君臣父子并称，但因为是答复齐景公的，所以重点当然是放在"君君"上面。这也是德治的主张。

> 季康子问政于孔子，孔子对曰，政者正也。子帅以正，孰敢不正。（《颜渊》）

> 季康子患盗，问于孔子；孔子对曰，苟子之不欲，虽赏之不窃。（《颜渊》）

> 季康子问政于孔子曰，如杀无道，以就有道，何如？孔子对曰，子为政，焉用杀？子欲善，而民善矣。君子之德风，小人之德草。草上之风，必偃。（《颜渊》）

> 子曰，其身正，不令而行；其身不正，虽令不从。（《子路》）

> 子曰，苟正其身矣，于从政乎何有？不能正其身，如正人何？（同上）

按"子帅以正"、"其身正"的"正"，指的是正当的行为，即是"为政以德"的"德"。"苟子之不欲"、"子欲善"，这是近于德。"孰敢不正"、"虽赏之不窃"、"而民善矣"、"不令而行"，是言德治的无为之效。"君子之德风"三句，是以比喻说明"不令而行"的原因。在答樊迟的学稼章中谓"上好礼，则民莫敢不敬，上好义，则民莫敢不服；上好信，则民莫敢不用情"。"好礼"、"好义"、"好信"，即是德治的德。"莫敢不敬"等，即说的是德治之效。又：

> 子路问君子，子曰，修己以敬。曰，如斯而已乎？曰，修己以安人。曰，如斯而已乎？曰，修己以安百姓。修己以安百姓，尧舜其犹病诸。（《宪问》）

按修己，即是"其身正"，即是德。修己以安百姓，即是德治。《周易》复初九象①"不远之复，以修身也"；《孟子·尽心上》"夭寿不贰，

---

① 按象辞当成立于战国初期或中期。见拙著《中国人性论史——先秦篇》第七章。

修身以俟之"。上面所说的修身，都是从《论语》"修己"的观念而来。到《荀子》而有《修身篇》。到《大学》① 而不仅将修身列为八条目，并且说"自天子以至于庶人，壹是皆以修身为本"，也即是说齐家治国平天下，皆以修身为本。这是把孔子的德治思想，组成了一个完整的系统。孔子的正名思想是偏在伦理方面，他所要求的是各人在政治上有某种名，即应尽到由此名所要求之实；亦即是他所主张的"君君臣臣"。这对负政治领导责任者而言，同样是德治思想。由此不难了解，孔子乃至整个儒家的政治思想，都是由德治观念所贯通的。

三、德治思想的背景

现在要进一步追问的，孔子提出德治的背景是什么？

孔子的思想，主要是通过人的自觉、向上，以达到人格的完成。亦即是要每个人发现自己的德，完成自己的德。作为统治者的人君也是人，而且是负有更大责任的人；则人君应完成自己的德，使首先能作为一个人而站立起来，这在孔子的立场，无宁是必然的事。但除了此一基本立场外，孔子之提出德治，还有其时代背景。

从哀公问"何为则民服？"（《为政》）及季康子问"使民敬忠以劝如之何？"（《为政》）等情形看来，当时统治者与被统治者之间的矛盾，已达到使统治者感到不安的程度。在这种情形之下，统治者常常觉得只有加强对人民的要求、管制，更只有以刑罚来作要求、管制的保证，才可将矛盾加以弥缝。这样一来，政治自然会完全变成为"刑治"，而使人民憔悴于虐政。但实际，统治者与被统治者的一切矛盾，是由统治者采用与被统治者两种不同的行为标准所发生的。而统治者一切不合理的要求，都是来自统治者把自己的行为，安放在对人民要求标准之外。孔子针对这种情形，便首先要使统治者把要求于人民的，先要求于自己，先从自己实现。能如此，人民将不待政令的要求，在行为上自然会和统治者一致了。前面提到的"季康子问使民敬忠以劝，如之何？"这是问用怎样的方法能够使人民对于他会"敬忠以劝"的。孔子立即把问题转回到季康子自己身上说，"临之以庄则敬；孝慈则忠；举善而教不能则劝"。上面三句话，即是很显明地指出统治者与被统治者中间的矛盾，

---

① 按大学当成立于秦统一天下的前后。见拙著《中国人性论史——先秦篇》第九章。

是要从统治者本身求得解决。并且通过《论语》、《孟子》、《中庸》、《大学》等典籍来看，凡是谈到政治问题时，尤其是在与统治者谈到政治问题时，无不认为政治问题的发生，皆是出在统治者的自身，而不是出自老百姓。这在消极方面，即是要减少乃至减掉统治者对人民的要求，使人民在精神与物质生活上，能多得到自由的保障。这是提出德治的第一个背景。

如上所述，统治者对人民的要求，是以刑罚作保证的。现在既将要求转回向统治者自身上去，并且认为由此一转回，便可使人民同归于德，使刑罚归于无用，这是认为德治可以代替刑治，因而要求即以德治去代替刑治。这是提出德治的第二个背景。下面的一段话，将德治与刑治，对比得最清楚。

> 子曰，道之以政，齐之以刑，民免而无耻。道之以德，齐之以
> 礼，有耻且格。(《为政》)

政是要求于人民的政令；齐是整齐；刑即是刑罚。有一点特须注意的是：孔子在这里所说的政、刑，是指正常的政、刑而言，不是指乱政乱刑而言。即使是正常的政、刑，它所收的效果，只能使人民苟且免于罪，但并不能使人民有以犯罪为耻之心，人民依然可以随时犯罪。这即是认为正常的政刑，其效果依然是有限的，是不能根本解决问题的。政刑是由统治者所加于被统治者的强制力量；孔子对政刑效果的看轻，实际乃认定人民的问题，是不能靠强制力量加以解决的。这里面含有对当时的政治，在实质上加以否定的意味。所以他希望"无为而治"。

"道之以德"，即是"子帅以正"的"帅以正"，亦即是所谓"为政以德"。德与政相对，礼与刑相对。礼刑同是禁民为非的；二者的分别，《大戴记·礼察篇》说得很清楚：

> 礼者禁于将然之前，而法者禁于已然之后……礼云礼云，贵绝恶于未萌，而起敬于微眇，使民日徙善远罪而不能知也。孔子曰，听讼吾犹人也，必也使无讼乎，此之谓也。
>
> 以礼义治之者积礼义，以刑罚治之者积刑罚。刑罚积而民怨倍；礼义积而民和亲。故世主欲民之善同，而所以使民之善者异。或导之以德教，或驱之以法令。导之以德教者，德教行而民康乐。驱之以法令者，法令极而民哀戚。哀乐之感，祸福之应也。

礼的观念，经过春秋时代的发展，它的范围已经包括得很广。在孔

子，更解消了贵族社会中的阶级意义，而赋与以纯道德的意义，即是以仁义代替了阶级。① 切就齐之以礼这句话来说，乃是把人伦之道，实现于日常生活中的一种"合理的行为方式"；由这种合理的行为方式的积累，而成为社会的善良风俗习惯，此即所谓"化民成俗"。刑是强制、惩罚；而礼是启发、薰陶。由齐之以礼，以至化民成俗，一方面可以使社会的秩序与自由得到调和；一方面可以鼓舞人的积极向善的精神，此即所谓有耻且格。据我的考证，格应作感通感动来解释。儒家政治理想之一，乃是"象刑"，"刑错"。孔子提倡德治，在消极方面，便是要使"无讼"，即是要使"刑错"。所以连季康子杀无道以就有道的杀，孔子也加以反对。我不知费正清氏以何方法，竟可把德治归结到刑治上面去。

四、德治思想的根据

然则孔子有何根据而能信任德治的效果呢？这里先得说明一点：从孔子"善人为邦百年，亦可以胜残去杀矣"，及"有王者作，必世而后仁"（《子路》）的话看，他并不认为德治会收得到"其应如响"的效果。上面引的许多话，好像孔子把德治的效果说得非常容易。我想，这是为了要扭转当时政治的方向，带着一种鼓励的意思在里面的。但孔子信任德治必然有无为而治的效果，则是很明显的。孔子这种信任的根据，先简单的说一句，是出于对人的信赖，对人性的信赖。孔子虽未明说人性是善的，但实际他是认定人性是善的。② 《诗·大雅·蒸民》的诗有谓"天生蒸民，有物有则；民之秉彝，好是懿德"；孔子对此诗的解是"为此诗者，其知道手。故有物，必有则；民之秉彝也，故好是懿德。"（《孟子·告子上》）。《郑笺》对上诗的解释是"民所执持有常道，莫不好有美德之人"。美德为人所同有，故亦为人所同好。既为人所同好，则统治者的德，对于被统治者自然会发生启发的作用。孔子说"斯民也，三代之所以直道而行也"（《卫灵公》）；直道，是顺着人之所以为人之道，与政治上刑罚诈伪的手段是相对立的。当时的统治者，认为对于人民，必须用刑罚诈伪的手段去统治；孔子意谓：三代盛时，是顺着人民自身之道以治其人民，亦即《中庸》所说的"以人治人"，而无所用

---

① 《论语》："人而不仁，如礼何？人而不仁，如乐何？"又，"义以为质，礼以行之"。此即以仁义规定礼之内容。

② 请参阅拙著《中国人性论史——先秦篇》第四章。

其刑罚诈伪。三代时的人民，在本质上与今日的人民无异；然则今日为什么不可以直道而行呢？即是为什么不能用德治呢？在二千五百年以前的社会，我们不难推想，人民对政治的依赖性特别大，统治者所给与于人民的影响也特别强；统治者自己实现其德，即等于实现了人民本身所潜伏的共有的德。孔子是由这种对人性的信赖，发而为对德治的信赖的。这类的话，在儒家典籍中，随处可见，而尤以《大学》下面一段话说得更为明显：

> 所谓平天下在治其国者，上老老而民兴孝；上长长而民兴弟；上恤孤而民不倍；是以君子有絜矩之道也。

上老老、长长、恤孤，是在上者实现其德；此德乃人民共有之德，故人民受此启发而即兴孝、兴弟、不倍。絜矩之道，即是以己身之德为矩，由此以通于天下之人。而天下之人所共有之德，也即是统治者一己所有之德；所以絜矩之道的另一面便是"民之所好好之，民之所恶恶之"。德治者的模范性，是启发的性格，是统治者自己限制自己的权力的性格。所以统治者最高的德，乃在于以人民的好恶为好恶，这是德治的最大考验。一切的极权政治，皆来自对人的不信任；而民主政治的真正根据，乃来自对人的信任。费正清氏认为孔子的德治思想是神话，是因为他缺乏对于人自身的基本信心，他便不了解孔子说这种话的背景及其根据，所以闭着眼睛把孔子和毛泽东连在一起。费氏自己认定中国的人民，是"愚昧之人"，却反而说孔子把当时的人民是当作"愚昧之人"。费氏所加于孔子的话，无一不与孔子相反，不能不算是一桩怪事。

五、德治的积极内容

因为费正清氏认为孔子的德治是神话，从神话落实下来便只有靠刑罚。他的这种认定，可能是因为道家的无为思想，结果变成了法家以刑罚为主的政治思想的根据。孔子的德治既然也是无为的政治思想，费氏便认为也会与道家同其结果。我上面所说的，孔子系以对人性的信赖为其德治思想的根据，费氏可以说这是唯心论，乃至只是一种理论；面对现实政治而言，依然是神话。关于这，我再提出三点来讨论。

第一，孔、老提倡无为，是为了极力防止统治者以自己的好恶为标准去统治人民，并不是完全不作事。老子说"为无为，则无不治"（三章），所谓"为无为"，应当解释作"为而无为"，其真实内容，乃是

"辅万物之自然而不敢为"（六十四章）；"自化"，"自正"，"自富"，"自朴"（五十七章），即系"自然"，自然是"自己如此"，有如今日之所谓"自治"。无为的目的，正为了好让人民能根据自己的意见去作事，这是"无为而无不为"的根据。但人民虽然"自然"，仍待圣人的"辅"；辅依然是"为"，不过这种为，是以人民为"主"，而统治只居于"辅"的地位，这便没有统治者的私意夹杂在里面。无私意之为，即是无为；所以老子特重视"无私"。无私之实，即是"生而不有，为而不恃，长而不宰"（十章）。"辅万物之自然"的"辅"，在慎到发展而为"因"的观念。他说："天道因则大，化则细。因也者，因人之情也；人莫不自为也。化而使之为我（按指统治者），则莫可得而用……故用人之自为，而不用人之为我，则莫不可得而用矣；此之谓因"（《四部丛刊》本《慎子》，页二）。无私和因的观念，亦为孔子的德治无为的思想所涵摄。所以他答子张"何如斯可以从政"之问，特提出"因民之所利而利之"（《尧曰》）的主张。由此可知德治并非不管人民的事，而实际是帮助，启发人民去作人民自己的事。

第二，老子与法家的结合，并非出于老学必然的发展。这种结合，在学术上，是出于申、韩有意的依附。在政治上，乃来自西汉初年，在感情上因反对秦代暴政而趋向黄老；而在现实上又是继承秦代由法家所奠定的政治制度，于是便形成黄老申韩互相结合的局面。在秦代，则并没有这种结合。所以认为道家的无为必流为申、韩，这已经是由司马迁等而来的误解①，更由此以推论儒家的德治与毛泽东思想的关系，这完全是常情以外的比附。

第三，恐怕费氏对孔子所说的德治的积极一面，缺少基本的了解。这也是中国过去的传注家所不曾尽到的责任，不能仅怪费氏。例如《语类》二十三："为政以德，不是欲以德去为政，亦不是块然全无所作为。但德修于己，而人自感化。然感化不在政事上，却在德上。盖政者所以正人之不正，岂无所作为？"又说："为政以德，是非不用刑罚号令，但以德先之耳"。按朱熹的最大错误，是把德和政治行为分作两事看。其所以分作两事看，乃是把德只从个人的生活上着想，而不知德乃内外如一的合理行为。凡人君所应作的事，而能内外如一（诚）的合理去作，这都是人君的德。换言之，人君是一个人，应当先在人的条件上站了起

────────────

① 《史记》将老子与韩非同传。

来，这是"人的德"；人君又是一个统治者，同时要尽到统治者所应尽的责任，这是"人君的德"。人的德与人君的德是不可分的；在人的德里面即涵有人君的德；如子路问君子，孔子说"修己以敬"；而修己以敬的究竟便是"修己以安百姓"。修己之所以能安百姓，必是由修己扩充出去，以善尽其安百姓的责任。哀公问："何为则民服？"孔子的答覆是"举直错诸枉，则民服。举枉错诸直，则民不服。"（《为政》）人君最重要的是用人；用人得当，便是人君的德；用人不得当，便是人君不德。而人君用人得当不得当，与人君的"修己"，有直接地关系，所以修己与用人，对人君来说，是不可分的。在舜的"恭己正南面"中，即含有举直错诸枉在里面。所以子夏对樊迟"举直错诸枉，能使枉者直，何谓也"之问，而答以"舜有天下，选于众，举皋陶，不仁者远矣"（《颜渊》）；而《论语集解》，对"无为而治者其舜也与"（《卫灵公》）的解释是"言任官得其人，故无为而治"，这是非常得当的。又：

> 定公问一言而可以兴邦，有诸？孔子对曰，言不可以若是其几也。人之言曰，为君难，为臣不易。如知为君之难也，不几乎一言而兴邦乎？曰，一言而丧邦，有诸？孔子对曰，言不可以若是其几也。人之言曰，予无乐乎为君；唯其言而莫予违也。如其善而莫之违也，不亦善乎？如其不善而莫之违也，不几乎一言而丧邦乎。（《子路》）

按上面对定公一言兴邦丧邦的答覆，实际是对君道得失的扼要答覆。知为君之难，"则必战战兢兢，临深履薄，而无一事之敢忽"（朱注），这即是德治。唯予言而莫之违，"则忠言不至于耳，君日骄而臣日谄，未有不丧邦者也"（朱注引范氏）。"言"是对于事的共同商讨，要能善其事，必先能使人尽其言；所以听言纳谏，为人君要德之一。《中庸》："子曰，舜其大知也与！舜好问，而好察迩言（切于人民利害之言）。隐恶（隐其言之不当者）而扬善（宣扬其言之当者。按此乃所以鼓励人之进言）；执其两端，用其中于民，其斯以为舜乎？""好问"，"察迩言"，"用其中于民"，在古代只有"恭己"、"正身"的人君，才可以作得到；并且也即包涵在"恭己"、"正身"之内。又，"子曰，道千乘之国，敬事而信，节用而爱人，使民以时"（《学而》），这里当然也说的是德治，而是把爱民养民包含在里面的。概括的说一句，凡善尽人君所应尽的责任的行为，便都是德治；所以德治是有一定的政治内容，如何可称之为神话？

更重要的是：德治是为了反对刑治而提出的。"齐之以刑"的"刑"，是由政府的强制力所施行。"齐之以礼"，便不可诉之于政府的强制力。因为礼固然带有若干的强制性，但发展到孔子，礼的强制性乃发自各人良心的要求，而不应来自政治的压力。"有子曰，礼之用，和为贵；先王之道，斯为美。"（《学而》）"子曰，能以礼让为国乎，何有。不能以礼让为国，如礼何？"（《里仁》）礼在政治中的意义，在孔子看来，是以让为主。通过政治压力以实现礼，对孔子而言，这已经不是礼了。所以为了实现"齐之以礼"，孔子便发展了"教"的观念。教即是教育，它的方法是启发、薰陶，就人的各种个性以成就各种个性之德，这是由孔子自己施教的实际情形而可以确定的。

> 子适卫，冉有仆。子曰，庶矣哉。冉有曰，既庶矣，又何加焉？曰，富之。曰既富矣，又何加焉？曰，教之。（《子路》）

"富民"、"教民"，是孔子德治的综括性的目的、内容。而先富后教，无形中成为与各种极权主义的大分水岭。极权主义者多是以控制人民的胃，使人民经常在半饥饿状态下以行其极权之教的。对于这一点，此处不作深一层的研究。这里特须提出的是，由于孔子在政治中对教的特别提出，便在以政（号令）刑为主的政治中，开始导入了教育的机能和意义；这是道家所缺乏的观念，正是他们弱点之所在，所以便为法家所乘。在此后二千多年的专制政治中，教育的机能，虽然未曾得到充分的发展；但也尽到了保障、培养社会生机的最大功用了。孔子的德治思想，与"教"的观念，是一而非二，所以后来便有"德教"的名词。"子曰有教无类"（《卫灵公》），这句话的意思，是认为有了教育的力量，便没有智愚贵贱乃至种族等等各种的分别（类），而人类可同归于善；这是他自己"诲人不倦"的经验，同时也是对于教的最大信心。在他这句话里，可以看出他认为教育可以解决人类自身的一切问题。美国目前人种的冲突，站在孔子的立场看，这是美国不曾作过平等教育工作的结果。由教育的发达，而可使政治的强制力归于无用。因此，不妨这样说，孔子在政治上的无为思想，极其究，乃是要以教育代替政治，以教育解消政治的思想。这是德治最主要的内容。

六、德治思想的发展及其在历史中的影响

《论语》是由孔子的弟子及再传弟子所记录，把孔子有关德治的话，

散记于全书各部分，我们只有很细心的发现各有关语言的内在关连，始可了解德治思想，实际构成了孔子政治思想的完整体系。但在语言表达的形式上，并没组成一个系统。在语言表达的形式上组成为一个系统的，应首推《中庸·"哀公问政"》①一章，这要算第一阶段的发展。此章以"修身"立基；君臣父子夫妇昆弟朋友的"五达道"，是修身的对象；每一人必生存于此五种基本关系（达道）之中，故修身必须以此五达道为对象。知仁勇"三达德"，是修身的内容；为使五达道能各尽其分，必须有三达德的精神与能力。这是就每一个人的修德（修身）来说的。若推之于政治之上而为德治，则组成了"九经"的系统。"九经"是：

> 凡为天下国家有九经。曰，修身也，尊贤也，亲亲也，敬大臣也，体群臣也，子庶民也，来百工也，柔远人也，怀诸侯也。修身则道立，尊贤则不惑，亲亲则诸父昆弟不怨，敬大臣则不眩，体群臣则士之报礼重，子庶民则百姓劝；来百工则财用足；柔远人则四方归之；怀诸侯则天下畏之……送往迎来，嘉善而矜不能，所以柔远人也。继绝世，举废国，治乱扶危，朝聘以时，厚往而薄来，所以怀诸侯也。

这里我只说明一点，上面所说的柔远人、怀诸侯的原则，在今日可能还是国际政治上追求和平的重要原则；这是从《论语》上"远人不服，则修文德以来。既来之，则安之"（《季氏》）的精神发展出来的。费正清氏所指的德治中的侵略性，到底从何说起呢？

德治思想到孟子而发展为王道。王道的具体内容是：

> 五亩之宅，树之以桑，五十者可以衣帛矣。鸡豚狗彘之畜，无失其时，七十者可以食肉矣。百亩之田，勿夺其时，数口之家，可以无饥矣。谨庠序之教，申之以孝悌之义，颁白者不负戴于道路矣。七十者衣帛食肉，黎民不饥不寒，然而不王者，未之有也。

上面的话，孟子说了三遍，可见这是王道最具体的内容；亦即是孔子养民、教民的德治的最具体内容。这里特须注意的是：中国的学校观念，就我考证的结果，是从孟子开始的。这是孔子"教"的观念的大发展。②在

---

① 《中庸》应分为上下二篇：上篇出于子思，下篇出于子思的门人。这里所引的是属于上篇。详细的考证，见拙著《中国人性论史——先秦篇》第五章。

② 详见拙著《中国人性论史——先秦篇》第九章。

国际政治上，孟子提出了"仁者为能以大事小"，"智者为能以小事大"（《孟子·梁惠王下》）的原则；这与《论语》、《中庸》上有关的原则是相符的；这中间有半点侵略的因素吗？

秦以刑罚为治。汉承秦后，因而未改。其刑罚的残酷，略见于《史记·酷吏列传》及《汉书·刑罚志》。所以两汉，尤其是西汉的知识分子，都想扭转这一以刑罚为主的政治方向，于是德治的观念特为显著；董仲舒便是一位代表人物。他的《天人三策》，在阴阳五行的神秘外衣中，包含着这一伟大的愿望。他说：

> 然则王者欲有所为，宜求其端于天。天道之大者在阴阳。阳为德，阴为刑。刑主杀而德主生。是故阳常居大夏，而以生育养长为事。阴常居大冬，而积于空虚不用之地；以此见天之任德不任刑也……王者承天意以从事，故任德教而不任刑……今废先王德教之官，而独任执法之吏治民，毋乃任刑之意与。（《汉书》五十六《董仲舒传》）

所谓先王德教之官，指的是主管学校教育，以教化代刑罚之官；这实际是由孔子的"教"，经过孟子所发展出来的观念。又说：

> 夫万民之从利也如水之走下。不以教化堤防之，不能止也……古之王者明于此，是故南面而治天下，莫不以教化为大务。立大学以教于国，设庠序以化于邑；渐民以仁，摩民以义，节民以礼。故其刑罚甚轻而禁不犯者，教化行而习俗善也。（同上）

但是他并没有忽视养民的重要，所以在第三策中，特反复要求在上者不可与民争利，好像他已预见到武帝后来所行的各种专利政策。他说"夫皇皇求财利，常恐乏匮者，庶人之意也。皇皇求仁义，常恐不能化民者，大夫之意也"。不过他上述的主张，必有一个基本立足点；这在专制时代，便是当时的皇帝。皇帝不自修其德，则一切无从说起。所以他说：

> 故为人君者，正心以正朝廷，正朝廷以正百官，正百官以正万民。（同上）

政治上的要求"反自贵者始"（同上），正是德治的起点。综合董氏所言，完全是发挥孔子德治的思想；而他的所以特别强调德治，正是对治由秦以来所加强的刑罚之治的。

东汉光武开国，"颇以严猛为政"①。当时的思想家应首推桓谭。他在《新论·王霸第二》中有谓：

> 夫王道之治，先除人害，而足其衣食，然后教以礼义，使知好恶去就；是故大化四凑……霸功之大者尊君卑臣，权统由一，政不二门，赏罚必信，法令著明，百官修理，威令必行，此霸者之术。王者纯粹，其德如彼；霸道驳杂，其功如此。（《全后汉文》卷十三）

按桓谭上文之所谓王道即是德治；所谓霸功，即是与德治相对的法家之治，也即是当时立国的精神。

杜林《奏谏从梁统增科禁②疏》谓：

> 夫人情挫辱，则节义之风损。法防繁多，则苟免之行兴。孔子曰，导之政，齐之以刑，民免而无耻。导之以德，齐之以礼，有耻且格。古之明主，动居其厚，不务多辟（刑）。……大汉初兴……蠲除苛政……人怀宽德（按此指西汉而言；乃立言时之方便，非事实）。及至其后，渐以滋章；吹毛索疵，诋欺无限。果桃菜茹之馈，集以成臧（赃）；小事无妨于义，以为大戮。故国无廉士，家无完行。至于法不能禁，令不能止。（《后汉书·杜林传》）

按杜林的话是以当时的事实，为孔子德治的主张作证明。历史中像这类的议论，不可胜数。我在这里试作两点结论：

（一）孔子德治的思想，在中国而后两千多年的历史中，尽到了"思想"所能尽的影响；因而在专制政治的历史中，也尽到了补偏救弊的责任。德治思想贯通于民主政治，也要在彻底地民主政治中才能实现。若因其在过去历史中未曾完全实现。即目之为神话，是油漆，这是由于根本不了解理想性地思想，在人类生活中的意义；也是根本不了解理想对现实生活的意义。没有理想的现实，乃是没有照明的漆黑一团的现实。

（二）德治是对刑所提出。德治纵然不能一下子根绝刑治，但它是要由减轻刑治以达到"必世而后仁"（《子路》）的"仁的社会"，即是"刑错"的社会，则是决无可疑的。我真不了解费正清氏何以会把它和

---

① 《后汉书·第五伦传》，《褒称盛美以劝成风德疏》中语。

② 增科禁，即是增加刑罚的条文。

刑罚连结在一起，更和毛泽东思想连结在一起。

费正清氏的错误，假定是来自他学力的不足，那是可以原谅的。因为有许多负有声誉的中国知识分子，对自己的传统文化，也是一无所知，何能遽以之责备一个美国的所谓"汉学家"。假定是来自他预定的政治立场，便不惜故作违心之论，那便是他缺少了学术的良心；结果不仅想害中国，实际上也将先害他自己的国家。中国不论怎样变，决不可能变到殖民主义上去，这是费正清氏，及靠费正清氏吃饭的人，应当弄清楚的。

一个政治家的王阳明
（1979 年 2 月 10 日）

日本九州大学教授佐藤仁、福田殖两先生，约集了二十到二十五位学者，合写一部《王阳明与其时代》，以作为冈田武彦教授的古稀纪念。这里的题目，是由两位先生向我提出的。二十年前，我在《象山学述》一文中曾谈到王阳明，后来深悔立论的粗率。但因年来忙于写其他的东西，未暇专文更正。今藉向冈田先生祝嘏的机会，忙碌中写成此文，以补前过。

一九七九年二月十日于九龙寓所

一

"一个政治家的王阳明"这题目，很容易引起把王阳明是属于现实政治家这一类型，因而有用现实政治家这一类型的人物去加以处理的误解。现实政治家这一类型的人物，在儒家的传统中，与圣贤事业的理想政治家，有决然的分别。第一，现实政治家，其动机多在于满足一己的权力欲望，而圣贤事业，其动机则系出于仁义之心的所不容自己。第二，现实政治家以达到自己之功名为目的，以其政治上之施为为手段。圣贤事业，则以对人民之解悬救溺为目的，而自身并无所谓功名；极其至，如孔子之所谓"舜禹之有天下而不与焉"（《论语》）。所以圣贤的出处与施为，一以仁义为依归。而现实政治家则常揣时度势，求其能出而不甘于处；求其能成就功名而不一定问其是否合于仁义，所以为儒家传统所贱。

《论语》有下面一段话：

　　子路问君子,子曰,修己以敬。曰,如斯而已乎?曰,修己
以安人。曰,如斯而已乎?曰,修己以安百姓,尧舜其犹病诸。
(《宪问》)

在上面这段话中,"安人"、"安百姓"的政治事业,都由"修己"
而出。这便发展为《大学》上的"古之欲明明德于天下者,先治其国;
欲治其国者,先齐其家;欲齐其家者,先修其身;欲修其身者,先正其
心;欲正其心者,先诚其意;欲诚其意者,先致其知;致知在格物……
自天子以至于庶人,壹是皆以修身为本"的一套有系统的思想。在长期
封建与专制政治强大压力之下,士人的人格修养,是决定他在政治中能
否有所作为,及其作为对国家人民有无意义的基本条件;这种对人格修
养所要求的分量之重,不是近代民主政治下的现实政治家所愿意负担,
甚至是所不能了解的。这是把王阳明拿在"政治家"这一角度上加以衡
量时,首先要加以厘清的。

孔子所说的"修己以敬"的究竟意义,和他答复颜渊问仁时所说的
"克己复礼为仁"是相通的。仁是儒家道德精神的总持,即是"修己以
敬"的归结。程明道在《识仁篇》中第一句是:"学者须先识仁,仁者
浑然与物同体"。《语录》又曾说:"满腔子是恻隐之心。"这是上承孔
孟,下启阳明的大学脉。阳明在《答聂文蔚书》中谓:"天地万物,本
吾一体者也。生民之困苦荼毒,孰非疾病之切于吾身者乎。不知吾身之
疾痛,无是非之心者也。是非之心,不虑而知,不学而能,所谓良知
也……世之君子,惟务致其良知,则自能公是非,同好恶,视人犹己,
视国犹家,而以天地万物为一体,求天下无治,不可得矣"。又说:"昔
者孔子之在当时,有议其为谄者,有讥其为佞者……则当时之不信夫子
(孔子)者岂特十之二三四而已乎。然而夫子汲汲遑遑,若求亡子于道
路,而不暇于煖席者,宁以求人之知我信我而已哉。盖其天地万物一体
之仁,疾痛迫切,虽欲已之,而自有所不容已。故其言曰:'吾非斯人
之徒与而谁与'……呜呼,此非诚以天地万物为一体者,孰能以知夫子
之心乎?"由此可以了解,阳明的政治活动,阳明在政治活动中所建立
之事功,皆由其修己之仁,亦即是皆由其致良知之所发挥表现,这是今
之现实政治家所不得而溷的。

现在应进一步说明的是:阳明致良知之教,在际遇好的情形之下,
必发而为政治上的事功,社会上的建树。阳明直承陆象山的学脉。我在
《象山学述》一文中曾指出象山的"治学方法,由义利之辨的端绪下来,

其主要工夫不是落在书册上，而是直接落到'事'上"。"他一说到心，便常说到事"。"书是朱学的骨干，而事是陆学的骨干。象山在儒家精神中加强了社会性，自然也加强了事功性"。所以他在知荆门军任上不过一年零三个月，便卓然有所成就。

阳明弟子钱德洪《刻文录序说》中说："先生之学凡三变，其为教也亦三变。少之时驰逞于词章，已而出入二氏；继乃居夷处困，豁然有得于圣贤之旨。居贵阳之时，首与学者为知行合一之说。自滁阳后，多教学者静坐。江右（阳明时五十岁）以来，始单提致良知三字，直指本体，令学者言下有悟，是教亦三变也。"阳明之学由词章而佛老，由佛老而圣贤。所以钱德洪的"学凡三变"之说，可以成立。但他所说的"教亦三变"，则语意与事实颇有距离，容易引起误解。因为阳明由贬贵阳（三十五岁）龙场驿丞起，直至他五十七岁卒于南安时止，所讲者皆为圣贤之学。他于正德八年（西一五一三）冬十月至滁州，次年五月至南京，即谓"吾年来欲惩末俗之卑污，引接学者，欲就高明一路，以救时弊。今见学者渐有流入空虚，为脱落新奇之论，吾已悔之矣"。自此时起，"只教学者存天理，去人欲，为省察克治工夫"（见《年谱》）。由此可知在滁州多教人静坐，前后只不过七个月的时间，且其性质，仅为一种方法上的尝试，无关教学的内容。与"学凡三变"的性质并不相同。钱氏以之与知行合一及致良知并列而为"教亦三变"，在分量上太不相称。尤其重要的是，由知行合一到致良知，只可谓为阳明思想自身之向前发展，而不可谓之变。他说"知是行的主意，行是知的工夫"，"知是行之始，行是知之成"，又说"知行本体，原是如此"（原是合一的）（《传习录》上）。《传习录》多处提到"知行本体"一词。在提出致良知以后，依然几次提到知行本体。因为他所说的"知行合一"之知，实即指的是"良知"。他所要求的"知行合一"，即是"致良知"。致是把良知实现于事物之上，故"致"即是"行"。而致良知之致，乃良知自身的要求，所以致与良知实为一体。其真实内容，即是知行合一。他强调知行本体是合一的，他在体验上已触到根源之地；但还未完全通彻，而观念上更未能显透，说得很吃力，使听者仍难于把握。等到他体悟到"致良知"三字时，便把知行合一的本体，也可以说是把知行何以是合一的根据，一下子通透出来了。所以我说致良知乃知行合一在体验与观念上进一步的发展，两者之间，不可言"变"。阳明说："吾良知二字，自龙场以后，便已不出此意，只是点此二字不出。于学者言，费却多少辞说。今幸见出此意，一语之下，洞见全体，直是痛快，不觉手舞足蹈。"（钱《刻文录序说》引）正透出了此一发展的艰难历程及其成熟时的精神快慰。

把"三变"之说澄清了，便可当下了解阳明致良知之教，是与"行"与"事"，融为一体而不可分。在有政治机缘时，必直接落实于政治的实际问题上，必直接成就政治上的事功，事功即涵摄于良知之教中，只是触机而见，其间并无转折。他在《答顾东桥书》中有谓"吾心之良知，即所谓天理也。致吾心良知之天理于事事物物，则事事物物皆得其理矣"。"彼顽空虚寂之徒，正惟不能随事随物，精察此心之天理，以致其本然之良知，而遗弃伦理，寂灭虚无以为常，是以要之不可以治家国天下。孰谓圣人穷理尽性之学，而亦有是弊哉。"（《传习录》中）他强调"事即道，道即事"（《传习录》上），强调"其工夫全在必有事上用功"（《传习录》中）。他卒于嘉靖七年（一五二八）十一月乙卯。据《年谱》，在他死的前一个月，在《与聂豹书》中谓"我在此间讲学，只说个必有事为，不说勿忘勿助……其工夫全在必有事焉上用……今却不去必有事焉上用功，而乃悬空守着一个勿忘勿助，济济荡荡，只做得个沉空守寂，学成一个痴騃汉，事来即便牵滞纷扰，不复能经纶宰制，此皆由学术误人之故，甚可悯矣"。由此可知，在事上用工，是王学的真血脉。亦即是良知之教的归结处。

良知是在人生命中的道德主体的发用，此知非一般所谓知识之知。所以他曾说"德性之良知，非由于闻见"，此意首由程伊川透出，而为阳明所承。但他说"良知不由见闻而有，而见闻莫非良知之用。故良知不滞于见闻，而亦不离（各本"离"多误作"杂"，依《年谱》所引改正）于闻见"。"除却见闻酬酢，亦无良知可致矣。"（《传习录》中）是他把良知紧紧扣住知识，这便为良知成就事功提供了不可缺少的智能工具。所以阳明之学，就其精神脉络的大处言，实可谓出自孔门正统。王学末流之弊，出在将良知浮游上去，而失掉了良知乃因事而见，必落实于事，必成就事功的基本精神。前不久，我在台湾《中央日报》上，看到逝世一年多的方东美先生谈阳明之学的一篇遗文，在天泉论道四句话上，发挥得淋漓尽致，文字瑰美，应当算是一篇大文章。但他把王学完全观念化了，完全脱离了事上用工的切义，而只勾画出一幅济济荡荡的虚境。所以凡属方先生这一类型的哲学家，都不能把握到儒家的命脉。幻想与思辨的造诣虽高，在阳明看来，只不过是一个痴骏汉。

二

政治事功的发挥，在帝王专制时代，主要决定于一个人的际遇；而一个人的际遇，又决定于皇帝的昏明和政治学术的风气。中国秦始皇所开始的专制之局，到明代发展到高峰，由黑暗进入到野蛮的程度。而当时以八股取士的是四书的朱注。八股代圣人立言，实皆虚诳之言。八股中所根据的朱注，都是只余糟粕的朱注。这是专制皇帝用以玩弄士人，限拘士人知识与人格成长的一套精神枷锁。阳明奋起倡知行合一之教，与这种情形有密切关系。但不通过此一关卡，以取得进士资格，便根本无进身之阶。并且从宋代起，地方政府的权力，日益削弱，大权都集中在朝廷；而朱洪武废弃宰相制度，设内阁学士勷助皇帝处理文书后，只有取得由六部尚书兼内阁大学士，特准参赞机务的人，才有发挥政治抱负的机会。阳明二十八岁成进士，在京师先刑部，后兵部，充当清吏司主事的下僚。此时的政治志愿，具见于二十八岁时《陈边务疏》，及三十三岁被聘主考山东乡试时所出的试录（即试题）。其大意谓"老佛害道，由于圣学不明。纲纪不振，由于名器太滥，用人太急，求效太远。及分封清戎，御夷息讼，皆有成法"（见《年谱》）。三十五岁时，武宗即位，宦官刘瑾窃柄，南京科道戴铣、薄彦徽等以谏忤旨，逮系诏狱，阳明抗疏救之，疏中要皇帝"扩大公无我之仁，明改过不吝之勇"。疏入，廷杖四十，死而复甦，贬贵州龙场驿丞。三十九岁始升庐陵知县，在任七月。此后直至四十五岁，皆在北京，更多是在南京，担任闲曹，无事可作。尤以南京的官职，不论大小，皆系挂名性质。所以他的事功，只一见于四十六至四十七岁，在赣南任都察院左佥都御史，巡抚南赣汀漳等处，平抚地方寇贼诸措施；二见于四十八岁时平定宸濠之叛；三见于五十六岁时平定广西思田及破八寨断藤峡三大端。五十岁时曾内召赴京，旋升南京兵部尚书以止其行。五十四岁时有不少人向皇帝特别推荐，也置之不理。这除了皇帝对他的信任问题外，也和当时大臣，多属朱子学派有关。总结一句，阳明的事功，仅见于地方变乱的短暂时期之内，既未身当全局，也未尝长期担任方面之寄。可以说，好像龙一样，只能算是"偶向云中露一鳞"而已。

三

阳明时代（成化八年，一四七二——嘉靖七年，一五二八），除由专制所必然引起的皇帝昏庸、宦官及奸邪当路等问题外，一为西北以鞑靼为主的边患，这是阳明十五岁时寓京师，游居庸三关，二十六岁时学兵法，二十八岁时疏陈边务的背景。其次则为西南以苗瑶为主的内忧。其由朝廷命重臣从事征讨的，计景泰元年（一四五〇）夏五月总督侍郎侯琎破贵州苗。景泰六年（一四五五）冬十一月以方瑛为平蛮将军，讨湖广叛苗，至天顺三年（一四五九）夏四月方瑛始大破东苗。天顺六年（一四六二）夏五月都金督事颜彪破广西瑶。成化元年（一四六五）春正月遣都督赵辅、金都御史韩雍讨广西瑶。成化二年（一四六六）春三月遣右都御史李震讨破靖州苗。宏治七年（一四九四）春三月巡抚贵州都御史邓延赞讨平都匀苗。宏治十四年（一五〇一）秋七月，普安苗妇米鲁作乱，命南京户部尚书王式督师讨之，十五年秋七月破米鲁。再就是正德十一年（一五一六）命阳明为金都御史，巡抚南赣汀漳，至正德十三年（一五一八）平定江西苗；嘉靖六年（一五二七）夏五月，阳明抚降田州瑶，七年（一五二八）秋七月阳明平八寨断藤峡瑶。自此以后，终明之世，苗瑶未再为地方大患。

苗瑶之所以成为地方大患，一关系于吏治。吏治朽蠹败坏，为少数民族叛乱之根本原因；一关系于当时之兵制及调遣制度；三关系于善后之是否得宜。

正德十一年，阳明奉命巡抚的范围为"江西南安赣州，福建汀州漳州，广东南雄韶州潮州各府，及湖南郴州"（《王文成公全书》卷十六《巡抚南赣钦奉敕谕通行各属》）等地区。因为此地区"界连四省，山谷险隘，林木茂深；盗贼所盘，三居其一"（同上，《选拣民兵》）。阳明开府后对地方情形了解的透彻，对军事利害权衡的精确；因应以趋赴事功，创制以图谋久远；一隅的规划，实涵有救衰起弊，一匡天下的宏规。至其临阵果决机敏，奇正互用不穷，乃其余事。这是我读他有关的奏疏条议所得的概略结论。知行合一之"知"，乃在现实行为开涉的对象上用力之知，乃与对象连结在一起，由对于对象的观察、分析、综合所得之知，亦即是主观所要求于客观，客观所呈现于主观之知。这比朱子以读书为主所得之知，对行为实践而言，来得更为直捷，更为真切，更为客观。知对问题的把握，即是解决一个问题的开始。行固然要求知，知亦要求行。知的本身即涵摄行。阳明所表现的事功，正是他的知行合一，他的致良知所达到的效果。下面略举数端以概其余。

阳明到任之始，即以"地方延袤广远，未能遍历其间。绥抚之方，随时殊制；攻守之策，因地异宜；若非的确询访，难以臆见裁度"。于是要求所属各级官吏"公同逐一会议"。对下列问题，"近者一月以里，远者一月以外，凡有所见，备写揭帖，各另呈来……务求实用，毋事虚言"。他所要知道的：

> 即今各处城堡关隘，有无坚完？军兵民快，曾否操练？某处贼方猖獗，作何擒剿？某处贼已退散，作何抚缉？某贼怙终，必须扑灭。某贼被诱，尚可招来。……某处或有闲田，可兴屯以足食。某处或多浮费，可节省以供军。何地须添寨堡？以断贼之往来。何地堪建城邑？以扼贼之要害……惟求山川道路之险易，必须亲切画图。贼垒民居之错杂，皆可按实关注。（以上皆见卷十六《巡抚南赣钦奉敕谕通行各属》）

他所提出的问题，即可反映出他全般计划的概略。

中国以农业为主的社会，是非常散漫的。平时既难收教化之功，有事复易招藏奸匿盗之患。所以阳明为庐陵知县时，在许多措施中，即有"立保甲以弭盗"一项。阳明到赣后，"访得所属军民之家，多有规图小利，寄住来历不明之人，同为狡伪欺窃之事。甚者私通峒贼，而与之传递消息；窝藏奸宄，而为之盘据夤缘。盗贼不靖，职此之由"（《王文成公全书》卷十六《案行各分巡道督编十家牌》）。所以他便创造十家牌法，详为规划，对户口作详细的登记，并轮流清查，以"防奸革弊"（同上，《十家牌法告谕各府父老子弟》）。这较保甲法更进一步，盖非如此即不能巩固社会基础，使自己立于不败之地。其形虽似法家，但"自今各家，务要父慈子孝，兄爱弟敬，夫和妇随，长惠幼顺"（同上）之教，仍是一本儒家精神。

当时地方的兵备及剿办的情形是：

> 财用耗竭，兵力脆寡。卫所兵丁，止存故籍。府县机快，半属虚文……是以每遇盗贼猖獗，辄复会奏请兵。非调土兵，即倩狼达。往返之间，辄已经年。糜费所须，动逾数万。逮至集兵举事，即已魍魉潜形，曾无可剿之贼。稍俟班师旋旅，则又狐鼠聚党，复皆不轨

之群……征发无救于疮痍，供馈适增其荼毒。(同上，《选练民兵》)

阳明为打破这种困局，必先由整顿军备着手。乃令"四省各兵备官，于各属弩手打手机快等项，挑选骁勇绝伦，胆力出众之士；每县多或十余人，少或八九辈。务求魁杰异材，缺则悬赏召募。大约江西福建二兵备，各以五六百名为率；广东湖广二兵备，各以四五百名为率"(同上)。这是各兵备官直接掌握、训练，可由阳明随时调遣的进攻部队。再将各县原有机快等军丁，"拣选精壮可用者量留三分之二"(同上)。这是地方官可以防护守截的部队。并"日逐操演，听候征调……本院间一调遣，以习其往来道途之勤。资装素具，遇警即发"(同上)。这是整顿原有地方虚弱之兵，使其化弱为强劲，化虚名为实用的第一步。更将选拣之兵，按照作战的要求，重行加以编制。他说："看得习战之方，莫要于行伍。治众之法，莫先于分数(即今日之所谓编制)"(同上《兵符节制》)。于是把召集(当时称为"拘")到赣城操演的部队，编为伍、队、哨、营、阵、军，"务使其上下相维，大小相承，如身之使臂，臂之使指，自然举动齐一，庶几有制之兵矣"(同上)。制定伍符、队符、哨符、营符，各书士兵姓名，一由率领者保管，一送交阳明军门保管，以期掌握确实，调遣自如。再加以人才的选拔，赏罚的严明，于是阳明创造了一支精练的武装力量，可以随时机动运用。所以他便能打破过去征发土兵狼兵，需时费饷，扰害百姓，而卒不能收清剿之功的窘局，以地方之力，平地方之乱。他开府于正德十二年(一五一七)一月，二月平定漳寇，十月平定横水桶冈诸寇。十三年(一五一八)三月袭平大帽浰头诸寇。百余年的积患，一年之间，悉数底定。戚继光于隆庆二年(一五六八)继创练浙兵之后，复在蓟北练兵，存有《练兵实纪》九卷。不仅练将一篇，实本之儒家思想乃至阳明思想；其练伍诸法，也实以阳明赣南的练兵为先河。戚后阳明约五十年，而又同为浙人，他受阳明的影响，是不足为异的。

地方寇盗平定后，为了长治久安之计，在瓯脱处增设县治；于要隘处，增设巡检司。设立社学以崇教化，举办乡约以安社会。以一隅的举措，具可久可大的规模。

四

一般推许阳明的事功，辄首推他于正德十四年(一五一九)平定宁王宸濠的叛变，他也因此而封新建伯。他在这一役中，于六月十九日起兵于吉安，二十二日由吉安出发，九月二十日拔南昌，二十六日擒宸濠于樵舍。其集兵之速，用兵的机敏果断，遂得于两月零七天中，平定大难。这当然是很突出的成功，但这是一位良将可以做到的。当在危疑震撼之中，见理之明，断事之果，及成功后避嫌远害，险夷不滞于胸中，视功名如草芥，这便不是一位良将所能做到的。他之得以成功，还是在赣南开府时的各种设施所奠定的基础。

他立了擒宸濠的大功后，反而招致皇帝的疑忌，几陷于不测。连江西有功将士，亦抑置不与赏赐。一度内召，又为辅臣所沮。他于是于正德十六年（一五二一）八月归越，时年五十岁。直至嘉靖六年（一五二七）五月，因提督都御史姚镆，合四省之兵，攻广西思田叛瑶不克，遂命阳明兼都察院左都御史征思田。此时阳明五十六岁，患病已深，本不愿冒病复出，疏辞未得允许，乃于九月自故乡出发，十一月二十一日至梧州开府，就其"沿途谘访颇有所闻"者，上疏陈述军事上"倚调土官狼兵"治贼之积弊。次陈述"闻诸两广士民之言，皆谓流官久设，亦徒有虚名而受实祸"，请求"必须存土官，藉其兵方，以为中土屏藩"。并在《与黄绾书》中谓："思田之事，本无紧要。只为从前张皇太过"，"欲以无事处之，要已不能。只求减省一分，则地方亦可减省一分之劳扰耳……欲杀数千无事之人，以求成一将之功，仁者之所不忍也"。阳明本保全民命之心，至南宁时，"下令尽撤调集防守之兵，数日之内，解散而归者数万"，以去叛者疑惧之心。更乘机劝谕叛首"率众扫境归命南宁城下"，七年（一五二八）二月"思田平"。三个月之间，把本来预定要加调大军进剿的严重问题，便这样轻轻地解决了。这当然和他在江西时的恩威并用，诚信公明所培养成的崇高声望有密切关系。他更揭出"蛮夷之区，不可治以汉法"的方针，作以后用人行政的标准。并在思田设立学校，倡行乡约。更告诫地方有关官吏"处夷之道，攻心为上。今各瑶征剿之后，有司即宜诚心抚恤，以安其心。而徒欲……凭藉兵力，以威劫把持，谓为可久之计，则亦末矣"。他要知府、指挥、知县等官，"亲至已破贼巢各邻近良善村寨，以次加厚抚恤，给以告示，犒以鱼盐，待以诚信。……今日来投，今日即待以良善，决不追究既往之恶……为之经纪生业，亦就为之选立酋长……禁约良民，毋使乘机报复"。又将留守之三千军队，不使其屯顿一处，分为六班驻扎，每两月调动一次。而驻扎之地，"必须于城市别立营房，毋使与民杂处，然后可免于骚扰嫌隙"（以上皆见《年谱》）。

八寨断藤峡诸蛮，南通交阯诸夷，西接云贵诸蛮，东北与广西境内诸瑶回旋连络，延袤二千余里，流劫出没，"乃百六十年所不能诛之剧贼"（《年谱》引霍韬等疏中语）。是年七月，因湖广保靖归师之便，乘其不备，分路剿袭，一月之内，悉与平定。更疏请经略事宜，主要为"特设流官知府，以制止土官之势。仍立土官知府，以顺土夷之情。分设土官巡检，以散各夷之党"（同上）。他到广西，本是"力疾从事"。至十月，"病已就危"，遂疏请返越养病，到十一月乙卯，遂于旋里中卒于南安。

统观阳明有关举措，规模远大，而审度精详。既无所拘滞，亦未尝轻率。而肆应曲当，举重若轻，收效迅速，而立基坚实。学士广西人霍韬等，曾上疏谓："前当事者，凡若三省兵若干万，梧州军门费用军储若干万，后从广东布政司支用银米若干万，杀死疫死官兵士兵若干万，仅得田州小宁五十日，而思田叛矣。今守仁不杀一卒，不费斗米；直宣扬威德，遂使思田顽叛，稽首来服。虽舜格有苗，何以过此……"由此可推见阳明全盘的作为。

阳明的事功，皆见于军马局势倥偬之际。但讲学立说，并未以此中断；且其学说之精要，多摅发于受命赣南及广西时期，此观于《年谱》即可得其梗概。应当由此而把握、证明其致良知之教的真实的意义。

论自由主义与派生的自由主义
（1949 年 11 月 16 日）

一

随二十世纪以俱来的世界危机，也可以说是自由主义本身的危机。对自由主义所发生的反动，到一九三九年世界大战爆发，而达到了高峰。及世界大战结束，斯大林一肩肩上了希特勒的双重任务，这一反动更到了历史上从来没有的深度。此一反动所告诉人类的，不仅不曾终止了世界的危机，并且人类肉体生活与文化生活所受的摧毁威胁之大，真是亘古未有。于是人类反省的第一结果，只能迫切的再向自由主义求救。

自由主义能否和过去一样，依然成为人类向上向前发展的根蒂与教条，能否从特务恐怖、放逐奴役、残杀清洗中发挥出解放的光和热，首先就要看现在的自由主义者，能否解消自由主义的危机。假定自由主义没有危机，则二十世纪反动的力量，便失去其生存发展的凭借。

尤其是在中国缺少了像欧洲近七百年来为自由而斗争的一段丰富历史。而近百十年来的社会风气，惯于剽窃名词，不求究竟，以供一己便利之私。自由主义一词，较其他名词，更适于达到此种目的。假定不把环绕于自由主义周围暧昧模糊的旁支曲说，加以廓清，则在当前为国家人民争自由的斗争中，很难有所成就。

当自由随人类意识的觉醒而觉醒时，便有两种很显著的曲说。一种是亚里士多德在他的《政治论》中所引的欧里比德斯"到我所要到的地方去"的话。这完全是以个人的恣意来解释自由。一种是名符其实的诡辩派人物哥尔基阿斯，认为操纵民众，使他人受自己任意的支配，即是真正的自由。这两种曲说，在希腊当时，虽已受到各种攻击，但每当历史发展进入低潮的阶段，这两种曲说，便常适应社会的堕性，利用社会的弱点，采取某种姿态，以占领自由主义的地位。于是自由主义的危机，遂因此发生；而自由的反动，即由此开始。二十世纪的独裁政治、极权政治，分明与哥尔基阿斯有其血缘。而哥尔基阿斯，何尝又不是欧里彼得斯的自然演进？这种派生的自由主义和完成历史使命的真正的自由主义，到底有什么关联？又有什么不可逾越的鸿沟，而能使其朱紫不乱？这是为了拯救自由主义的危机，也是拯救世界的危机，所首须剖析清楚的问题。

真正的自由主义，与派生的自由主义，二者间之关联，第一，都是以个人为基点，与个人主义都结有不解之缘。否定个人，否定个性，便根本没有自由主义。但真正的自由主义，其在文化方面，都是质的、理性的个人主义，也就是人格的个人主义，从个人的理性活动上去认定"人生而自由"。派生的自由主义，则常是量的、利己的个人主义，也就是现实的、动物性的个人主义，常从个人对物欲的追求冲动之力上去肯定"人生而自由"。其在政治经济方面，则真正的自由主义，常是把个人安排于大的秩序之中，在秩序中满足个人自由的要求。而派生的自由主义，则在政治经济中有意无意的只是孤立的个人，常以个人而抹煞了人与人间必不可少的秩序。第二，二者之间，固然都是在求得自由，但真正的自由主义，在求自由的后面，常有其根据；在自由求得以后，亦常另有其归结。而派生的自由主义，则后无根据，前无归结，仅系为自由而自由；仅系为自由而自由，等于仅系为怀疑而怀疑之一样没有意义。并且更深一层去看，二者最根本的分水点，还是在于对人性的观点。把人性还原到一般的动物性之上的观点，也就是唯物史观的观点，则必定为现实的个人主义，必定为孤立的个人，必定仅系为自由而自由，最后只有用暴力把动物性的孤立的个人，压缩在一起，即变为自由的反对物。把人性从一般动物性中区别出来的观点，也就是"人文史观"的观点，则必定为人格的个人主义，必定为秩序关联中的个人。其求自由，必定为后有根据、前有归结的自由。这种自由永远是人类生命的源泉，历史的根蒂。人类历史，永远是自由的自我实现的过程，历万古而不弊。自由主义的具体内容，都实践于历史发展的各个阶段。所以自由主义的定义，只是在历史实践的过程中才可加以规定。上面我对真正的自由主义与派生的自由主义所划分的界限，正是从自由主义的历史实践中抽出来的。自由主义实践的历史，大体上是从文化到政治，从政治到经济，而现在则应该是一个综合的阶段。以下试就历史事实，略加申论。

二

希腊智者团的鼻祖普罗塔哥拉斯，以为人能活动理性，以把握人类共同道德的标准，于是人愈能成其为人，愈能成为更自由的东西。苏格拉底以为能认识宇宙人生根本原理的人，即系自由之人。这都是就人之理性活动的成果上，得出自由的观念。本来人生而为"形气所限"，既有所限，即无自由。只有由理性的活动，以超出于形气之外，能"上下与天地同流"，那当然是一种自由的境界。当柏拉图发现了 Idea 的时候，惊喜欲狂，因为他发现了一层一层的更大的世界，也就是他个人透过了一层一层的更大的世界，而得到自由。马丁·路德，因对于人生罪恶之感，而苦于得不到身心和平。及一旦悟到由信仰可以得生，即因此而获得"良心的自由"的时候，遂生命焕发，跃起而为宗教的改革者运动。这都是由理性活动而获到自由境界的显明例证。

近代自由主义的复苏，是开始于文艺复兴运动。文艺复兴运动，是把人从神的从属地位中解放出来，从封建的从属关系中解放出来；也就是人从宗教从封建关系的压迫中，得到了自由，恢复了人的本位。所以许多人称此运动的贡献，为人的重新发现。但这里所发现的人，有两种类型：一是以力来追求现实的个人，一是以力来追求理性的个人。由彼得拉卡和菩卡绰们所代表的初期人文主义，完全由天国转到地上，由灵性转到感性，因此而从中世纪脱胎换骨，确定了文艺复兴的方向，自有其历史上的贡献。但因为他们一面失掉了但丁坚强的意力与热情，一面复失掉了萌芽时期理想主义的情调，而单纯求个人欲望的满足。公共精神因之堕落。以安稳佚乐，为人生的本领。结果许多人文学者，躲进宫廷中去玩弄空言美辞，以求个人生活的满足。在这种情形之下的自由，可谓完全失掉了生命，失掉了意义。文艺复兴，要作为一个运动来完成他文化上的使命，决不能停滞在这种现实的个人之上。所以从十五世纪中叶到十六世纪初头，盛期的文艺复兴的性格，大体上是以理想主义调和现实主义，以理想主义推动现实主义的向上。这时期的个人，都是要求以其自身之力，把个人昂扬到理想的伟大地位。把古人伟大的个性当神来崇拜的风气，盛行一时。这可以说是在人的企图与方针之下，来实行人的神化。叩最那斯答复神与人的关系说："你是你自己，所以我（神）将成为你的。"这意思，就是说明神即存在于人的自由活动之中。费栖纳受此说的影响，便认定人能自觉自己的神性，便同时消除了人对世界的不信任，而人与世界，乃同时向上。所以人与神、与世界，是完全一致的，而人被置于中心的地位。比可·密朗哥拉则说："若是人应该停止于某阶段上的某一场所，则人的自由，全被否认了。由世界创造所创造出来的东西，都给以一个限定的存在。意志与行动，都安置有某种的界限。仅仅人能破除这种界限。人有能超越有限境界的新的力。"比可以为神把万物创造出来以后，把万物所共有的一个性质的形象，来创造出人来。所以人包含一切的差别，置于世界的中央，不与以何等固定的地位，而与以根据自己的决心与愿望，以选择其地位、形态与能力的力。人可以昂扬到神，也可以堕落为动物。于此而认定人的自主与自由。即代表静的一方面的艺术家们，也都是把完全的理想的发现，期待于个性完成之上，期待于个人的可见的形相之上，以作其美术的表现。所以文艺复兴的主流，是否定了人对神的从属地位，但并没有否定神，而是要求人神合一；否定了宗教对人性的压迫，但并没有否定宗教，而是要把超越的宗教，变成内在的宗教。可见代表文艺复兴盛期的个人主义，都是理性的个人主义。由此理性的个人主义，遂一转而为宗教革命，再转而为政治革命，下开欧洲近数百年来文物之盛。到了文艺复兴运动的末期，在意大利本土，崇高的理想的色彩又一扫而空。盛期所完成的理想的典型，至此亦都化为乌有。而完全成为赤裸裸的现实的个人主义，也可以说是动物性的个人主义。由这种个人主义所蕴蓄的野兽一般的力，向前冲击，遂以牺牲他人，成就一己的伟大；压迫他人，成就个人的自由。于是这种现实主义的个性发挥，在政治上转化为意大利本土的各小专制诸侯；在全欧洲转化而为十七世纪各国的暴君。在经济上转化为同一时期前后不惜以海盗行为、欺诈残虐手段，疯狂的追求财富者，形成前期资本主义的资本蓄积。在文化上，过去以追求理性，追求自由的人文主义者，至此亦一变而为彻利尼、阿利提诺们以无拘无束为自由的变态生活。一则以任性杀人为快意；一则以辛辣的冷嘲热骂，博生活之资。人凭动物本能的冲动，所发挥的对物欲追求的自由，不可能有调节，不可能有和平。这种自由的本身，就是代表一种大的危机，就含着自由的反对物。派生的自由主义，在这里可以看出他的根源。欧洲今日的危机，在此处可以得到线索。文艺复兴运动发展至此，便不能不转移空间，转变形式；而其发祥地的意大利，反不能不归于荒废了。

三

派生的自由主义，在政治上所转出的暴君，依然只有诉之于真正的自由主义以求得解决。而文化的自由运动，必客观化于政治的自由运动，乃有了着落，有了实际。于是十七八世纪的政治革命运动，便以宗教革命为桥梁，继文艺复兴运动而兴起。

以自由为内容的政治运动，开始于英国。一六八八——一六八九年的光荣革命，为其初步的成果。米尔顿的"我们要有自由，要有求知的自由，要有说话的自由，要有随自己良心而议论的自由"，霍布士的要有"买卖的自由，衣食住的自由，职业的自由，子女教养的自由"，洛克的"在自然状态下的各人，互相契约的加入一政治社会，将自己置于一政府之下，其最大目的，在于保障各人的生命、自由及财产"，孟德斯鸠的"人民的政治的自由，系指能确信自己安宁的平静心境而言。为得到此种自由，须改造政治组织到国家内任何人不须恐惧他人的程度"，密尔的"使存在于社会内的聪明与正直的一般标准，及贤明的个人的知识与德性，可以直接作用于政府之上"，斯宾塞的"各民族系由人类的多样性所成立，人类全体的福祉是由最良的多样性的繁盛与扩大所成就的"，大概可以代表此一运动的内容。而议会政治，为此一运动的最大成就。自由主义，因议会政治而具体化、体系化。

就上面的内容看，此一阶段的政治自由运动，毫无疑义的，都是以伸张个人，发展个性为目的。但政治自由的个人，一方面是有血有肉的各个之人；同时也是嵌入于大的共同秩序之中，对共同秩序，直接间接负责任的个人。为了获得个人的自由，在消极方面，总要不妨碍共同的秩序。在积极方面，总要为了建立公共秩序而肯定法律、国家，及与自由好似相反的国家权力。除了诗人密尔顿在十七世纪前期高调"若使我在法律与行为自由中选择其一，则予将选择行为自由"以外，几乎没有一个自由主义者，不是在自然法中，一面求得自由的根据；一面从自然法中，转出法律的根据。所以法治是近代自由主义在政治上的另一成就，与议会政治相辅相成，成为民主政治的两大骨干。当时大概认定自然法是"人类普通所存在的理性的法则"。自由的根据既在自然法，则自由的后面，已经存在有一个共同的"行为的最高准绳"。而各人的自由，自然在一个共同秩序之内。所以霍布士以理性——自然法——的第一命令为努力，以和平达到各人的自然权。而第二命令，则为限制相互间的绝对自然权。第三命令，为令履行自己所为的契约，而斥"对于他现在享乐的自由，而更呼吁与以自由，乃背理之甚"。洛克说："虽然是自由的世界，但决非放恣的状态。……盖自然状态中有自然法。"而此自然法是使人"各自保存自己，并努力保存他人。"卢骚是反对一切外部的干涉，富于破坏性的人物。但他在《民约论》中说："社会契约的骨干是这样的。即是各人将其人格及全权委之于普遍意志的最高支配之下。各人的代价，是取得构成全体的构成员的资格。"他以法律为"普遍意志的表现，这是使各人能得到更大自由的行为的规范"。而密尔顿的《自由论》内说："人类生活于社会的这一事实，使各人对于其他各人，不能不守行为的某种准则。这种准则，第一，不侵害相互利害。……第二，各人为防护社会，对于社会须贡献必要的劳力与牺牲。社会保有强制执行这些条件的正当权利。"上面的例子，在每一个真正的自由主义者而非虚无主义者之间，从没有把个人和社会对立起来，也没有把个人从社会中逃避出去，而都是以个人的自由促进社会的进步，以社会的秩序保证个人的自由。亚里士多德在他的《政治论》中，将希腊人与欧洲人及亚洲人作一对比，认为前者富于气力而缺乏智力，后者富于智力而缺少气力，故二者不能形成 polis，皆未能十分自由。希腊人位于二者之间，兼二者之长，能形成 polis，故能十分自由。所谓 polis，即是一种生活的协同体，也就是所谓都市国家。人类只有在生活的协同体中忘记了人我的对立，才能享到自由，也和鱼相忘于水，在水中才能享到自由一样。而且在政治自由运动的阶段，几乎都是以自然法为根据，也就是以理性为根据。则政治内的个人，其所以能建立于秩序之中，依然因为他是人格主义的个人的原故。以人格主义为基础的政治，自然是把自己和他人都作为人去看待的政治。这种政治，一面须要自由以发展成各人的个性，完成各人的人格；同时个性向理性的发展，也是理性对个人个性的融和，对他人的尊重。于是自由与平等，在政治上便能结合起来，而成为一个东西的两面。在自由与平等的基础之上所成就的民主政治，便能融合理想与现实于一致，个人与社会于一致，划一与差异于一致。取决于多数，而同时保证少数。多数党执政，而少数党依然有反对的自由。反对尽管反对，但并不想动刀枪，作暗杀。而遇着国家生死关头，大家尽管行动缓慢一点，但终会凝结一致。儒家"万物并育而不相害"的观念，在民主政治中实践了。我们有什么理由，否定民主政治为人类政治生活中最美最好的方式？

四

自由主义发展到经济方面，情形为之一变。近代经济的发展，是立基于现实个人主义之上，已如前说。而自由主义经济的理论，和自由主义的政治理论，在情势上亦大不相同。自由主义的政治理论，是以理论去改造了政治，可以说是主动的。而自由主义的经济理论，则是以理论去追认经济的事实，对经济的事实，与以合理的解释，与合理的期待，可以说是被动的。自由主义经济理论的巨著《国富论》，出版于一七七六年，虽仍立足于自然法之上，但他的真正发生影响，则在一八二六年以后，已经是功利主义盛行之际。功利主义，不将道德与价值的标准，置之于神或理性之上，而置之于人的幸福之上。在经济方面的幸福，当然是经济利益的追求。古典的经济学者们，认定个人自由追求经济的利益，可以生出社会的调和，增加全体的利益，与国家的财富。连英国的实际政治家如科布登及布来特们，也常以统计数字，证明英国的劳动者，因自由放任政策而受了大的利益。这一方面是说明自由主义的经济，在理论上，依然是以个人与秩序的一致为其前提。在此前提之下，附加上一张合理主义的图案。而在产业革命破壳而出的当时，尤其是针对着封建束缚依然存在的前后，例如英国取消谷物条例的前后，社会情势，也可以与这批古典经济学者们以这样的乐观与自信。但另一方面，则在功利主义根据之下，追求经济利益的个人，不能不渐渐脱离人格（personi）的性格，而变成为经济人（homo-economics）的性格。不是具有自律意志的具体之人，而系专门计算货币的假想的人。主张这种人的自由竞争，已经从人格尊严所生出的自由主义变了质。而这里的所谓自由，不复是个性的解放，乃是资本蓄积的解放，因此而人束缚于资本之上，因此而人从属于物。人变为物，而完全"物化"。物化了的人，是失去了人与人互相感通的动物性的人。只有人格性的个人，才能自己建立自己的秩序。在经济内的个人，既是动物性的个人，便不复能在经济中建立经济的法治精神，和经济的议会制度，以保证古典学派的学者们所预想的由自由竞争而来的社会秩序。而经济自由发展的结果，变为资本独占的自由反对物。于是新自由主义，乃至德国赫克勒们所倡导的社会的自由主义，遂应运而生。而边沁所期待的"最大多数的最大幸福"，也只有转为社会立法以求其实现。这都是想以政治的秩序，来建立经济的秩序。固然也收到了相当的效果，但多出于被动的补救的意义。要完全解决问题，当然还要另找自由的源头，作更大的努力。

由上所述，可知世界的危机，自由主义的危机，其根源都在经济方面。由经济的危机，渗透到政治方面，遂引为政治危机。于是使人以为民主政治与资本主义，是一个东西。因怀疑资本主义，因而怀疑到民主政治，怀疑到自由主义。不知近代的政治与经济，是在两种不同的个人主义的基调上发展起来的。以人格的个人主义为基调的民主政治，我们可以称之为自由主义的政治。以现实的个人主义为基调的资本主义经济，我们只能称之为派生的自由主义的经济。要根本解决经济的危机，不是在经济中取消自由，而是要在经济的自由中，取返人格的个人主义的基调。要使个人在经济中的自由发展，不是为了资本的蓄积，而是为了人格在这一方面的完成。以人格的本身，来发生调节协同的作用，因此而建立经济中的民主。更因此而将文化、政治、经济的自由主义，从人格主义的一个根子上溶为一体，而出现一个综合的自由主义的时代。我称这一时代为"自由的社会主义"。若针对政治上的左、右两极端而言，又称为"中的政治路线"。我的朋友庄遂性先生，提出"自由联合"的概念，我觉得也很可值得欣赏。

本来正统的社会主义，其动机都是出于人道主义，将资本主义的病态，诉之于人类的理知。其方式都是想通过民主政治，以诉之于人类理智自觉后的自由选择。虽然他们很少意识到这应该从文化的人格主义出发，但大的方向，都是人格主义的。一到马克思，便完全只承认现实的个人，动物性的个人；否定个人与个人间，可以通过理性以相通相感，而把社会分为两个不可逾越的对立阵营——阶级。在对立的阵营中，只有你死我活的斗争。因为是斗争，所以不仅否定了经济中的自由，同时更否定了政治、文化方面一切的自由。他们剥去黑格尔的神秘外衣，实际就是剥去人从动物中别异出来的文化，而还原到完全的"物"。人既是一般的物，这中间当然安置不了人格主义，安置不了自由，因而不能不否定人格主义的正统文化，以及受此正统文化影响的社会主义。所以马克思虽不曾完全否定民主政治，甚至恩格斯的晚年，承认了民主政治，但民主政治后面的根子被否定了。在他们的基本概念上，人已经不是人，人没有所以作为人的特性，顺着此路发展下去，他的子孙们，自然会完全否定民主，否定自由，实行刍狗万物的恐怖独裁的大悲剧。自由主义在经济方面所发生的危机，本是现实性、动物性的个人主义的产物。马克思更袭取社会主义之名，而将社会主义完全置于唯物史观之下，也就是完全置于动物性的个人主义之下，这可以说是以暴易暴。一般动物性的人，也和一般动物一样，既没有思想，自然没有思想自由，因之也没有个性，没有主动，而人家只能站在等面包吃的固定行列，听候动物性的超人们，在残杀恐怖中，作动物的调教改造了。我们由此可以明了，资本主义和马列主义，表面上是两个东西；但藏在后面的却是同一个动物性的根子。所不同的只是资本主义以动物性而破坏了民主政治，亵渎了自由主义；马列主义以动物性而完全摧毁了民主政治，撕灭了自由主义。

五

自由系针对不自由而言。大凡一种东西，能够构成权威，以强迫人去接受，都有他的一套说法以为其根据。为了要从这些东西的压迫中解放出来，以获得自由，首须要为获取自由找到根据，以击破压迫者所凭借的根据。仅仅为了自由而求自由，则对方可拿另一观念以打消自由的观念。例如对共产党而要求国家的自由，他便拿国际的理论来打消你。对共产党而要求政治的自由，他便拿阶级的理论来打消你。对共产党而要求人权的自由，他便拿革命手段等理论来打消你。而所谓国际、阶级、革命手段等的后面，又都有其一套总的说法，如唯物辩证法等。故仅以生活的不自由而要求自由，站在一般受压迫的人民说，当然是如此。但站在对一般受压迫的人民负责任的领导层说，则是不够的，因为这不能发生力量。所以在争取自由的后面，总要有——其实也一定有——争取自由的根据。文艺复兴时代争自由的根据，为转用古罗马学者所用的人性（Humanitas）。人性为那一时代新人们的金科玉律。十七八世纪争政治自由的根据，大抵是自然法。"回到理性，回到自然法"，为十六世纪后半期起一直到法国大革命时代的许多自由主义者的共同目标。因为自然法是"理性最高的命令"，而个人自由是自然法所规定；暴君违反人权，便是违反自然法。自然法的命令，比暴君的命令高得多。拿自然法去打暴君，当然理直气壮。十八世纪以后经济自由的根据，在先依然是自然法，以后则为功利主义。而功利主义之所以能够成立，系以合理主义为其蓝图。假定自由的根据发生动摇，如经济后面的功利主义发生动摇，则自由的敌人，必乘机而起。所以自由主义者，必须不断的追求新的更高的根据。这种追求的本身，也就是自由主义不断向更高阶段的发展。不追求自由的根据，而仅从自由上主张自由，这是证明自由源泉的枯竭。自由便失掉了推动的力量，而不能形成一个运动。米尔顿对自由的要求，最为激进。但他说："人类是神的形象，所以本来是自由的。""神规定以色列人的食粮，时常与以常食的三倍"，以此证明"神准人有选择的自由"。这种论据，在现在看来，都非常可笑。但米氏为了要求得自由的根据，不惜把此一根据，放在神的身上，以抵抗当时的暴君，其用意所在，则无可非议。

自由对待不自由而言，乃有其内容。一旦不自由的对象消除，则自由亦失其积极意义，而归于空泛，另一不自由之事实，反可迭代而起。所以必须把自由归结到一个具体的目标之上，自由乃有其积极的作用，乃有其具体的轨范。有轨范的自由，即系不容许种种罪恶，假自由之名而行"自由"。自由对待不自由而言，则自由固然是目的。但自由对待其归结而言，则自由又系一种手段。文艺复兴时代，人性解放的目标，是要归结于人成为世界万物的纽带，综合宇宙一切的要素于人的身上，使人上到神的地位。政治自由，大概的说，是要归结于保存自己，保存他人，建立和平秩序的自然法的命令。而经济方面，乃在"最大多数的最大幸福"。自由之可宝贵，乃在可以促成人类无限的向上。此种无限的向上，随历史的演进阶段，而必赋与以具体的内容。能把握住此一阶段之具体内容，则自由自亦成为有具体内容的自由，成为能解决历史课题的自由，以维系人类对自由之向往，使自由之自我实现，有其轨范，而永远成为推动历史的力量。后无根据，前无归结，为自由而自由的派生的自由主义，其本身即系人类堕性的表现。历史上出现此种人物以占领自由主义位置的时候，即系自由主义开始荒废的时候。并且有根据、有归结的自由主义，必系根于理性的人格主义。因为理性即是根据，理性亦必有归结。失掉理性的现实的个人主义，其本身系块然一物，没有向上的能力，自然不可能，也不感到求得根据，得出归结。

或许有人认为历史上作为自由根据与归结的东西，从"学"的立场上看，常是不完全、不正确的东西，则又何必为自由主义画蛇添足？殊不知人类之求根据求归结，乃人类不断向上的表现。吾人于此，乃可认取自由之本质与需要。在向上过程中所得之某一结论，从以后去看，是不完全、不正确的。但就当时满足向上之要求的这一点而论，则是完全的，是正确的。且以后之所以能觉其不完全、不正确，正是人类理性自由活动而不断向上之明证。故吾人尽可信任此理性自由活动之不断向上而解决之。岂可因此而将自由停止于一空旷之空间？此空旷之空间，即为一固定之平面，即系自由之反对物。

六

关于自由主义在中国的问题，也愿在此提出一点简单的看法。

自由的观念，必始于人的自觉，必始于人在自然中，在天国下，有其独自所以为人之自觉，而后自由的观念乃可以浮出，乃感其迫切的需要。所以欧洲的自由观念，系开始于希腊"人为万物的尺度"的政治启蒙时代，而再涌现于文艺复兴的人文主义。中国在西周开国之初，即把文化从以鬼为中心（殷人尚鬼）而渐渐转向以人为中心。这种趋势，到孔子已经加以确定。所以孔子是"敬鬼神而远之"，"子不语怪力乱神"。既以人为中心，便首先须从人性的向上方面去发现"人为万物之灵"的"灵"，发现"人之所以异于禽兽者几希"的"几希"。而对此"几希"，对此"灵"，负其所以为人之责任。于是自由精神，便在文化领域中，成为道德的自由意志，而肯定人格的尊严。此即所谓"为仁由己"（"由己"即由自己，由自己之倒语即为自由，即自由意志）。孔、孟的"有杀身以成仁，无求生以害仁。""三军可夺帅也，匹夫不可夺志也。""杀身成仁，舍身取义。""富贵不能淫，贫贱不能移，威武不能屈。"这都是儒家一贯的基本精神；也就是自由在文化领域中，通过个人的人格主义的最高表现。同时文艺复兴时代对人性的发掘，要把人昂扬到神的地位，无形间依然是人与神为二，因此而便不能不重新肯定宗教。但中国则是由尽己之性以至与天地参，天地并不在自己之性以外，即不须在自己之性以外，去找满足人"归依无限"之要求。所以儒家不否定宗教，亦不需要宗教。另一方面，文艺复兴，因系起于对中世纪精神统一的反动。他必须从中世神的统一世界中分裂出来，而人性始见，故分裂之意义特重。于是在人的理性向神的昂扬中，只是顺着各个人的人性，一直向上。虽说要综合万物之要素于一身，但此万物要素之间，既看不出共同的根基，因之也看不出共同的关联，而只成为一种因杂多而落空的概念。由此而向上去追求，内在的神依然要还原为超越的神。由此而向下降落，理想的人生，依然是落在孤怀绝世的各个的个人之上。人不能在孤怀绝世中安排自己，也不能在孤怀绝世中解决问题。于是意大利本土的人文主义，便不能不很快的一面转向宗教的良心自由，一面转向浪漫的自然主义。依然要把各个的个人，在上帝与自然上，连结起来，这可以说是人文主义本身的失败。所以民主政治，不能直接从人文主义转出来，而须要从良心自由与自然法中转一次手，其原因正在于此。但中国人文主义的确定，则精神的统一重于分裂。所以"能尽己之性"，"则能尽人之性"，"能尽物之性"。而儒家的性是以"仁"为其内容，由仁的观念而把人与物涵摄在一起。个人道德实践的尽性，不仅是对自己负责，同时也是对人、物负责。于是个人应尽性于人伦日用之间，同时即应尽性于政治经济之间，因此而以个人为基点的理性主义，必客观化于国家社会之上，而具备民主主义、社会主义的精神。所以儒家的政治思想是民主主义，经济思想是均平主义。《春秋》张三世之义，《礼运》揭大同之的，都是顺着儒家的尽性的自然归结。由此我们可以了解自由主义，只有在儒家的人文精神中，才可以得到正常的发展。

但儒家并没有在中国建立起民主政治和社会主义。也就是说中国的自由主义，并没有能像欧洲十三世纪以后，勇往直前的自由斗争，因而便不能像欧洲的自由主义，很显著的担当了历史使命。这种原因，约可分为二点。

第一，一切的理性主义、人格主义，都是以人性之善为基点。但战国时已有以"水无分于东西"来言性，而儒家的另一巨支荀子，便直截说"性恶"。荀子说性恶，固然是重在文物制度上（礼）去矫正，但一转而便为韩非、李斯的法家（韩、李皆荀卿弟子）。这种法家，实在可以说是近代极权政治理论的前奏（黄冈熊先生有《正韩》一文，论之甚详）。法家与道家一脉相连，亦以道家将人性视为一般自然之性，并须顺此自然之性（老、庄法自然），因而看不起礼义忠信的道德，无形间便否定了异于禽兽的"几希"。既否定了人之所以异于禽兽之"几希"，则人亦仅系求食的禽兽之一，于是"天地不仁，以万物为刍狗"之观念，得以成立。万物既是刍狗，其本身便无精神、无意志、无价值，也无主动性。所以为安排这种刍狗求食要求的政治，便不可能走上民主政治。中国从汉以后，道、法和儒家，在政治上纠结不清，甚至可以说道家、法家在政治上发生的作用更大。儒家的基本精神，没有得到顺利的发展。

第二，自由的对象为不自由，所以争自由是对不自由的一种斗争，是从不自由的一种解放。这是理性的"力"的活动。所以文艺复兴所发现的人，必须是一种"力"的人，一种"动"的人。但丁被推为文艺复兴的先驱，不仅因为他《神曲》中的亡灵，许多不能忘记自己生前的名位事业，而希望自己的姓名被人记住，表示人已经从中世完全从属的地位中，要求独立的存在。更重要的是，但丁《神曲》中所表现的勇迈热情，为开明时代，争取自由，所必须具备的条件。但丁在地狱门口，安置着生前不为善、不为恶的无为人士的亡灵，但丁遵照他老师的指示，不屑与此等亡灵谈话，而只投以轻蔑的一瞥，正系此种精神的表现。文艺复兴盛期的精神，可以分为动的与静的两方面。代表动的这一方面的，如比可·密朗哥拉们，都是把人从"动"的、从"作为"的上面去看人生，去确定人的地位。从能够动、能够作为上面去证明人是生而自由，须要自由。欧洲近数百年来文化、政治、经济的自由斗争，都是此一"力"的、"动"的精神的继续发展。初期儒家，也一样的是乾元刚健，至大至刚，以"力"来实践理性，理性亦表现而为"集义"之勇与力的，但后来受道家、佛教阴柔虚寂的影响，作为人追求理想之力，渐渐的消失了。宋儒重新提出了儒家的人性，恢复了儒家的人格主义，但在道、佛影响之下，不曾恢复儒家固有的刚健精神。由主敬主静，而流于拘谨。于是自由精神，除了向内成就其人格主义外，不能向外在政治经济上，发挥积极作用。于是中国历史上便出了许多玩世的名士和避世的隐士。名士、隐士的冷眼和独善的态度，这是派生的自由主义在中国的一个形态。与其说他是代表自由精神，不如放在地狱的门口，去受但丁轻蔑的一瞥，以减轻真正自由精神的障碍。

以上是说明中国的历史文化，是蕴蓄有丰富的自由精神，有比欧洲更高的自由精神的根据。就中国自由精神的根据，推出一个自由中国的远景，使数万万人民在精神上得到具体的内容，因而得到积极的动力，这是中国知识分子当前的历史使命。只有这样，才有资格谈自由主义。同时，也使一面骂共产党不自由，而自己又害怕自由主义的人们知所愧耻。

从现实中守住人类平等自由的理想
（1953 年 1 月 1 日）

最近读了两篇朋友的文章，觉得有几句话想说。一是唐君毅先生的《自由、人文与孔子精神》（《民主评论》三卷二十、二十一期）。此文会通中西自由观念，体大思精；并认为自由权利思想，本为中国之所无所短，不作丝毫附会；且根据孔子之真正自由精神，以指出"孔子信徒，仍必反对一切极权主义"。这都足给今日用剽窃依附来谈中国文化者以一顶门针。但我尚引为不足者，唐先生认自由权利，必以依托于"文化活动"为其价值；这种说法，对个人而言，固无不可。然自由权利，乃就社会中之各个人来说的。以社会中各个人的立场来争取自由权利，其本身即系一绝大之文化价值，而不须以另一文化活动为其价值。社会中各个人之自由，与一个人精神上、道德上之自由，乃属于两个方面，而不属于两个层次。等于"老者安之，少者怀之"，"老者可以衣帛食肉，黎民不饥不寒"，此事之本身即具备一自足之价值，与"食无求饱，居无求安"，全系两方面的问题。把两个方面的问题，看作两个层次的问题，无形中便使自由权利因从属于另一层次而落空，这便容易发生流弊。我曾以此意请教于唐先生，承来信说，这是由于他文章之不够善巧，其本意决非如此。

另一篇文章是戴杜衡先生的《从经济平等说起》（《自由中国》七卷八期）。戴先生对经济学的湛深地研究，非像我这种门外汉可置一词；而戴先生主张以经济自由来维护政治自由之用心，尤为本人所心折。但我认为戴先生这篇大作，实可发生与戴先生所期望者相反的作用。爰把个人读后的感想，拉杂写出来，以就正于戴先生及关心此一问题的人士。

一

我首先认为以人间为对象所标出的任何主义，都是为了说明人间所发生的问题，解决人间所发生的问题。凡就现实问题所提出来的主义，其本身只是一种权宜的说法，相对的说法。离开主义所依以成立的现实问题，仅把名词当作一种纯概念的东西，而将其绝对化，再由这种纯概念的演绎，以求代替实际的人间，改造实际的人间，则任何主义，都会成为杀人的绝对主义。政治经济，都是人间之事。谈政治经济，总要先了解承认现在有些什么问题，面对现在的问题去衡量各种思想和主义，而不必先坚持我是信仰或反对什么思想或主义。

其次，人类的理想，也可以说很早便由古代的哲人、宗教家，以简单的词句揭示出来了。但同样的词句，在每一时代都可发现或赋与以新的内容；而最好的时代，也不曾实现了一个完全的理想。任何理想，在现实中都是一点一滴的在相对中去实践。我们万不可因其为一点一滴的实践，因其系相对而非绝对的实践，便将全部理想加以抹煞。不然，便不能肯定任何指导人生的理想。

一七八九年由法国大革命所提出的《人权宣言》，其自然法的思想根据，虽有许多值得加以修正；其新兴市民阶级的社会背景，虽仅有一历史阶段的意义；但它以"普遍的形式"所表达出的"人生而有自由平等之权利"的词句，经过近两百年的周折变化，证明它还是指导人类前进的理想。自由与平等，在某些地方是表现为不易调和，但从整个的看，却又表现为不可分割。

当十六世纪，因"我的自觉"而鼓励了人们世俗的要求，因地理的新发现而鼓励了冒险家对财富的追逐。此时的新兴市民，要从僧侣与贵族的特权中获取追逐财富的自由，于是在伦理上，一反中世纪同情穷人的道德观念，而代以"财富本身即是道德"的观念；在政治上，则援助国王去打击僧侣、贵族，以助成中央集权的近代君主国家之成立。此时的市民阶级，不仅不曾考虑到整个人类的平等问题，连它自身也只要求在经济上有自由，并不曾明确意识到政治上之平等不平等；他们宁愿为了解除僧侣、贵族对追求财富的限制而拥戴一专制的君主。但事实上，政治上没有平等，经济的自由也会落空。于是乃不得不转进一层向专制的国王进攻，这才真正揭开了近代民主革命之幕。

民主革命，是市民阶级联合当时之农民及无产者共同进行的。市民阶级与农民及无产者的连接点，为法律前之平等，即政治上之平等。一般的说，当时并没有真正浮起经济平等的观念，但法国大革命刚告成功，一七九二年，丹格来在国民会议提出宪法时的报告说："由有产者所统治的国，才是真的市民社会；由无产者统治的国，是停止在自然状态。"塔氏（Tohn Tay）也同样的说："国家应由所有者统治之。"于是此一革命的结果，资本家有结合团体之自由，而劳动者的团结则视同大逆不道。连劳动者的选举，也经过长期斗争，即在欧洲民主国家，也到十九世纪的最后三十年才得实现。这一事实，是说明了不平等的经济造成了不平等的政治。不平等的政治，亦即是没有自由的政治。

这中间，还有理论上的一段插曲。渐有近代教养的市民，决不能迳情直遂的采取"我富你应穷，我活你该死"的说法。于是亚丹·斯密斯便说："由自然底自由底单纯体系，人在经济生活中，一面互相激烈竞争，一面由看不见的手，促进各人始料所不及的一个目的。"此目的，意即指社会全体之福利。私人财富之增加，即社会福利之实现，这便是自由经济的中心理论。英国在十九世纪之末二十世纪之初，财富的光辉照耀了整个世界。但据 Charles Booth 及 Bowntree 在一八八九年第一次所发表的私人实际调查报告，伦敦百万人口中，有三分之一以上的人们，过着悲惨的生活，尤其是儿童。当时有的资本家说："自然既是不正义的，则社会也没有正义的存在。不正义与不平等，从摇篮便给与我们的。"（见因·勒·邦的《社会主义心理学》）这与戴先生大文对穷人的说法，"与其怪人，不如怪天"的说法，恰是东西一辙。但事实并不因此说法而告解决。一九〇九年英自由党的财相乔治（Lloyd George）在下院提出了以征收累进税、奢侈税、遗产税为中心的"斗争预算"，慷慨陈词的说：要于三十年间，"消灭悲惨不洁的穷困"。这是证明亚丹·斯密斯这一类的乐观说法之破产。

上述这一情势，即是产生十九世纪五十年代后，以经济平等为中心的一串努力争取经济社会立法的历史背景。经济平等口号的提出，并不是来自某一社会主义者的灵感，而是来自百十年无数劳动者悲惨的生活。十八世纪"人权"的基本信念，在大多数人中间因生活安全失掉了保障而受到损伤。但他们并不是如戴先生所说的都是白痴或懒惰者。

自由经济在经济发展过程中所尽的任务，无人加以否认。但英国政府正式完全采用放任自由的学说，是始于一八四六年谷物条例之废止。

可是在一八三六年，即通过最初的工场法，以保护自由契约下的儿童。时至今日，世界没有一个国家能完全采取古典经济学者的自由放任的原则。凡主张对自由经济加以修正的人，归纳起来，其动机有三：第一是站在人道的立场，人权的立场。除了"自由人权"以外，二十世纪不能不加上"生存的人权"，于是国家在经济社会方面，不能不采取若干积极性的措施。联合国于一九四八年除共产党集团外，由四十八国所通过的《世界人权宣言》，即系代表自由人权与生存人权之结合。第二是因自由经济所发生的无政府状态而容易引起恐慌及浪费，于是须采用相当的计划经济以资补救。如最近西欧六国所采用的许曼计划，即是眼前之一例。其最重要的还是在第三点，要以经济的相对平等，来维护人类的民主自由。伯卡（Carl L. Becker, 1873—1945）在其一九四一年出版的《现代民主主义论》中说："通过教育与学校，庶民对于其应有之权利，对于以自己团结之力拥护自己的权利，已经有了觉悟。现代任何文明，对于其受益者或对于后世，纵有如何的光辉和快适，但若不能满足庶民的生活欲望，则庶民因其有破坏其认为不值得保存的东西之力，而可将其加以打毁。民主主义终极的任务，或系在于辉煌文明之建设；而其当前的任务，则在于以何种情形，使自己能生存下去。其关键端在于能否牺牲许多自由中的若干自由，能否牺牲文明许多快适中的若干快适，以提供庶民不可缺的物质的必要物。"英国托勒教授（R. H. Tawney）于一九三一年出有《平等论》，拉斯基教授于一九三三年出有《站在危机的民主主义》，E. H. 卡教授（E. H. Carr）于一九四二年出有《和平之条件》；美国杜威博士于一九三〇年出有《个人主义论》，一九三六年出有《自由主义与社会行动》。他们除了拉斯基晚年外，都不是社会主义者，但都是想修正自由主义的经济，争取相对的经济平等，以守护民主自由。

综合当前思想界与现实的大形势看，都是努力如何使自由与平等相调和，以自由保证平等，以平等保证自由，重新奠定民主主义的基础。诚如戴先生所说，没有一个社会主义者主张绝对的平等；但这也正如主张自由的，不可能主张绝对的自由。法国《人权宣言》中以"不害及他人"为自由的界限，这是很宽而又伸缩很大的界限。这即暗示自由是相对的，而非绝对的。我们没有理由因为只能实现相对的自由而否定自由的理想；同样的，我们也没有理由因为只能实现相对的经济平等而否定平等的理想。在两大理想相对的调和与均衡中前进，这正是说明人类历史的艰辛，也正是说明人类历史的伟大。这才是我们当前课题之所在。
我们讨论有关经济的问题，应该先承认这一历史的背景。

二

我上面所说的那一大段话，无非要把有关此问题之历史背景作一简
单之描述，以便与戴先生的大作相对照。

戴先生的大作，是要把自由经济加以绝对化，而重新赋与以理论根
据的。古典经济学者，在"个人财富的增加，即系社会福利之增进"的
假设下，以主张经济自由。换言之，在其意识中，并不以经济自由，而
即牺牲经济平等。戴先生则为了使经济的自由主义能够彻底，便将自由
与平等完全对立起来，而要将平等的观念，从经济领域中完全驱逐出
去；所以戴先生的"经济试论"，在这一点上，比古典经济学者大胆的
踏进了一大步。

戴先生首先把经济平等的观念，划归于社会主义；而认为"平等取
消了使人们努力的激励，因而阻滞进步"。再进一步引斯大林"在一九
三一年便公开反对平等主义"，以证明"它（经济平等）不敢在高阶层
的辩难中露面"。于此，我应第一指出：经济平等的概念，比自由经济
的观念。其历史更为久远，更为广泛，它并非社会主义者之专用名词。
第二，社会主义者中间，也正如戴先生所说，多认为"绝对平等为不可
能之事"。但这并不等于放弃了平等的原则；也如今日主张自由经济的
人，除戴先生外，也决不会认为绝对自由是可能的，但这并非就是放弃
了自由的原则。第三，戴先生所谓平等阻滞了进步，当然系指生产效率
而言。我不否认追求利润，在生产过程中所发生的激励作用。但这在今
日，已不是惟一的因素。经济发展到以"大公司"为经营主要方式的今
日，股票之持有人，并非就是事业之经营者。并且我们若仅以经济的生
产效率而论，则苏联计划经济的成功，耸动了整个自由世界，这是铁的
事实。当然，这种成功，正如戴先生所说，是来自"社会主义的鞭子"；
但在资本主义发展的前一阶段，资本家的"鞭子"，并不比社会主义下
的"鞭子"来得轻。第四，中共将斯大林在一九三一年所说的一段话，
翻译为"反平均主义"，特别加强说明平均并不是平等。一个能挑百斤
重的人，和只能挑五十斤重的人得平均的工资，这反而是不平等。我觉
得并不能以此作"它不敢在高阶层的辩难中露面"的证据。

戴先生认为"经济上的不平等，其第一个原因就是自然。强之使齐，无异是叫人人都降低到白痴与残废者的水准"。假定不是白痴与残废，而仍有贫富之悬殊，则只是"作了不同的选择"。"B与C（贫者与富者的代称）的命运是完全掌握在他们自己之手。或者，这是天赋的性格使然，与其怪人，不如怪天。"这便是戴先生所以要彻底打倒经济平等的基本理论。为了证明此一理论，戴先生把近代资本主义社会的构造，简化为A、B两个渔夫用手打鱼。A渔夫因节约有储蓄而结网，提高了生产，并租与B渔夫，或B渔夫被其雇用，结果彼此都得了很大利益的这一简单公式。在此一公式中，资本是来自个人的储蓄，储蓄来自个人的节约；劳资关系等于借贷，卖劳力等于付利息，劳动者付了利息后，自己假定也能节约，也一样的会变成资本家。在这整个的过程中，并无剥削，并无独占，并无机会不平等；换言之，在现社会中，并无经济不平等之存在，自可彻底放任自由，而无需乎采取某种措施（亦即所谓干涉），以追求经济平等的理想。

在这里，我首先提出一个方法的问题。把复杂的现象，由抽象的"舍象"工作，像剥芭蕉一样，从外皮剥到最后的极简单核心，以作对此现象讨论之起点。这和实验室中作化学分解工作一样的，是处理问题的科学方法。克劳塞维兹以此方法写了他的《战争论》，马克思以此方法写成他的《资本论》。戴先生的假设，其用意当亦在此。但用此种方法应该注意的：第一，由"舍象"所简化出的核心，必须是可以代表讨论对象的特性；一如"无限制暴力之行使"的可以代表战争的特性，"商品生产"之可以代表资本主义生产的特性。其次，由"舍象"所得的核心，所得的特性，在社会科学中可能是一个纯概念性的东西，在现实中可能并不存在；所以问题的处理者，一定要把原来"舍象"所经过的路数，倒转过来，将已经剥掉了的芭蕉皮，按着其原有的构造，加以再构成，这才使概念性的东西，还原为一个现实性的东西，使讨论不致成为观念的游戏。戴先生所假设的A、B两个渔夫的生产发展的过程，或许在数千年前已经存在过，或许在世界某一角落依然存在。从此一假定的本身，根本看不出产业革命后资本主义生产的特性。而且戴先生认为由"一项极简单的生产工具"所形成的生产关系，应用到由"技术高度发展"所形成的生产关系时，并无两样，即"劳动者要成为共有（机器工厂的共有）人之一，并不比那个原始渔人之获得一网，困难得太多"。这样，戴先生便拒绝了"舍象"后的还原工作，于是戴先生的讨论，始终是离开现实很远的讨论，是抹煞二百年来历史背景的悬空性的讨论。

戴先生由 A 渔夫于捕获之十鱼中，仅自食其八，"积十日之久，共得鱼二十，这是储蓄"。A 渔夫因有此储蓄而结成一网，改良生产工具，以此来说明资本之来源，为由于资本家之"勤俭所得"。勤俭，诚然是资本蓄积之一因素；但仅此一因素，并不能说明近代资本之所以形成。中国几千年的农业经济，亦皆以勤俭为立业之本。近代原始资本的蓄积，有赖于由新航路之发现而来的商业革命，连贩卖奴隶，也是原始资本蓄积之一重要手段。至于扩大再生产的资本蓄积，既不是单纯的剩余劳动，更不是单纯来自资本家的勤俭，它牵涉到整个社会的复杂关系。例如台湾三十家左右的民营纺织厂，在一九五一年的一年之间，赚了四亿多新台币（此数字出自友人口述，恐稍有出入），这主要是来自政府的保护政策。此一保护政策中，包括了官价结汇的机器，美援的廉价棉花，和因为抑制外布进口所提高的市场价格。换句话说，不仅我们住在台湾买布用的人，对于这种储蓄都有一分贡献，连美国的棉农也有了一分贡献。

戴先生说明资本来源后，进而说明劳资关系。劳资关系，就戴先生看，或是有了储蓄的 A 渔夫，租借网给 B 渔夫的租借关系；或是 A 对 B 雇用关系，而"雇用关系，对他（B 渔夫，意即指劳动者）也同样是有利的"。换言之，不论租借与雇用，在戴先生看来并无分别，而都是对劳动者有利。戴先生所说的租借关系，有点像中世纪的佃农与地主的关系，又有点像生产合作社的关系，很难看出它与近代劳资关系有相同的性质。戴先生何以认为由租借关系所生出的利息对劳动者有利呢？据他的公式说，"假如 A 所贷与 B 者，既不是一笔钱，又不是一张网，而是二十鱼，并约定十日之后，B 应偿还三十鱼（原注：依前例，是 50% 的利息）。在此场合，B 在第一、第二两天内，即可结成一网……有利多多"。试以现实之经济行为代入此公式中，则应为"某纱厂的张老板，借给劳动者李四的，不是一笔钱，又不是一台纺纱机，而是二十件纱。约定十日之后，李四应还张老板三十件纱，在此场合，李四在第一、第二两天内即可安设（或购买，或自造）一机器，李四此时有利多多"。这会有人相信吗？

戴先生根据上述理论，认为劳动者能否变成资本家，只关系于劳动者自身之勤俭不勤俭。更实证的说，"美国一般工厂全体的劳工，如果情愿暂时过中国农民那样的生活，我相信，不消两三年的时间，他们合在一起，一定有能力把整个工厂都收买下来"。据美国 *National City*（《银行月报》，五一年七月号）在制造工业各部门中选出三大公司作代表，列举其资产如下（单位为百万美元）：

食料及其他关连部门	一二七〇·〇
纸烟业	一六五三·〇
纤维业	二五八·七
化学及其相关部门	二七二七·〇
石油及石油制品	七四三八·〇
橡皮制品	一二三三·〇
粘土玻璃制品	三三八·三
钢铁	四六九五·〇
非铁金属	一九五五·〇
机械类（电气除外）	一一七二·〇
电气机械	二七二二·〇
汽车类	五五三一·〇
纸及纸制品	一二四六·五
运输器具（汽车除外）	六一四·四
家具类	六六·三
皮革及皮革制品	一七六·四

以上是十六部门中的四十八家公司的资产，共为三三〇九六·六百万美元。美国制造工业部门，在一九四九年初，约有三十一万六千家，其总资产当倍于上述数字。一九三九到一九四八年的十年间，即投资了四百亿元。一九四九年初，汽车制造工人全部为八十万人，每人一年平均所得约为二千五百元，总共约为二十亿，而仅三家汽车公司之资产，即为五十五亿三千一百万，则全部汽车工人将其两年全部所入，也不能收买三家公司的资产。更以石油业而论，在一九四九年初，其全部雇用人共十一万三千人，一年总共收入约为二亿八千二百五十万元，而三家石油公司之资产共为七十四亿二千八百万元，全部石油工人二十年不吃饭，也无法收买这三家公司的资产。由此类推，戴先生上面"不消两三年的时间，他们合在一起，一定有能力把整个工厂都收买下来"的推论，未免近于轻率了。更不论美国工人生活降低到中国农民生活水准之可能与不可能，及纵使可能时所发生之市场萎缩、经济恐慌的后果了。

其次，戴先生把物价的供求法则移到工资问题上，认为"在整个劳动阶级之中，如果有许多人都有储蓄或变为资本家，即对那未有储蓄或未变为资本家的劳动者……可以不接受低工资，使劳动的供给量减小，因而抬高工资水准"。这种想法是好的，可惜两百年的历史，只是产业预备军不断的增加。而任何经济学者，还不曾指出这是由于劳动者之不勤俭，不肯自己选择变成资本家之路。

戴先生从人生而是不平等的论点出发，接着又好像说在自由放任的原则下，经济并无不平等。平等不平等，其关键又只在于劳动者之勤俭不勤俭。"一切求平等的直接间接的办法，事实上都是压低的办法，它一定会破坏社会进步之水涨船高的自然作用。"所以连遗产税这样的设施，戴先生只能在"反正国家总要抽税"的范围内去承认，而"却不能赞同把遗产税当做劫富济贫的手段那种观念"，因为"富人不会无抵抗的听任政府来'劫'，而政府也并不能把所'劫'得者，真作济贫之用"。这里我只指出：遗产税和累进税，是由英国自由党所提出的，并非出于社会主义者之手。世界今日只有苏联与经济最落后的国家没有遗产税。而且除苏联外，找不出任何一个国家，完全不采取某种程度的劫富济贫的办法，即某种程度的"社会安全"措施。要有，则只有戴先生的 A、B 渔夫的天国。

然则我之作此批评，是反对自由经济，赞成干涉主义吗？抑或赞成社会主义，反对资本主义吗？我认为这种一剖两开的问法，在实际上毫无意义。美国企业自由，但其中央政府，州政府，乃至若干大公司的本身，都采取许多社会安全措施。英国工党标榜社会主义，但并未废除私有财产；保守党标榜自由经济，但并不能完全解除统制的设施，更不能完全取消劫富济贫的办法。同是主张自由经济，或同是主张统制经济，各国因环境之不同，其中存在有许多的差别。一点一滴的差别，这才是实际解决问题的人所应特加留心研究的。以一剖两开的二分法来看问题，在初步厘清概念时，或有作用；在进一步解决问题时，没有多大意义。德国哲人斯卜兰格（E. Spranger）说："资本主义乎？社会主义乎？这在今日已经不是一个问题。……两种制度，已经是互相交错的。"这句话值得大家仔细想想。

论中国传统文化与民主政治
——与白思都等博士书
（1963 年 11 月 16 日）

白思都、金德曼、艾佛斯三位先生：

远承下问，至感研究问题的热心。但我因平日缺少系统问答的经验，故对各位所问问题之答覆，并不完全，深恐有负来意，故再书面稍加补充，希望由此而对各位之研究工作，能稍有所帮助。

在昨日所提出之许多问题中，就我所了解，当以"中国传统文化对民主政治之有无贡献？"及"是否中国人对政治问题，有不同于西方人之思维模式，因而有不同于西方之所谓民主政治？"两点，为问题的中心。我的答覆，对于前者是肯定的，对于后者是否定的。

基督教有其超世俗而又可与政权相抗衡的独立组织，保持其原来性格，较为容易。但在其长期历史中，尚不断与各种不合理之政治及政治人物发生关涉，此在今日之许多落后地区，还可看到许多这种情形。中国以儒家为正统的文化，对中国之社会，担当西方宗教所担当之责任；但并无特定仪式，更无独立组织，则它在两千零二十年之大一统的专制中，求其不与专制政治势力相适应，乃不可能之事。因此，在现时可以看到之中国文献中，能找出若干与民主精神相合之点，也能找出许多与民主政治相反之点。若非作进一步的探求，则将徒陷入于互相矛盾的混乱之中。我们要把握某一民族的文化，应先把握其基本精神及其基本性格，然后可以在演变中清理出一条理路，而不致为许多事象所迷乱。因为一个伟大民族的文化，在其长期发展中，必有不少的曲折；但最后与以规制力量的，还是来自它的基本精神及其基本性格。我说中国文化在政治方面是与民主相合的，乃从其基本精神与基本性格上所导出的结论。

中国在以宗教为中心的古代，认政权是由神意（帝令、天命）所决定。在纪元前十二世纪之末、十一世纪之初，周代的周公、召公，便强调民意即是神意。这些文献，在《尚书》中现尚保存有五六篇之多。在纪元前六世纪，老子、孔子出，中国开始有平民的思想家。老子、孔子在政治思想上，虽有消极与积极之不同；但皆主张"为人民而政治"，并皆以"无为"为统治的理想方式。"无为"是要求统治者解消自己的权力意志，少作主张，让人民能得到自由发展之意。顺着此一方向，认为人民的所"好"所"恶"，才是施政的最高规范；而统治者的责任，便在实现人民的所"好"所"恶"。再进一步，即主张"天下为公，选贤与能"（《礼运·大同篇》）。天下为公，是说治理天下之权，不应属于一人一家一党（当时虽然还没有党），而应为人民所公有，此即"主权在民"之意。而构成行使政权的人，是来自选举。

上述的政治理想，是在封建与霸主（僭主）政治的递嬗中有系统的提出的。这并非出于偶然，乃是儒、道两家的人性哲学的必然产物（关于儒、道两家的人性哲学，我已另有专著）。两家的人性哲学内容并不相同，但在下面三点是大概相同的。

（一）认人类的本性是相同，因而认为人类是平等的，是不应相对立的。

（二）认人类的本性是善的，因而认为每一人的人格有不可以权势财富相代替的尊严，并认为人与人之间，是可以互相信赖的。

（三）认为每一人之价值，皆圆满自足。在启发上固然须要教育，但不须要外力来加以强迫干涉。同时，认为在每一人之人生价值中，同时即涵有一切人的人生价值。假使肯沉浸到人性根源之地，是没有己与人，及人与物的界线的（此中并无神秘主义的意味）。所以成就自己，同时即应成就一切人，一切物。

在上述人性哲学之上，中国文化的伦理道德，乃是"现世的、大众的、实践的"伦理道德。正因为如此，所以中国文化的基本性格，是"中庸的性格"。中国在前五世纪时，即专有《中庸》一书。亚里士多德与洛克之所谓中庸，与中国之所谓中庸，有近似之点，但远不及中国的广大深远。因为他们缺少人性哲学的基础。中庸性格的思想，在政治上必然是民主政治的。关于中国文化的中庸性格，我在八月出版的《中华杂志》创刊号上，有一篇《在非常变局下中国知识分子的悲剧》一文，曾作很简单，但是颇有系统的陈述。

在上述中国文化的基本精神与基本性格中，它表现在政治上，我不仅认为它自然与民主政治相合，因而决不能承认专制、独裁；并且认为对西方的民主政治，可以扩大、加深其精神基础，解消其不断所发生的危机。这一点，是值得西方的思想家，多作思考、反省的。

西方的民主政治，古代曾在城市国家中，以自由人为主而实现过；这是以空间小、人数少，为其实现的基本条件。近代则有赖于市民阶级的兴起，及各种交通机能的发达，还有传统的、新兴的各种抵抗团体，发生制衡作用。中国古代以黄河流域的广大平原为政治的中心，以农业为经济的基础。这与古希腊的城市国家性格，大不相同。原有的宗教及贵族的势力，在纪元前八世纪（宗教）到四世纪（贵族）之间，已经没落了；此后便再没有可以与统治中心（朝廷）相抗衡的团体。在纪元前三世纪前后，出现了法家，提倡"为统治而统治"的政治思想，自然为当时的统治者所乐于接受。于是秦国在法家指导之下，实行农民与战士的结合，统一了六国，建立了大一统的专制政治。此一政治形态，虽在西汉不断受到儒家知识分子的反对，但没有可以与政权相抗衡的社会力量作他们的后盾。虽然最后以知识分子自身之力，把西汉的政权推翻了（中国历史上，仅此次是由野心家与知识分子相结合而成功的推翻了政权。此外，便都是来自军队及野心家与农民的结合），但无法建立起更好的政权形式。于是此后的儒家思想，只能在专制政治之下，争取若干开明合理的措施；中国历史上许多所谓"忠臣"、"义士"的血，绝大多数是因此而流下的。后世儒家中，曾有少数人复活了原有的民主政治思想，但终不能抵抗专制的大压力。另有不少人不断地提倡井田制度，这是中国土地改革的理想，为大家可以了解的，但在提倡井田制度的同时，又多提倡封建制度，便易被人误会是开倒车。实则他们之所谓封建，骨子里是想以地方分权的方式来减轻中央集权专制之害的；揭穿了说，乃是一种以农民的福利为主的联邦制度。简单地总结一句：中国专制政治，从思想上言，儒、道两家皆不能负此责任。

中国近代的民主政治运动，当然系受西方民主政治的启发。但此启发所以使知识分子易于接受，正因此一启发，与中国文化之基本精神与性格，无形中互相契合。虽然许多知识分子并无此自觉，这也是发生许多不必要的纠葛的重要原因之一；但传统常在人的不自觉中也发生作用的。中国民主政治运动中所受的挫折，主要系来自野心家利用历史与社会的弱点，而决非出自中国文化自身所含的阻力，或来自中国人对此有不同的思维模式。为前一说者，是出于对传统文化的无知；为后一说者，一系来自西方若干人士的误解，一系来自野心家的代言人。我相信这类的野心家，在历史发展的大方向中，终会被历史唾弃的。

上面简单的陈述，内部包含有许多应当加以特别讨论的问题在里面，这不是一封信所能详尽的。

祝

各位工作进行的顺利

徐复观敬启十月十三日

（附注：此信已另烦萧欣义先生译成英文寄出。）

自由主义的变种
（1964 年 5 月 23 日）

最近有好几位朋友向我提到黄震遐先生在《民主评论》刊出的《漫谈美国保守自由主义的弱点》一文，是一篇难得的好文章。我仔细拜读后，深佩黄先生的洞察力与分析力。这篇短文，只算是读后的若干感想（补志：黄先生生前文名甚高，为许多报刊拉稿之对象。他于五年前逝世后，他的作品，竟无人为之编集印行，人世炎凉，一至如此。特保存此文，以志感念。一九七八年十二月四日）。

一

自由主义，是使欧洲中世纪进入到现代的脱皮换骨的基本精神力量。它造成此一任务，大体上经过了三个阶段。第一个阶段是打倒宗教的权威，以肯定现世的价值，肯定理性的价值。这里面并含有对私人财产观念的开放，及对知识开放的两大意义。第二阶段是打倒贵族阶级，以完成近代民族国家的统一，扫除资本主义初期所遇到的特权势力的障碍，并支持从商业资本主义所开始的各国对海外原料、市场的掠夺。这实含有强烈地国家意识、民族意识在里面。不过，当时主要是向罗马教廷的统治而斗争。第三阶段是打倒中央集权的专制政治，以法国大革命为标志，制定宪法，保障各种基本的自由权利。至此而自由主义的历史任务，可以说是大功告成。及时间进入到十九世纪的三十年代前后，而另一推动历史前进的观念——社会主义的观念，更以新兴之势，在自由主义最成熟的国度中崛起。

上述三个阶段，在事实上或许没有在概念上分得这样分明。而三个阶段的完成，因每一国家的传统与社会条件之不同，其形态也并不一致。但粗线条式的加以把握，应当没有差错。社会主义者把上述三阶段中的自由主义，概称之为资本主义地自由主义，以否定它今后存在的价值。但对于它扫荡中世纪封建社会的历史意义，则并未曾加以否认。

二

我们试想，若两次世界大战没有美国的参加，则自由主义发源地的欧洲到底变成什么样子？自由主义还是否在欧洲存在？不能说没有疑问。所以美国是欧洲自由主义的救星。而这种救星，和美国地理的环境及天然的条件，不是没有关系；这对自由主义的本身而言，多少带点偶然地性质。因此，社会主义对自由主义的看法，不是完全没有道理。

但是，第二次世界大战以后，可以说是自由主义复兴的时代。因为二十年来在一般知识分子心目中的自由主义，较之过去一百年间，更远为有力。可以这样的说，自由主义的危机，是由其发展中的矛盾而来；而它的价值，却又由它的反对者的毒害而显。关于人自身的思想，总是"对症下药"的性质。任何药的价值，对于人的身体而言，都不是绝对性质的东西。

但我们的思想，无宁是对自由主义，占有比较重要的分量。这固然是东方的封建残余势力，还需要借重它加以扫除。而更重要的是，就政治而言，人民的命运，必须操在人民自己手上；人民的错误，让人民自己去修正，这是较之任何"代天行道"的政治观念和组织形式，更能给人类以安全感。

三

西方的自由主义由自身发展而来的矛盾，如何解决，在此短文内不加讨论。这里只指出，第二次世界大战后，西方为了抵抗共产集团的鲸吞蚕食，在经济方面，在军事方面，非把亚、非包括在自己体系之内，即有由扎断血管以致枯瘠而死的危险。亚、非的自身，需要自由主义，先进国家，也要把亚、非拉入自由主义的阵营；则自由主义之在亚、非的推行，还有什么问题可言呢？但是，事实上，自由主义在亚、非范围之内，却好像成为一种变种。

首先，自由主义有扫荡封建社会的力量。但亚、非的实力人物，都带有封建残余的色彩。若将就此一现实，便等于背弃了自由主义。若想推翻此一现实，则又凭着什么力量去推翻？亚、非不断发生的军事政变，以走向极权的可能性为最大。

其次，亚、非的国家独立，必须从西方的殖民主义中得到解放。西方为了保持既得利益，或者为了满足他们先进地优越感，于是有形无形之中，厌恶各国中的民族主义；并进而培植没有民族主义的"自由分子"。在他们厌恶各国民族主义的后面，实际藏有他们自己强烈地民族主义。而在他们所培植的，没有民族主义的"自由分子"，实际是等于被阉割了的公鸡，连叫的声音也会变样子。这样一来，在西方本来完成过民族使命的自由主义，在亚、非却成为两相对立的东西。

又其次，亚、非国家今日仅通过自由主义的经济制度，并不能解决现实的社会问题。于是政治上的自由，与社会中的福利，如何能够在落后的经济基础之上，加以融合、推进，而不为共产党所乘，这又是左右为难的问题。最近巴西的政变，美国人当然很欢迎。但巴西的土地问题如不能解决，则这种政变不会有什么结果。而政变的胜利，也难认为是自由主义的胜利。

四

在东方的自由主义的难题，尚不止如上所述。人不止是生于物质条件之下，尤其是要生于精神态度之下。物质条件，固然可以形成某种与其相适应的精神态度；但精神态度，也会创造出它所需要的物质条件。并且在同样物质条件之下，可以产生不同的精神态度。人是要在其所熟习的精神态度中，始能得到精神的安顿。

欧洲的自由主义，是在对宗教的斗争中才站立起来的。由人文主义经过启蒙时代以后，对宗教的妥协，就一般人来说，乃是对其传统生活方式的妥协，而决不是对神话、奇迹的妥协。就教会而言，则不仅是他们对世俗的让步，对自身的整肃，更有赖于他们顽强的组织力量。假定没有这种组织力量，我相信经过人文主义、启蒙主义以后的欧洲宗教的面貌，必不会是今日的面貌。而马丁·路德的新教运动，假使没有当时民族国家运动的支持，则必会被罗马的组织力量所消灭，有如在第五、第六世纪之交，他们以放逐为手段，消灭掉主张"性善说"的基督教支派一样。

但我们特须注意的是，以神话、神迹为主的宗教，因自由主义而正在欧洲退潮、换骨的时候，却正是西方的神父、牧师们，大量向亚、非地区宣传其神话、神迹的时候。尤其是到了第二次世界大战以后，美国人士实际是把他们所宣扬的自由主义，和以神话、神迹为中心的宗教，结合在一起，以塑造亚、非中的"自由人士"。这一奇怪的结合，更使亚、非的所谓"自由人士"，成为对内排斥、对外供奉的人士。这种人士在亚、非的作用是不难想见的。

五

我国以五四运动为自由主义达到高峰的标志。五四时代的"打倒孔家店"及反宋明，在形式上有似于欧洲自由主义的反中世纪。但欧洲初期自由主义之反中世纪，主要是反神权的支配。这一任务，中国在纪元前一千年左右便已开始，在前五百年左右，便已经完成了。并且经宋明儒之手，而将此一工作，更加以深刻化。中国文化，从孔子起，已经是以"人"为中心，以"现世"为中心而展开。在三千年前，已开始以人自己的"理性"，代替了"神意"。不过，在中国文化史中所显示的理性，乃偏于道德与艺术方面，对知识、技术这一方面，却无形中忽视了。但其中并没存有半点反对知识、反对技术的基本因素，有如欧洲宗教的反科学一样。把中国宋明及其以前的时代，比之于欧洲中世纪，那简直是比拟不伦，闭着眼睛讲瞎话。

随便举个例子吧！中国过去重道德，而轻视财富，好像与欧洲中世纪对财富的观念相同。但欧洲中世纪是为了进天国，轻现世，而轻视财富的自身。中国过去则是为了大众的生活，为了个人人格的修养，而要求对财富有合理的分配与使用；对财富的自身，并未曾加以轻视。《礼运》上有一句话说得最清楚："货恶其弃于地也，不必藏于己。"所以在财富这一观念上，中国只能与社会主义相通，与欧洲中世纪却有本质的分别。

六

我们可以简单地说，反神权、反贵族的工作，中国在三千年、两千年前，早已做过了。留给近代自由主义者消极的任务，是反专制、反殖民。积极的任务，是建立民主，发展科学。

在欧洲的十七、十八世纪，正式由中世纪蜕变为近代的时期，无一不是科学与伦理道德并重。则中国以伦理道德为主的传统文化，自由主义只有疏导的工作可做，决没有根本加以反对的理由。但以五四运动为中心，中国的自由主义者，却非和西方初期自由主义者的反中世纪一样不可，而集结其全力于"打倒孔家店"口号之上。于是西方所反对者是"神权"，而中国所打倒者为"人本"。西方所反对者是迷信，而中国所打倒是道德。这便够说明了中国初期的自由主义者由对西方文化及中国文化的隔膜而来的乱刀乱箭，软化了中国民族建国的精神，也软化了他们自己。所以这一批人，在学术、事功两方面，多一无所成。不过，在这些自由主义者之中，大体还保持西方自由主义者对宗教的态度。到现在，则向外来宗教中找护身符，而被外国人称为自由主义者的一批人，只不过是"外廷供奉"而已。这是外国人在中国制造与他们本国相反的自由主义中变种之一显例。

通过西方自由主义整个的历史来看，中国只有孙中山先生，才可算是一位伟大地自由主义者。他因年轻时的环境关系而成为基督教徒，但他从来不曾卖弄过宗教，而只是把中国的传统，贯彻于他的三民主义之中。他口里也很少说，甚至不曾说到自由主义；但他却把欧洲自由主义所完成的整个使命，及自由主义与社会主义的相克而复相成的性格，融化为一个思想体系，以定出我国应走的大方向。国民党的变质，仅就文化这一点来说，也是我们接受西方文化的大不幸。

西方文化中的"平等"问题
（1973 年 2 月 28 日）

一

人类生活最基本的条件及其最高的愿望，大概可以用平等与自由两个名词加以概括。平等与自由，是导引人类前进的大方向。"人生而平等自由"的口号，是从中世纪进入到近代的大标志。

就平等观念而论，它的出现和发展的情形，中西两方，颇多类似之处。西方有的民主主义者，将平等的根据，求之于基督教的教义。因为基督教义，强调人都是弟兄，在神面前都是平等的。但早经有人指出，人都是弟兄，并不等于人即是平等。因为弟兄之间，依然有智愚贤不肖的不同。而在神面前的平等，也不等于在人世间的平等。在教堂里祷告时，信仰大家在神面前是平等的人，一出到教堂外面，立刻承认现社会中的各种不平等的事实。并且在基督教义中求平等的根据，只不过是最近的事情；而很早以前，对平等的要求，与基督教并无关涉。何况启蒙时代提出万人平等要求的人，多含有反宗教的倾向。

有人研究的结果，认为西方近代的人生而平等的信念，应当是来自亚里士多德的哲学。亚里士多德的形而上学体系的基本原理，认为一个"种"里面的构成分子，都有相同的特质。凡属于人这一"种"的，虽然各人的质料不同，但成为各人的本质的却是一致，这即是所谓"人是理性的动物"。人在本质上既然都是理性的动物，由这里推下来，人即是生而平等的。尽管亚里士多德是奴隶的所有者，奴隶与他，绝对不是平等的。但当他作抽象地、形而上学地思考时，却突破了他现实生活的限制，得出了人类平等的信念。

二

　　凡是某种形而上学的命题，在现实上若能发生很大的影响，必定是此种命题，代表了许多人的愿望，并在经验中能作合理的解释。上述的亚里士多德的形而上学的命题，被中世纪的烦琐哲学家所继承。但并没有想把它应用到政治上去。在十七世纪有最大影响力的哲学家笛卡儿，也继承了亚里士多德及中世纪烦琐哲学的这一思想。他在《方法叙论》中说"凡是称为良识或理性的这种东西，在一切人中都是平等存在的"。笛卡儿依然是站在形而上学的立场上来重新肯定亚里士多德的观念，也没有关连到政治上去。但人在本质上，在理性上，既是平等的，则一切人都应当有运用政治的平等能力与权利。随着新兴市民阶级的兴起，反抗由专制政治、贵族政治而来的压迫，在英、法两国，许多人便把形而上学的命题、哲学上的命题，转成政治中的原理，成为推动民主政治的一大动力。这说明，此一形而上学的命题，实蕴藏着有人类的根源性的愿望。

　　但在经验界中，人实有智愚之分，善恶之别，这又怎样解释呢？对于这，法国与百科全书派有密切关系的爱尔费修斯的话，有代表性的意义。他在《精神论》中说"知性、才能与德性，是教育的产物。因之，人世间所看到的精神上的巨大不平等，不过是来自所受教育的不同，不过是来自束缚人间的许多隐藏着的枷锁"。专制的国王、僧侣、贵族等，通过恶意的政令、教规，歪曲了人类生而即有的理性，堕落了人类生而即有的道德，这尤其是当时共同的认定。所以民主政治的建立，是在政治方面，人类平等的初步的实现，也是人类理性解放的第一道关卡。

三

　　但民主政治在有些国家中已经实行了一百多年，教育的普及与改进，也有相当的成就；而人类在才智品德上不齐的现象，与人类生而平等的信念，显然发生矛盾。于是像英国奥尔达斯·赫胥黎（著有《天演论》的赫胥黎的孙）们，认为坚执生而平等的信念，只不过是不能证明的，有似于宗教的偏见。他们认为人是决定于遗传，是生而不平等的。

　　可是最近行动心理学派兴起以后，又复活了爱尔费修斯们的理论。

行动心理学者们,与十八世纪的思想家热心于政治的情形,既不相同;他们又不是形而上学者,甚至是反形而上学的。他们的主张,是立足于科学根据之上。行动心理学派的指导者 J. B. 渥特逊说"行动心理学者,已不承认遗传行动型的这些说法,也不承认某一家系所传的特殊才能。行动心理学者认为,若是关于幼儿的胎生学的反应纪录完成了,则一切幼儿,不论是富的、穷的、讨饭吃的、做小偷的,都可顺着一条决定的线,完成教育的任务"。因为行动心理学者所作的"胎生学"的观察,调查统计,发现所有幼儿的动作、倾向,都是相同的。以后的各种不同,完全是来自环境的善否,尤其是来自教育的有无得失。可以说,一个古老的、长久的、形而上学的命题,行动心理学者不知不觉的要由科学的观察,在经验界中加以证实。

马列主义系统的人们,则以为人类的不平等,来自财富分配上的不平等。他们要通过无产阶级专政,消灭经济中的榨取阶级,以达到真正既平等又自由的共产主义的社会。他们是用政治上的大手术,以完成形而上学者的古老命题。但在马列主义政治结构之内,其不平等的现象,也非常显著。于是他们把"平等"与"平均"加以严格划分,说平均并不是平等,以维护现实上不平等现象。

我想,平等是人类最高的愿望。这一愿望纵不能一下子完成,但只要大家承认此一愿望,向着此一愿望前进,则较之把此一愿望加以隐瞒、否定,总会有较光明的前途的。

中国文化中"平等"观念的出现
(1973 年 6 月 19 日)

一

我在《西方文化中"平等"观念的出现》的短文里，曾经指出，西方文化中的平等观念，首先是来自亚里士多德的一个形上学的命题，并且出现以后，长期停留在思辨性的学术范围之内。一直到十七世纪，因市民阶级的兴起，与国王、贵族、僧侣等争地位，而开始导入到现实政治之中，成为促成民主政治出现的基本原则之一。我国文化中平等观念出现的情形，和西方相比较，其异同之际，是值得关心国家命运的人深长思考的。

人类开始形成社会政治的集体生活以来，根本没有平等的事实。但若不能在文化中浮现出平等的理想，以作为人类追求的目标，便无法缓和政治社会中的残酷压榨，人类的生命很难延续下去。在不平等的现实中，要浮现出平等的理想，此种理想便不期然而然的会挂上了形而上的面貌、形态。作为我国文化特点之一，文化的自觉，不始于自由人，而始于政治领袖中的少数特出人物。现在无可置疑的历史事实，可以肯定文王、周公，即是这种特出人物的征表；而平等观念，首先是从文王、周公开始浮现出来的。文王的情形，多由周公所转述；在周公的转述及周公的自述中，他们已确实地把人民看作是天的代表，把人民的聪明看作是天的聪明。他们没有明白说出人民乃与统治者处于平等的地位；但在他们把人民当作天的代表的这一点上，已经把人民安放在统治者的上面，其应当与统治者处于平等地位，是不待其他语言来说明的。顺着上述方向发展下来，《诗经·大雅》"天生蒸民，有物有则"的诗，较之亚里士多德的有关命题，其所含平等的意义，实更为确切而明显。

由上面简单地陈述，可以了解：（一）我国文化中平等观念的提出，较之古希腊要早六七百年；（二）一开始，便由卓越地政治领袖，作为政治的原则而提出。

二

上述观念、理想，经过春秋时代，发展到孔子，进一步把它含摄在仁的观念之中，以作为他的政治、学术活动的最高理想。"己欲立而立人，己欲达而达人"，这不仅是平等的表现，而是视人如己，将自己融解于人民之中，为其担当起救济责任的表现。所以他一生的活动，可以用"吾非斯人之徒与而谁与"的一句话作一个总的解答。

《中庸》"天命之谓性"，这是周初以来，认为一切人的本质（性）是由天所赋与，所以一切人的本质是相同的，这一思想的集中的表现。因为一切人的性（本质）都是由天所命，则一切人的性自然是相同的。因为一切人的性是相同的，则一切人的地位，先天便是平等的。由此一前提所演出的政治思想，是"絜矩之道"。所谓"絜矩"，是把自己的好恶，作为量度人民好恶的仪器（矩），凡是自己所不喜欢的，便不可加在人民的身上。假定统治者不认为人民与自己是处于平等的地位，而把人民当作奴隶、贱民，乃至在身份上有不可逾越的等级，则自己所不喜欢的，正好加在人民身上，怎样会"施诸己而不愿，亦勿施于人"呢？此一意义，在《大学》一篇中，更从人民的立场来说，便是"民之所好好之，民之所恶恶之"。统治者牺牲自己的好恶，以人民的好恶为好恶，必定承认统治者与人民，系处于平等的地位，而人民乃处于绝对的多数，乃有此必要，乃有此可能。

三

政治上平等的思想，在《孟子》一书中有突出的表现，孟子为了打破相传已久，君贵民贱的不平等的现实，所以特别说出"民为贵，社稷次之，君为轻"的石破天惊的一句话。他的政治思想，都是以民贵君轻为出发点，而归结到"为人民而政治"。

人的智愚贤不肖之不齐，可以动摇人在政治上应当平等的信念，孟子对此一问题，认为系来自经济生活条件的不平等。推孟子之意，假定在经济生活方面，没有太富与太贫的悬隔，而又加以教养之功，则不仅智愚贤不肖之不齐，可归于泯灭，推"性善"之义，则"人皆可以为尧舜"，在最高的成就上，也可以是平等的，这便对政治上的平等，更提供了坚强的根据。孟子的此一思想，由孔子的"有教无类"而来，西方要迟两千年左右，才出现此类的思想。

人生而平等，乃先秦儒家之通义，先秦诸子百家，除卫、晋法家外，亦无不以平等为前提，以各建立其独特的思想。其中最显著的莫如道家的老子、庄子，不了解先秦诸子立论的这一前提，便都把握不到他们的精神脉络。

人人平等的观念，在先秦有了上述的深厚基础，所以在以后的思想中，不可能加以抹煞。但我们应特别注意的是：我国的平等观念，本为争取人民在政治中的地位所提出来的，换言之，政治平等，才是平等的第一义。但自秦以后，三千多年，关于平等的意义，多停留在人性的发掘及私人的教育事业之上，很少像先秦样，以光明俊伟之姿，伸向政治方面。于是使人感到，平等观念，在西方是先在思辨性的学术中出现，到近三百年，才伸向政治，以开民主政治的新局。而在我国，则恰恰相反，把本来是对向着政治的观念，逐渐缩向私人讲学范围之内，在政治上，反而若存若亡。百年以来，却要从西方输入此一观念，以为政治推进之资。完全从外面输入进来的东西，不易生稳根，所以民主政治，在我国始终流产。此一奇怪现象，说穿了，原因非常简单，由军事与刑法合作所建立起的大一统的专制政治，一经建立起来以后，社会任何势力，一与其抵触，便立遭覆灭。朝代屡更，而此制不改。一切臣民皆抑压于天威难测的独夫之下，谁敢向他伸张平等的观念呢？

向孔子的思想性格回归
（1979 年 9 月 28 日）

一

儒学是中国文化的主流，孔子是由古代文化的集大成而奠定儒学的基础，《论语》是研究孔子的最可信的材料，这是得到许多人所共许的。但现代谈中国哲学史的人，几乎没有人能从正面谈孔子的哲学，更没有人能从《论语》谈孔子的哲学。虽然这些先生们，不像方东美先生样，公开贬斥《论语》，但心里并瞧不起《论语》。认为里面形而上的意味太少，不够"哲学"。要谈古代儒家哲学，只好从战国中期前后成立的《易传》下手；因为《易传》中有的地方开始以阴阳谈天道，并且提出了"形而上之谓道"的道，这个道才勉强有哲学的意味。但不仅《论语》中没有阴阳的名词，并且也不能由《论语》中推演出以"一阴一阳之谓道"来讲孔子仁义之道的脉络。《易传》中大概引有三十条左右的"子曰"，除了一条在疑似之间外，都不曾沾上阴阳观念，并且都是以道德判断行为，以行为解释吉凶祸福。这分明是把由神秘与经验，两相结合而成的《易》，特将经验的一面显彰出来，示人类行为以准则，这是由宗教落实到人文的显例。所以从宋儒周敦颐的《太极图》说起①到熊师十力的新唯识论止，凡是以阴阳的间架所讲的一套形而上学，有学术史的意义，但与孔子思想的性格是无关的。有的也从《中庸》讲儒家哲学，因为上篇②有"天命之谓性"的"天命"，下篇有"诚者天之道也"的"天道"，可以说是有哲学意味可讲的。但《中庸》的思想脉络，是

---

① 汉儒盛宏以阴阳言天道，但都是来自阴阳家与儒家的结合，而不是出于《易传》。以《易传》中的阴阳言天道，实始于宋儒。

② 《中庸》应分为上下两篇，具见于拙著《中国人性论史——先秦篇》，页一〇三——一〇九。

由上向下落的脉络，是由"天命之谓性"，落在"修道之谓教"的上面，所以上篇是在"忠恕"、在"庸言"、"庸行"上立足，而不是在天命上立足。下篇是在博学、审问、慎思、明辨、笃行上立足，是在"人一能之己百之……"上立足，而不是在"维天之命，於穆不已"上立足。一切民族的文化，都从宗教开始，都从天道天命开始；但中国文化的特色，是从天道天命一步一步的向下落，落在具体的人的生命、行为之上。

讲中国哲学的先生们，除了根本不了解中国文化，乃至仇视中国文化，有如杨荣国之流，以打胡说为哲学者外，即使非常爱护中国文化，对中国文化用功很勤，所得很精的哲学家，有如熊师十力，以及唐君毅先生，却是反其道而行，要从具体生命、行为层层向上推，推到形而上的天命天道处立足，以为不如此，便立足不稳。没有想到，形而上的东西，一套一套的有如走马灯，在思想史上，从来没有稳过。熊、唐两先生对中国文化都有贡献，尤其是唐先生有的地方更为深切。但他们因为把中国文化发展的方向弄颠倒了，对孔子毕竟隔了一层，所以熊先生很少谈到《论语》，唐先生晚年似乎有回转，在独立以后的新亚研究所开《礼记》、《论语》的课；但对《论语》的课，是由他一位学生代授。这都是受了希腊系统哲学的影响。我认为孔子表现在《论语》中的思想性格，合不合希腊系统哲学的格套，完全是不相干的。孔子在人类文化史中的地位，不因其合西方哲学的格套而有所增加，也不因其不合西方哲学的格套而有所减少。今日中国哲学家的主要任务，是要扣紧《论语》，把握住孔子思想的性格，用现代语言把它讲出来，以显现孔子的本来面目，不让许多浮浅不学之徒，把自己的思想行为，套进《论语》中去，抱着《论语》来糟蹋《论语》。孔子的本来面貌显出来了，时代对他作何评价，只有一委之于人类自身的命运。

二

对《论语》下功夫最深的无过于程伊川、朱元晦及并时其他理学家。伊川曾说："读《论语》有读了全然无事者。有读了后，其中得一两句喜者。有读了后知好之者。有读了后，直有不知手之舞之，足之蹈之者。"又说："颐自十七八读《论语》，当时已晓文义。读之愈久，但觉意味深长。"在这里，我可用自己对"以约失之者鲜矣"这句话的体验，为程伊川的说法作证。我一生不知碰过多少钉子。有一次，突然想到这句话时，为之汗流浃背。再在当前政治人物的观察中，无一不是在这简单地七个字下面受"审判"。同时我更感到，对《论语》语义的了解，恰如颜渊所形容对孔子的了解一样，"仰之弥高，钻之弥坚。瞻之在前，忽焉在后"（《子罕》）。这是颜渊直接与孔子的人格觌面时所说出的话。《论语》中许多语言，不是由逻辑推论出来的，不是凭思辩剖析出来的，而是由孔子的人格直接吐露出来的，所以对它的了解，也常遭到颜渊所"喟然叹曰"的问题。但我们可以先把握一个基点，以这基点作导引、作制约，才不致流于猜度乃至迷失方向。《论语》的基点就是与"言"相关相对的"行"。

从《论语》看孔子毕生所学所教的，可用一个"道"字加以概括。"朝闻道，夕死可矣"（《里仁》）；"士志于道"（同上）；"子曰参乎，吾道一以贯之。曾子曰唯。子出，门人问曰，何谓也？曾子曰，夫子之道，忠恕而已矣"（同上）；"志于道，据于德，依于仁，游于艺"（《述而》）；"笃信好学，守死善道"（《泰伯》）；"谁能出不由户，何莫由斯道也"（《雍也》）；"人能弘道，非道弘人"（《卫灵公》）；"君子谋道不谋食"（同上）；"君子忧道不忧贫"（同上）；等。因为道的概括性很大，所以在《论语》一书中所用的道字，有层次的不同，有方向的各异，尤以用在政治上者为多。但追到最后，都可以说是同条共贯的。道的基本性格，即是孔子思想的基本性格。

在这里，我忽然发生一种联想。希腊语中有 Logos 一词，本义是"语言"。但在希腊哲学及基督教神学中，得到不断地发展。在希腊哲学中到了赫拉克勒斯（Herakleitos）说成这是世界的法则。到了斯图阿学派（stoic school），把它说成是"神的世界原理"，人应顺随着它生活，由此而带有实践的道德意味。到了菲龙（Philo）引用来作犹太教的解释，而认为它是内在于世界的理性原理，给世界以生命、目的、法则，因而支配世界、指导世界。此后也给基督教神学以相当大的影响。值得注意的是，假定希腊语中的 Logos 和中国语中的道，其分位约略相等，但在希腊则是由"语言"发展出来的，在中国则是由道路上行走发展出来的。Logos 在斯图阿学派中也带有实践的意味，但远不及它的"纯理论地倾向"之重。中国的道，也有言语的意味，如《论语》中"乐道人之善"（《季氏》）者是。这种意味，虽因约定俗成，在日用语言中流行甚广，但与儒、道两家所谓道的内容相较时，则轻微得不足齿数。由此

我们也可以说，孔子追求的道，不论如何推扩，必然是解决人自身问题
的人道，而人道必然在"行"中实现。行是动进的、向前的，所以道也
必是在行中开辟。《论语》中所涉及的问题，都有上下浅深的层次，但
这不是逻辑上的层次，而是行在开辟中的层次；因此，这是生命的层
次，是生命表现在生活中的层次。"下学而上达"（《宪问》），应从这种
方向去了解，否则没有意义。

三

《论语》上没有明说道的来源是什么。《孟子》："《诗》曰，天生蒸
民，有物有则。民之秉彝，好是懿德。孔子曰，为此诗者其知道乎！故
有物必有则，民之秉彝也，故好是懿德"（《告子上》），《孟子》乃引此
以为性善的主张作证。《论语》中孔子说"为仁由己"（《颜渊》）；又说
"我欲仁斯仁至矣"（《述而》），是他在体验中已把握到了人生价值系发
自人的生命之内，亦即道的根源，乃在人的生命之内。但此一体验，孔
子尚未能在概念上加以明确化，所以当他说到性时，只能说"性相近
也，习相远也"（《阳货》），而未尝直截指出"性善"。未尝直截指出性
善，则孔子对于道，在概念上认为是客观性的，是外在性的。所以屡次
说"志于道"。志即是主观向客观的追求。此客观性外在性，从《论语》
看，可能指的是天。

天是最高道德存在的观念，春秋时代已出现；而孔子自己就曾说
"天生德于予"（《述而》）。但从《论语》全部文字看，孔子对于天，只
是由传统来的漠然而带有感情性质的意味。当他说"天何言哉，四时行
焉，百物生焉"（《阳货》）的时候，他都从经验现象中去把握天。以他
的"无征不信"的性格，除了对天有一番虔敬之心外，不可能进一步肯
定"道之大原出于天"①。因此，道的客观性外在性，主要是指的人类
行为经验的积累。"子所雅言，诗书执礼"（《述而》）的诗书礼，都是古
代行为经验积累的结晶，这才是孔子所说的道的真正来源。他的修诗
书，订礼乐，晚年学《易》，由卫返鲁后作《春秋》，皆由此可以得到坚
确的解释。司马迁《史记·自序》："子曰，我欲载之空言，不如见之于
行事之深切著明也"，这是以孔子之言说明孔子作《春秋》的用心。《自

---

① 《汉书·董仲舒传》，初策中语。

序》中又分别发挥易、礼、书、诗、乐在行为中的重大意义后，更强调
"万物之聚散，皆在春秋"，"春秋者礼义之大宗"。礼义之大宗即是道。
司马迁认为《春秋》所表现的行为经验，较之易、书、诗、礼、乐，更
为具体，便更为"深切著明"。"空言"为理论的、抽象性的概念语言。
"见之于行事"是在行事中发现它所含蕴的意义及其因果关系。"载之空
言"，是希腊系统哲学家的思想表达方式。"见之于行事"，是孔子思想
的主要表达方式。孔子所志的道，是从行为经验中探索提炼而来，则学
道的人，自必要求在行为中落实贯通下去。于是孔子之所谓道，必然是
"道不远人"中庸的性格，这样孔子才可发出"谁能出不由户，何莫由
斯道也"呼唤；曾子才可以说"夫子之道，忠恕而已矣"。"忠恕"正是
《中庸》上篇的主要内容。孔子所追求的道的性格，规定了《论语》·中
所关涉到的一切道德节目的性格。把孔子的思想，安放到希腊哲学系统
的格式中加以解释，使其坐上形而上的高位，这较之续凫胫之短，断鹤
胫之长①，尤为不合理。因为凡是形而上的东西，就是可以观想而不能
实行的。

四

顺着上面对道的性格的理解，便立刻可以了解孔子对言与行的态
度。下面简录若干材料：

> 子曰，弟子入则孝，出则悌。谨而信（此就言来说的），泛爱
> 众，而亲仁。行有余力，则以学文。（《学而》）
> 子贡问君子。子曰，先行其言，而后从之。（《为政》）
> 子曰，古者言之不出，耻躬之不逮也。（《里仁》）
> 子曰，君子欲讷于言而敏于行。（《里仁》）
> 子曰，君子耻其言而过其行。（《宪问》）
> 司马牛问仁。子曰，仁者其言也讱……为之难，美之得无讱
> 乎。（《颜渊》）

孔子特别重视言与行间的距离，必使言附丽于行，不给言以独立的
地位。不仅要求言行一致，而且要求行先言后，这站在希腊系统哲学的
立场，是无法理解的。在希腊哲学中，占有重要地位的辩证法、形式逻

---

① 见《庄子·骈拇篇》。

辑，正是来自广场的辩论，也即是来自独立于行之外的言。但只要想到前面所说的道的性格，便容易了解孔子对言行的态度。

所以《论语》上孔子对自己的反省，主要是行为、实践上的反省，他说："文莫吾犹人也，躬行君子，则吾未之有得"（《述而》）。"出则事公卿，入则事父兄，丧事不敢不勉，不为酒困，何有于我哉！"（《子罕》）；"德之不修，学之不讲，闻义不能徙，不善不能改，是吾忧也。"（《述而》）这种在行为实践上的反省，即是他的"守死善道"。

较言行关系更为微妙的是学与思的关系。因为孔子说过"学而不思则罔，思而不学则殆"（《为政》）这两句意义重大的话，于是一般说孔子是学思并重，恐怕是似是而非的看法。不错，从《论语》看，孔子是非常重视思的，如"君子有九思"（《季氏》）之类。但我们要注意到，《论语》上的"思"，是面对某种行为，事物所应遵循的规范，如"言思忠，事思敬"等的"思"。这是把行为、事物与价值连结在一起之思，不同于一般所谓思辨之思。并不是说孔子摒斥思辨之思，"学而不思则罔"的思，即指的是思辨之思。但从"吾尝终日不食，终夜不寝，以思，无益，不如学也"（《卫灵公》）的话看，孔子实际重学更多于重思。王船山《论语义训》，对前引"学而不思则罔"两句，将学与思作分别性的解释说："学则不恃己之聪明，而一唯先觉之是效。思则不徇古人之陈迹，而任吾警悟之灵。"把《论语》的学，解释为"一唯先觉之是效"，即是学习前人所积累的经验，这是很恰切的。把此处的思，解释为"任吾警悟之灵"，在语意上说得稍为含混。船山真正的意思是说把所遇到的问题，作抽象的思维。古人的陈迹，亦即是经验事实，在抽象中舍掉了，亦即是由抽象而舍象，只是顺着思维的推演，以求得结论，这才是船山所说的本意。孔子的本意，不是学与思并重，而是要学与思结合。孔子所说的"终日不食，终夜不寝，以思"，这是离开了经验的思，是近于希腊哲人的冥思；由此所得出的结论，是与具体人生有距离的结论；这种思的推演愈前进，前进到形而上的领域，便脱离了人生，与人的行为不发生关系，这便不是孔子所追求的道，所以孔子断定这种思是"无益"的。在学与思不能作均衡的结合时，与其偏于思，不如偏于学。这恐怕是孔子的真意所在。希腊由纯思维所形成的哲学，在孔子面前，都会断之为"无益"。无益是指的无益于人的行为，无益于人的具体生命生活。

五

现在试将"人能弘道，非道弘人"两句话加以解释。

孔子之所谓道，必须有坚确的知识来支持，所以《论语》中非常重视知识；但他不是以知识为归趋，所以道的主要内容，不在扩充知识。假定是以扩充知识为道，则道可以使人知所不知，这即是"道能弘人"。孔子之所谓道，包含有艺能在内，他重视艺能在生活、行为中的意义，所以他特别提出"游于艺"，艺是艺能，游是熟练的形容。但艺能不是他所说的道的主要内容。若艺能是道的主要内容，则道可以使人能所不能，这也是"道能弘人"。孔子之所谓道，主要是指向生活、行为的意义，由这种意义来提升人生的价值，使人真能成为一个人，亦即《论语》中的所谓"成人"，所谓"君子"。这种意义，因为是与生活、行为连结在一起的，因为是与每一个人每一样事连结在一起的，所以把它加以表达的言，都是平淡平实之言，亦即是有类于朱元晦赞程伊川所说的"布帛之文，菽粟之味，知德者希，孰识其贵"（《朱文公文集》卷八十五）。从纯知识、纯艺能的角度看这种道是不能弘人的。但一进入到人类的行为世界，进入到由人类行为所积累的历史世界，它所含的意义才可彰著出来，此之谓"人能弘道"。

《论语》中的"敬"，至程伊川、朱元晦而始弘。《论语》中的"仁"，至程明道、王阳明而始弘。但历史上，人由正面以弘道的特少，人由反面以弘道的特多。《史记·自序》说："春秋之中，弑君三十六，亡国五十二，诸侯奔走不得保其社稷者不可胜数。察其所以，皆失其本矣！"《索隐》以"仁义之道本"释此处的"本"是对的。若非深入于春秋二百四十二年的历史的行为世界之中，何以能发现仁义有这样大的力量。不面对着今日许多巨大灾变，皆由以国家为私产而起，怎能了解孔子说"巍巍乎舜禹之有天下也，而不与焉"的重大意义。试深入到历史与现实的政治、社会、人生中去加以检察，几乎无不是从人的反面去弘孔子之道。能自觉到反面弘孔子之道，即可转为从正面弘孔子之道。永远无此自觉，即将永远从反面弘孔子之道，一直弘到以自己的灭亡为孔子之道的力量作证。

我再要谈到孔子思想的系统性问题。

希腊哲学，是顺着思维法则的要求，在一个基点上，层层推演出去所形成的，这种哲学，结构谨严而系统明确，使人容易把握。

笛卡儿说"我思故我在"，但人在这思中的存在，有如直线放到空中的风筝。人的具体生活、行为，不可能是直线的，所以一条直线上去的风筝，再美丽也没有生命。孔子的思想则是顺着具体的人的生活、行为的要求而展开的，所以必然是多面性的，包罗许多具体问题的。站在希腊哲学的格套看，这种思想，是结构不谨严而系统不显著的。但孔子是要求显发具体生命中的理性，将这种理性实现于具体行为之上。孔子对道的迫切感，乃来自他对人生、社会、政治中理性与反理性的深切体认，必须以理性克服反理性，人类才能生存、发展。这是生路与死路的抉择。因此，孔子思想的合理性，不是形成逻辑的合理性，而是具体生命中的理性所展现的合理性。孔子思想的统一，是由具体生命理性的展开、升华的统一，展开、升华中的层级性。这不是逻辑推理的线状系统，而是活跃着生命的立体系统。所以《论语》在形式上是很散漫地语言，只要深入进去，便可发现彼此间内在地密切关连，这即是孔子思想的有血有肉的统一与系统的有机体。研究孔子的人，应当把这种由内在关系而来的有机体，用现代有逻辑结构的语言表达出来，使内容的统一系统，表现为形式的统一系统。这当然是一件难事，但不可因畏难而另以一套性格不同的思想去代替它。

孔子政治思想对现代中国的"照临"
（1981 年 9 月 29 日）

一

兹当纪念孔子诞辰之际，谨写短文，以见他的政治思想，正照临着现代中国，使许多统治者，在此一照临之下，多少可以发现自己的原形，推测自己的远景。传统思想是活的还是死的，是有意义的或是无意义的，正决定于它对现实问题有没有这种照临作用。孔子的政治思想，也应受到这种检验。今试以《论语》为基本材料，提出孔子政治思想的两个目标、三个基点，来进行此一检验。目标是最后想达到的理想，基点是当下应即实行的现实。现实与理想之间有一大段距离，但中间必有一条可以通达的大路。一个政治目标，是认为政权可以在和平中转移，转移到任何有德者的身上，而不应固定在一人一姓乃至一个团体手上。这个目标，即使是在现在的中国，也太犯时忌了。他在两千五百年前只有以"微言"的方式表达出来"五帝官天下"（官是人人可做的，即人人可以做皇帝）的确凿根据。阻碍此一目标的是当时的人君，将天下国家当作私人财产，死死地霸占着不放。于是孔子说："巍巍乎舜、禹之有天下也，而不与（人声）焉"；"不与"是认为天下不是自己的，所以不与自己相干，自然不会霸占。既没人霸占，便可在和平中转移到有德者的手上。但通过怎样的程序来转移，孔子虽然已提出"选"、"举"的观念（"选于众，举皋陶"），但那不是投票的选择，实际上不能解决这一问题，于是他只好提倡"让"（"三以天下让"），尤其是提倡尧、舜的禅让，希望已掌握统治权的人能把统治权不传给自己的儿孙而让给他人；这在今天也是与虎谋皮，便不能不使这一目标在历史的限制中落空，而有待于民主政治的实现。假定孔子今日复活，看到民主政治的运行轨辙，会"莞尔而笑曰"，这真与我的政治目标相合，正是我所要求的政治运行的形式，可惜我当年没有想出来。

二

孔子的另一政治目标，是"无为而治"。尧和舜，是孔子心目中最崇高的政治理想人物。他说："无为而治者，其舜也与！夫何为哉，恭己正南面而已。"又说："大哉尧之为君也。巍巍乎惟天为大，唯尧则之，荡荡乎民无能名焉，巍巍乎其有成功也，焕乎其有文章。"天无私于万物，故生万物而使万物得以自生。尧也无私于天下，故治天下而使天下得以自治，所以人民不感到尧有功德可称。但天下得以自治，天下便会治得很好，所以"巍巍乎其有成功"。他的这一思想更用另一象征性的语言表达出来："为政以德，譬如北辰，居其所，而众星共之。"次于无为的是"简"，所以当仲弓问子桑伯子时，他说："可也，简。"这里我只简单指出，"无为"、"简"的思想，是要完全消解掉由封建统治而来的毒害，乃至由一切统治而来的毒害。这与前述的目标，是一件事物的两面，与专制政治是完全相反的政治思想。此一思想，在以后两千多年中，常以"不扰民"的低姿态出现，表现得最生动的莫如柳宗元的《种树郭橐驼传》。这是中国传统社会所反映出的持续性的政治要求。由此不难了解，说中国传统社会是要求专制政治的"洋说法"，真是洋人打胡说的样本之一。但因为这种说法是出自洋人，所以有许多中国知识分子相信。

三

政治的行为设施，因时因地而各有不同。但在孔子的政治思想中，可以找出三个基点来贯通于各种不同行为、设施之中，成为一种共同的出发点及得失成败的共同关键。

第一个基点是"正身"的观念。所谓"正身"，是统治者在政治上要求于人民的，要首先在自己及自己的家庭生活中实现。凡自己及自己家庭所不愿接受的，决不加在人民身上。换言之，统治者要经常处于被统治者的地位，以被统治者真实生活上的感受，来衡量政治上的行为设施。此种思想，发展为《中庸》的"絜矩之道"，及《大学》的"自天子以至于庶人，壹是皆以修身为本"。《论语》上的所谓德治，正指此而言。还有下面的材料，都表明这一点。"季康子问政于孔子，孔子对曰，政者正也。子率以正，孰敢不正。"（《颜渊》）"季康子患盗，问于孔子，孔子对曰，苟子之不欲，虽赏之不窃。"（同上）"季康子问政于孔子，曰，苟杀无道，以救有道，何如？孔子对曰，子为政，焉用杀。子欲善，而民善矣。君子（统治者）之德（由行为所发生的作用）风（有如风），小人（人民）之德草。草上（加）之风，必偃（仆）。"（同上）"子曰，其身正，不令而行，其身不正，虽令不从。"（《子路》）"子曰，苟正其身矣，于从政乎何有（何难之有）。不能正其身，如正人何。"（同上）在今天看，一个统治者由正身所发生的效果，未必能如孔子所期待的大。但统治者若能通贯自己的好恶于人民而加以实现时，便必然要求许多合理的政治行为与设施，于是正身决不是一个抽象而孤立的观念。例如自己要享受什么，便想到人民也应当有这种享受，自然不能不有许多作为。政治的腐化，必然来自统治者生活的腐化；政治的残暴，必然来自统治者以法令要求于人民，而自己处于法令之外，这是许多落后地区，尤其是中国今日统治者所强调的"法治"的特征。"只准州官放火，不准百姓点灯"，正是中国法治的写照。我们应针对这一现实来了解孔子所提出的正身思想的庄严意义。

四

第二个基点是统治者必须以可信的言行，形成人民对统治者的信任。孔子认为人民对统治者的信任与不信任，是一个政权能否存在，及值不值得存在的根本问题。"子贡问政。子曰，足食足兵，民信之矣。子贡曰，必不得已而去，于斯三者何先？曰，去兵。子贡曰，必不得已而去，于斯二者何先？曰，去食。自古皆有死，民无信不立（朱注："宁死不失信于民"）。"（《颜渊》）一个政权，乃建立于人民信任之上。失掉人民的信任，则此一政权的基础必随之瓦解，一定站不起来。所以孔子认为统治者宁可饿死，也不可使用诈欺手段，以致失掉人民的信任。在落后地区，诈欺手段，常被视为政治运用上的最高艺术。

尤其是大小极权的统治，必然是欺诈集团的统治。为了要神化个人，不能不欺诈；为了夸功耀德，不能不诈欺；为了掩饰强盗所不屑为的行为，并向看不顺眼的人们身上转嫁，更不能不诈欺。为了掩饰少数人的诈欺，不能不动员全体去诈欺；为了掩饰过去与今日的诈欺，不能不永久以诈欺帮助诈欺，并以刑赏随其后，却美其名为"维持威信"。一次诈欺得售，便以为凡是诈欺都能得售；人民原谅了一次两次诈欺，便以为人民可以长期接受诈欺。结果必然造成人民连从统治者口里说出的真话也不相信，形成一个政权的瓦解。我经历了国民党四十年代的悲局，我才了解孔子所说的"民无信不立"的真切意义。难道说要让这种悲局，一直继续下去吗？

五

第三个基点是言论是否自由会决定一个国家兴亡的问题。所谓言论是否自由，主要是指对统治者能否说出不同的意见而言。孔子认为这是国家存亡的大关键。《论语》："定公问，一言而可以兴邦，有诸？孔子对曰，言不可以，若是其几（朱注："几，期也"，必定如此之意）也。人之言曰，为君难，为臣不易。如知为君之难也，不几乎（近于）言而兴邦乎。曰（定公再问），一言而丧邦，有诸？曰（孔子答），言不可以，若是其几也。人之言曰，予无乐乎为君，唯其言而莫予违也（意谓为君的好处，只有说出话来莫有人敢不同意）。如其善而莫之违也，不亦善乎。如不善而莫之违也，不几乎一言而丧邦乎！"（《子路》）统治者知统治之难，便不敢专己独裁，可以接受他人不同的意见，因而承认了言论自由。统治者以自己说出话来莫有人敢反对为快乐，便必然会专己独裁，不接受乃至不容许有不同的意见，因而否定了言论自由。善有万端，必以言论自由为容纳的户牖；恶有万端，必以否定言论自由为积累的污池。言论自由不自由，是量度统治者善与恶，及量度他的政治前途最明显可靠的尺度。在没有言论自由的空间里，统治者所说的好和坏，必然要从反面去了解。孔子以有无言论自由，为兴邦丧邦的大关键所在，决不是中了资本主义的毒，因为当时没有资本主义；他是想由此而援救出许多统治者，更未曾想向统治者背上去捅一刀。言论自由，是人类的生机所在，自有政治集结以来，必以某种形态、某种语言，提出此种要求。若以言论自由为反革命，为受了资本主义的毒，或以为是匪谍的别有用心，这是统治者自己向自己的心窝里捅一刀，不能把这一刀写在他人的账上。中国的统治者们，好好读读《论语》，用孔子的话来照临自己吧！

中国传统文化中的性善说与民主政治
（1981 年 12 月 9 日）

一

中国兴亡绝续的关键，在于民主政治的能否建立。中国传统文化在今后有无意义，其决定点之一，也在于它能否开出民主政治。在传统文化中能开出民主政治，不仅是为了保存传统文化，同时也是为了促进民主化的力量。我三十年来在文化上所倾注的努力，主要是指向这一点。就我的了解，中国传统文化中的"性善说"，奠定了人类尊严、人类平等、人类互信合作的基础，由此可以与西方的民主体制相结合，开出中国的民主政治，并进而充实世界民主的理据与内容。八月间，在纽约和几位台大毕业的四十岁左右的年轻朋友聊天时，他们都是主张民主而彻底反对中国文化的。其中有一位说："沈刚伯先生（故台大文学院长）在一次讲演中曾说，中国文化中的性善说，阻碍了中国的民主。"这真出我意外。

过了几天，我收到俄亥俄州立大学张灏教授寄给我他在《中国时报》上刊出的一篇《再认传统与现代化》的大文，副标题是"以传统批判现代化，以现代化批判传统"。张教授性情笃实，好学深思，对中国传统文化，已下过不少工夫，在这篇文章中即可看出。他提出了许多宝贵意见，值得大家反省。但他把西方民主政治的出现，与基督教的原罪观念连结起来。把中国"圣王观念"的落空，及向民主制度努力的缺乏，归结于"对人的阴暗面的感受和反省还是不够深切"。张教授的话，是经过析抑后讲出的，所以讲得很有分际。但他的基本意思，可能与沈刚伯先生的意见相去不远，我想对此略加讨论。

二

依据《圣经》上帝按照自己的形相造人的说法，人本身即应有善性。"原罪"的全般肯定，我以为是出于当时许多人民和教士们悲惨遭遇的反映，再加上向上帝依归的要求，以后更进而成为金字塔式的教会权力结构的精神支柱的一面。所以我们难于从天主教中发现"原罪"与近代民主政治的直接关连。要找，可能应从马丁·路德的新教下手。

路德以"良心自由"及"教徒平等"的观念，争取宗教的个人自由。但他并没有把这些观念，转用到政治上去。他的门徒中，却有人看出政治上的个人自由，可以在神学上找到根据。

出生于法国的卡尔文，依然立足于"君权神授"说之上，主张人民对于暴君也应当服从。但同时也承认人民通过合法的机关与合法的手段，也可以反抗暴君的统治。这便比路德向前走了一步。

在一五七九年，新教徒中，出现了一部《暴君对人权论》，将君权的基础，安放于"契约观念"之上，将国家最高权力，给与于民众手中，强调人类的天性是自由的。提出"自然法"以代替政治上的神意，认为"自然法教我们应反抗暴力，以保护我们的生命与自由"。自此以后，自然法成为一切价值的标准。"回到理性"，"回到自然法"，是当时新思想的口号。据自然法学者的解释，"理性的普遍性"，即是自然法。他的性格，和宋儒所强调的"天理"，非常近似。

自路德在宗教上的良心自由发展到政治上的良心自由，发展到政治上的契约论，发展到自然法的理性判断，都是在思想上一步一步的走向民主政治之路，这中间经过了很大的转折。但在路德的宗教良心自由中，实已潜伏着一般所说的理性或理智之芽，缘市民阶级势力的成长，而一步一步的伸长出来。所以在这一点上，应当承认路德思想含有近代的意义。但应注意的是，良心自由，不能在"原罪"中找到根据；而自然法的抬头，更与"原罪"思想不相干。依我的看法，路德及许多新教徒们实际在各种不同程度上，将"原罪"转换为性善而不自觉。一七八九年法国《人权宣言》，充满了对一切人的信赖，我不以为这能立脚于"原罪"观念之上。

三

中国的性善说是文化长期发展的结果。老子孔子，都要求无为而治，即是要求"非权力的统治"。由此发展到以人民的好恶，为政治的最高原则；更发展到"天下为公，选贤举能"；这不能不说是一步一步的向民主的迫近。并且在政权的递禅上，孔子提出尧舜的禅让，孟子更补出汤武的征诛。可以说，除了议会这一重大因素没有触及以外，其他走向民主的重大因素，在先秦儒道两家中都具备了。这都是顺着性善说所展开的。至于说圣帝明王的观念，在《暴君对人权论》中也假定"在自然状态"的远古，行的是"有治而无统"的"贤人政治"，以作他们突破现实的凭藉，此乃无可奈何之事。另一面主张性恶的韩非（荀卿实际是主张性恶而心善的），君臣之间，君民之间，完全失掉信任感，不能不想出各种权诈的方法来加以防备，加以钳制；近代极权政治的各种施为，很容易在《韩非子》一书中看出它的面影。这是由人性观点不同，影响到政治上的最显明的对照。

然则民主何以不能在中国实现，便不能不落实到历史上加以考察。政治的本质是权力，这不是仅凭思想可以说服、实现的，而必有赖于权力结构中的制衡作用。我们试留心春秋时代的"国人"，在政治上还可发生若干制衡作用，促成封建政治的逐步瓦解。但自以军事力量为主干的大一统的专政体形成后，社会任何势力，稍与它抗拒，立即被辗得粉身碎骨，一直到现在，还无可奈何。今日几乎一致认董仲舒是专制的帮凶，但他写《尧舜不擅移，汤武不擅易》篇时，发出"有道伐无道，此天理也"的呼声，可以窥见他的真正想法，还是今日中国许多知识分子所不敢想的。他的再传弟子睦孟，便以提出他的"五帝官天下"的理想而被杀。外戚宦官在专制体制中的毒害，从汉代起，二千年中，流了多少志士仁人的鲜血，终于把它无可奈何。朱元晦要求皇帝的左右不要插手政治，应将权力一归宰相，立刻便被皇帝赶走。在这种历史情势之下，要求传统知识分子提出改变专制政体的问题，这在今天还是千难万难，似乎不应把责任推到性善思想上面。

复性与复古
（1950 年 9 月 1 日）

　　时下风气，一提到以儒家为正统的中国文化，辄一概抹煞之曰：这是复古。复古不是反动，就是落伍。我对此感触既多，故假本刊纪念孔子诞辰的机会，稍稍陈述没有成熟的见解。

　　文化是由历史积累而成。没有历史，便没有文化。不承认中国历史中之文化价值，即等于承认中国现时根本没有文化，因之，也根本没有精神。中国文化，固然有偏差、有流弊，需要大的洗刷，需要大的接枝接种运动。但岂有本身无文化、无精神的一群白痴，而能担任接枝接种的任务之理。疏导中国的历史文化，把他真正精神提出来，使大家先能成为一个有自觉之人，因之，也便是能成为一个有生命力之人，才能说得上对于世界文化，加以抉择，加以吸收。历史上凡在颓废中能复苏其生命力，复苏其精神力，以创制新的文化，或吸受新的文化的民族，无不首先系从其最亲切之文化系统中得所启发。几十年来，证明凡是对自己的文化，没有一种虔敬之心、亲切之感的人，他对其他的任何文化，也不会有虔敬之心、亲切之感。尽管他口里翻弄许多名词，但实际上只是假这些名词来文饰他"顺躯壳起念"的一股冲动。科学与民主，喊了几十年，在中国至今尚无着落，从这里不难看出其真正关键之所在。至于说到有些人以尊重中国文化为达到个人政治上社会上之不正当目的之手段；乃至仅靠中国文化，并不能解决中国现在的问题等等，都是可以承认的事实。但这只有把中国文化中好的东西体认出来，提炼出来，才能对上述情形，加以清理，因而对外来文化，加以融和吸收。现在一般人，他不先从自己文化的根子上去找出好的来，使自己站得住脚，而仅从自己文化的末流上去找出坏的来，为自己的堕落解嘲。试问世界上有那一种文化的末流没有渣滓？西方人并不因中世教会的许多残酷黑暗，遂一笔抹煞耶稣。而中国人则因为孔子不曾为他造好电灯汽车，以至抽水马桶，便要"打倒孔家店"，这正是证明中国人的精神，脱离了历史文化的支持，而归于荒废。

但是我们之尊重自己的文化，不仅是上述的意义。现在世界文化的危机，人类的危机，是因为一往向外追求，得到了知识，得到了自然，得到了权力，却失掉了自己，失掉了自己的性，即所谓"人失其性"的结果。人失其性，则人类的爱无处生根，因此，安顿不下邻人，也安顿不下自己。所以现在文化的反省，首先要表现在"复性"上面，使爱能在人的本身生根。因之使爱能融和于现代文化之中，使现代文化能因爱而转换其价值。中国文化是一种以仁为中心的"复性"的文化。提撕中国文化的真精神，是一种"复性"、"归仁"的运动。这不仅是中国文化自己的再生，也是中国人在苦难的世界中对于整个人类文化的反省所作的贡献。我亲切的感到这一点，但我的学力，尚不够说明这一点。现在让我在下面先引两个例子。

罗素批评共产党的唯物史观，认为他只看到阶级的经济利害在历史中的作用，而忽视了民族间以及民族内的感情——超经济利害的感情，在历史中的作用。他分析马克思学说之所以会由人类最高的理想，坠落到最黑暗残酷的罪恶之根本原因，一为教条主义生吞活剥的应用其公式；一为在马克思的学说中，缺乏了爱的道德感。其实，缺乏爱的道德感，这一点何尝又不可以用到堕落的资本主义方面去。罗素真不愧为一代哲人，他总算把现代文化机体中所缺乏的"维他命"——感情、爱，诊断出来了。但在他的数理逻辑的系统中，在他的新实在论的系统中，爱是无法生根的。

其次，我最近读日本哲学家田边元氏的《哲学入门》，而更加深这种感触。田边元氏是日本有名的科学的哲学家。他认为没有科学以外的哲学。康德的哲学，是把牛顿的自然科学的成果，从认识上与以理论的根据。这是因为自然科学者在理论上的不自觉，于是使哲学能另立门户。现在科学的本身已经哲学化了，所以只有科学的哲学。这当然是继承近代西方文化的正统而来的看法。但日本战败后，田边氏一方面既感于战祸之酷，一方面复感于共产党之可怕，而深切体认到这是由于世界人类中"爱"的缺乏。乃于一九四八年十月，在北轻井泽的山庄里，以口讲笔记的方式，仿照黑格尔的《历史哲学讲义》的体裁，重行写出他这一哲学的体系，想在他的哲学体系中安顿下人类的爱，因而也安顿下、驯和下马克思主义的一股暴戾之气。这便是现在问世的三册《哲学入门》。田边氏的着眼，与罗素正复相同。而其用心之苦，较罗素或且过之。

但他在科学的哲学中，怎样来安顿爱呢？据他的说法，希腊是观想的人生，观想自然，将自然的形式，由理性加以统一组织，所以，代表希腊科学的是几何学。近代则系工作的人生，或者可以说是制作的人生，代表近代学问的是力学。对于自然不仅在旁来观想，亦是自己进入于自然之中，以肉体工作，一面服从自然的法则，一面又使自然服从自己的意志，这样才产生力学，才有近代的文明。由此可知爱要在近代文化中生根，便必须在力学上生根。于是田边氏由力的原动及反动的原理，以得出力与爱的关系。他认为强者消灭弱者，是力的本性。但是没有弱者的抵抗，力的本身便无从表现，也便因之消失。所以作为力的存在，是要有自己，同时还要承认反对自己的对方。换言之，即是要容许抵抗，容许对方，容许对方的事。田边氏便在这种逻辑之下，把力和爱结合起来，以使爱能在代表近代文化的力学中有其根据。至于力何以能意识到要容许对方，要爱反抗自己的对方，而不一往冲击下去，则田边氏没有告诉我们。我们于此，不必讥笑他的牵强附会，也不必像日本有人骂他走入了虚无主义，而这只是说明近代科学文明中，实在无法安顿得下爱。世界的危机，既是出在缺少爱的上面，则要在科学文明中把爱安顿进去，田边氏也算尽了很大的苦心，尽了最大的努力。

不过近代西方社会生活中，不能说他完全没有爱。历史上不会有完全没有爱的社会。法国大革命，博爱即是三大口号之一。可是西方原来把爱的根子，生在上帝身上。生在上帝身上的爱，是超越绝对的爱，但也可以说是凌空的、外在的、难以捉摸的爱。这种爱，在人伦实践中，缺乏经常而普遍的性格。即是说，这是山珍海味，而不是市帛菽粟。于是西方人的人伦日用之爱，只有尽情的表现在男女之间的关系上面。但是，男女的爱，还是个人互相占有的成分居多，很难把男女之爱，推广为社会人类之爱。这种爱，可以满足热情的发泄，他的根本性格，还是属于力学的。中国文化上之不太重视这种爱，其原因或者在此。

大家都知道儒家的学说，是以仁为中心的。仁的粗浅解释，是一种感通、关切、融和的精神状态。所谓"仁者灵也"，"麻木"即是"不仁"，都是表示这种意思。对于自己个体以外所发生的痛痒，无端的反应于自己个体之内，好像自己的个体上也受到这种痛痒一样，这便是仁的感通。由感通而关切，由关切而融和，而成为一体。这种情形，表现得最真切的，莫如人伦亲子之间。"孩提之童，无不知爱其亲也"，这时"孩提之童"对"亲"的爱，没有知识的支持，没有利害的打算，可以说是先天的、无条件的、与生俱来的爱。这种爱，实际上已打破了亲子的自然个体，将亲子融合为一。黄冈熊十力先生解释"未有学养子而后嫁"，是因为母亲不知其与子为二，所以无俟乎学，可谓道出此中神髓。儒家从这种地方来肯定人性即是仁，没有丝毫的玄虚，没有丝毫的牵强，完全是从人生自身的体认中，也可说是由人生自身的实证中所得出来的。并且宇宙间若没有仁的感通作用，则上天下地，只是罗列着一个一个的死硬不动的互不相关的自然个体，而成为完全"物化"的世界，没有生命力的流注可言。于是生生的现象，都归停滞；而宇宙的法则，也无从成立。所以儒家说人性是仁，是人的所以生之理，更进而认定宇宙的本体即是仁，而仁即是宇宙生成的法则。这样便建立起完整的人生观和宇宙观。落到具体问题上，则仁既是最先显发于人伦亲子之间，所以首先便须践伦；践伦即是尽性。于是"人人亲其亲，长其长而天下平"。同时，这种践伦尽性，实际上是否定自己的自然个体，打破自己的自然个体的局限，以发挥其感通关切融合的作用；所以真正能践亲子之爱的，就不会停滞于亲子之上，而会"人不独亲其亲，不独子其子"以成其大同之治。这样，仁便完成了政治上、社会上最崇高的目的。

儒家的仁，是与人性为一体，是在人性上生根，所以仁的根子才生得稳固，才生得现成。"我欲仁，斯仁至矣"，此其中既无待于外求，也没有丝毫亏欠。只要人能不失其性，即可以行所无事的"利仁"、"安仁"。所以孔门是仁学，也就是复性之学。不复性，则现世界所迫切需要的人类之爱，总是虚悬摇摆，而落不下来，安不进去。

欧洲的人文主义，也是立脚在人性之上，并且自希腊以至最近，也可说是源远流长的，则何以见得"人性"为中国文化的特色。这里应当了解欧洲的人文主义，与中国儒家的人文主义，有一个大的分际。而其分际，即在两者究系如何去肯定人性的这一点。欧洲人文主义，大体包含三个意义。一是肯定人的现实，尊重人的现实；二是纯化现实，重视教养，使人能更成其为人；三是尊重仪节交际，以建立人与人的规律。而其所谓教养，也多是指能力及其他设施——如美术等——而言；所以文艺复兴时期人文主义者对人格追求的理想，是多才多艺的全能之人。

由此不难窥见西方对于人性，总是从生理开始凝集而发为能、发为力的这一点去肯定。这与中国从透出生理的凝集、局限，以与其他个体相通感的仁去肯定人性，有一个很大的区别。所以西方的人文主义，虽然在他的第三种含义中，稍带有一点社会性；但他的本质完全是个人主义的。爱的人生，不能是个人主义。而完全的个人主义，也无法使爱生根。所以人假定有一个共同成其为人之理，则只能从相通相感的仁上面去认定人性，而不能从相隔相对的自然生理上面去认定人性。因之欧洲的所谓人性，归根到底，依然是属于自然生理的。爱不能在自然生理的人性上生根，也正和爱不能在自然科学上生根一样。

中国既是人性的文化，是仁的文化，则中国的历史，何以还是丧乱相循，生民的疾苦不绝。殊不知仁的实践，还是要物质的支持。孟子说："使有菽粟如水火……而民焉有不仁者乎？"可见儒家和宗教家不同，并不否认仁要物质支持的重要性。中国的历史，因为智性不扩展，技术不进步，不能造出足够的物质，以支持仁的文化，这正是中国文化的弱点，这正是今日要急起直追的。何况其中还有长期专制的问题。但即使如此，中华民族，毕竟能度过多少苦难，以绵延迄今。毕竟能不以经济武力为背景，而能将周围的许多民族，于不知不觉之间，融合成为一个整体的四万万七千万的大民族，并在东亚形成一个庞大的中国文化圈，这都是仁的文化所发挥的融和凝结之力。中国常能同化其征服者，此中关键，并不在于中国文化比征服者高，而系中国的文化，本是与对立者以融和的文化，是人性所固有的文化；征服者一样有人性，一样可以在中国文化中，得到人性的启发。所以这是对于征服者的融化，而不是对于征服者的同化。中国乡下的老太婆，就他的知识说，赶不上都市的小学生。但就他不识不知的许多温厚的人情味来说，则这种人情味的道德价值，恐怕要超过现代许多的政治家、洋博士很远。中国最高的道德——如忠孝节义等等，常见之于未受教育的愚夫愚妇之间。而不识字的慧能和武训，其人格上都能上跻于圣贤之域，此在西洋便为绝无之事。这是当然的，中国的道德，是植根于人性而无待外求的道德，他根本不是从知识上去建立的。

中国的仁的文化，落到现实上，是由融合感通而发生安定的作用。其流弊则沉滞、臃肿，以至堕退，而终于迷失其本性。这便是中国文化对中国现在堕落不堪的人所应负的责任。欧洲的力的文化，落到现实上，是由追求、征服，而发生推动向前的作用。其流弊则尖锐、飞扬以至爆裂。而人类的各种努力，适足以造成人类的自毁。这便是所谓今日世界文化的危机。所以站在中国人的立场来说，一方面应该接受西方文化，以造成能足够支持仁的文化的物质条件；一方面应该由对于自己文化的虔敬，以启迪、恢复自己的人性，使自己能成其为人。更以此而诱导世界，使世界得中国复性的仁的文化的启迪，而在现代欧洲文化中，加入融和安定的因素，以造出更适合于人类自己的文化。这是东西文化的融合，也是人性本身的融合；人性是无中外，亦无古今的。由此可见我们之推崇中国文化，推崇孔子，不是保存国粹，更说不上是复古。不过此种用意，还是要迷途知返的人才能领略得到。

按此文仅代表作者开始在文化中摸索时的一个方向。一九七〇年十月二十四日校后记。

当前读经问题之争论
——为孔诞纪念专号而作
（1952 年 10 月 5 日）

一

目前应否读经，实在是值得讨论的问题。主张读经的人，似乎尚未提出应当读经的充分理由以及读经的方法。我们不能仅以政治"工具"的观念来主张读经。政治之工具非一，"经"在许多工具中未必是一最有效底工具。其次，过去的经，是代表学问的整体。汉人的"三十而五经毕"，学问上大体就告一段落了。但经在今日的文化中决难居于独占地位，则如何去读，当然也值得认真研究一番。

在反对读经的一方面，我觉得所举出的理由也很少能成立。目前反对读经的空气，实高过主张读经的空气。以下试将时下流行的几种反对理由，略加以考察。

第一，反对读经最普遍的说法，以为读经即是复古，我们如何可以复古？关于古与今的关连，我在答友人第一书中（见《民主评论》三卷十八期）曾略加提过。首先，我应指出历史上没有真正复古的事情。有的是"托古改制"，如《周官》在中国政治历史中所发生的几次作用，及日本明治维新的"王政复古"。有的则系原始精神之再发现，如路德宗教改革，特求之于《圣经》的"直率底语言"。及宋儒之不满汉儒，颜李之不满宋儒，皆直接从四书入手。更普通底则为接受前人的精神遗产，由"承先"以"启后"。没有这种工作，则每一人都把自己当第一世祖，都是猿人，还有什么文化可言呢？上述三者，都有其特殊底意义，也都有其相互地关联，都是与古为缘，但不能说那一种是复古。

"经"是中国的古典。英国人读莎士比亚甚至读柏拉图、亚里士多德，不是复古，何以中国人读中国的古典便是复古？复古，不仅是好不好的问题，而且是能不能的问题。站在真正现代史学的观点而论，"复古"一词，并不能成立。

第二，有人举出"经"中许多现在不可实行的事情，加丧祭之礼等，以证明经之不应读，其实，每一文化精神，常是通过某一时代的具体事件而表现。某一时代过去了，某一时代的具体事件之本身，多半即失掉其意义。读古典，是要通过这些具体事件以发现其背后的精神，因此而启发现在的精神。孔子已经说过："礼云礼云，玉帛云乎哉？"孟子已经说过："固哉高叟之为诗也"，"以意逆志，是为得之"。并且说"尽信书，不如无书"。一切大宗教的经典中，都混淆着许多神话。我不相信现在信宗教的人，是连这些神话都硬吞下去；而反对宗教的人，也不会拿这些神话的成分作反对的重要理由，因为这不是宗教中心问题之所在。一般人只知道宋是儒学复兴的时代，而不知宋也是疑古的时代。朱子所疑之书，即有四十种，尤疑《书经》与《孝经》，故不肯为之作注。经且可疑，岂不可加以选择。因其可加以选择而即断定为不应读；因其所叙述之具体事件不合于今，而不考察其具体事件所代表之精神如何，即断定经为不应读，此种肤浅之见，也很难成立。

第三，是有人引了许多历史证据，说读经对于政治没有好处，主张读经的人多是无聊之人；并进一步主张政治不靠道德，而是要靠韩非和马基维里（Machiayelli）这类的统治之术。更提出一聪明结论，说统治者自己读经作修养之用，未尝不可；但不必推之社会（此文听友人转述，但未亲眼看到）。这种说法很巧妙，一方面，比上二说似乎实在，一方面达到了反对的目的，而又不太得罪主张读经的人。其实，中国历史上，读经有好处与无好处，读经的有好人与有坏人，两方面都有很多的材料。问题是在两种相反的材料中，那一种与经的本身有必然地关系。等于问许多好底和坏底僧侣中，那是和宗教的教义有必然底关系。如坏底僧侣与教义有必然底关系，则教义将随僧侣而俱倒。否则打倒了罪恶的僧侣，而仍无碍于路德们之根据《圣经》"率直底语言"以倡导宗教改革。所以仅摆出片面的材料以下断语，这不是研究问题的忠实态度。至于说萧曹之未读经而政治干得很好，这只说明各个人的政治才能，可以来自各种不同的经验；是否由此可以得出读经即妨碍了政治才能的结论呢？是否中国历史上凡鄙薄儒术的个人和朝代，即在政治上有了成就呢？统治者可读经以作个人修养，是不是经仅是统治者的工具，与一般人无干？或统治者与被统治者完全是两个对立阶级，而无人性的共同点，所以宜于彼者不宜于此呢？更重要的是我们对读经问题，应有一社会文化的观点，不能完全粘贴在政治上面。秦之焚坑，东汉末之党锢，唐之清流，宋之党碑、伪学，明之东林复社，无一不是对儒家的一种摧残压迫，何以见得经完全是统治者的工具，以对统治者之效能，来衡断经的价值呢？至于主张马基维里这一类的极权主义者之反对道德，因而也一定会反对儒家，反对经，这只要想到法家对儒家的攻击，则此一论者真正论据之所在，例不难了然的。

第四，还有的说法是"对经有研究的人，都不赞成读经"。此一说法的问题是在于其所谓对经有研究的是那些人？其有研究还是自己觉得，还是社会公认。并且凡是反什么的，都以为自己是研究了什么，不然便无从反起。反宗教的一定是研究了宗教，反资本主义的一定是解剖过资本主义。这里乃是一个基本态度问题。所以说这种话的人，只算是说明了他的态度，不算说明了他的理由。尚有一种人以为"古书在古有当有不当，在今则无一当"。经是古书，所以今日不宜读。照这种说法，岂特中国的经不宜读，中国今日可读的，恐怕只有用王云五先生的四角号码来编的报纸杂志了。只有如此，读书人才勉强可与古绝缘。

以上，我看不出反对读经者举出了充分理由；由此，亦可见当前知识分子对于文化本身的问题，也缺乏一种谨严认真地态度。

二

但是，除开当前反对读经者的各个理由以外，若从整个历史文化演进的过程看，从中国近百多年历史的夹杂情形看，则我对于反对读经的现象，到可寄以同情；而中国文化本身受累之多，及当前中国知识分子因情形的夹杂而来的负担之重，使人真有任重而道远之感。

有人说，中国的传统文化，相当于欧洲中世纪的文化，此种说法，我不能承认。很简单底理由是：欧洲中世纪的文化，是以神为中心的文化。欧洲由中世走向近代，首先是由天国走向人间，由教堂走向世俗；所以进入近代的第一步，是建立世俗底国家，建立世俗底观念，可以说"世俗化"是从十六到十七世纪新兴势力主要努力的内容。但中国的文化，本来是人间底，是世俗底。这一基本的区别，如何可以抹煞？但若仅从外形上看，则中国以"经"为中心的文化，是中国的一大传统，与欧洲中世纪宗教文化之为欧洲之一大传统，既有相同。而自鸦片战争以来，中国须接收新底事物，接受新底观念，以应付新底情势，亦与欧洲近代的黎明期有相似。为了接受新底事物与观念，总系以反传统开始，乃自然之势。五四运动以来之反读经，当然是由这种自然之势而来底。它本身有其历史上的意义。

其次，以经为中心的中国文化，是一道德性底文化节，并且是一个大一统底文化。我们若暂时把道德与一统本身的内容区别，搁置不谈（如中国性善，欧洲中世为原罪；中国以人为中心，中世以神为中心；中国重视主宰性，中世重视归依等），而仅就粗略底外形看，则与欧洲中世有相似之处。道德性底文化，一统性底文化，从某一方面说，是人的生活之向上，是人的生活之调和。但从另一方面说，也可以招来知性底沉滞；换言之，也可以招来生命力的束缚。近代基本精神的动力，一是"为知识而知识"，一是"为财富而财富"，这才是近代文化的两根脊梁，尤其是后者。这两根脊梁都常要求从文化的道德性与一统性中得到解放；因此而五四运动以来的反读经运动，我们也应承认其有一解放的作用。

但，毕竟因为中国的传统，与欧洲中世的传统，有其内容上之不同；并且中国的反传统运动，已较欧洲落后了四个半世纪，于是在此过程中，不能不多出许多夹杂。不了解这种夹杂，不能从夹杂中透出来，而仅抱一偏之见，一往直前，这便使中国知识分子至今一无成就。

首先，以经为中心的中国传统文化，是以人为中心的道德文化，它本身不似宗教之与人间，存在一种隔离性。反宗教的传统，常是反对这种隔离性。中国的传统，没有这种隔离性可资反对。

其次，宗教传统，有一固定"教会"为其负荷者，以与其他势力相对立。欧洲近代黎明期，只是反教会教皇，而并不反教义。这便不是反对宗教之本身。到了十七八世纪，才流行"理神论"，使新思想与教义调和，也没有把宗教一笔抹煞。所以真正说起来，欧洲近代的反传统，是有其自然底节制。但中国的经，并无一特定负荷之固定团体，与其他社会势力相对立；于是这一反，便直接反到经的本身，反到传统的的根荄，等于要连根拔起。老实讲，连根拔起的反传统，是会反得两头落空底。

还有许多人认为经是代表封建的东西，反读经即是反封建。欧洲近代的开头，与反罗马教会一起的是反封建。此种说法，必须先接受马克思的一个大前提，思想完全是由生产关系所决定。但马克思以小资产阶级者生于资本主义鼎盛之十九世纪，而倡导共产主义，此一事实，已否定了其本身所建立之大前提。同时，欧洲之反封建，有僧侣、领主、贵族等具体底对象，当时并没有提出那是封建思想，因从而反对之。中国的反封建，在共产党斗争地主以前，缺少社会性底明确对象，却直接指向中国文化中心的"经"上面，其与欧洲反封建的意义，自不相同。况且中国之反读经者，常以欧洲启蒙运动相比附，而不知儒家德治礼治思想，却在法国德国发生了推动启蒙运动的作用。此一历史事实，应当可以供指"经"为封建思想者以反省（此点将另文介绍）。最后，欧洲中世以宗教为中心的传统，其根据地在罗马。这对其他许多国家来说，都是非民族性底。拉斯基（Laski）追溯英国宗教改革所以容易成功的主要原因之一，是因为对于僧侣们与国外的关系所发生的疑惑，即系由于丢都尔（Tudor，1485—1603）王朝的民族主义地意识。但以"经"为中心的传统，是我们民族的血肉相承底，这在反的上面，岂能毫无分寸。

更从积极方面去看，欧洲近代黎明期的知性解放，都遇着以宗教为传统中心的反抗，如哥白尼、伽利略、开普勒、哈维等。从这种反抗中解放出来，便成就自然科学。这是有不能不反之势。说也奇怪，中国对于自然科学之向往，乃至在实际上稍有成就，皆出之孔孟之徒，如曾国藩、李鸿章、张之洞等，其事实皆斑斑可考。最低限度，中国向知性的追求，并没有受到以孔孟为中心的传统反抗。中国真正研究自然科学的人，纵然对传统毫无兴趣，但谁也没有因此而受到压迫，或有被压迫之感。关于科学方法的介绍，只嫌做得不够。五四运动，虽揭科学与民主以反对礼教，但当时并没有人拿着礼教去反对共和，当遗老的只是极少数，更没有人拿礼教去打自然科学。当时领导人物如胡适之先生，在其英文本《先秦名学史》中，宣倡言他"打倒孔家店"的两大战略，第一是解除传统道德底束缚，第二是提倡一切非儒家思想，即诸子百家。在他这两大战略中，我看不出那一战略是与成就科学与民主有必然的关系。在胡先生两大战略中，只看出他对自己民族历史文化的一种先天憎恶之情，希望在他的实证底考证事业中将主干和根拔起。胡先生当时耸动一时的一是白话文，这针对文言而言，是有一确定底对象与意义，所以得到了成功；一是他的"红学"（《红楼梦》之学），也给当时青年男女以情绪上的满足。我记得民国十年有位刘子通先生到湖北来传播新思想，先讲心理学，大家无所谓。后来带着学生到城墙上去讲"红学"，一般青年才真正意识到传统与非传统的鸿沟，而为之一时风动了。胡先生只挂着科学与民主的招牌，凭着生活的情绪，顺着人性的弱点去反传统。传统受了打击，胡先生成了大名，但知性是能凭藉《红楼梦》考证而得到解放，而能有所着落吗？以"红学"的地子去反对孔孟，无怪乎他对科学的真情，反而赶不上读孔孟之书的清季若干士大夫，决非偶然之事。其与欧洲近代黎明时期之因解放知性而反对传统，没有可以比附的地方。

真正说起来，以五四运动为中心的反传统主义者，实以想改变社会生活习惯、社会生活秩序为内容的。这一点，我承认也有其意义。但欧洲社会生活之改变，是拿"为财富而追求财富"作一主题，随财富追求者之成功而社会秩序亦完成其改变的。换言之，各种建立新秩序之思想，是环绕资本主义之发展，使资本主义之要求得到"正当化"的地位而发生成长的。我们也或许可以不满意此一历史事实。但此一事实之另一意义为社会秩序之改变，因其有一明显之目标，因之，有一自然之制约，而得赋与一坚实之内容，故能顺着一条路下去，开花结果。新地理之发现，新技术的发明应用，都鼓励并保障了财富追求者，使其能冲破潜在人心之内及人心之外的各种限制，一往直前，把辉煌底产业，摆在社会面前，使当事者满足，旁观者欣羡。传统为要求自己的生存，只能努力于自身对此一新环境之适应，一切问题也就解决了。但中国没有赶上这一幸运时机。在西方资本主义压抑之下，没有鼓励保障财富追求者的条件。加以由财富追求所造成的资本主义，在我们以羸弱之躯，缓慢之步，想向它追踪继武时，它的本身却已盛极而衰，另一新底势力，新底意识，想向它问鼎之轻重了。于是我们社会新底秩序，到底以何种势力为骨干，向何种方向去形成，都令人捉摸不定。主张革新的人士，只要求传统向它投降；认为传统投降了，一切便得到解决。问题的不能解决，只是因为传统在作怪；传统投降了，却对传统无法收容，觉得只有尽坑降卒四十万，才妥当而痛快；但传统坑尽之后，并没有一个新社会来作反传统者立足之地。而且最奇怪的现象是，凡是极端反传统的人，都是在新的思想上，新的事物上，乃至在一切学问事功上，完全交白卷的人。钱玄同这种人不待说，胡适先生自己，除了背着一个包着瓦砾的包袱以外，谁能指出他在学问上的成就是什么？"好人政治"的提出，连"民主"的招牌也丢掉了。

传统是由一群人的创造，得到多数人的承认，受过长时间的考验，因而成为一般大众的文化生活内容。能够形成一个传统的东西，其本身即系一历史真理。传统不怕反，传统经过一度反了以后，它将由新底发掘，以新底意义，重新回到反者之面前。欧洲不仅没有反掉宗教；而昔日认为黑暗时代的中世纪，拉斯基在其《欧洲自由主义之发达》中，叙述了自由主义的成就后，接着说："不消说，其代价（自由主义的成就）也是非常底大。即是，因此而我们失掉了使用若干中世地原理的权力。——这种原理之复兴，在我想，认为确实可成为人类的利益。"（日译本第九页）这是欧洲反传统得到了结果以后，所发出的反省之声：我们反来反去，却反出一个共产党来，这还不值得我们的反省吗？

三

依我个人粗陋之见，中国的传统，不是需要反，而是需要清理。清理的对象，是由我们文化所凭藉的历史条件带来的东西。

我们文化所凭藉的历史条件，若以之和西方比较，不难发现一最大不幸底事实，因此而可对中国古往今来的一切知识分子，寄与以同情。西方文化，自希腊以至近代，都是由社会财富所培养出来的。中世纪的骨干是教会，教会也是一种独立性底财富团体。欧洲的政治宫廷，对文化的关连，是渺不足道。此一事实，使知识分子，可以自立于现实政治之外去从事文化工作，而不受到政治的干扰。当然，社会的本身，对文化也有制约的作用，但这种制约是分散底，间接底，弹性底；而现实政治对文化的干扰，则是集中底，直接底，强制底。西方文化在社会财富基盘之上，依然可以保证文化之纯粹性、超绝性，而不致受现实政治利害的限制；虽然有，也可一层一层的突破。伟大地宗教与科学，都是在其一往直前的纯粹性与超绝性上所成就底。中国文化，自始即以政治关系为中心。集大成底孔孟，都要"传食于诸侯"，靠政治关系吃饭。群雄并立，利用群雄好风好雨的间隙，大家还可以选择较为适合的环境以自鸣其说。及大一统之局既成，社会财富，不能与士人结合起来以自立于社会之上，于是士人要有所成就表现，只能在一个唯一底现实政治关系中打转，这便影响到中国文化发展过程中的纯粹性与独立性。不与现实政治发生关系，即为隐沦之士，假定对政治有所不满，便有随时被指为叛夫之虞。知识分子没有自由活动的社会平面，文化即失掉其自律与自主底伸展。宋儒及明中叶以后一部分士人，渐意识到文化的社会性，而不把朝廷视为文化的函数，故儒学得到新底发展（《朱子语类》卷八一，黄卓录"民之于君，聚则为君臣，散则为仇雠，如孟子所谓君之视臣如草芥，则臣视君如寇仇是也"。此系儒家对君主之基本态度，但此一态度能尽量发展吗？）。然结果都受到政治之打击与束缚，其基本精神，不能继续下去。一般士人，为了做官而谈政治，决不能构成政治学；为了争宠而说有谈无，总不能构成哲学。于是中国历史上的大多数士大夫，总是自觉或不自觉底挟带着满身政治污秽，而中国文化的真精神，也常不免和这种污秽夹杂在一起。此一历史的条件，一直到现在还没有改变。现在的知识分子，应从这种自反自悲中奋发起来，清理我们文化在历史中所受的负累，使几个顶天立地的观念，彻底透露出来，以润泽现在焦萎欲死的人生，而不必先凭一股浅薄颠顸之气，要反一切，打倒一切，轻薄一切。

基于上述观点，落在读经问题上，我补充以下的理由，是赞成有限度读经底。

第一，我们假使不是有民族精神的自虐狂，则作为一个中国人，总应该承认自己有文化，总应该珍重自己的文化。世界上找不出任何例子，像我们许多浅薄之徒，一无所知底自己抹煞自己的文化。连苏联把文化的阶级性说得这样死硬，但现在连恐怖伊凡也拿出来了。假定它的历史中有尧舜禹汤文武周公孔孟，我想苏联总会把它捧到伊凡以上去吧！中国文化，是一个有"统"的文化，不似欧洲作多角形发展。而此有"统"底文化的根源便是"经"。胡适之先生拿诸子来打"经"，来打儒家的策略，他没有理由说"经"说"儒家"在文化上的地位，比诸子百家轻，而仅是擒贼擒王的办法。一口说不读经，实际即一口抹煞了中国文化的主流，于情于理，皆所不许。

第二，我们要承认变中有常，人类始能在宇宙中、历史中取得一个立足点。而常道之显露，总是超越时间性而永远与人以提厮指示的。中国的经，不能说都是常道。但在人之所以为人的这一方面，确显示了常道，而可对自己的民族，永远在精神的流注贯通中，与我们以启发鼓励、提厮、温暖，我觉得这是无可置疑底。

第三，人类的觉悟，常常是从反面逼出来的。有了反面的对照，益觉我们的"经"的这一文化系统，真是布帛粟菽，应靠着它恢复人的本性本味。

第四，我们应坦白承认是在流亡之中。庄子说："逃空谷者，闻人足音，则跫然以喜"，何况是自己文化的根源。流亡者已经失掉了地平面上的卷舒，何可再失掉精神上纵贯底提携维系。

操专门之业，而其业与经有关的，如史学、哲学或文学等，皆应精研经中有关的部分，这是不待说的。至于一般读经问题，我认为在小学中应有若干经的故事，应选择若干切近而易了解的经中的文句，作学校中的格言标语，于周会加以讲解，使受了国民教育的人，知道中国有经，有圣人，有切身做人的道理。再将《论》、《孟》、《学》、《庸》、《礼记》、《诗经》中精选若干，共不超过一万言，或汇为一篇，在课程中立一专课。或分别插入国文公民中，而将现在课本内许多无聊底东西抽掉，按其内容之深浅，分别在高初级中学中讲授，更于历史中加一点经学史。如此，则学生之负担不加重，而经之大义微言，亦略可窥其大概。大学则应近于专门之业，以其所专者去治经，可不列在一般读经范围之内。

除学校教育以外，我希望成年人，不论作何职业，手头能保持一部《四书》，可能时，再加一部《近思录》，于晨昏之暇，随意浏览，我相信对于自己的精神生活总会有所培补底。但这只可出之于社会的提倡，而不可出之于政府硬性的规定。有人很瞧不起《四书》与《近思录》，觉得太平常了。平常确是平常，但只要你能体会得到这种平常，你才算对于中国文化摸到一点门经。

其次，还要附带提一点对于经的讲解问题。考据校勘，乃专门之业，与经之大义关系不大。朱子曾经说过，这与义理是另一学问；姚姬传亦以义理词章考据三门平列。学校授经，当然应该注重义理。有的先生们以个人的兴趣，在几点钟的功课中，强学生以校刊考据之业，真是于义无取。此其一。中国的义理，与西方哲学不同者，在其实践底基本性格。故缺少此种实践功夫底，很难信其对经的义理有所了解。所以《论》《孟》《学》《庸》，应以《朱子集注》为主；其他各经，有宋儒注释底，都应加以尊重。因为他们有这一段实践工夫，精神可以相通，声气可以相接，对经的义理自较了解真切。纵使他们在名物训诂上有不及清儒的地方，但这都无关宏旨。今日若欲继宋儒而对经的义理作新底发掘，必须对西方哲学真有研究的人，把西方思索的态度与线索，反射过来，以作新底反省，才有可能。今人常以为几天抄录工夫，即可压倒历史权威的著作，以此种浮薄之气，而言整理经学，则经学又将受到新八股之厄运了。至于今日包揽教科书利益的集团，喜欢把自己弄不清楚的字句、内容，选到教科书里面，如把《论语》的"因不失其亲，亦可宗也"，选到初中国文里；把《孟子》的《养气章》选到高中国文里；把《乾·文言》选作大一国文的第一课，此种人，随处都与儿童、青年为敌，那就更无从说起。

（附记：本文所说的经，是以十三经为范围底。）

九月十二日夜于台中

中国文化的对外态度与义和团事件
（1957 年 7 月 1 日）

五月二十四日，台北发生捣毁美国大使馆及扯毁美国国旗事件后，美国杜勒斯国务卿在记者招待会中，将其与义和团并称，以作中国有排外传统的证据。而在此次事件发生后的告国民的文告中，亦提及义和团案件，以作国人的警惕。我觉得台北二十四日的事件，似乎不应当与义和团有何相似之点。"两国"政治负责领袖既于六十年后之今日，仍皆以义和团为言，则所谓义和团者果系何种性质，而可资今日之借镜？余重伤吾族类之迭遭冤抑而无所控诉，爰就中国文化的对外基本态度，及义和团事件的背景，草成此文以献给中华的儿女。

一

在希腊文化中，根本没有浮出可以当作"人类"解释的"人"的观念。希腊人对于非希腊人及对于非自由人，不把他们当作与自己相同的人来看待。在西方，一种普遍地人的观念，应当是来自基督教；但基督教对于异教徒的排斥，或且过于希腊人对于非希腊人的排斥。这种文化传统，深深影响到西方文化向外的侵略性格、殖民性格，也影响到他们自身文化的安定性。近三百年西方民主与科学的进步，也因此而削弱了对全人类的影响力量。

中国文化到了孔子，已奠定了人性平等的观念，因而也奠定了普遍性底人的观念。中国的周围有许多不同的民族，但没有可以和中国文化处于对等地位的异质文化。所以从文化程度上的极显明地对照，便形成了华夷的分别。但这种华夷的分别，并没有掩没文化中的普遍性底人的观念。孔子对他的学生子张说："言忠信，行笃敬，虽蛮貊之邦，行矣。言不忠信，行不笃敬，虽州里，行乎哉。"这是说做人的态度只有一个，由做人的态度所得的效果也只是一般，这是无间于夷夏的；因此，他想"居九夷"，想"乘桴浮于海"，在他的心目中，只有文化问题、教育问题，而没有种族的问题。他的"有教无类"，不应像宋儒仅从变化人的气质上作解释，而是应包括阶级和种族的。所以《春秋》的华夷之辨，其标准是文化而不是种族。孟子说舜是东夷之人，文王是西夷之人，结果是"先圣后圣，其揆一也"，这里同样找不出种族的界线。

因中国文化在过去是处于无对的地位，所以在政治上便形成了"天下"的观念；即是，中国人谈政治，不以国家为对象，而是以天下为对象。但中国人在政治意识中的天下，不是以大国为轴心的天下，而是使各得其平的所谓"平天下"。在"平天下"的观念之下，自然产生"远人不服，则修文德以来之"（《论语·季氏》）及"柔远人"、"怀诸侯"（《中庸》）等一套对外的观念。孟子更曾提出"以小事大"及"以大事小"的切近事实的两种形态。孟子说，以小事大是"畏天"。所谓"畏天"，是由于对于人民社稷存亡的责任感而来的一种敬畏精神，在此种精神基础上的事大，便只会产生艰苦的奋斗，而决不会屈服偷生；孟子举的例子是太王事獯鬻，勾践事吴。以大事小是"乐天"。所谓"乐天"，是以天的并生并育为乐，于是对于弱国总是存"宽洪恻怛"之心去涵融；孟子举的例子是汤事葛，文王事昆夷。以大事小的观念，在西方的政治思想史中，恐怕根本找不出来。美国今日对世界各国的援助，有点近于以大事小。这种援助，假定美国人承认它是出于乐天的道义精神，岂不更能提高美国人在世界的地位？岂不更能给被援助的国家以精神上的鼓舞？但美国的政治家却只能坦白说，它是出于美国自己的开明地利益，因为若非为了自己直接地利益，美国人民便不肯出钱；即是美国人还没有达到用人类的共同理想、共同要求，来鼓舞他们自己生活情绪的程度。中国人在二千年前即可以接受的道德观念，尽管美国人事实上已经不能不这样的作，但在观念上还无法可以接近，无法可以了解，这便使他常常陷于"出力不讨好"的窘境。我们知道，由一种手工业的技术水准而要一下子跃向原子技术，这是须要很大的努力的；但同样底，由一种功利主义的生活方式跃向人类道德理想的生活方式，也不是件容易的事。美国的朋友，在这种地方应当知道谦卑的意义。

《春秋》三传之一的《左传》，记载当时二百四十二年的政治活动，相当的详细。在这一部书中，有一个明显而一贯的历史观，就是"礼"。作者把当时一切的兴亡成败的原因，都归结到人与人，国与国间互相交往时的有礼或无礼。这到底是否系由作者根据历史事实所归纳出的结论，而当时的事实，是否真如作者所叙述样底百试不爽，此处暂不讨论；但有一点是由此可以断定底，即是在中国文化中人与人的关系，国与国的关系，以礼为共同遵守的准绳，并以有礼与无礼为文明（华）或野蛮（夷）的分别。这在《公羊传》、《穀梁传》中也说得非常清楚。换言之，对于问题的解决，不经过合理的途径，不采用合理的方法，不保持合理的态度，而直接诉之于暴力行为，这是中国文化的叛徒，为中国文化所不许。

二

在中国历史中，如前所述，没有遇着一个对等的异质底文化单位以作为政治上的对手，所以在对外的关系上，都是以天朝对待下国，以华夏对待夷狄的态度自居。但我们可以把历史实践中对外的原则，归纳为下面的三点：在受到外力的压迫侵害时，便主张挞伐；在自己强盛而四夷衰弱时，则主张宽大；在自己不十分强盛，而四夷也无力大举侵害时，则主张羁縻。这三种原则，在历史中是不断地循环出现，而尤以"羁縻"两字，表现出中国民族对外的现实态度。所谓羁縻的实际意义，乃是吃小亏，上小当，不和人斤斤计较，维持一种可以勉强相安的局面的态度。在我国历史中，除了防御性底挞伐战争以外，几乎找不出侵略性地对外战争来。

以鸦片战争为一个历史的大转捩点，我们第一次遇到与我们对等的异质底文化势力。此种文化势力，是以许多强大的国家为其具体内容，向我们伸出侵略的触角。我们过去把自己以外的国家当作夷狄，而此时由西方东渐的外力，反视我为野蛮人，把我们当作新大陆、非洲、中东、印度、东南亚等殖民地的继起猎场。此种新情势之到来，在中国是史无前例，当然为当时的士大夫所不能了解。接二连三的丧权辱国，主要是由于此种不了解而来。但中国的士大夫，经过了一段摸索时期以后，终于在维护民族生存与尊严的前提之下，摸索出了一条大路，这即是以戊戌变法为标志的维新运动。此一运动的意义，不仅是说明中华民族毕竟有适应新环境的能力，并且也说明中国文化的"道并行而不相悖"的伟大精神，它本身是随时可以吸收异质底文化以充实自己的生命的。

但我们不要忘记一个铁的事实，即是中国自秦以来的政治，乃系专制政治。专制政治的本身，便构成统治者自身的愚蠢。因此，在我们历史上，以皇帝为中心的宫廷集团，除了极短的时期外，它总是处于与文化相敌对，与人民相敌对的地位。那拉氏——慈禧太后的扼杀戊戌变法，正是历史悲剧的循环演奏；而义和团事件，又正是扼杀戊戌变法的继续发展。换言之，义和团案件的造成，在本质上，与那拉氏之杀戮戊戌变法志士，完全是一件事。我们应当把义和团和造成义和团事件，分别的去加以观察，才能真正了解历史的真相。

首先应当知道，在中国历史中，农民感到政治的压迫最为痛切；但他们缺乏明确的政治意识。农民在必不得已时有铤而走险的勇气，但他们平日缺少大规模联络组织的机会；于是从黄巾之乱起，低级底宗教活动，便常常成为农民政治反抗的初期底、基本底组织形式。义和团的原始性质，当时人看得很清楚，与黄巾、韩林儿、白莲教等并无分别，所以清廷对他们的政策本来是"剿办"。后来只因他们含有排外反教的倾向，这才为那拉氏所看中、利用。现在据已经发表出来的有关史料来看，义和团原来的行为，同中国历史上农民暴动后的行径大体相同，即是打家劫舍，杀人放火，无所不为，并非仅仅排外仇教。但后来，若不在排外仇教口号下去打家劫舍，杀人放火，便会遇到"剿办"；在排外仇教口号下的这种行为，便得到鼓励，于是只有打着"灭洋"的旗帜，后来再加上"扶清"，而成为"扶清灭洋"的旗帜，这完全是那拉氏一人运用政治阴谋和力量所造成的。柴萼《庚辛纪事》说：

> 会慈禧太后谋废立，各国公使不允，仇洋特甚。拳匪以教徒之横，适树"灭洋"之帜，中经希旨诸臣之鼓惑，而太后逐欲令拳匪灭洋。匪得密旨，因于"灭洋"之上，加上"扶清"二字，而滔天之势成矣。

义和团到了天津、北京以后，他们所杀的非教人民，所抢所烧的教堂以外的商店家宅，不知超过教民和教堂多少倍。有一次，用"白莲教"的名义，虏北京城外无知无识的村民男女老幼百余人，"以与载勋，载勋请旨交刑部斩于市，呼号就戮哀不忍闻，皆愕然不知何以至此。观者数千人，莫不顿足叹息怜其冤"（《庚子国变记》），这是普通的一个例子。所以揭穿了说，庚子拳变，与其说是出于"仇外"，无宁说是出于

"仇内"，只出于以那拉氏为中心的仇视中国人向前进步，向前发愤图强的倾向即是追求科学和民主自由的倾向。至于义和团本身的仇外仇教的意识，只是他们复杂而模糊的反抗意识中的一个成分，但决非是唯一的成分；这只要稍稍留心当时的史料便可明白的。而那拉氏便抓住这一点去利用。

义和团的人们所以有一部分排外仇教的意识，是因为当时社会有浓厚的排外仇教的意识。我在前面已经说过，中华民族遇到外力欺压时，便自然浮出"挞伐"的观念。自鸦片战争以及庚子，中国对外受了太多的打击，中国普遍感到是在受外力的欺压，因而发生普遍地仇外心理，这应当是容易理解的。但是排外为什么又仇教呢？中国对于外来宗教，一向是保持宽容的态度。佛教初到中国，只不过是由中亚细亚若干小国的半商半僧侣的人开始，并没有遇着中国人的仇视，且不久在中国开花结实，以迄现在；中间虽有三武之难，但这都是来自朝廷而非来自社会。即以利玛窦们初到中国来传耶稣教而论，他们地位单寒，一无凭藉，但依然没有遇到中国的仇视，而且也及身发生了相当大的影响；这都足以证明"道并行而不相悖"的伟大地中国文化的性格，对任何文化，都可以兼容并包，不像西方文化自身的常常带有火药气味。传教事业之所以中断，是来自罗马教廷的反客为主的无礼要求。罗马教廷的要求，表面是宗教的，实际还是出于政治的侵略意识。鸦片战争以后，西方人士在中国的传教事业，在实际上是以长枪、大炮为后盾，是顺着枪口、炮口的指向来向中国人传教，这便与佛教之进入中国，及利玛窦时代耶稣教之进入中国，完全是两样。当中亚细亚的佛教徒与利玛窦等基督徒进入中国时，在中国人的心目中，这是宗教，这是文化，中国人认为宗教与文化是没有界域的，所以尽管可以根据目的、思想及生活方式而不信它，或从理论上加以辩难，但决不至诉之于直接暴力行动的仇视。鸦片战争后进入到中国的西方传教士，在中国人心目中，他不是《圣经》，不是教徒，而不过是洋枪、大炮的化身，是帝国主义榨取殖民地的"魔术师"。在这种社会心理下，加入基督教的中国人的品格如何，不难想见。"吃教"的名词，正兴起于此一时代，这在中国过去是不曾有过的。一个"吃"字，已够形容当时教徒的心理和卑龊状态。现在固然还有不少从政治上，出国上，更大的经济利益上去"吃教"的人，但这多是中等以上的人，有一套文饰的说法，比起当时多是中等以下的赤裸裸地"吃"，要体面得多。中国农村文化的落后，无可讳言；落后的心理状态，只能直感底去了解问题，只能从他眼前力之所及的地方去求问题的解决；于是直接奈洋人不何，奈有武器的洋人不何，便只好找上靠洋人吃饭的中国人以及没有武装的洋人身上来出气。我们应当从这种幼稚落后的民众意识中，承认它所反映出的时代问题的真实性。

三

说到那拉氏一方面的情形，便完全是两样。西洋势力进入中国，有其侵略性的一面，也有其促成进步作用的一面。光绪听政，支持康、梁们变法，西方人士多寄与以同情和希望，这正是发生进步作用的一面。一切历史的事实告诉我们，任何形式下的进步底要求，尤其是自由民主的要求，都与专制者的权力欲是势不两立；这在当时便是与那拉氏势不两立。在庚子前两年，那拉氏已经用最残酷卑鄙的手段，摧毁了变法图存的新兴势力，但因为变法是受西方人的影响，又得到西方人的同情，所以西方在中国的势力，在那拉氏心目中，始终是她的权力的阴影。加以她为了巩固自己的权力，决心要废光绪而立载漪的儿子溥儁做皇帝，第一步把他立为大阿哥；但这些部署，却碰了当时外国驻华公使的灰，便更促成她向外国人的报复心理。在自身无可奈何之中，只好乞灵于义和团的"民心"，想用这种"民心"来掩护并达到她最无耻的自私目的。李希圣的《庚子国变记》说得很清楚：

> 义和拳者起自嘉庆时，有严禁，犯者凌迟。戊戌八月，荣禄嗾杨崇伊请太后复出听政，康有为以言变法获罪，所连坐甚多。逢迎干进者皆以攻康有为为名。稍与龃龉，则目为新党，罪不测。张仲炘、黄桂鋆密疏言皇上得罪祖宗，当废，太后心喜其言……日以上病状危告天下，各国公使谒弈劻，请以法医入视病，太后不许，各公使又亟请之，太后不得已，召入，出语人曰，血脉皆治，无病也。太后闻之不悦。

> 已而康有为走入英，英人庇焉。……太后大怒曰，此雠必报。时方食，取玉壶碎之曰，所以志也。而梁启超亦走保日本，使刘学询、庆宽并刺之，无所成而返。

> 乃立端郡王载漪子溥儁为大阿哥，天下哗然。……载漪恐，遣人风各公使入贺，太后亦召各公使夫人饮，甚欢。欲遂立溥儁，各公使不听，有违言。太后及载漪内惭，日夜谋所以报。而义和拳浸

滢自山东入畿辅……以仇教为名，至斥上为教主，太后与载漪谋欲引以废立，故去之特坚。匪党出入禁中，日夜无期度。

是日（五月二十日）召大学士、六部、九卿入议……吏部侍郎许景澄言中国与外洋交数十年矣，民教相仇之事，无岁无之，然不过赔偿而止。惟攻杀使臣，中外皆无成案。今交民巷使馆，拳匪日夜窥伺之，几于朝不谋夕，倘不测，不知宗社生灵，置之何地。太常寺卿袁昶言衅不可开，纵容乱民，祸至不可收拾，他日内讧外患，相随而至，国何以堪？……廷臣皆出，而载漪、刚毅，遂合疏言义民可恃，其术甚神，可以报雪仇耻。

二十二日又召见大学士六部九卿，载漪请攻使馆，太后许之……

太后意既决……遂下诏褒拳匪为义民，予内帑银十万两。……城中日夜焚劫，火光连日夜……死者十数万人。其杀人则刀矛并下，肢体分裂，婴儿未匝月者亦杀之，惨酷无复人理，而太后方日召见其党所谓大师兄者，慰劳有加焉。

王培佑以首附义民，擢顺天府尹，士大夫诡谀干进者，又以义和拳为奇货。

二十四日遂令董福祥及武卫中军围攻交民巷……死者无虑四千人，拳匪亦劣有伤亡，皆引退。而刚毅、赵舒翘方坐城楼趣战，饮酒欢呼。刚毅曰："使馆破，夷人无种矣。天下自是当太平。"舒翘起为寿曰："自康有为倡乱悖逆，喜事之徒，云合而响应，公幸起而芟夷之，略已尽矣。……今义民四起，上下同仇，非太后圣明，公以身报国……亦亡以致今日之效也。"

（以上皆见《庚子国变记》）

恽毓鼎《崇陵传信录》也说得很清楚：

义和拳之为邪教，即八卦、白莲之支与流裔……顾朝廷所以信之者，意固别有所在。邵陵高贵之举，两年中未尝稍释，特忌东西邻责言，未敢仓卒行。载漪又急欲其子得天位，计非藉兵力慑使臣，固难得志也。义和拳适起，诡言能避火器，以仇教为名，载漪等遂利用之，以发大难。故廷臣据理力争，谓邪术不足信，兵端未可开，皆隔靴搔痒之论也。甲午之丧师，戊戌之变政，已废之建储，庚子之义和团，名虽四事，实一贯相生，必知此而后可论十年之朝局。

《景善日记》亦谓：

> ……太后谓在各使未请归政以前，尚有严惩民团之意，乃归政
> 一事，朝廷自有权衡，非外人所得干预也。

> 老佛（那拉）有言，彼族焉敢干预予之权。是可忍，孰不可
> 忍。当以灭此朝食。

看了上面随便摘录的这些材料，可知义和团的仇教动机，和那拉氏
的仇洋动机，完全是两回事。换言之，义和团原含有朦胧地民族意识，
而那拉氏则完全出发于个人刻毒的权力欲。义和团的朦胧地民族意识，
在合理底政治领导之下，可以向深刻地发愤图强的方面发展，并非一定
要向暴力攻使馆等非法行动方面发展。庚子事变，完全是那拉氏和载
漪、大阿哥等个人的权利欲，利用拳民落后而朦胧的政治意识所造成
的。庚子事变的责任者是那拉氏、载漪、大阿哥等少数人，不仅与整个
的中华民族无关，并且略迹原心，也与那批落后的几十万的拳民无关。
此事实从当时中国知识分子的所有的记载中，都说得很清楚。生于六十
年后，作为美国政治家的杜勒斯先生们也应该有这种了解。对这种起码
的事实不能了解，你们便如何能了解有五亿人口的中华民族？但那拉氏
是一个聪明的妇人，她知道自己的野心必须披上"人心"、"民族"等大
帽子，而以"汉奸"等帽子加在顾全大局者的身上。一以欺骗天下，一
以逃避责任，一以诛锄政敌。那拉氏斥袁昶邪术不足成事的话说："法
术不足恃，人心不足恃乎？"（《崇陵传信录》）又"今日之事，诸大臣均
闻之矣，我为江山社稷，不得已而宣战，顾事未可知。有如战之后，江
山社稷仍不保，诸公今日皆在此，当知我苦心，勿归咎予一人，谓皇太
后送祖宗三百年天下"（同上）。又《景善日记》中有记有五月廿四日一
次御前会议时那拉氏所说的话：

> 谕以为万难稍为宽容洋人无礼之要求。如稍事姑息，在国体
> 殊有妨碍，更何辞以对在天之灵也。……予卧薪尝胆，四十年有
> 余……乃各使干预听政之权，殊系狂悖已极……国家多事，时局
> 维艰，草野之民，具与有责。尔汉大臣等应记忆，以我国家二百
> 余年深恩厚泽，浃于人心，食毛践土，思效力驰驱，以答载覆之
> 德。……国家现欲齐一人心，当不难剪彼族之势，而张吾国之威。
> 彼传兵甲，我传天理。予待民如子孙，民戴予如天帝。吾民颇明敌
> 忾同仇之义，我国共有二十一行省之多，我人民不兆四百兆。加之

数百万义勇，急难从戎。奋忠义自矢之心，以及五尺之童亦执干戈，实为千古所未有之美谈也。……时局已变，亟应乘机同举报复，不负余之厚望。

那拉氏的权，应否加以限制，这是任何人可以了解的。但统治者的厚黑学，这位聪明的妇人都知道得清清楚楚。并且她的动物的机智，又告诉她预留地步，嫁祸他人的办法。她在发动时，尝开四次御前大会议，但《崇陵传信录》说得很清楚："……是为庚子御前四次大会议。方事之兴，庙谟盖已预定，特藉盈廷集议，一以为左证，一以备分谤。"而景善七月初四的日记说："六月十八日，屡次上谕，均系保护洋人。董军及团民攻使馆，并未明降谕旨。"《国变记》说："朝廷方以国书致俄及英、法、德、美、日，皆藉口乱民，非国家之意，欲以甘言绥夷兵。又阳以庚子诏书戒寿山无生畔，而阴实嗾之。"又"宣战以后，尝所诏，皆坐罪诸拳臣矫擅，尽毁之，谓之为伪"（同上）。同时，她对于应付洋人，也有一套看法和办法：

老佛（那拉氏）引以亚生之言，语于荣相。……其五饵，系赏之以车裘以坏其目，以镠镬以坏其腹，以女伶以坏其耳，以美婢以坏其身，以皇帝赐宴亲临以坏其见。三表：系以装仁，以垂爱御下，以口出甜言。如此，当不难仍归于好。年前召人洋使女眷，觐见之时，伊等颇形款洽，并散重金于该女眷之间，以收其欢心。虽甚知伊等不以垂帘为然，是以定当以谄言密语，引诱之，致不念旧恶……等因。（《景善日记》）

那拉氏实行她的政策，手头材料可查考的，约有下列行动：

使总理章京文瑞赍西瓜菽麦问遗之（西使）。（《庚子国变记》）

润八月初二日克林德赐祭一坛，命大学士昆冈往。归国，又命户部侍郎吕海寰再致祭如仪，书致德，德人辞焉。杉山彬令那桐德祭，予银五千两日本亦拒之。（同上）

洋人困使馆中，粮绝，太后佯为振恤，令人送入白米肉类。（《庚辛纪事》）

那拉氏把自己的权力欲披上国家、社稷、民心等的外衣，而动辄骂他人为汉奸，必诛锄而后快；而不知她自己的想法作法的卑污下劣，使国家民族蒙尽污辱，受尽摧毁。此种大是大非，至今而仍不能明告于天下，这真是最伤痛的事。义和团一案，可汲取的教训太多，尤其是自那拉氏起，开始并不相信那一套幼稚得可怜的邪术，但由假装相信而终至真正相信，这一演变的心理过程，更值得研究。我在此不再叙述下去。但我要藉此郑重奉告国人，与外人相处之道，即是孔子所说的"言忠信，行笃敬"的每个人作人的基本道理。小智小巧，只有丧尽人格，因而，丧尽国格。中国人、外国人，都是人，都应以人之道自处，以人之道相待，在困难时更应如此。像那拉氏，先不以人之道待人，结果便不能以人之道自处，这真足为千秋法戒。同时，在局势应付利害相乘，得失激变的当中，纵然不能把握我们文化的基本精神以为自己行为的准据，也应尽量发挥人与一般动物不同的中枢神经的控制作用，在控制中得到情感的平衡；而不可和一般动物样，只能作直接的刺激反应。看问题时只能站在最平实可靠的地平线上，决不可把自己的幻觉误认为真实，还要他人也陪着认为真实的戴着金钟罩之类向前冲去。

最后，在那拉氏利用下的义和团，有无数的行为是不能列入文明国家之列的。但我应特别指出，对于这种行为，当时已经有许多人加以反对，并且许多人因此而牺牲生命；同时东南各省连合自保，彻底拒绝参加此种行为；这是说明中国人即使是在最黑暗的时期，也不曾失掉自己的理性，也还在自己文化的提携保育之中。可是以文明自居的八国联军，到了平、津以后，奸淫掳掠，其野蛮的程度，最低限度比拳民并无两样。我在这里只简单引一段材料如下：

> 洋兵纪律，胜于吾华者无多，殆犹五十步之于百步。自七月间，有人将家储重宝，藏匿棺中掩埋，被人暗通消息，洋兵大得利市。于是四郊之外，及各省会馆义园，几乎无棺不破，抛尸道左，野犬村羹，不嫌臭腐。及尸亲来认，业已肢骸不全。……（柴萼《庚辛纪事》）

凡是把他人当野蛮人看待，因而用野蛮手段去加以处理的，这即证明他自身绝对底是野蛮。因此，我们对义和团的行为应当切身反省。但若西方人能有真正的文化自觉，则他们应当知道他们行为的自身，并没有指摘义和团的资格。

一个中国人文主义者所了解的
当前宗教（基督教）问题
（1962 年 2 月 1 日）

　　今天，我非常感谢我们的校牧，他把很宝贵的时间分配给我，使我有发表一点意见的机会，我感觉非常光荣，同时也感觉到非常惶恐。

　　我今天讲的题目是《一个中国的人文主义者所了解的当前宗教问题》。我们大家知道，对于同样的问题，因为看问题的人的立场不同、观点不同，所以常常得出不同的结论。因此，我今天是以一个中国的人文主义者的立场来看当前的宗教问题，所以我的意见，假定和各位有什么出入的地方，这倒是当然的事，我想各位也可以谅解的。

　　首先，我想要解释的是所谓"中国的人文主义"。这个上面"中国"两个字，不仅表示一种地域上的区别，而实际是表示人文主义的内容上的区别。所谓中国的人文主义，它是以中国的传统文化作它的内容。我们简单的把它表达出来，就是宗教上所说的山上垂训的黄金律。这种道德的内容，在中国文化中，是要求在每一个人的生命中间找到它的根据，要求在每一个人的生命中间得到它的证明，并且要求每一个人用他自己的力量，来加以实践，加以实现。所以，中国的人文主义和西方的人文主义，最大的不同之点，是在中国的人文主义的本质上，在它不受到宗教的排斥时，便没有和宗教对立的问题。至于现在西方有许多人文主义，譬如像法国的实存主义者 Jean-Paul Sartre 以他的实存主义即是人文主义（L'existentialisn I est un Human sme）；这在我们看来，他所说的，实际是在正常的人以下的事情，恰恰和中国所说的人文主义相反。所以各位如果一听到中国的人文主义，就马上把西方的人文主义拿来比附，即使所比附的是西方十五六世纪的人文主义，也会成为一个很大的错误。这是我要解释的第一点。

　　我所要解释的第二点：我所说的当前的宗教问题，是就什么来讲的呢？是就宗教对我们的现世——现在的世界——所应当负的责任来讲的。不错，宗教本来是以通向神之国——天国——为其目的，而所谓现世，不过是作为通向天国的准备的世界。但是我们要了解，只有充满了伦理道德的人生价值的现世，才是有灵性的现世，才是和天国最接近的现世。假定在现世中间否定了伦理道德，否定了人生价值，这同时，就把现世通向天国的道路绝断了。因此，我们可以这样讲，由人伦道德的否定，由人生价值的否定所发生的现世的危机，也就是宗教本身的危机。我认为目前宗教是遇着这样的危机了。这即是我所说的当前的宗教问题。

　　第三点，我想说明的，我们目前人类的危机，大体上是来自三个方面。第一方面，是共产主义的世界所给我们的自由的危机。第二是由核子武器所给我们的生命的危机。但是这两种危机，大家都已经知道，我今天不讲。第三种危机是什么？在我的看法，是当前在文化现象中间所流行的，由深层心理的解放，所给予我们的伦理道德的危机了。而这种是浸透在自由世界每一个角落，并且早已经开始，并不断地正向社会生活各方面来扩大。在我的想法，这种危机，最低限度，不在前面两种危机之下。

　　所谓深层心理，假定我们要追溯其来源，便该说到弗洛依得（Freud）的精神分析学的问题。他把人的精神分成三个层次：最深层的是"无意识"界；在它上面是"意识"界，或称"自我"；在自我上面是"良心"。弗洛依得的这种分法，和传统的说法，在表面上并没有多大的分别。但是，他和传统说法最不同之点，极简称的讲：第一，他认为无意识主要的内容是性欲，而这种无意识是潜伏在人的生命中最深奥的部分，好像冰山潜伏在水里面。因为无意识是潜伏在人的生命最深的部分，所以它对人的生命活动有一种很大的力量。同时，因为无意识是在人的最深的地方，上面有意识，再上面才有良心；从层次上看起来，无意识才是一个人的真正的生命的根源；而所谓意识、良心，无形之间，只认为是漂浮在生命上面不足轻重的东西。其次，他认为一切艺术、文学的活动，都是这种无意识的性欲的某种变形或升华。换句话说，他认为性欲是人类文化的最基本的因素，也就是认为无意识是人类文化最基本的因素。弗洛依得讲的这一套，在开始时，只是当作一种医学上的问题，以后他才扩大到文化上的问题。

到了近三十年以来，弗洛依得的思想，在心理学内，虽然已有了不少的修正；但因资本主义文明自身的矛盾，及由第二次世界大战而来的恐怖、虚无的感觉，在文化方面，反而大大的扩大了他的影响。在现代文化界中间，有这么一种趋向，认为这种无意识，这种深层心理的解放，就是等于人的生命力的解放。一个人的生命力得到这种解放，不受意识的束缚压迫，不受良心的束缚压迫，这就是人得到了最大的自由。因此，现在在文化各个部门中间，许许多多的现象，都是直接间接以深层心理，或无意识的解放，作为它们的根据，作为它们的背景。而这种深层心理或无意识，用中国的名词来讲，就称为"人欲"；用佛教的名词来讲，就称为"无明"。所谓"无明"，是说它本身是黑暗的、盲目的，是冲动的。所以由这种深层心理的解放所形成的文化的活动，也是黑暗的、盲目的。而他们从各个方面，都有意无意地，对于由良心理性所建立起来的伦理道德的秩序，完全加以否定，认为这是和人的真实生命无关，是虚伪的。在这种情形之下，他们只是崇拜自己个人的一种黑暗原始性的生命，而否定客观的自然，否定共同生活的社会；当然，也就否定了神，也就否定了宗教。我们的时代，在精神上成了一个纯否定的、虚无的时代。我们可以更简单地讲，由深层心理的解放所形成的许多文化现象，动摇了人在宇宙中的地位，动摇了人在历史中的地位，同时也动摇了神，动摇了宗教。所以宗教对此应该看做是一种非常严重、非常迫切的问题。在这种情形之下，我们更会感到宗教的需要。而同时，每一个宗教的信徒，也应该感觉到他所负的责任之重大。

但是我们谈到宗教对当前的文化现象所应该尽的责任的时候，我们也应该反省宗教中所说的原罪问题。原罪的观念，若把亚当犯罪的那一段神话故事置之不论，而仅把此故事当作是一种象征的意义，则在宗教中间是非常重要的观念，同时，也是非常有价值的观念。譬如说，站在心理学方面来研究宗教的起源时，我们大体可以说人类开始是在一种恐怖之心理下而信仰神；再进一步，是用一种敬畏的心理来信仰神；再进一步，才是用原罪的心理来信仰神。一个人只有在感觉到他充满原罪的时候，才能够从他现有的位置中超拔出来，向神去接近。所以原罪的观念，在宗教中居于一种主导的地位，在我这种外行人来看，这并不是一件偶然的事。不过，这中间有一个问题，现代所说的无意识、深层心理的解放，它和宗教上所说的原罪，当然是两个方向，两个不同的意义。

但是我们也可从另外一方面来讲，就是宗教上所说的原罪，由现在的精神分析学和深层心理学，而得到了充分的证明了。站在宗教立场上，说这所发现证明的是罪，是罪恶；可是站在科学的立场上，站在精神分析学的立场上，却说这所发现的是一种事实，是一个存在。到底是事实、存在？或者是罪恶？这是解释上的问题。若仅就事实的本身来谈，则宗教上所说的原罪，和现代科学、现代精神分析学所说的无意识或深层心理，应该认为二者之间，没有区别。固然，站在宗教的立场，现在所证明的既是罪恶，那么便应该从罪恶中超升出来。但站在一般人的立场来讲，现在科学所发现的是生命的根源，生命的真实。宗教对他们的要求，他们可以认为与他们的生命无关，只不过是身外之物。所以在这种情形之下，宗教仅仅以原罪的观念来挽救由深层心理解放所形成的文化危机，就我的想法，恐怕有相当的困难；最低限度，不是一个容易的事情。

在这里，我想另外提出一个观点。中国文化，在两千年以前，却早在人类生命的本身，已发现出性质完全不同，方向完全不同的一种深层心理。这个在中国文化之中所发现出来的深层心理，简单说，就是"性善"。性，即指的是人的本性，即是人的生命的根源。在中国，却认为作人类生命根源的性，不是罪恶而是善的。中国文化中对于性善的陈述，只告诉人，性善的善，是在每一个人的生命中，当下可以证明，而不需要思辨来加以证明的。所以善是非常现成，而为每一个人所自有的。我把这种性善的性，也说是一种深层心理，是甚么道理呢？简单的讲，譬如我们平常把人的心理（意识）活动分成知、情、意三个部分。知是认识的能力，这是无善恶可言的；在感情、意志两方面，是有善有恶的。换句话说，在我们心理活动的知、情、意这个层次中间，找不出善的根据。但是，我们在实际的生活中间，却可以证明有善的存在。当突然遇见某一个人的不幸时，无条件的便会流出不忍人之心，这即是善的呈现。这个善，一定是在知、情、意的下面，在知、情、意的后面所存在的东西，比知、情、意，是更深的存在。再从另外一方面讲，我们平常说人的行为是有善有恶，好像善、恶是混杂在一起，而系平列的。可是我们再想，人们在判断那是善、那是恶的时候，在判断的背后，一定有作为判断善、恶的标准的东西，而这个标准一定是善的。假定后面没有善的标准来做权衡，我们就不可能把某一行为分为善，某一行为分为恶。在我们判断那是善、那是恶的后面，实际存在有一种善的最基本的标准。仅凭藉知识，知识是无颜色的，它只能认定一件事实，却不能判断一件事实的价值。中国人的看法，认为善是人的性，是存在于人的最深奥的地方，这才是人的生命的根源。而恶，只是浮在善的上面的东西，它只能给善一种干扰，好像浮云遮日一样。所以人只要有一念的自觉，便可自己知过、改过。因此，我们可以说，假定由弗洛依得所发现的无意识是一种深层心理，那么，我们所说的性善的性，更是深层心理的深层心理。由此可以承认性善的善，才是我们生命的根源；而无意识，不是我们生命的根源。因此，中国文化的努力，就是要把深存于人的生命最深处的善把握住，把它扩充出来。能如此，则无意识也就受到转化，受到善的指挥。因为所谓无意识，只是一种生理活动，它的自身没有主宰的作用，全靠意识层的意志为它作主。而没有受到干扰的意志，即是善的。善的意志作主，其他的生理作用，不仅自然随着意志转，并可变成一种实践善的力量。这种性善的善，保藏在生命的深处。这种深是深到无限的，而超越了自己生理的生命，因而感到这是由天所命。善的扩大，也是扩大到无限，而超越了时间、空间的限制，因而感到天人合一，亦即是与神同在。所以性善的性，才是每一个人通向神的世界的确实可靠的桥梁；同时，它自身也即是神的世界。

讲到这一点，在宗教方面，是不是也可以根据神是按照自己的形象以造人，来承认性善呢？是不是从人的性善这方面，来发挥教义，发挥神的意志，对于挽救当前的危机更为有效，更能给人以信心和鼓励呢？我认为这一点是值得考虑的。其实，我所提出的这个问题，在宗教本身也早已提出来过。譬如说，在欧洲五世纪的时候，培埋基亚士（Pelagius）所代表的一派，就主张意志的自由，再进一步主张以性善来代替原罪的观念。这一派，和主张原罪的一派，大概作了一百年之久的斗争，大概经过了三次宗教会议，才把主张性善的思想压服下去。但是我们想一想，在宗教的历史中，是不是常有人把他自己的思虑，把自己的成见，说成是神的语言、神的意志？同时，我们想一想，神既是万能的，如果我们把我们所想的一二件事情来测度神，说神一定是这样，一定是那样，除此之外，便是违反了神意，这是不是真正符合于对神的信仰呢？我想，每一个宗教信徒，在代神立言的时候，起码要有这种反省，这种警惕。再进一步说，在五世纪的三次宗教会议，把 Pelagius 这一派思想宣布为异教、异说，而加以迫害，这种宗教会议的议决，是否真正符合神的意志呢？我认为这也是值得考虑的。

因此，我今天很大胆地向各位提出性善与原罪的观念，对于当前的文化，对于神意的发扬所应该采取的方向的问题。我觉得这是值得我们考虑的问题。

国家的两重性格
（1965 年 5 月 28 日）

一

　　所谓国家的两重性格，是指政治的国家，与民族的国家的两重性格而言。假使不把国家的两重性格弄一个清楚明白，在现实上便会引起许多困扰，所以我应当把它提出来谈谈。

　　政治的国家，是由一个朝代的朝廷所代表的，中国过去之所谓国，实际都是指的朝代的朝廷；宋人有诗谓"去国一身轻似草"这并不是说离开了中国，而是说离开了朝廷。民族的国家，是由子子孙孙继承不绝的老百姓的生活共同体所形成的。中国过去对于这种生活共同体，有时称之为"中国"，如《中庸》"不与同中国"；有时称之为"华夏"，如《左传》"裔不谋夏，夷不乱华"；《书经·武成》"华夏蛮貊"。或把"中国"、"华夏"两词合在一起而称为"中华"，《三国志·诸葛亮传》"使游乐中华"。过去当我们自称中国、华夏、中华之类的名称时，实际指的是此一共同生活体的文化及生活于此文化内的广大人民与其土地，并不是指的某一个朝廷的政治支配者及其势力范围。

　　春秋和战国的时代，国与中国，在一般知识分子间，实际都分得清清楚楚。当他们说到"国"时，仅指某王某侯所私有的势力范围。孔孟之徒，常常希望在某一国得行其道，只是希望能转变某一为统治者所私有的国，成为是属于老百姓自己的国，亦即是这里所说的民族的国家。孔子说："吾非斯人之徒与而谁与"，可见他的周游列国，不是为了某一国之君，而只是为了在各国所分别统治下的人民。由此不难窥见孔孟的意识，只是生存于作为民族国家的华夏，而对之负责，并不是生存于作为政治国家的鲁国或齐国，而也非对之负责不可，否则他们便不会周游列国。至于一个人的故乡，它是与民族国家连在一起，并非真正与政治国家连在一起。对故乡之爱，乃是对民族国家之爱的一部分，可以与政治国家，全不相干的。

二

自从秦政统一天下后，他以为他所扩大的私产——政治国家，即是中国、华夏的民族国家。但揭竿而起的只是背叛了这种政治国家，而不是背叛了民族国家，更不是真地想恢复过去的六国。司马迁作《史记》，将陈涉比之于汤武革命，这实际是继承孔子之后，了解民族国家的地位是远在政治国家之上。为了民族国家的生存而打倒一人一家的政治国家，乃儒家的大义所在。

以班彪的《王命论》为一个转折点，鄙小儒夫，慢慢地把国家的两重性格在意识上浑同起来了；把对一人一姓的阿私，看成是对于民族国家的忠义，于是把"与人忠"的观念，专用来事奉一人一姓，使它真正变成了奴隶道德，而骗掉多少人流了冤枉的血。但隐士的消极反抗，可以说他们与政治国家采用了隔离，但精神上是更生存在民族国家之上。几次的异族统治，许多人在政治国家上受折磨，却在民族国家上延续个人、家族、社会的命脉，我们的历史，政治的国家亡掉了多少次；但我们的民族国家，则在压迫、挫折中，还是不断地发展。这即够说明我们由文化所熔铸而成的生活共同体，有它真正深厚而伟大的生命力。或者也可以说，中山先生提倡民族主义，而不谈国家主义，可能他已经看透了这点。

三

在专制政治之下，国家的两重性格，是不能被任何专制的说教者所能蒙混的。但我们要了解，两重性格的分离，事实上是人类一种大的灾祸。在分离中，一定是政治国家吞噬着民族国家的生命。对于这种吞噬没有反抗的力量时，最后民族国家，也会随政治国家而同归于尽。过去历史之所谓太平盛世，乃是政治国家中的专制之主，对人民能稍知爱惜，而对外患，能加以抵抗；此时国家的两重性格，得到了某程度的合一。国家两重性格的完全合一，才是真正"为万世开太平"。但这决不能求之于任何型态的专制政治之下，而只能得之于真正地民主。因为在真正民主政治之下，人民操纵住了政治的权力机构，政治的运行系根据于人民大多数人的自由地意志。政治不与人民对立了，国家的两重性格也便消失了。

当前亚非及南美地区，所遭遇的问题，有一点是相同的，即是每一专制的余孽，都认定他的彻底自私、愚昧、榨取的政治，即是国家的正体；效忠国家，即是效忠于他的这种政治。而不承认这种政治，反对这种政治的人，也有时连带不承认自己的民族国家，反对了自己的民族国家。我决不相信，在精神上没有自己的民族国家的人，能具备有独立性，创造性的自由人格。政治国家尽管属于一家一姓的他人，但民族国家，不妨依然是，永远是，属于我们自己。因此，靠时代的进步，假定遇到国家的两重性格有了游离的现象时，大家依然可以比过去的隐士作更多的事情，而不必连自己的民族国家也一脚踢掉。

思想与人格
——再论中山先生思想的把握
（1965 年 12 月 11 日）

当中国的自由主义者不肯谈国家、民族、主权等问题的时候，在现实世界中，却正展开国家、民族、主权的斗争舞台。当美国自由主义者以为通过了《民权法案》，即可解决黑人问题的时候，洛杉矶等城市黑人的暴动，却证明了黑人除了民权问题之外，还有民族、民生的问题。从这些铁的事例中，我们不能不惊叹于三民主义的完整性。

当中国有人拿着鸡毛当令箭，打着无知论的招牌以主张虚无的个人主义的经济思想的时候，欧洲的两种性质不同的政党，二十年来都走的是互相接近的中间路线，从这种铁的事实中，我们不能不惊叹于民生主义的中庸性。这是孔子所说的"中庸之为德也其至矣乎"的中庸性。

当中国有人认为道德会妨碍科学进步的时候；有人再三宣称在政治中不需要道德的时候，我们试读索罗金（P. A. Sorokin, 1889—）的《人性的重建》，试读爱因斯坦的《晚年思想论集》，试读史怀哲（A. Schweitzer, 1875—1965）的《文化的没落与再建》，试读萨东（C. Sarton, 1884—1956）的《古代中世科学文化史》，试读西诺特（E. W. Sinnott）的《人·精神·物质》……他们都一致强调在科学中找不出道德；而世界的危机，不是仅靠科学，同时也要依靠道德力量的，始能加以克服。从这些伟大的科学家社会学家及哲学家的言论中，我们不能不惊叹于中山先生将科学的迎头赶上和道统的继承发挥，融合在一起的圆满性。

康、梁以来，中国出现了不少的爱国志士，对国家提供过不少的意见；但与中山先生所遗留下来的相较，却都显得是这样地渺小。至于想用共产党对他斗争的文字来烘托自己的身份地位的人，在中山先生巨像之下，连一个小丑的地位也够不上。中山先生，是思想史中的奇迹。

然则中山先生凭藉了什么，能出现此种思想史上的奇迹呢？有天才的艺术家，没有天才的思想家。知识统合的观念，近二十年才提出的。提出以后，没有一个人乃至没有一个研究机构，除了一堆堆的资料外，真能出现任何统合。朱利安·赫胥黎（Julian Sorell Huxley）近年来特致力于此。但他的以进化论为统合中心的观念，已是一种偏执；因为进化观念可用于知识、技术；当它用到宗教、道德、艺术时，便应受到应有的限制。而他约集的英国第一流学者二十五位人士所写的《新人文主义的构想》（The Humanist Frame），依然是不赅不备，没有达到他们所要求的"超越分裂"以成为"统一的网状组织"的目的。我决不相信中山先生在五十年前所具有的知识，会在朱利安·赫胥黎和他们所约集的第一流学者二十五人之上。

另一解释是：西方自柏拉图到黑格尔的"体系哲学"，每一个人都把他们所面对的问题及其解决的问题知识，组成一个无所不包的庞大体系。因之，中山先生也应算是这种体系哲学中的卓越的一人。也有不少人为了显发中山先生的此种体系而努力。这或许也有其意义。但第一是体系哲学，常常受到知识进步的影响而纷纷崩溃；第二是，体系哲学，一落到现实之上，若不为现实所否定，便在现实中发生流毒。黑格尔哲学与纳粹思想的关系，固然是受了英国人两次大战后的渲染夸大，有些不能用自己头脑来思考的人，也跟在英国人后面谈虎色变。但把德意志当作绝对精神发展的终点，这只能代表在拿破仑占领下的德国人的反抗精神，其远离现实，因而在现实上会发生流弊，也是事有固然的。一切体系哲学，对现实而言，与黑格尔的体系哲学所发生的问题，都相去不远。用严格的体系哲学的态度来处理中山先生的思想，处理得愈成功，可能与本来的性格和机能相去愈远。何以故？体系哲学的基础，依然是建立于知识之上，依然是建立于思维推论之上。知识、思维的活动过程，与自然科学活动的过程，有相同之处，即是由抽象以建立概念（公式）的过程。在此种过程中，势必将异质的东西加以排除；所以科学知识必然是专，必然是偏；体系哲学的概括，结果也同样是偏、是蔽。人是"异质的统一"，由人所构成的国家社会，也是"异质的统一"。站在知识的立场，只能顺着异质中的某一质去发展。所以仅通过知识，不可能得到异质的统一，因而也不可能把握到一个整全的人，整全的社会、国家。因此中山先生思想的完整性、中庸性、圆满性固然有知识的帮助，但最主要的，还是来自他的伟大的人格。

对于人自身的把握，对于人自身问题的把握，知识是第二义的，人格才是第一义的。此一观点，一般人很难接受，我不妨举一个简单的事例。台湾目前最严重地问题，无过于"学店"对青年的欺骗、毒害。现时受害者只是身受的青年；再过几年，成批成批的一无成就的青年涌向社会，势必酿成巨大的社会问题。但这些开"学店"的人，在知识上，远超过求乞兴学的武训。武训跪在老师面前，是真正办学；而这些现代知识分子却只能开店，这正说明这些知识分子的人格，没有方法与武训作比较。中山先生是热心求知的。但将他的知识与各方的专家学者比较，只能说他的基础健全丰富，而很难说在专精上会超过其他的人。知识是必然也是应当趋向专精的。由此不难了解中山先生之所以能出类拔萃于时流之上，乃是他的人格而不是他的知识。

中国过去以人民的好恶，为政治最高的准绳。现代的民主政治，则决定于人民大多数的同意。对于人民好恶的内容去加以科学分析、研究，是知识范围的事。但是，一个政治家，并非要等这种分析、研究有了结果，才予以承认。而是无形中知道人民好恶的自身，乃是一种"存在"，而不是一种"概念"，"存在"便有要求信任的权利。对于此种客观存在而不能把握、信任，乃是在自己主观中含有排斥客观存在的因素在里面；换言之，是因为个人的权利欲，压低了自己的人格，因而人民的好恶，便无法进入于卑陋的人格之内。这并非由于知识发生问题。

台湾有自命为西化派的政治学者，不承认"主权"的观念，认为国家民族，在语意学上不能成立。在西方的政治学中，找不出这类的怪论。此种怪论之出现、横行，乃是在这种人的生命中，完全被自己的利欲封闭住了；除了自己当下感官的利欲外，接触不到国家、民族，接触不到作为国家民族生存保障的主权；于是只好以诡辩去掩饰自己的卑陋的人格。这样一来，知识在被歪曲的人格中，反成为这些人的根源之恶。

人格的超升，必通过个人私利、私智的克服。私利、私智多克服得一分，客观的存在，便在自己的主观中，多呈现出一分。克服得十分，以致于无我的状态，则此时的人格，便与国家、民族，乃至人类，成为一体的人格。中山先生"天下为公"的揭示，及其自身的实践，正是此种人格的表现，也是形成他的思想的基地。说到思想，当然要凭藉知识。但一般人是使知识与个人的名誉、金钱、利害相结合；中山先生则直接使知识与国家、民族的生死存亡相结合。一般人是以自己的名誉、金钱、地位作知识的抉择，使知识为自己的名誉、金钱、地位发生效用；中山先生则是以国家、民族的生死存亡作知识的抉择，使知识在国家民族的生死存亡上发生效用。中山先生接受了传统的思想，也接受了西方的思想。但在传统知识方面，多过于中山先生的，并非绝无其人。为什么只有中山先生能拣取传统的精英，并一下子抓住西方近代的三大主流——民族、民权、民生，以形成他的完整而圆满的思想呢？这种分别，不是在知识上面，而是在人格上面。此种人格，是以仁为体的；所以他接受了社会主义思想，而去其褊急，这便形成了他的行之万世而不弊，推之四海而皆准的民生主义的中庸性格。这种人格的本身，即是深刻地道德的自觉，而"中国的道德自觉"，必落实于现实生活之上，所以他便自然而然地把道统与科学融合在一起。没有科学，我们民族不能生存；没有道德，我们民族又能生存吗？许多反道德的人，是要随时随地的，在混乱中达到自私自利的目的的人。我悲夫数十年来，不从人格方面去把握中山先生的思想，以致把中山先生的思想，在事实上变成为一大堆废话，故特于此表而出之。希望谈中山先生思想的人，不可忘其根本。

中山先生伟大的人格，还可从未十分被人注意过的两件事情上表现出来。

第一，中山先生让临时大总统，接受督办全国铁路的任务，这固然是他"天下为公"的理想的实践。但另一方面的意义，是说明传统的知识分子的性格，在中山先生这里已经脱皮换骨。坏的传统知识分子，固然是"有便宜必占"，"有竹杠必敲"，寡廉鲜耻，有如朱元晦所说的，简直是如同盗贼；这在今日更是横行猖獗，固不待论。即使好的传统知识分子，也往往轻视了人生、社会问题的解决。道德、品格的提高，都有待于物质的建设。物质建设，才是推动一切进步的大前提、大动力。当中山先生除了大总统以外，可以选择任何工作时，他却选择了物质建设的"神经系统"的工作，正说明了中山先生真正把握到了为传统知识分子所不曾了解的物质建设的意义。可惜他的信徒，乃至所谓自由主义者，都陷于传统格套之中，一点也不曾把自己虚浮的皮骨脱换过来。在过去，是受了时代的限制。在今日，大家也根本不肯从物质建设上用力，是因为大家只顺其个人的自私自利去升官发财；由升官发财而来的诈欺所得，便可以得到一切现代物质的享受，还需要什么建设？并且真正从事于物质建设的人，不一定是自己享受物质的人。简言之，中山先生的重视物质建设，是出自国家民族的要求。大家没有这种要求，也即是没有这种人格，所以也只会想到享受而不想到建设了。

第二，中山先生因为幼年的环境关系，成为一位基督教徒。但在他的一生中，很少谈到基督教。在他的言论思想中，可能有与基督教教义暗相符合的地方，但他决不曾标榜基督教，更不会想利用基督教。这是因为他人格的超升，乃出于自己生命中道德理性的自觉；所以他在这种地方，是与中国的道统，直相契合。更重要的是，由他的伟大人格所发出的崇高智慧，他了解基督教在东方的活动，有意无意的是与西方的殖民主义结合在一起；所以在东方所发生的作用，并不同于在西方所发生的作用。假定中山先生把个人的信仰扩张于政治活动之上，便会和民族主义相冲突，加深中国的半殖民地化。他对于基督教的自我制约，也正来自他与国家民族为一体的伟大人格；这与基督教的真正原始精神，反而更为接近了。我没有见过中山先生。但几次由他所给予于我的感动，只有我在垂暮之年，重读《论语》时所得的感动，可相比拟。这种感动，只能来自伟大的人格，而不可来自知识。

辛亥革命的意义与教训
——在联合书院史学会辛亥革命六十周年纪念会上讲辞
（1971 年 4 月 5 日）

一

辛亥革命，为中国历史开辟了新纪元。首义是在武昌，但源由却和香港有不可分的关系。由此不难了解此一纪念会的特别意义。

辛亥革命自身的意义可由各种不同的角度，作各种不同的发现。我现在只由中国历史文化的角度，提出许多意义中的一种意义。即是，在中国历史文化中长期压积的三大要求，经孙中山先生的伟大眼光，以强力的政治行动提了出来，形成指导辛亥革命的三大原则。此三大原则提出以后，实际便永远规范了中华民族生存发展的大方向。

指导辛亥革命的三大原则，是由一九〇五年在日本东京成立同盟会时的誓词中"驱除鞑虏，恢复中华，建立民国，平均地权"的四句话所提出的。这四句话中所涵的内容，当然受有西方政治文化的影响。但若非在两千年以前，早已遍积于中国历史文化之中，便不会一经触发，即普遍地深入于国人心目之中，根深蒂固而不可动摇，以形成永远指导国家民族的三大原则。

春秋时代，齐管仲相公子纠与桓公争国。公子纠失败被杀，管仲不死，反而相齐桓公以成霸业。孔门的高弟子路、子贡，站在君臣之义上，都在孔子之面前提出对管仲人格的怀疑。同时孔子平时也批评过"管仲之器小哉"，"管仲知礼，孰不知礼"的话。孔子心目中的"仁"，比礼的地位更高，所以从来不轻许人以仁。但答复子路、子贡的疑问时，却以加重的口气，许管仲以仁，这是因为"微管仲，吾其披发左衽矣"。在孔子的心目中，保持民族的生存，较之君臣之义更重要得多，这是孔子强烈地民族思想的流露。但《论语》有另一条记载是"子欲居九夷。或曰陋，如之何？子曰，君子居之，何陋之有"。这分明说明孔子并没有严格地华夷界线。由此可以了解，在被侵略时一定要奋起反抗，在和平相处时则自然一视同仁，这说明由孔子所代表的民族思想，不同于其他民族的民族思想。满清入关对汉人的残杀，在统治上对汉人的压迫、歧视，则"驱逐鞑虏"，必然成为革命的目标。但辛亥革命成功，满清的统治推倒，立即宣布五族共和，满汉一体，正实现了由孔子所代表的民族思想。

二

先秦儒、道、墨三家的政治思想，都可以说是"为人民而政治"。儒家最高的政治原则是"民之所好好之，民之所恶恶之"。政权运用的形式"天下为公，选贤与能"。老子认为"圣人无常心，以百姓之心为心"，希望在无为而治的不干涉的政治之下，让人民可以"自富，自正"。墨子则主张由地方官吏（正长）以迄卿大夫、诸侯、三公、天子，皆出于选举。极三家政治思想之量，其到达点当然是近代的民主政治。但因历史条件的限制，民主政治未能在中国历史中实现，并且受到与民主政治绝不容的一人专制的长期压迫，这是我们民族一切不幸的总根源。于是三家的伟大政治理念，实在是我们民族的最大乡愁。中山先生因西方民主政治的启发，一举而把两千多年的一人专制，摧毁廓清，正式提出以民权为基础的民国体制，使潜伏在我们民族心灵深处的最大乡愁，出现在民族现实共同生活之中。这真可谓涤二千年的污秽，开民族此后无限的生机的行动。

三

孔子已经说出"不患寡，而患不均"的经济生活大原则。孟子将封建制度下的井田加以理想化，其目的实即要求"平均地权"。自此以后，土地问题，便成为我国二千多年中的政治社会的基本问题。但在长期一人专制政治之下，政治压迫，常通过豪绅地主而更残酷深刻。在两千多年的历史中，几乎每一朝代都从各种不同的角度，提出过此一问题，但都如昙花一现，使人民展转呻吟于由一人专制所支持的豪绅地主榨取之下。中山先生高瞻远瞩，洞彻政治社会病痛的根源，大胆地提出"平均地权"的大原则，以作为辛亥革命的推动力，其意义的重大，不难想见。

长期压积在我们民族精神深处的三大要求，即民族、民主、民生的三大要求，在辛亥革命以前，不断被一人专制政治所歪曲、所隐瞒，而只能间断地、零碎地、委屈地、偶然性地提出。到了由同盟会所领导的辛亥革命，则以强力地、集中地、堂堂正正地提了出来，使其成为整个民族前进的共同方向。虽然因为历史的残滓，阻挠破坏，未能一蹴而几地顺利实现，但此一植基于长期历史文化之中的三大要求，一经正式提出而成为指导国家民族前进的三大原则以后，便如九曲黄河，必然地会闯过九大曲折，不流归大海不止。

四

辛亥革命的教训，也可由各个角度，作许多不同的发现。我这里只指出在许多不同的教训中的一个教训，即是反动的统治集团，把和平改革的希望完全撕毁时，这是促成革命成功的最大因素。

在历史大转变时期，为了开创新局面的要求，常常出现目的相同，而所用手段不同的两条路线：一条是和平改革的路线，一条是暴力革命的路线。两条路线的成功失败，固然决定于当时的社会基础；但不愿流血，本是人类的天性；而任何建设性的工作，总须在和平秩序中进行。所以和平改革路线，并不是没有成功的机会。但历史却难找出和平改革成功的例子，尤其是在近代民主政治出现以前。这是因为阻碍历史前进的反动政治统治集团，对和平改革的希望与势力，必然地采用三部曲地摧残手段，摧残得无路可走，使广大的人民，感到要便是死亡，要便是革命。它们所采用的摧残三部曲，第一部曲是直接镇压。如果镇压不能完事，第二部曲便是拖延，在拖延中作更大的反动的准备。如果在拖延中还不能凭藉人类善忘的弱点以减轻改革要求的压力，第三部曲便是盗篡，盗窃改革的名以行更为反动之实。这便逼得和平改革绝望，暴力革命成功。此一历史规律，在清末由维新运动以迄辛亥革命成功，满清的反动集团，为我们提供了一个范例。

五

中山先生与康梁分别所领导的政治活动，正代表革命与和平改革的两条路线。但在辛亥武昌起义成功以前，康梁集团的声势，实大过中山先生集团的声势。一八九四年，中山先生成立兴中会于檀香山，连他的兄长在内，只得会员十余人。一八九五年成立兴中会干部于广州，除会党及少数华侨外，在知识分子中影响甚小。一八九八年康梁维新失败，逃亡海外，组织保皇党，兴中会在海外的势力，反多为其所夺。一九〇五年成立同盟会于东京，中山先生的势力始扩及于广大的知识分子及国内。从一九〇六年到一九〇八年，实行了七次军事革命行动，在短期内即归于失败。从一九〇九年到一九一一年，除广州一役外，因国内宪政运动的高涨，同盟会的革命行动反而减少。一九一一年三月二十九日广州一役失败后，元气大伤，革命领导分子，多暂时引避。及阴历八月十九日由武昌工程营熊秉坤先放第一枪，铤而走险，武昌首义，竟因此成功。这从全般的形势说是必然的，但就同盟会说，却是偶然的。因为这是在当时领导人物计划之外。

反观康梁的情形，其声势始终在中山先生之上。一八九五年康有为赴京会试，发动"公车上书"，签名者有一千二三百人。维新议论，已倾动朝野。七次上书的结果，一八九八年戊戌四月二十三日，光绪下定国是之诏，是其主张已伸入到最高权力圈。维新失败，康梁在海外组织保皇党，夺取了兴中会的许多势力范围。一九〇〇年庚子八国联军后，国内普遍展开了宪政运动。一九〇七年梁启超等组织政闻社于东京，成为立宪运动的领导机构，形成全国宪政运动的风潮。及武昌首义，宪政运动乃与革命运动合流，以促成首义的成功。此其中因素很多，但满清反动集团的反动三部曲，实为促成此种势力转换的最大因素。

六

清廷对中山先生所领导的革命势力的压迫，是不待论。康梁的维新运动若能成功，虽然会减少若干皇室的特权，但它的统治或可因此而稳定。而戊戌百日维新的主要内容不过是：（一）科举改八股为策论；（二）删定各衙门规则；（三）设立农工商总局；（四）裁汰冗员。可谓微不足道。但一切特权阶级的特性，是决不让他人动到他的特权一根毫毛。是年八月六日，慈禧恢复听政，下诏捕捉康梁，六君子被杀，张荫桓等被逐。由此以迄一九〇〇年庚子八国联军入京以前，这是反动集团实行镇压第一部曲的最得意时期。

庚子八国联军入京，慈禧逃向西安，知道仅用直接镇压手段是危险的，乃于是年十二月在西安下诏变法，遂由镇压的第一部曲，开始步入拖延的第二部曲。但在此以前，国人仇恨的对象是洋人。由此时起，国人仇恨的对象转变为满清政府。这便是慈禧们实行第一部曲对革命运动的一大贡献。

一九○六年七月三日下诏预备仿行宪政。同年八月宣示以九年筹备完成。这当然是拖延手段的应有之义。但在拖延中决不忘记镇压，而拖延的目的，乃在准备进一步实行反动的专制集权。他们的目标要在拖延中把督抚的权力收回到朝廷，把汉人手上的兵权收回到皇族。一九○八年，受到各省宪政运动的压迫，乃于八月二十七日公布宪政编查馆所拟的宪法大纲。其内容："一、大清皇帝，统治大清帝国，万世一系。二、君主神圣尊严，不可侵犯"等等。大家闹着要宪法，反动者便把进一步的专制披上宪法的外衣，此之谓"盗篡"。盗篡的结果当然使宪政运动者大为失望。

一九○八年阴历十月二十二日慈禧、光绪同时死掉，戴沣监国，在连拖带篡的手段之下，加紧皇室直接掌握兵权的工作。首先驱逐了袁世凯，接着便是削减各省督抚的权力，他想把异族专制，在宪政掩护之下，推到最高峰。但在表面上，先后成立咨议局及资政院，想以这种姿态，达到盗窃的目的。迄一九一○年这一年中，请求开国会的请愿行动，不断地扩大，连各省督抚也起而响应。戴沣乃宣布缩短宪政筹备时间为五年。又于一九一一年三月宣布先成立内阁，以贪污昭著，历经弹劾的奕劻为总理大臣，阁员满人八，蒙旗一，汉人四，此即当时所称的"皇族内阁"。盗窃"宪政内阁"为"皇族内阁"，这便宣布了一切希望改革图生的人们，决无法与满清和平相处。于是满清反动集团，从反面宣传革命的力量，实大过于同盟会从正面宣传革命的力量。辛亥武昌首义，收到意外的成功，难道说不能从这种地方来加以解释吗？

历史上一切的特权阶级，因为与大多数人的利益站在反对的地位，所以必定是反动的。由反动的地位所形成的意识形态，必然是愚蠢的。因为他们是特权阶级，他们的生活，必然是腐烂的。反动、愚蠢、腐烂的积累，必然不能接受任何实质的改良，自然而然的走着前述的三部曲而归到彻底死亡之路。中山先生比康梁高明的地方，便是他一度上书李鸿章后，便早看破了这一套。辛亥革命，并未收到应有的果实，是因为参加辛亥革命的许多知识分子，始终不能看破这一套，于是让袁世凯走着先盗窃，次拖延，最后镇压的程序略有变更的三部曲。三百年来的"脱皮运动"，把权力从特权阶级脱向平民大众的"脱皮运动"，并没有完成。各位由满清反动集团所留下的三部曲的范例以了解世变，大概可以把握到若干要领的。

徐复观年谱简编[*]

1903 年

农历正月初三出生于湖北省浠水县团坡镇黄泥嘴凤形弯徐家坳。为先祖父徐执中先生次男（同房排行第八），名佛观，字秉常，1944 年熊十力先生更名为复观。先祖父教馆为生，家境清贫。

1911 年

从先祖父正式发蒙。

1916 年

以首名入县高等小学。

1918 年

以首名入武昌第一高等师范学校。

1923 年

自高等师范学校毕业，以首名入武昌国学馆。

1926 年

国学馆毕业。任国民革命军第七军营部中尉书记。

1927 年

任武汉商民协会宣传部长、民众团体联席会议主席。国共分裂，在清党中被捕，因十八军军长陶钧先生曾为先祖父门生得免。任武昌水陆街省立第七小学校长。

1928 年

3 月，陪十八及十九军军长子弟赴日留学，就读成城学校日语班。

10 月，入明治大学研究部，主修经济，大量吸收社会主义论说。

---

[*] 本年谱简编系徐复观先生之子徐武军撰写，原题"先父徐复观先生年表"。

1929 年

宁汉分裂，十八军军长下野。经济来源不济，改习公费军校。

岁末，于弘前联队入伍。

1930 年

年中，正式就学于日本士官军校，中华队二十三期。

1931 年

九一八事变，中国学生集体退学，遭日本宪兵队单独拘留，在中国学生集体绝食抗议后，获释，返国。比正式修业时间少六个月。

1932 年

任广西警卫团第一营上尉营附。

1933 年

受内政部长黄绍竑先生指派，实地侦查入新疆行军路线。入新疆计划终止，任南京上新河区长。

1934 年

任浙江省保安司令部上校参谋，参与沪、杭、甬地区防卫计划。

1936 年

任湖北省保安处第一科科长。

1937 年

参与庐山会议、娘子团战役。

1938 年

何成濬先生指派为团长，驻防老河口。参与武汉保卫战，独力防守田家镇。

1939 年

任战地党政委员会战地政治指导员，视察冀察战区游击队，深入大别山区等老区，实地了解军民生活及政治生态运作，影响对中国共产党的态度。

1940 年

任荆宜师馆区少将司令。加入中国国民党。

1941 年

任重庆中央训练团兵役教官。

1943 年

任军令部联络参谋，驻延安五个月。返重庆后，以《中共最新动态》的报告受知于蒋介石。任军事委员会参谋总长办公室高级参谋长。

1944 年

谒熊十力先生于北碚勉仁书院，拜入门下。

任联秘处秘书长秘书，侍从室第六组。

1946 年

任党政军联合秘书处副秘书长。还都南京。

1947 年

任总裁秘书，参与机要。由蒋介石资助，出版《学原》杂志。

1948 年

岁末，迁出南京至广州。

1949 年

随蒋介石至溪口。

5 月，迁台，定居台中。

由蒋介石支援，在香港出版《民生评论》半月刊。

1950 年

至香港工作约半年。后返台。

1951 年

未主动办理国民党的党员归队。

赴日本访问半年。

开始为香港《华侨日报》撰文。

发表《中国政治问题的两个层次》。

1952 年

任台中农学院（中兴大学前身）兼任教授，讲授"国际组织与现势"。

1953 年

出版译作《中国人的思维方法》。

发表《中国的治道——读陆宣公传集书后》。

1954 年

在农学院改授大一国文。

发表《象山学述》、《中国知识分子的历史性格及其历史的命运》、《给张佛泉先生的一封公开信——怀绕着自由与人权的诸问题》。

1955 年

任东海大学中文系专任教授。

发表《儒家在修己与治人上的区别及其意义》。

1956 年

出版《诗的原理》（译作）、《学术与政治之间甲集》。

发表《我所了解的蒋总统》、《中国的治道——读陆宣公传集书后》、《三十年来中国的文化思想问题》。

《民主评论》的补助单位，由"总统府"转为"教育部"。

1957 年

3 月，被开除中国国民党党籍。

发表《历史文化与自由民主——对辱骂我们者的答覆》、《考据与义理之争的插曲》。

出版《学术与政治之间乙集》。

> 里面的文章，都是住在台中时写的，也是由台中的朋友汇印成书的。在我流浪的一生中，住在台中的时间，比住在我的故乡还要多。台中的人物风土，都给予我深厚的感情，自然也萦绕着我永远的怀念。假使九原可作，则为我题封面的庄垂胜先生，看到由他所发心的这部书，能以面目一新的姿态重新回到台湾，他该多么高兴。（1980 年新版自序）

1958 年

与张君劢、唐君毅、牟宗三联合发表《为中国文化敬告世界人士宣言》。

1959 年

出版《中国思想史论集》。

发表《这是"中国人要堂堂正正的作为一个中国人而存在"的象征——〈民主评论〉出版十周年的感念》。

1960 年

赴日本访问半年。

1961 年

发表《五十年来的中国学术文化》、《中国人的耻辱东方人的耻辱》。

1963 年

出版《中国人性论史——先秦篇》。

发表《孔子德治思想发微》。

1966 年

出版《中国艺术精神》、《中国文学论集》、《公孙龙子讲疏》。

发表《〈民主评论〉结束的话》。

9 月，《民主评论》停刊。

1968 年

任香港新书院客座教授半年。

出版《石涛之一研究》。

1969 年

自东海大学退休。

发表《无惭尺布裹头归》。

赴香港。

1971 年

出版《徐复观文录》四册。

1972 年

出版《两汉思想史》卷一及卷二。

我是一个原始中国人……原始中国人对他所自生的国家，自然有一种原始的爱。正因为如此，所以对于自己国家的许多问题，不能无闻无见，不能无思无感。（《一个原始中国人看中俄关系》）

1975 年

中山先生是基督教徒，但在他的言论中，从来没有以耶稣基督相标榜……他讲民族主义，继承的是文、武、周公、孔子的道统，在文化上自然以道统为主体去融合基督教。以基督教为主体，再配上点中国文化，在一般教徒无所谓；作为中国的政治领袖，假定有承先续后的责任感，是断乎不可以的。（《对蒋总统的悲怀》）

1976 年

国内海外及国际上；对周的一副深厚感情，不仅是由才能、功业所换得来的；而是从他身上，大家不知不觉的，在烈风雷雨中，还能嗅到"人的意味"……这是人与人可以相通相感的基点。（《周恩来逝世以后》）

1977 年

年中，赴美、台探访子女。

出版《黄大痴两山水长卷的真伪问题》。

1978 年

"实事求是"四个字，对解决问题，已有很大的概括性、实效性、开创性；在思想大泛滥、大混淆之余，活用两千年前汉河间献王的四个字，有破伪显真，一面澄清，一面推进的意义。目前不在缺乏什么伟大思想的架构，而在如何涤荡……教条。(《国族无穷愿无极　江山辽阔立多时——复翟君志成书》)

1979 年

出版《儒家政治思想与民主自由人权》及《两汉思想史》卷三。

　　我认为这是值得称为：泱泱大国之风的胜利。我站在民族大义立场，赞叹此一胜利。(《中越之战的回顾》)

　　在我心理上，总感到他的十年监狱，是替我们要求民主的人们坐的。(《死而后已的民主斗士》)

　　我的政治思想，是要把儒家精神，与民主政体，融合为一的。(《保持这颗"不容自己之心"》)

　　我认为孔子表现在《论语》中的思想性格，合不合希腊系统哲学的格套，完全是不相干的。孔子在人类文化史中的地位，不因其合西方哲学的格套而有所增加，也不因其不合西方哲学的格套而有所减少。(《向孔子的思想性格回归》)

1980 年

8 月，赴台湾"中央研究院"，参加国际汉学会议。

动癌症手术。

出版《周官成立之年代及其思想性格》、《徐复观杂文集》(分《论中共》、《看世局》、《记所思》、《忆往事》四卷)。

1981 年

发表《正常即伟大》、《徐复观谈中共政局》。

出版《中国文学论集续编》。

7 月，赴美探访子女。

1982 年

发表《程朱异同——平铺的人文世界与贯通的人文世界》。

出版《中国思想史论集续篇》。

2 月 14 日，口述《中国思想史论集续篇》自序(曹永洋笔记)。

　　余自八岁受读以来，小有聪明而绝无志气。四十年代，始以国族之忧为忧，恒焦劳心力于无用之地；既自知非用世之才，且常念师熊十力亡国者常先自亡其文化之言，深以当时学风，言西学者率浅薄无根无实，则转而以"数典诬祖"（不仅忘祖而已）为哗众取宠之资，感愤既深，故入五十年代后，乃于教学之余，奋力摸索前进，一以原始资料与逻辑为导引，以人生社会政治问题为征验，传统文化中之丑恶者，抉而去之，惟恐不尽；传统文化中之美善者，表而出之，亦惧有所夸饰。三十年之著作，可能有错误，而决无矫诬：常不免于一时意气之言，要其基本动心，乃涌出于感世伤时之念，此则反躬自问，可公言之天下而无所愧怍者。然偶得摸入门径，途程尚未及千万分之一，而生命已指日可数矣。

4月1日，辞世。终年七十九岁。

身后出版《中国经学史的基础》（1982）、《论战与译述》（1982）、《徐复观家书精选》（1983）、《徐复观最后杂文集》（1984）、《徐复观最后日记》（1987）、《徐复观文存》（1991）、《徐复观杂文补编》（共六卷，2001）、《徐复观家书集》（2001）。

后　记

由于我本人的学术兴趣的原因，在港台新儒家诸贤中，对徐复观和钱穆两位先生的作品关注得相对多一些。因为他们的思想多从历史和政治着眼，将历史的关注和现实的政治发展做关联性的思考，多有发人所未发之处。

后来有机会认识陈昭瑛、李明辉、翟志成等先生，阅读他们的作品，跟他们沟通，对徐复观先生的思想有了更为真切的认识，特别是在2009年台湾大学高等人文研究院召开的"徐复观学术思想中的传统与当代"会议上，认识了徐复观先生的哲嗣徐武军先生，经常得到他寄赠的各类徐复观先生的作品和评论，因此，对徐复观先生的思想更多了亲近感。

2012年之后，一度与徐武军先生商议在大陆出版徐复观先生的全集，并最终在九州出版社落实，感觉始终与徐复观先生的作品有一些缘分，因此，当中国人民大学出版社邀请我编辑徐复观先生选集的时候，我很高兴地接受了。

这次编选内容主要侧重于徐复观先生对于儒家政治与现代民主关系的讨论，但这并不意味着他对两汉思想、经学史和人性论等的种种研究可以等闲视之，而是认为既然是文选，则应该避免面面俱到而没有重点。对于当下中国的思想界而言，自由主义和新左翼与新儒家的鼎足之势渐成，而交锋的主战场在政治思想部分，我想徐复观先生的作品，依然可以看作是新儒家对此问题的最为经典的表述。因此这样的选本不仅有助于我们对儒家传统的认识，而且也有助于我们深化对中国传统与自由主义之间关系的认识。

按照丛书要求，每篇文章都需要注明时间。有些文章徐复观先生注明了写作时间，我们标注写作时间。但也有一些文章，徐先生并没有标注具体的写作时间，我们就注明首次发表时间。特此说明。

在编辑的过程中，得到徐武军先生的大力支持，同时也得到了我的学生杨澜洁的帮助，一并致谢。

干春松
2014 年 5 月

中国近代思想家文库

钱玄同卷	张荣华　编
张君劢卷	翁贺凯　编
赵紫宸卷	赵晓阳　编
李大钊卷	杨琥　编
李达卷	宋俭、宋镜明　编
张慰慈卷	李源　编
晏阳初卷	宋恩荣　编
陶行知卷	余子侠　编
戴季陶卷	桑兵、朱凤林　编
胡适卷	耿云志　编
郭沫若卷	谢保成、魏红珊、潘素龙　编
卢作孚卷	王果　编
汤用彤卷	汤一介、赵建永　编
吴耀宗卷	赵晓阳　编
顾颉刚卷	顾潮　编
张申府卷	雷颐　编
梁漱溟卷	梁培宽、王宗昱　编
恽代英卷	刘辉　编
金岳霖卷	王中江　编
冯友兰卷	李中华　编
傅斯年卷	欧阳哲生　编
罗家伦卷	张晓京　编
萧公权卷	张允起　编
常乃惪卷	查晓英　编
余家菊卷	余子侠、郑刚　编
瞿秋白卷	陈铁健　编
潘光旦卷	吕文浩　编
朱谦之卷	黄夏年　编
陶希圣卷	陈峰　编
钱端升卷	孙宏云　编
王亚南卷	夏明方、杨双利　编
黄文山卷	赵立彬　编
雷海宗、林同济卷	江沛、刘忠良　编

图书在版编目（CIP）数据

中国近代思想家文库. 徐复观卷/干春松编. —北京：中国人民大学出版社，2014.3

ISBN 978-7-300-18560-6

Ⅰ.①中… Ⅱ.①干… Ⅲ.①思想史-研究-中国-近代 ②徐复观（1903～1982）-思想评论 Ⅳ.①B250.5

中国版本图书馆 CIP 数据核字（2013）第 310623 号

中国近代思想家文库

徐复观卷

干春松　编

Xu Fuguan Juan

出版发行	中国人民大学出版社			
社　　址	北京中关村大街 31 号		**邮政编码**	100080
电　　话	010 - 62511242（总编室）		010 - 62511770（质管部）	
	010 - 82501766（邮购部）		010 - 62514148（门市部）	
	010 - 62515195（发行公司）		010 - 62515275（盗版举报）	
网　　址	http://www.crup.com.cn			
经　　销	新华书店			
印　　刷	涿州市星河印刷有限公司			
开　　本	720 mm×1000 mm　1/16		**版　　次**	2014 年 6 月第 1 版
印　　张	21.75　插页 1		**印　　次**	2025 年 4 月第 3 次印刷
字　　数	344 000		**定　　价**	98.00 元